JN270954

The Handbook of Asian Legal Systems

アジア法ガイドブック

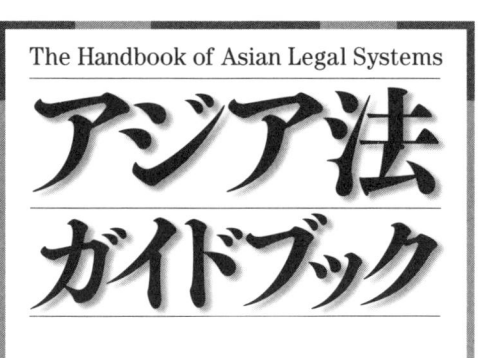

Masanori Aikyo
鮎京正訓 編

名古屋大学出版会

アジア法ガイドブック　❖目　次

序　章　アジア法への招待…………………………………………1

　はじめに　1
　1．アジア諸国法研究と法整備支援　2
　2．本書の構成　6
　おわりに　7

I　東アジア

第1章　中　国……………………………………………………10

　はじめに　10
　1．現代中国法史　11
　2．国家組織と司法制度　13
　3．法学教育・法曹養成と司法制度改革　25
　4．中国法研究に関する情報　30
　おわりに　33

第2章　韓　国……………………………………………………38

　はじめに　38
　1．韓国法の歴史　40
　2．国家組織と司法制度　45
　3．韓国における法源　52
　4．立法過程　56
　5．印刷媒体・インターネットによる法情報　57
　6．文献の検索　64
　おわりに　68

第3章　台　湾……………………………………………………72

　はじめに　72
　1．台湾法の歴史　73

2．台湾法の主な構造　76
　3．台湾法の実際運用　86
　4．台湾の法学教育と法学研究　89
　5．台湾法研究に関する情報　93
　おわりに　99

第4章　モンゴル……………………………………………102

　はじめに　102
　1．モンゴル法の歴史　103
　2．現行の憲法体制　113
　3．モンゴルの法と社会に関する主要な研究機関　119
　4．法整備支援の現状　120
　5．モンゴル法の基本情報　122
　6．モンゴル法の基本文献　124
　おわりに　127

II　東南アジア

第5章　インドネシア…………………………………………130

　はじめに　130
　1．インドネシア法の歴史　133
　2．インドネシアの統治機構　135
　3．インドネシア法研究へのアクセス　141
　4．インドネシア法研究に向けて　146
　おわりに　151

第6章　ベトナム………………………………………………156

　はじめに　156
　1．ベトナムにおける第1の「近代経験」と法——植民地支配　158

2．ベトナムにおける第2の「近代経験」と法——法整備支援　162
　　3．「郷約」とドイモイ　165
　　4．ベトナムの憲法体制　168
　　5．ベトナム法研究に関する情報　181
　　おわりに　186

第7章　カンボジア ……………………………………………188
　　はじめに　188
　　1．カンボジアの国家機関と諸制度の概要　191
　　2．カンボジアの法制度の概要　202
　　3．法整備と法整備支援の現状　204
　　4．クメール・ルージュ裁判（KRT）　206
　　5．カンボジア法研究に関する情報　208
　　おわりに　210

第8章　タ　イ ………………………………………………214
　　はじめに　214
　　1．タイ法の歴史　216
　　2．タイの法制度　222
　　3．タイにおける法学研究・法律情報　235
　　おわりに　237

第9章　マレーシア ……………………………………………240
　　はじめに　240
　　1．マレーシア法の歴史　244
　　2．マレーシアの法制度　248
　　3．マレーシア法研究に関する情報　260
　　おわりに　263

第 10 章 ラオス……………………………………………267

はじめに　267
1．ラオスの法制史の概略　268
2．国家組織・司法関係機関の概要　274
3．裁判制度の概要　279
4．法学教育と法整備支援　286
おわりに　288

第 11 章 ミャンマー……………………………………294

はじめに　294
1．ミャンマーの統治機構と国軍　295
2．法学教育と法曹養成　298
3．ミャンマー法研究に関する情報　300
4．新憲法における統治構造　305
おわりに　309

III　南アジア

第 12 章 インド…………………………………………314

はじめに　314
1．インドの司法制度の展開　315
2．インド憲法と司法　323
3．立　法　331
4．法曹と法曹養成制度　334
5．インド法研究に向けて　335
6．法整備と司法改革　340
おわりに　340

第13章　パキスタン……344

はじめに　344
1．1973年パキスタン憲法　345
2．司法の位置づけ　347
3．イスラーム法　353
4．パキスタン法研究に向けて　355
おわりに　357

第14章　バングラデシュ……358

はじめに　358
1．憲法と法源について　359
2．バングラデシュ社会の変容と法　363
3．現在の憲法と法令へのアクセスについて　367
4．司法制度と法学教育について　373
5．経済法改革について　378
おわりに　379

附　録　解説1：社会主義法　384
　　　　解説2：イスラーム法　390
　　　　法情報へのアクセス1　国内編　399
　　　　法情報へのアクセス2　海外編　412

編者あとがき　427
索　引　429

序　章　アジア法への招待

鮎京　正訓

はじめに

　本書『アジア法ガイドブック』は，アジア諸国の法に関する基礎的な情報を読者に提供し，今後の調査，研究に役立てていただくことを目的としている。近年，日本とアジア諸国の関係は従前よりいっそう緊密となり，ビジネスの世界はもとより，学術の分野でも，そして，特に法の分野においても多様な交流が行われるようになった。また，日本とアジア諸国との間の法情報の伝達は，加速度的に向上し，法に関心をもつ人々にとって，いまや，欧米だけではなく，アジアの法情報を知ることがきわめて重要となっている。

　ところで「アジア法」という用語には若干の解説が必要である。いわゆる「アジア法」専門家の中にも，「アジア法」をひとつのまとまった実体をもったものとして捉えるか，それとも，たんに地域的な範囲を示すものとして捉えるか，について対立があるからである。さらには，「アジア法」の前提となる「アジア」とは何か，どこからどこまでが「アジア」の地理的範囲を指すのか，という問題もある。これらの問題は，「アジア」，「アジア法」に関する根本的な論点ではあるが，ここでは，この問題に深く立ち入ることはしない。

　そこで，さしあたり本書の対象としてのアジアを，①西アジア・中央アジアを除くパキスタン以東から日本に至る地域，②「アジア法」とは，「英米法」，「大陸法」などのようにひとつの法原理・共通性をもつものではなく，たんに，①の地域にある諸国法の総体として捉え，換言すれば，「アジア諸国の法」という意味で理解しておくことにしたい。もちろん，上記の「アジア」，「アジア法」

をめぐる理解の多様性は，アジア諸国が置かれてきた，欧米による植民地化の経験，日本による植民地支配，その後の独立，開発と開発独裁，民主化等へと続く経験，さらには，稲作文化と「共同性」など社会のあり方をどのように理論化していくかという，豊かな理論的課題の解明と結びついており，読者を「アジア」へといっそう深く導いていくテーマではある。

1. アジア諸国法研究と法整備支援

　明治以降の日本の法律学にとって，「アジア」は，それほど主要な研究対象国にはなってこなかった。例外として中国法の研究は，日本における儒学，中国学の伝統とも相まって，明治以降も絶えることなく行われてはきたが，「アジア」を構成するその他の地域の法研究は，これまでわずかにしか行われてこなかった。明治以降また第2次世界大戦以後の日本の法律学の発展は，ヨーロッパ，アメリカなどを範型として研究が行われ，日本の法律学は，日本も位置するアジア諸国の法を本格的に研究することに無関心であり続けてきた。

　もちろん，アジア諸国の法に関する研究としては，安田信之『開発法学——アジア・ポスト開発国家の法システム』（名古屋大学出版会，2005年）をはじめとする一連の本格的な研究も存在するし，また，近年では「アジア法学会」も設立され，多彩な研究が展開されつつあるが，それにもかかわらず，アジア諸国の法の研究は，少数のごく限定された研究者によって担われてきたに過ぎない。

　しかし，他方，日本の法律学研究，とりわけ比較法研究において，欧米の法だけではなく，非欧米の法を研究する意義と重要性が指摘され，大木雅夫『比較法講義』（東京大学出版会，1992年），木下毅『比較法文化論』（有斐閣，1995年），滝沢正『比較法』（三省堂，2009年），などにおいても，非欧米地域の法に関する問題関心が示されてきた。また，広渡清吾『比較法社会論研究』（日本評論社，2009年）は，「機能的比較分析」という手法により，日本の法の意義を西欧とともに非西欧地域をふくむ世界の法の中に位置づけようとした試みである。このような日本の一連の比較法学の発展は，日本のアジア諸国法研究に大きな勇気を与えてくれた。

　ところで，この10数年間の時期に，現代日本において，アジア諸国の法研究

にとってきわめて大きな「構造転換」＝「変動」が起こっている。1996年以降，日本政府は，ODA（政府開発援助）の一環として，アジア諸国に対する「法整備支援」を開始するに至った。「法制度整備支援」（政府）あるいは「国際司法支援」（日本弁護士連合会）とも呼称される法整備支援は，今日，いっそうの重要性をもって，政府レベルで取り組まれることとなった。

　2009年4月，政府は「法制度整備支援に関する基本方針」を明らかにし，「世界各地の開発途上国に対し，立法支援や制度整備支援を行う法制度整備支援は，良い統治（グッド・ガバナンス）に基づく開発途上国の自助努力を支援するものであるとともに，我が国が将来に渡り，国際社会での名誉ある地位を保持していくための有効なツール」であるとし，「① 自由・民主主義等普遍的価値観の共有による開発途上国への法の支配の定着，② 持続的成長のための環境整備及びグローバルなルール遵守の確保，③ 我が国の経験・制度の共有，我が国との経済連携強化といった観点から，基本法及び経済法の分野において積極的な法制度整備支援を行うこと」とした。

　また，そこでは，「法曹の人材育成や法学教育までを視野に入れた」支援をも提起している。そして，法整備支援の主要対象国につき「当面の方針としては，中国，モンゴル，カンボジア，インドネシア，ラオス，ベトナム，ウズベキスタンの7ヶ国を中心に進めていくものとする」と提起した。ところで，上記7ヶ国の中で，これまで日本の法律学が本格的に研究を行ってきたのは，中国だけであり，その他の国々の法の研究は，ごく少数の研究者により細々と進められてきたに過ぎない。しかし今後は，これらの国への法整備支援とのかかわりから，これらの国々の法の研究が，急速に進展していくことは間違いないところであろう。

　事実，編者の専門とするベトナムを例にとると，かつての日本のベトナム法研究は，編者をはじめとする数人のベトナム法研究者による，憲法，労働法などの分野の研究（詳しくは第6章「ベトナム」を参照）にとどまっていたが，1996年以降ベトナムに対する本格的な法整備支援が開始されることにより，日本の多くの法律実務家，法学研究者がベトナム法整備支援に関与することとなり，民商事法，刑事法，司法制度の全領域についての全体的な法情報が獲得されるようになった。

　法整備支援およびその支援方法については，日本の研究者，実務家の中でさまざまな意見，異論も存在するが，しかし，この間の法整備支援の経験から明らか

なことは，アジアの法整備支援対象国の法情報が従来とはまったく異なり大量に日本に流入してくるという事実である。また，法整備支援の一環としての法学教育支援にもとづき，これらのアジア諸国からの留学生による修士論文，博士論文もまた，これらの国々の法に関する圧倒的な量の情報をもたらしてくれている。その意味で，法整備支援の進展は，日本のアジア諸国法研究に大きな変動を与えたといえよう。

　もちろん，アジア諸国の法現象を学問的に考察し，それを理論の領域で整序していくという立場からすれば，それらの大量の法情報は，いっそうの吟味が必要であるし，またときとして断片的であることにも注意することが肝要ではあるが，法情報の多さと，従来の個々の研究者の専門性にある意味では限定された法分野を超えて提供される多様な分野の法情報，翻訳，さらには多くの実務家，研究者による多面的な考察は，日本のアジア諸国法研究の水準と質を新しい段階へと導いてくれるであろう。そうであるとすれば，日本のアジア諸国法研究者は，これらの法情報にも学びながら研究をする必要があるであろう。

　ところで，ここで注意すべき点は，アジア諸国において民主主義，人権に関する厳しい状況は，依然として今日もなお基本的に維持されているように見えることである。中国，ベトナム，ミャンマー（ビルマ）などのアジア諸国の人権をめぐる状況や一党支配体制の存続，さらには「革命の成果」（ベトナム），「パンチャシラ」（インドネシア）など体制維持のための「国体」概念の憲法上の規定に，その厳しい状況はあらわれている。また，1993年の人権に関するウィーン会議以降，「アジア的価値論」，「アジア的民主主義論」，「アジア的人権論」など西欧とは異なりアジアにはアジアの流儀があるという主張がさかんに行われるようになった。

　しかし，21世紀を迎えたいま，アジアと西欧の二項対立図式によって世界を理解しようとする方法はあまり説得力をもちえなくなってきている。その理由は，第1には，「アジア」自体がひとつであるわけではなく，法文化的にもきわめて「多様」な世界から成り立っていること，第2には，否応なく押し寄せるグローバル化とそのもとでの法の統一またはハーモナイゼーションの進行は，急速にアジア諸国を包み込み，アジア諸国の法をめぐる新たな像の形成が求められていることに帰着する。

　アジア諸国法研究の現状を前提にすれば，そのような法の世界の新たな像を描

くために，次のような問題を考える必要がある。第1には，アジア諸国，特にアジア体制移行諸国が市場経済化を求めている現状から，これら諸国における「近代法」システム全体の形成にかかわる分析であり，この領域ではたんに民商法だけではなく憲法，行政法など公法分野，ガバナンス論などの領域からの考察が必要である。第2に，グローバル化の中のアジア体制移行諸国との関連から，WTOをふくむ国際経済法の研究，またアジア諸国の人権問題の将来を展望したうえでの国際人権法の研究である。第3に，中国に典型的にあらわれている国有企業の再編と私営企業の事業展開を，民商事法のありようと市場経済化の過程から考察することである。第4に，アジア諸国およびアジア社会に存在するといわれている「共同体」，「伝統法」の歴史的性格を解明し，法文化，法意識の研究を行うことである。第5に，アジアにおける法のハーモナイゼーションとリージョナリズムをめぐる比較法的考察であり，さらにこの課題は，新たにEUに加盟したポーランド，ハンガリーなど中欧諸国などの体制移行国の法との比較研究を必要としている。

　これら一連の論点を通じて，アジア諸国の法に関する新しい動向がくっきりと浮かび上がってくるであろう。アジア地域の現状は，開発と人権，立憲主義と民主主義，多民族国家における少数民族の権利，女性の地位と権利，環境などの課題が山積しており，さらに体制移行とのかかわりでは，市場経済化のもとでの土地所有，知的所有権などをめぐる諸問題の解明が求められている。したがって，アジア地域は，現代世界のなかでグローバルに生起している法的諸問題を論ずるための格好の議論空間である。

　ところでアジア諸国法を考えるうえでは，伝統的にその地域に存在する「伝統法」研究もまた重要である。

　ベトナムでは，1989年ころから，従来は封建的であるとして1945年の革命以来否定されてきた郷約（村のおきて）が各村で復活し，新しい郷約として各地で制定されるという現象があらわれている。そして，一見奇妙にも，郷約の復活と軌を一にして「法治国家」というスローガンが提起された。郷約とは，中国に起源をもちそれが儒教文化圏であるベトナム，朝鮮半島にも伝播したものであり，冠婚葬祭，村での犯罪の処罰等に関する成文化された規範である。基本的に農村国家であるベトナムでは，農村の生活全般に大きな影響力をもつ郷約の復活

をめぐって、郷約は法治国家の理念に反するという主張も存在する。

このベトナムの事例は、指令的・中央集権的な経済体制から市場経済化をめざし法治国家建設を掲げるベトナムが、国家制定法だけではなく伝統法などの「法らしくみえるもの」（寺田浩明）すべてを動員しつつ国造りをしていこうとする様子を示している。

ベトナムでは、古い制度を活用して新しい現象に対応しようとしているが、郷約は古い起源をもつがゆえに、現代的な法の発展を反映していない。したがって、その法制度のもとでは、たとえば、人権尊重、法の支配の確立などを主要な目的とはしていないという問題点を抱えている。

2．本書の構成

以上のような、アジア諸国法研究をめぐる問題状況および課題意識にもとづいて、本書は構成され編集されたものである。

本書は、東アジアとして、中国、韓国、台湾、モンゴル、東南アジアとしてインドネシア、ベトナム、カンボジア、タイ、マレーシア、ラオス、ミャンマー、南アジアとしてインド、パキスタン、バングラデシュの国々の法をとりあげている。本書は、現時点ではアジア諸国全域をカバーするものではないが、しかし、当面、日本のアジア法研究者がとりくみうるアジア各国を対象としており、本格的なアジア諸国法研究のガイドブックとしては、日本で最初のものであると自負している。

本書でとりあげた国々の執筆者は、各々、当該国の法の研究を専門とし、そのほとんどが、当該国の現地語によって研究し、また、当該国の法律家の知己も多く、最新の法情報をもっている研究者たちである。本書のオリジナリティは、各執筆者が、いわば、各々のアジア諸国をずっと長きにわたり観察し、研究してきた成果にもとづいた『アジア法ガイドブック』である点である。

日本の研究者が、欧米の法を研究する際にも、当然ではあるが、多くの困難をともない、明治以降、多くの先学が欧米の言語を学び、法概念の違いに出会い、また、翻訳上の苦労など、幾多の困難を克服し、日本の近代法学を形づくってきた。

アジア諸国法研究の困難もまた、同様のことであったが、それに加えアジア諸

国の多くが，気候的にも厳しい地域であり，また，各々の言語も習得することすら日本国内では難しいなか，本書執筆者の多くは，現地への留学，滞在などをへて，極端にいえば，法律学辞典はもとより，現地語と日本語との辞書も充分ではないなか，その国の法と社会のありようを知りたいという気概にもとづいて研究を進めてきた。したがって，本書の執筆者たちは，法学研究者であるとともに，地域研究者でもある。

なお，アジアのさまざまな地域の法を研究・調査するうえで，アジア諸国のこれまでたどってきた歴史と深く結びついた諸問題について理解する必要があることを考慮し，いくつかの「附録」を添えた。

第1には，中国はもとより，ベトナム，ラオスなどは現存する社会主義国であり，また，その他の，カンボジア，モンゴルなど，社会主義体制を採用してきた歴史をもつ国が存在する。このため「社会主義法」についての解説を付した。

第2には，アジア諸国には，インドネシア，マレーシアをはじめとして東南アジアに，そしてパキスタンなどにイスラームが支配的な地域がある。そこで，「イスラーム法」についての解説を付した。

第3には，各国の法情報の所在，検索方法については，各章ごとに記載されているが，アジア諸国法に関する日本国内ならびに世界における情報の所在，検索方法についての解説を，読者の便宜のために提供した。これらの附録を設けることによって，読者にとって，本書のテーマであるアジアの法についての理解がいっそう深まるであろうことを確信している。

おわりに

本書各章の執筆を担当したのは，先にも触れたように，当該国の法の研究に関する専門家であるが，執筆にあたっては，アジア諸国の法をこれから調べ，研究しようとする若い研究者，一般の読者に有意義な情報を提供することを目指し，また，その国の法をめぐる基本的な概観——法史，法令状況，法情報——を与えることを最小限の課題として共通に確認した上で，それ以外の叙述については各章の担当者の判断に委ねた。

その理由は，『アジア法ガイドブック』とはいっても，アジアの各々の法をめ

ぐる状況は各々に大きく異なり，なによりもアジア諸国の法をめぐる研究の蓄積，研究分野，そしてひいては研究者の数，さらには当該国それ自体における法学研究の水準，情報のあり方は，きわめて差異が大きく，むしろ，叙述の順序，方法，注などについては，各執筆者の判断にまかせることによってより実状に即した叙述になるよう配慮した。そして，どのような叙述の方法をとろうとも，全体として，その国の法をめぐる歴史と背景，そして現代法をめぐる基本構造がくっきりと明らかになるように工夫している。

　このような試みが，どこまで成功しているかについては，読者の判断を待つよりほかないが，少なくとも，本書を全体として一読されるならば，アジアは，決してひとつではなく，多様であるということ，そして，アジア諸国法研究が新しい研究テーマであり，法と社会のあり方がそれらの地域の歴史と深くかかわり，多様な法文化からなる魅力的な内容をもつ研究であることを読みとっていただけると信じている。

I　東アジア

第1章 中　　国

宇田川　幸則

はじめに

　かねてより日中間の交流では「一衣帯水」というフレーズが枕詞のごとく使われてきた。かつてはそれがかえって日中間の距離を感じさせたものである。しかし，今日，わたしたちの身の回りを見渡せば，頭の先からつま先まで中国製品を身にまとい，made in CHINA の日本や欧米ブランドの家電に囲まれ，中国で生産された食料品を口にする，といった光景が，あたりまえのものとなっている。貿易に関するデータが示すとおり，中国は日本の最大の貿易相手国であり[1]，わたしたちの生活は中国抜きでは成り立たない時代となった。モノに限らず，2007年末時点の外国人登録者数のうち，中国人が約60万人で全体の28.2%を占め，国別で最大[2]となり，同年に日本に入国した中国人は114万人を数え[3]，同年5月時点で日本の大学等に留学する11万人余の留学生のうち，中国人留学生は71,277人で，全体の60%を占める[4]。他方，同年に中国に入国した日本人は約400万人を数え[5]，ヒトの往来もまた，かつてないほどの活況を呈している。いまや日中間は文字どおり一衣帯水の関係となったことを，これらのデータは物語っている。
　このように，物的・人的な移動の増大が，中国法に関する情報の必要性を高めているといえよう。いわゆる「ヒト・モノ・カネ」はビジネスの三要素であるとされ，それゆえ，中国法に関する情報もまた，ビジネスの世界に限ったことと判断されるかもしれない。しかし，いまや日本国内（のみならず，実は欧米もそうなのだが）の大学キャンパス内で中国語を耳にしない日はなく，友人や職場の同

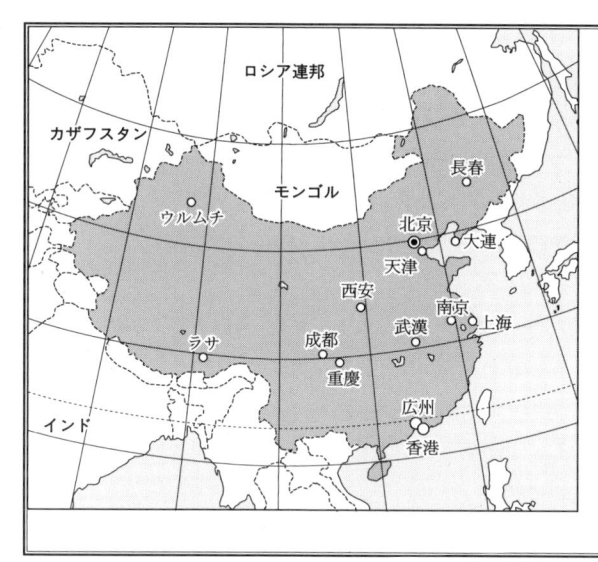

国名：中華人民共和国
首都：北京
人口：13億人
民族：漢民族（総人口の92%）および55の少数民族
宗教：仏教・イスラーム教・キリスト教・道教
言語：中国語
現行憲法施行年：1982年（最近の改正は2004年）
GDP・1人当たりGDP：3兆6,100億ドル・3,266ドル（2008年）
成人平均識字率：90.9%
平均寿命：72.5歳

僚，お隣さんが中国人というケースが当たり前になりつつある。このように，わたしたちの日常生活においてもまた，中国法に関する情報を必要とする場面が少なからず存在する時代が到来しつつある。また，法はそこに暮らす人々の生活，文化を映す鏡でもあり，中国から来日した友人，同僚，隣人を理解する重要な手がかりやツールともなるであろう。

以下では，中国法を理解する上で基本事項となる情報を示すこととする。

1．現代中国法史[6]

現代中国法は1949年10月の中華人民共和国（以下，中国）に始まるが，その源流は同年2月の中国共産党中央による「国民党の六法全書を廃棄し，解放区の司法原則を確定することに関する指示」に遡らなければならない。この指示は，凡そ中華民国期の法制度を廃止することを宣言する。すなわち，アヘン戦争に敗北した清末以降，立法，司法制度，法学教育・研究の面で近代西洋法の継受が図られてきたが，これを全否定することから，現代中国法は出発している。

建国後今日までの歴史は，一般的には以下の時代区分にしたがう。

① 建国以降大躍進運動まで（1949～60年）

当初，解放区（中華民国期に共産党が実行支配していた地域）で実践されていた法制度を引き継ぐ立法（婚姻法，土地改革法，労働組合法のいわゆる三大立法に代表される），社会主義法＝ソ連法の影響を強く受けた立法，司法および法学が指向された。しかし，その後の急進的な社会主義改造，反右派闘争や大躍進等の相次ぐ政治運動に翻弄された結果，三大立法および54年の憲法制定を除いて目立った成果は挙げられなかった。

② 大躍進運動以降プロレタリアート文化大革命（以下，文革）発動まで（1960～66年）

この時期は経済調整期ともいわれ，50年代中期以降の急進的な社会主義運動のリバウンド期でもあった。民法，刑法，刑事訴訟法等の起草作業が活発に行われたものの，結局いずれも成案には至っていない。

③ 文革～改革開放政策（1966～78年）

この時期には「政策は法の魂である」，「無法無天」，「造反有理，革命無罪」等のスローガンに代表される徹底した法ニヒリズムが蔓延した。「大衆独裁」の名の下に如何なる司法手続も踏むことなく人身の自由が侵害されたり，裁判所，検察院，警察が廃止されて「軍事管制委員会」に統合されたりするなど，司法制度全体が著しく破壊されるという事態が生じた。また，大学も封鎖され，法学教育・研究も10年間の空白の時期を迎えることになる。

④ 改革開放政策以降今日まで（1978年～）

76年の文革の終結とともに，今度は一転して脱文革が図られ，国防・農業・工業・科学技術のいわゆる「四つの現代化」，「民主と法制」が強調されはじめ，大学教育（法学教育・研究）も再開された。周知のとおり，1978年の中共11期三中全会で「改革開放」政策が打ち出され，それまでの計画経済体制に別れを告げ，今日の市場経済体制への移行がはかられた。一般に改革開放と一言で表現されるが，これは経済体制改革（計画経済から商品経済・市場経済へ）と市場開放（外資の導入）を指す。改革と開放を車の両輪に見立て，いずれかを推進させるためには他方の存在が不可欠であるとともに，相互に連動させることでシナジー効果を得ようとするものである。

ところで，民主と法制，あるいは「法制建設（法整備）」は脱文革との関連で語られる場合が多い。しかし，同時にこれらは改革開放（とりわけ外資に対して）をエンドースするための法的環境整備という側面も強く存在する。法制建設

のスローガンの下に制定された最初の法律の中に，中外合資経営企業法等の渉外取引に関する立法が散見されるのは，その証左に他ならない。

　その後，中国は経済発展至上主義とでもいうべき道を邁進する。この間，1989年の「天安門事件」を契機とした欧米諸国の対中投資の手控え期を除き，中国は毎年10％前後の経済成長率を実現してきた。中国の実質GDP，名目GDPはいまや世界トップクラスに位置する[7]。一方で，1987年には「中国の特色ある社会主義」論が提示され，1992年には社会主義市場経済の建設という方針が示された。1956年に社会主義改造の完了が宣言されているにもかかわらず，前者では社会主義初級段階論が提示され，後者では市場経済が前提とされるなど，いわば先祖返りが正面から肯定されることとなった。後述するように，国家原理のひとつに社会主義が規定される一方で，このように，実態上は社会主義が骨抜きにされ，経済的には体制転換がドラスティックに達成されたと評価することもできる。これは，鄧小平の白猫黒猫論や「先富論」[8]に代表される，中国文化の一側面であるプラグマチズムの法文化面でのあらわれと捉えることも可能であろう。

　一方，驚異的な経済発展の陰に，格差問題，人口問題，少数民族問題，環境問題，農業・農村・農民のいわゆる「三農」問題等の深刻な問題を抱える。これらに対する手当も法的な側面でなされはじめたとはいうものの，データを見る限り，着実な成果を挙げているとはとうてい評価することはできない。

2．国家組織と司法制度[9]

1）国家組織を支える原則

　現行憲法（82年憲法）が前提とし，制度化している国家機構の基本原理は人民民主主義独裁，社会主義国家，民主集中制の3つであり，これらは相互に関連している。

　人民民主主義独裁とは，国家の統治階級が労働者・農民であるという前提で，プロレタリアート＝人民＝統治階級内部においては民主主義を行い，ブルジョアジー（資本家・地主等）＝かつての支配者で現在の被統治階級＝敵に対しては独裁を行う，というものである。主権の帰属・享有主体は人民に限定され，特に労働者階級に対して優越的な地位を認める。このような原理は，労働者階級の先鋒隊・前衛としての中国共産党による国家に対する指導を帰結させ，正当化させ

る。なお，現時点で中国共産党以外に民主党派と呼ばれる8つの政党が存在することから，中国では「一党独裁」ではなく「多党合作」を実施しているとする。しかし，これら民主党派は「参政党」と呼ばれ，政権を奪取するために共産党と覇を争ったり，異を唱えたりする「野党」ではない。共産党の指導を受け容れ，社会主義事業を建設するための共産党の「友党」であり，われわれの想起する「政党」とは趣を異にする点に注意すべきである。

社会主義国家については，憲法で「社会主義体制は中華人民共和国の根本的システムである」と規定するが，はたして社会主義体制とは何かについて，これを明確に定義する規定はどこにも存在しない。一般に，計画経済，公有制および前衛党の指導が社会主義の柱であることに異論はなかろう。しかし，中国は88年の憲法改正で「計画経済」およびそれに関連するすべての文言を消し去り，1993年の改正で，計画経済とは相容れないはずの「市場経済」がそれにとってかわって憲法に規定されている。公有制については，07年の物権法制定に際し，公有制の観点からこれを憲法違反であるとする主張が提起され[10]，同法制定が1年以上遅れるという事態が発生した。しかし，現実には公有制セクターよりも非公有制セクターが多数を占め[11]，生産高においても非公有制セクターが優位を占めている[12]。土地所有権こそいまなお都市部では国有制が，農村部では集団所有制が，それぞれ実施され，私有を認めてはいない。しかし，土地使用権の有償譲渡が認められる今日においては，使用権は事実上私有化されたとみなすことも可能であり，現状を公有制が堅持されているとは評価しがたいであろう。前衛党の指導については，現在もなお共産党による支配が確固たるものとして存在している。このように，現状の中国の社会主義とは，共産党の指導による国家統治以外を見出すことができない状態にある。

民主集中制とは，民主主義的中央集権ともいい，社会主義国家に共通する国家機構編成の基本原理である。旧ソ連ではソビエト制，中国では人民代表大会（以下，人大）制によって，具体化される。民主集中制には以下の3つの側面がある。第1に，人民と国家権力の関係である。あらゆる権力は人民に属することを出発点に，国家権力を行使する人大は人民の直接・間接選挙をつうじて民主的に構成され，人大は人民に責任を負い，その監督に服する。また，人民は法にもとづいて人民代表や国家機関の指導者を罷免する権利を有する。第2に，国家機関相互の関係で，人大は国家の権力機関として全権的地位に立ち，あらゆる権限を

統一的に行使し，行政機関，人民法院，人民検察院を選出する。また，人民政府，人民法院，人民検察院は国家権力機関に対して責任を負い，活動報告を行い，監督を受ける。国家権力は一体不可分であり，政府・法院・検察院は相互で業務分担を行う。このように，立法・行政・司法がそれぞれ独立し，互いに監督・牽制しあうことで権力の腐敗を防止するという三権分立の関係にはない。よって，司法権の独立も論理的に否定されることになる。第3に，国家機関内部の関係および中央と地方である。国家機関内部においては，下級機関は上級機関にしたがい，地方は中央の統一的指導に服する。日本のような地方公共団体や地方自治といった制度・観念は論理的に存在し得ない。中央と地方のこのような関係から，香港・マカオの特別行政区[13]を除いて，地方自治は存在しない（少数民族自治については後述する）。

2）国家機構

このような原理の下で，具体的には人大制が採られており，その頂点に存在するのが全国人大である。全国人大はあらゆる国家機関の母体であり，監督を行う，国家最高権力機関である。

① 全国人大

全国人大は最高国家権力機関であり，代表の任期は5年（憲法第60条1項），定数は3,000名を上限とし（選挙法第15条），現在（11期）のそれは2,933名である。この中には香港・マカオ・台湾の代表も含まれる。2000年のデータだが，代表の共産党員が占める比率は約70％，女性のそれは約20％，少数民族のそれは約15％，となっている[14]。代表は職業政治家ではなく，本来の職業・職場に在籍したままで代表の職に当たる。したがって，会議は毎年1月上旬に1度だけ，10日間程度開催されるに過ぎない（憲法第61条1項）。

全国人大閉会中の活動を担保するため，常務委員会が設置されている（第57条）。常務委員会は2ヶ月に1度開催され，全国人大閉会中に全国人大に代わって最高国家権力および立法権を行使する。常務委員会委員は全国人大によって選出され（第65条），全国人大に責任を負い，活動報告を行う（第69条）。常務委員会には委員長，副委員長，秘書長（事務局長）が置かれる。

全国人大には，常務委員会の他，民族委員会，農業農村委員会，外事委員会，環境資源保護委員会，法律委員会等の9つの専門委員会が設けられ，それぞれに

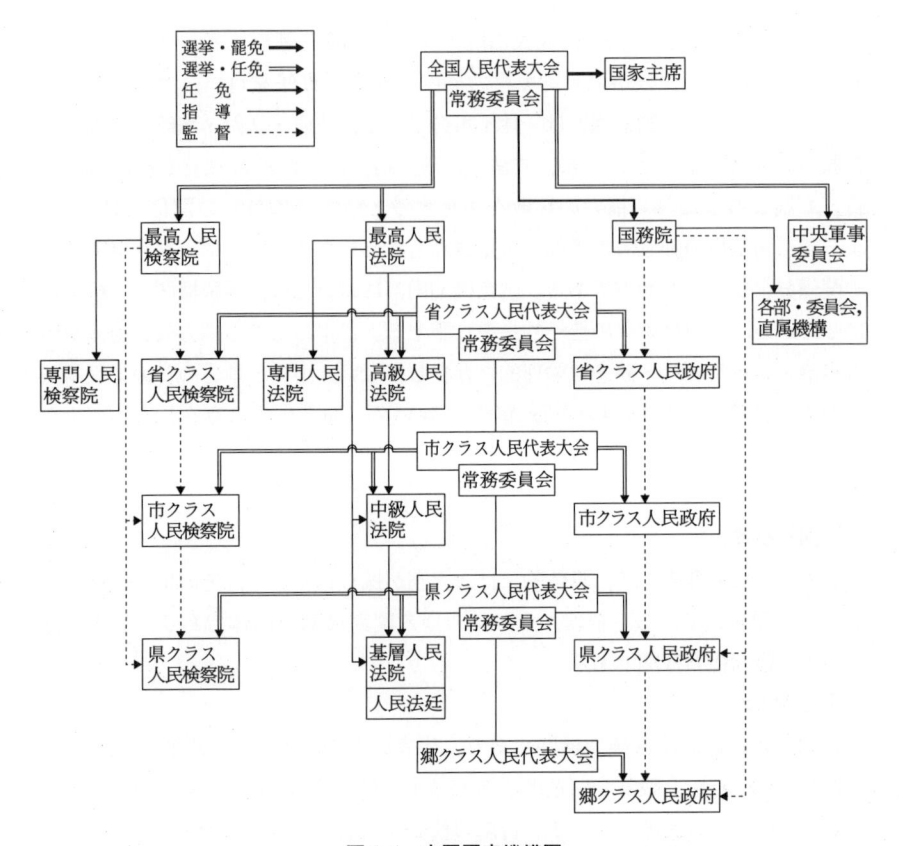

図1-1 中国国家機構図

注) 省クラスには一級行政区（省，自治区および直轄市）を，市クラスには区を設置する市，自治州，盟（内蒙古自治区の行政区画）を，県クラスには県，区を設置しない市，自治県，自治旗（内蒙古自治区の行政区画）を，また郷クラスには郷，民族郷，鎮を，それぞれ含む。本来，人大制度は省・県・郷クラスのみで，市クラス（地区クラス）は省人大所在地および自治州のみに例外的に認められてきた。しかし，80年代からは事実上，市クラスにも人大が設置されていることから，機構図に反映させた。特別行政区の機構については，この機構図に反映していない。

出典) 国務院法制辦公室編『中華人民共和国常用法規 [第2版]』（中国法制出版社，2007年）をもとに筆者作成。

関する議案，法案を事前に審議する（第70条）。専門委員会委員は人民代表から選出される。

　全国人大は最高国家権力であることから，その行使する職権は多岐にわたるが，主には以下のとおりである（第63条）。①憲法の改正および監督。②刑事・民事・国家機構およびその他の基本的法律等の立法権。なお，ここにいう

「基本的法律」とは何かについて，憲法，立法法他に定義規定を見つけ出すことはできない。③ 国家主席，国務院総理，国家中央軍事委員会主席，最高人民法院長，最高人民検察院長等の人事権等の，他の最高国家機関の組織・監督。④ その他国家の重大事項の審議・決定。なお，常務委員会は，これらに加え，基本的法律以外の法律の立法権，憲法・法律の解釈権，行政法規・地方性法規の取消権等も有する（第67条）。

② 国家主席

全国人大常務委員会とともに，国家元首として国を内外に代表する。被選出年齢は45歳以上，任期は2期10年を限度とする（第79条2項，3項）。現行憲法の規定では，政治的実権のない純粋な象徴的存在とされる。全国人大が採択した法律の公布，全国人大が決定した人事の任免，栄典の授与，外交接受に権限は限定される（第80条，81条）。

③ 国務院

最高国家権力機関の執行機関であり，最高国家行政機関である（第85条）。他の最高国家機関同様，活動のすべては全国人大に従属しており，それに責任を負う。最高国家行政機関として，全国の地方人民政府を統一的に指導する。総理以下，副総理，国務委員，各部長・委員会主任（日本の大臣に相当），会計検査長，秘書長から構成され，総理個人に全権が委ねられた総理責任制が採られている（第86条）。総理の任期は2期10年を限度とする。1998年の国家機構改革（行政改革）により，国務院辦公室，28の部・委員会等[15]と各部・委員会管轄の国家局[16]，1つの特別直属機構[17]，17の直属機構[18]，6つの執務機構[19]に統廃合された[20]。

職責は多岐にわたるが，法の分野では，行政法規の制定権（第89条1号）が重要である。民事・行政分野の重要な法規・細則が行政法規のかたちで制定されている。

④ 中央軍事委員会

中国人民解放軍，人民武装警察部隊等の全国の武装力を指揮・統帥する国家機構である（第93条1項）。主席，若干名の副主席，委員から構成され，主席責任制が採られる。他の最高国家機関とは異なり，中央軍事委員会主席には任期がない。中国人民解放軍は紅軍あるいは八路軍と呼ばれる共産党軍をその前身とするため，建国後もこれが国軍なのか党の軍なのかが問題とされてきた。現行憲法で

はこれを明確に国軍であると規定するが（前文，第29条），他方，共産党中央にも中央軍事委員会が存在し，その構成メンバーも国のそれとまったく同じであり，実質上表裏一体の関係にある。しかも国防法には，人民解放軍等の全国の武装力は共産党の指導を受けることが明記されており（第19条），共産党軍から完全に国軍へ転換したとは言い難い。

⑤ 地方国家機関

地方各クラスの国家権力機関としての人大，その執行機関・国家行政機関としての人民政府，裁判機関としての人民法院，検察機関としての人民検察院が含まれる。民主集中制の結果，いずれも国家機関の構成部分として位置づけられていることから，日本のような地方自治なる概念は存在せず，したがって，これらは地方自治体・地方公共団体ではない。中央と同様に，地方国家機関はすべて対応する人大により選出され，それに責任を負い，監督を受ける。

一級行政区（省，自治区，直轄市），自治州，県，市，市轄区（市に設置される区），郷，鎮には，人大および人民政府が設置される（憲法第95条）。各クラス人大の任期は5年で，県クラス以上の人大には常務委員会が設置される（第96条2項）。

各クラスの人大に対応して設置される人民政府（その特定業務部門）は，同クラスの人大に責任を負うと同時に，1クラス上の人民政府（同）にも責任を負い，最終的には国務院（部・委員会）の統一的指導に収斂する（第110条）。このように，各クラスの人民政府（その特定業務部門）は同クラス人大という横の指導・監督と，上級の人民政府（同）という縦の指導・監督という，二重の指導・監督関係におかれている点に特徴があるが，これも民主集中制のあらわれのひとつである。

⑥ 大衆的自治組織

基層人民政府の下に，都市部では居民委員会が，農村部では村民委員会が，それぞれ設置される（第111条）。これらは国家機関ではなく，住民による自治機関である大衆的自治組織であるとされる。都市部居民委員会組織法ならびに村民委員会組織法によれば，住民により選出された主任，副主任，委員（居民委員会で5〜9名，村民委員会で計3〜7名）により構成される。これら委員会の下に，人民政府司法部門の指導の下に民間紛争解決にあたる人民調停委員会，公安部門の指導の下治安維持・管理活動を行う治安防衛委員会，民政部門の指導の下に計

画出産の管理・徹底等を行う公衆衛生委員会，が設置されている。このように，大衆的自治組織と銘打つものの，実際にはその活動は基層人民政府やその出先機関の指導，支持，援助を受け，活動費用や委員への手当（その額は些少であるが）も受けている。このことから，われわれが想起する「住民自治」とは大きくかけ離れたものであり，その実質は行政の最末端機能を担っているといえる。

3）司法制度

中国の司法機関には，広義には裁判機関である人民法院，検察機関である人民検察院および犯罪捜査機関である公安の一部が含まれるが，ここでは裁判制度を中心に紹介する。

人民法院の組織系統は，最高人民法院を頂点に，高級人民法院，中級人民法院，基層人民法院の4クラスがあり，二審終審制が採用されている（四級二審制）。その他，海運・海事事件を専門とする海事法院，鉄道運輸ならびに鉄道局職員にかかる事件を専門とする鉄道法院および軍事法院が，特別裁判所として設置されている。これを図式化したものが，図1-2 である。一審がどの法院の管轄となるかは，刑事・民事・行政の各訴訟法に規定されている。90年代初頭の一時期を除き，裁判官の人数に関するデータは公表されていないので，実数は不明である。全国人大における最高人民法院の活動報告や中国の学者の著作から漏れ伝わるところと，90年と91年に公表された裁判官の人数と検察官の人数との比較から推測して，現在20万人ほどの裁判官が存在するものと思われる。ただし，中国では，実際の裁判業務に従事しない者も「裁判官」にカウントされているため，このようなデータの比較は実際上の意味を有しないとの指摘もある[21]。ちなみに，実際に裁判業務に従事する裁判官は7～10万人程度と推測され，人口当たりで比較した場合，他のアジア諸国同様，決して多くはない。

中国では，前述のとおり，国家統治原理として三権分立主義を採らず，民主集中制（人大制度）を採っているため，司法権の独立は原理上あり得ない。他方，裁判の独立［審判独立］は肯定されている。ここでいう「裁判の独立」とは，人民法院が個別具体の裁判を行うにあたり，他の国家機関，組織ならびに個人からの干渉を一切受けず，独立して公平かつ公正な裁判を行うという意味である。しかし，実際にはさまざまな障碍に直面しているとされる。主なものとしては，①法院内部の院長・庭長および裁判委員会［審判委員会］からの干渉，②同クラ

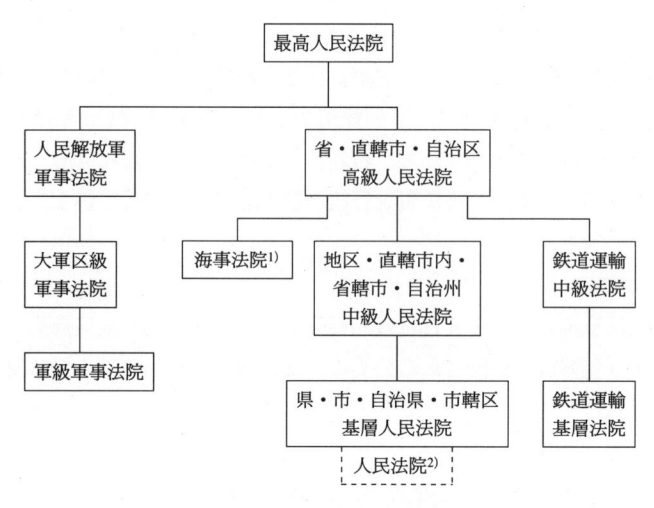

```
                    ┌─────────────┐
                    │  最高人民法院  │
                    └──────┬──────┘
            ┌──────────────┴──────────────┐
    ┌─────────────┐              ┌─────────────────┐
    │  人民解放軍   │              │ 省・直轄市・自治区 │
    │   軍事法院    │              │   高級人民法院    │
    └──────┬──────┘              └────────┬────────┘
           │                 ┌────────────┼────────────┐
    ┌─────────────┐  ┌─────────────┐ ┌─────────────┐ ┌─────────────┐
    │   大軍区級   │  │  海事法院1) │ │ 地区・直轄市内・│ │  鉄道運輸   │
    │   軍事法院   │  └─────────────┘ │ 省轄市・自治州  │ │   中級法院   │
    └──────┬──────┘                   │  中級人民法院   │ └──────┬──────┘
           │                          └────────┬────────┘        │
    ┌─────────────┐                   ┌─────────────────┐ ┌─────────────┐
    │   軍級軍事    │                   │ 県・市・自治県・市轄区│ │  鉄道運輸   │
    │    法院      │                   │    基層人民法院     │ │   基層法院   │
    └─────────────┘                   └────────┬────────┘ └─────────────┘
                                       ┌ ─ ─ ─ ┴ ─ ─ ─ ┐
                                       │   人民法院2)   │
                                       └ ─ ─ ─ ─ ─ ─ ─ ┘
```

図 1-2　人民法院の組織系統

注1) 広州，上海，青島，天津など主要大都市に1984年設置。
　2) 基層人民法院の分廷・派出機構は地域的，人口的な事情に応じて設置される。
出典) 何蘭階・魯明健主編『当代中国的審判工作（上）』当代出版社，1993年，159頁から作成。

スの人大・政府からの干渉，③上級法院からの干渉，そして④共産党の干渉である。

　他方，これらのすべてに裁判に対する「監督」を行う根拠となる法令が存在する。①は個別の裁判に対する院長・庭長の審査制度があるし，重大・複雑な事件は必ず裁判所内に設置される裁判委員会の議を経なければ判決を下せないシステムとなっている（人民法院組織法第11条）。②は人大制度に由来するもので，法院は同クラスの人大の監督を受け，また，人事は同じく同クラス人大が任命権を有する。予算・決算についても同様であるが，事実上は同クラスの人民政府に掌握されている（中国の法院人事・経費は，日本のような完全な縦割りでないことに留意すべきである）。③は公正・公平な判決を下すべく，裁判に誤りがあった場合には，上級裁判所がその是正のため，裁判のやり直しを命ずるという制度である（これを裁判監督制度という）。ちなみに，裁判監督権は検察院にも付与されており（刑事，民事を問わず），検察院による裁判監督権の行使を「抗訴」と呼ぶ。④は国家のあらゆる場面，事象について共産党の指導を仰ぐことが，憲法にもまた他の法令にも規定されており，これから免れることはできない。理論

上，これらは畢竟，民主集中制に帰結するのであり，また，その理念においては，首肯すべきところもある。

しかし，問題なのは，これら正当な権限の行使に名を借りて，その恣意的な運用が行われている点にある。その結果，たとえば裁判委員会制度による弊害としては，法廷での審理はショーに過ぎず，開廷前にすでに結論が出されている［先判後審］であるとか，法院内部の何重ものチェックをくぐり抜けてようやく判決に至る［層層審批，層層把関］であるとかが指摘されている。

図1-3　最高人民法院

近時，このような裁判の独立を阻害する要因を排除し，真の意味での裁判の独立を実現するためには，裁判官の独立を実現しなければならない，との論調が，学界からのみならず，当の裁判官たちからも主張され始めている。旧社会主義国の間でも裁判官の独立についての扱いは分かれており，旧ソ連ではこれが認められていた。中国では，裁判官の資質がきわめて低く，裁判官には個々独立して裁判を行うほどの力量が備わっていないことを主な理由として，これが否定され続けてきた[22]。かつて裁判官の独立を主張することはタブーとされ，きわめて困難な状況にあったが，「裁判官には，法律を除いて，自己の上司は存在しない」とのマルクスの言説を引用するという注意深さでもって，共産党の指導を正面から否定しない限り，この種の議論を行うことは許されている。

4）法源と立法手続

実定法体系は，憲法を頂点として，その下に法律，行政法規，地方性法規，自治条例・単行条例，行政規則からなる。これら相互の関係については立法法で規律されるが，最終的には全国人大（もしくは同常務委員会）によって相互の抵触

の有無・効力が判断される。

① 法 律

　法律は基本的法律とそれ以外の法律に区分される。原則として，前者は全国人大が制定し，後者は全国人大常務委員会が制定する。基本的法律かどうかを判断する基準は，憲法，立法法をはじめとして，明確に示されていないが，一般に，刑法，民法通則，契約法，物権法，訴訟法，民族区域自治法等がこれに該当するようである。よって，実際上，大部分の法律は全国人大常務委員会で制定されている。常務委員会の審議による法律案は，原則上，3度の会期による審議を経て，評決に付される（立法法第27条）。

　立法法によれば，以下にかかわる事項は法律でこれを規律しなければならない（第9条）。すなわち国家主権，国家機構の形成・組織・権限，民族区域自治制度，犯罪と刑罰，市民の政治的権利の剥奪・人身の自由を制限する強制措置や処罰，非国有財産の収容，民事の基本制度，基本的経済制度・財政・税収・税関・金融・海外貿易の基本制度，訴訟・仲裁制度，である。

　法案の提出主体は，全国人大主席団（第12条1項），全国人大常務委員会，国務院，中央軍事委員会，最高人民法院，最高人民検察院および全国人大の各専門委員会（同2項）ならびに一の全国人大代表団または30名以上の代表の連名（第13条）である。もっとも，全国人大代表提出法案は少なく，その多くは全国人大常務委員会および国務院から提出されている。立法手続としては大きく2つの流れに分けることができる。ひとつは，主務官庁である国務院各部・委員会がドラフトを一から作成し，国務院法制辦公室がチェックした後に（場合によっては全国人大常務委員会法制工作委員会とともにチェックする）全国人大常務委員会に提出され，審議に付される。多くの法案はこの手順で作成される。いまひとつは，近時，とりわけ基本的法律で見られる手順であるが，当該法分野の専門家チームないしは学会にドラフトの作成を依頼し，それをたたき台として全国人大常務委員会法制工作委員会が草案を作成し，審議に付す，というものである。1999年の契約法，2001年の改正婚姻法，2007年の物権法などは，この手順で起草・審議されている。

　法律案は，全国人大または同委員会で採択された後，国家主席名義で公布される（憲法第80条，立法法第23条）。法律（立法法第51条）および法律の公布に関する主席令（第52条1項）には施行日が明記されなければならない。

② 行政法規

　国務院が憲法，法律にもとづいて制定するもので，法律の細則や行政管理権の発動に必要な範囲で具体的な規定をおく他，税制改革，経済システム改革および対外開放にかかる事項につき，暫定条例，暫定辦法を制定する権限を全国人大常務委員会から授権されている。行政法規の制定手続については，行政法規制定手続条例が制定されている。

　行政法規は，国務院が単独で制定する場合の他，共産党部門や労働組合，女性連合会をはじめとする社会団体と連名で制定・公布される場合も少なくない。行政法規の効力は，以下に述べる地方性法規や行政規則に優先する。

　制定手続は，主管部門たる国務院の各部・委員会が草案を作成し，国務院法制辦公室のチェックを経て，国務院常務会議の審議に付され（規律対象が単一範囲内である，法律に授権されている等の行政法規の場合は国務院の審査批准のみで了とされる）（行政規則制定手続条例第25～26条），総理が公布の国務院令に署名して（国務院組織法第5条，立法法第61条，行政規則制定手続条例第27条）公布・施行される。なお，公布の国務院令には施行日が明記されなければならない（行政規則制定手続条例第27条1項）。施行は原則上公布の日から30日後であるが，国の安全保障，外国為替・通貨政策およびその他必要な場合には，即日施行となる（同第29条）。

③ 地方性法規

　一級行政区（省・自治区・直轄市）の人大およびその常務委員会は，憲法，法律および行政法規に抵触しない限り，地方の実情にもとづいて地方性法規を制定することができる。その他，省・自治区人民政府の所在都市および国務院が指定した大都市の人大およびその常務委員会もまた地方性法規の制定権を有するが，その場合，省・自治区人大常務委員会の批准を経なければならない。いわゆる経済特区と呼ばれる広東省，福建省，深圳市，厦門市，汕頭市，珠海市の各人大およびその常務委員会（深圳市，厦門市の場合は人民政府にも）には，経済特別区に関する法規・規則の制定権が授権されている。ただし，刑事法，裁判・検察制度，訴訟手続，国防，外交に関する事項には，これら制定権は及ばない。

　大胆な改革や実験的な取り組みについては，まず地方性法規で試験的に実施し（［試点工作］と呼ばれる），これに成功した場合，全国的に展開する場合も多い。法源としての重要性もさることながら，中国の改革の現状と将来の方向性を理解

する上で，地方性法規への目配りは欠かせない。

④ 少数民族地方の立法

民族区域自治を実施する自治区（5ヶ所），自治州（30ヶ所）および自治県（120ヶ所）[23]には，当該民族自治地方の基本法である自治条例および個別分野にかかる単行条例を制定する権限を有する。自治区の条例は全国人大常務委員会の，また自治州・自治県のそれは省・自治区人大常務委員会の，それぞれ批准を要する。その他に，法律・行政法規の規定にもとづいて，少数民族自治地区の実情にあわせた「変通規定」を制定する権限も有する。もっとも，自治区自治条例はひとつも制定されていないし，自治州・県の自治条例・単行条例・変通規定はどれも似たり寄ったりの「金太郎飴」のような内容で，各民族地方の特徴や実情をあらわしているとはいえない。

⑤ 行政規則

国務院所属の部・委員会等が，法律，行政法規，国務院の決定や命令にもとづき，各部・委員会の権限内において制定するものである。制定手続は，行政規則制定手続条例にしたがい，制定にかかる公聴会が開催される場合もある。規則のうち，国務院の批准を受けているものについては，行政法規に準ずる。その他，一級行政区の人民政府，省・自治区人民政府所在都市の人民政府および国務院の指定する大都市の人民政府も，地方的な行政規則の制定権を有する。なお，裁判にあたっては，行政規則は裁判規範とはならないが，「参照」される。

⑥ 判例・司法解釈

人民法院の判決には，最高人民法院の判決であっても事実上の先例拘束性すらないとされている。ただし，『最高人民法院公報』に掲載する等，最高人民法院が正式に公布した判決（下級法院のものも含む）は，他の裁判所が類似の事件を審理するに際して「参考」に供されている。

中国では，判決よりもむしろ司法解釈と呼ばれる文書が，法源としては重要である。司法の現場で最も重要な役割を果たしているのは司法解釈であるともいわれており，中国法の実際を理解するためには必ず目を通しておきたい。

司法解釈とは，最高人民法院と最高人民検察院が単独であるいは連名で制定・公布するもので，大きくは3種類ある。まず，下級法院・検察院が個別具体的な事件を処理するに際して直面した問題を上級に指示伺いし，それに対する回答という形式を採るものである。批復，答復，復函，通知等，さまざまな名称があ

る。また，主要な実定法の細則なりコンメンタールなりの意味合いをもつものもあり，これは意見，解釈といった名称を冠する。さらに，これは細則・コンメンタール型の派生系であるが，事実上の立法や法改正を司法解釈で行ってしまうもので，たとえば精神損害賠償に関する 01 年の司法解釈[24] はこれにあたり，一般には意見，解釈といった名称を冠する。なお，第 3 の類型については，司法機関による事実上の立法であるとの批判が，中国法学界の一部から提起されている。

5）植民地法，日本法の関与・法整備支援の現状

　近現代中国史における植民地経験としては，香港，マカオ，台湾および満州国[25] を挙げることができる。それ以外にも，上海・武漢・アモイ等に設置された租界や租借類似地[26] が植民地に類似するといえる。このうち，台湾は 1949 年以降，中国政府の主権が事実上及んでおらず，法的空間としては，中国法とは異なる。詳しくは台湾の章（第 3 章）を参照されたい。また，香港，マカオについては，それぞれ 1997 年と 99 年にその主権が宗主国であったイギリス，ポルトガルから中国に返還されている。もっとも，いわゆる一国二制度により，国防と外交を除き高度な自治が認められており，これらについても，中国法とは異なる空間である。よって，これら植民地法が現代中国法に与えた直接の影響を認めることは難しい。ただし，改革開放にともなう経済的な往来（香港・台湾からの投資）や学術交流の増加にともない，香港法や台湾法，あるいは香港・台湾で継受された外国法の現代中国法への影響がしばしば指摘される[27]。なお，中華民国法に対する日本法の関与については，第 3 章を参照されたい。また，満州国法に対する日本法の関与とその後の現代中国法への影響については，鈴木賢「試論・東アジア法系の成立可能性」（今井弘道編『発展する東アジアと法学の課題』成文堂，2008 年，所収）が参考になる。

3．法学教育・法曹養成と司法制度改革

1）法学教育

　前述のとおり，現代中国法は 1949 年の中共中央「国民党の六法全書を廃棄し，解放区の司法原則を確定することに関する指示」を出発点とし，中華民国期の法制度の一切を，換言すれば，近代西欧法の継受を否定することから始まった。

従って，中華民国期の司法制度，司法官および法学教育も否定されたと理解すべきところ，実際には，人材不足も大きく影響し，1952年に開始される司法改革運動までの間は，中華民国期の法曹有資格者の中で引き続き司法実務に従事していた者も存在した。法学教育についても，旧満州国に存在した建国大学等は廃止されたものの，その他の大学では引き続き法学教育が施され，建国直後には34の法学部が存在していた[28]。

このような状況は，1952年の司法改革運動とそれに続く一連の高等教育機関（大学）の大規模な改組・再編によって大きく変化する。旧政権下からとどまっていた裁判官はすべて放逐され，59年以降，中国には弁護士という職業が存在しなくなった。全国の法学部も中国人民大学（北京），東北人民大学（現吉林大学。長春）と，北京，上海，重慶および武漢に設置された政法学院[29]に統合された[30]。その後，北京大学，復旦大学（上海），西北大学（西安）および武漢大学に法学系が復活し，1980年代前半まで続く四院六系という基本枠組みが形成された。

その後，反右派闘争（1957年），大躍進政策（1958〜60年），文化大革命（1966〜76年）と，相次ぐ政治運動に翻弄されることになる。特に文化大革命期には，裁判所，検察院，公安のすべてが廃止され，公検法軍事管制委員会に統合され，またほぼすべての大学で入学・講義停止となるなど，法曹実務・法学教育のすべてが破壊されたといっても過言ではない。

文革終結後の1977年に大学は機能を回復し，政法学院・大学法学部が学生募集を再開した。その後の法学部の発展ぶりはすさまじく，2008年末の時点で法学部を有する大学は617校，在校生は学部が30万人超を数える[31]。法学は情報科学，経済・経営学とならんで学生の人気を集める学部となっている。

法学教育の近時の特徴的な変化として，「法律碩士専業学位」（以下，法律碩士）を挙げることができる[32]。法律学の修士コースには，従来の理論研究を中心とし，日本の研究者養成コースに相当する法学碩士と，高度の応用型・複合型の法律職業専門人養成を主眼とした法律碩士とが存在する。法律碩士は1995年に設置が決定され，初年度の96年には北京大学等の8つの大学に設置されただけであったが，現在では79校に増加している。当初は職業専門人養成という目的から，入学要件は大学学部卒業（法学既習・未習ともに可），40歳未満，社会人（4年以上の経験）とされていたが，98年以降は裁判所，検察院等で法律実務に

従事し，学部卒の学位を有し，実務経験5年以上を有し，かつ，45歳以下の者を対象とする「在職法律碩士専業学位」（社会人コースに相当）とそれ以外（一般コースに相当）を併存させることとなった。2000年からは全国統一の入学試験を導入するとともに，一般コースは法学未習の学部卒業生に限定されることとなった。

法律碩士は米国のJDをモデルに形成されたといわれており，その教育理念として，職業教育であること，法学学科式の教育ではない専門学位教育であり，研究型法学大学院教育ではないこと，在職型社会人教育であること，等が掲げられている。しかし，実際には，カリキュラム構成，教員組織が学部のそれと重複しており，社会人コースの何倍もの数の一般学生を抱え，大教室でのマスプロ教育が行われ，論文執筆が修了要件とされるなど，およそその教育理念とはほど遠い実態にある。大学によっては，むしろ収益を上げることが主な関心であるとさえ，巷間揶揄されている。

2）法曹養成[33]

1995年に裁判官法・検察官法が施行されるまで，裁判官・検察官組織はおろか，リクルートシステムさえまったく制度化されていなかった。裁判官を例にとれば，裁判官法施行以前における裁判官の採用条件は，79年人民法院組織法では「選挙権および被選挙権を有する満23歳以上の公民は，人民法院院長に選挙され，あるいは副院長，庭長，副庭長，裁判官および裁判員補助に任命されることができる」（第34条）と規定されるだけで，法的知識を具備していることすら要求されていなかった。その後，83年の同法改正で，「法律の専門知識を有していなければならない」（同2項）との規定が加えられたが，その基準，試験制度等については，明確に規定されていなかった。実際には政治的傾向が重要視され，軍隊や行政機関からの転出組がその多くを占めていた[34]。なお，弁護士については，82年に資格制度が復活し，86年から資格試験が実施された。

1995年以降は，裁判官，検察官および弁護士について，それぞれ個別の資格試験制度が実施された。しかし，裁判官，検察官試験はそれぞれ裁判所，検察院内部で実施されており，真の意味での資格試験制度であるとは評価しがたい。その後，2001年に裁判官法，検察官法および弁護士法が改正され，これら法曹三者の統一資格試験制度（国家統一司法試験）が実施されることとなった。2004年

の第3回以降から現行の内容となった。これまで大学学部を卒業した者に受験資格を付与していたが，08年からは学部2年修了者にも受験資格が付与されることとなった。試験科目は，法理学，法制史，憲法，行政法・行訴法，刑法，刑訴法，民法，民訴法，商法，経済法，国際法，国際私法，国際経済法および法律職業道徳の14科目が課される。試験は4部構成（1〜3部はマークシート方式，4部は論述〔事例分析〕試験）からなり，計600点満点で実施される。合格ラインは360点となっているが，自治県・自治旗，自治区所轄の県・旗，各自治州所轄の県，国務院が批准し確定した国家貧困扶助開発活動重点県（県クラスの市・区），チベットを除く西部地区11の省・自治区・直轄市の所轄県およびチベット自治区全土，合計1,115の県では，これらの地区の人材不足を解消させる目的から，合格ラインの緩和，または大専（日本の短大に相当）卒の者への受験資格の付与，等の措置を採用している（司法部「関於確定国家司法考試放寛報名学歴条件地方的意見」〔司発通［2007］38号］）。なお，司法試験合格者に交付される法律職業資格証書は，通常の受験資格・合格ラインでパスした者にはA資格が，特例措置で合格した者にはB資格・C資格が，それぞれ交付される。A資格は全国で「通用」するが，B・C合格者は受験地のみでしか執務・営業できない。合格者にこのような「格差」を設けたのは，上述地域での合格者を他地域に流出させないためである。

　日本の司法研修所や司法修習に相当する一元的研修機関・制度はない。裁判官研修は裁判官任官後に国家裁判官学院が，検察官研修は同じく検察官任官後に国家検察官学院が，弁護士研修は中華全国律師協会培訓部ならびに同教育委員会が，それぞれ担当する。また，裁判官，検察官は国家公務員であることから，これらに任官するためには，加えて公務員試験をパスする必要がある。

3）司法制度改革[35]

　日本，韓国，台湾同様に，中国もまた現在，司法制度改革が焦眉の問題として取り組まれている。その源流は1980年代中期まで遡ることができる。当時，改革開放の進展につれて法院に持ち込まれる裁判件数が急激に増加した[36]。他方，裁判官は増員されず，また，民事訴訟は職権主義の色彩が非常に強く，少ない人員で，手間暇のかかる訴訟を，大量に処理しなければならない，との問題に直面した。そこで，80年代中期に，裁判の効率性の向上を目的とした「民事裁判方

式の改革」が提唱され始めた。改革の中心は超職権主義的訴訟モデルから当事者主義的訴訟モデルへの転換であるが，上述の裁判官の制度化・リクルートシステムの確立もまた，裁判官の質を向上させることで訴訟の効率化を図る，という文脈で登場した面も見逃せない。

　ところが，90年代中期以降，裁判官の資質の問題が，裁判官の汚職等の司法腐敗の文脈で語られ始める。特に，1999年の全国人大における最高人民法院の活動報告で「司法公正を主線とし，法院改革の力を増す」方針が表明されて以降，それまでの「効率化」から「公正・公平」が司法制度改革の重心となった。これは一見唐突な感を受けよう。しかし，超職権主義的訴訟モデルでは裁判官と訴訟当事者とが接触する機会も多く，それゆえ司法腐敗の温床であるとみなすこともでき，この観点からすると，当然の流れであると評価することもできよう[37]。裁判官のモラール向上に照準をあわせた改革措置[38]が採られはじめるのも，この頃からである[39]。

　近時の司法制度改革では，効率化，公平・公正に加え，「裁判官のプロフェッショナル化」がキイワードとなっている。日本をはじめとするアジア諸国における司法制度改革の背景には裁判官の官僚化の深刻化があるが，中国では逆に，95年の裁判官法施行以降，官僚主義的な裁判官制度の形成が指向されている。すなわち，裁判官を12級に等級化し（法官等級暫定条例第5条），各クラス法院の院長・副院長・庭長・副庭長等の各職務を担当できる裁判官の等級が指定される（裁判官法第6条）。このような裁判官の官僚化は裁判官の資質の低さが原因であり，その解消のためには，裁判官をプロフェッショナル化し，裁判官の資質を向上させねばならないというものである。もっとも，司法試験導入後は，高度職業専門人としての裁判官の専門能力は格段に向上しており，裁判官がスケープゴートにされている感も否めない。また，裁判官の官僚化の要因としては，党・人大の干渉，待遇の低さ（給与水準は一般公務員と同等），裁判官の独立が実現していないこと等が，より根本的な阻害要因であると思われ，このような問題解決には，裁判官のプロフェッショナル化ではとうてい太刀打ちできまい。さらには，近時，誤判責任制（誤判した場合，当該判決を下した裁判官に対しその責任を追及する制度）や庭長責任制など，官僚化をかえって強化しかねない「改革」の動きが見られるなど，「改革」どうしが齟齬を来している感も否めない。

　このように，司法制度改革は何らかの理念なり青写真なりがあって，そこに進

む工程表として描かれているというよりはむしろ，場当たり的な対処療法に終始しているのが実情である。

4．中国法研究に関する情報

1）法令にアクセスする基本状況

法令の公開度は，とりわけ1990年代以降は比較的高い。新しい法令を知るには，以下の公報が便利である。

① 印刷メディア

(1)『中華人民共和国全国人民代表大会常務委員会公報』 全国人大常務委員会が発行する公報。全国人大および全国人大常務委員会で採択された法律および立法趣旨説明，条約，決定，国務院・中央軍事委員会・最高人民法院・最高人民検察院の活動報告が収録されている。年6号前後，不定期刊行。

(2)『中華人民共和国国務院公報』 国務院が発行する官報。全国人大および同常務委員会で採択された法律，決定，国務院が公布した行政法規，国務院各部が公布した行政規則および決議，決定，命令，一部の地方性法規等が収録されている。年30号前後，不定期刊行。

(3)『中華人民共和国最高人民法院公報』 最高人民法院が発行する官報。全国人大および同常務委員会で採択された法律，最高人民法院裁判委員会が討論し採択した規則や通知，司法解釈および裁判例等が収録されている。季刊。

なお，これら公報の主な内容は，全国人大（http://www.npc.gov.cn/），国務院（http://www.gov.cn/），最高人民法院（http://www.court.gov.cn/）のウェブサイトで閲覧することが可能である。

建国以降の法令を知るには，以下の法令集が便利である。

(4)『中央人民政府法令彙編』1～5（法律出版社，1982年〔再版〕） 1949年9月から54年8月までの主要法令が収録されている。

(5)『中華人民共和国法規彙編』1～13（法律出版社，1981年〔再版〕） 1954年9月から63年12月までの主要法令が収録されている。

(6)『中華人民共和国法規彙編』1979年～（法律出版社，1986年～） 1978年以降の主要法令が掲載されている。年刊本。

(7)『中華人民共和国新法規彙編』1988年1期～（新華出版社，1990年から中国

法制出版社，1988年～）　法律，行政法規，行政規則，［規範性分件］と呼ばれる法的拘束力を有するドキュメント，一部地方性法規，地方政府規章が収録されている。

(8) 唐徳華主編『解読最高人民法院司法解釈』（人民法院出版社）　出版時点で有効な法令解釈に関する司法解釈・裁判業務に指導的役割を果たす最高法院の通達類の主要なものの全文とこれらに対する最高法院の手による解説が収録されている。1980～1997年巻，刑事行政巻（1997～2002年），民事巻（1997～2002年），2003年以降の各年巻がある。

法令のみならず，学界回顧，各種司法統計が収録されている年鑑に，

(9)『中国法律年鑑』1987年版～（法律出版社，1990年版より中国法律年鑑出版社）がある。

② ネット・データベース

近時は，全国人大および同常務委員会で法案が採択されると，ほぼリアルタイムで，全国人大ウェブサイト上に，法案趣旨説明および審議のおおよその内容とともに公開される。いくつかの法律釈義（コンメンタール）も同ウェブ上で公開されている。また，法律，行政法規，司法解釈，地方性法規，行政規則，地方行政規則等を網羅した法令データベースとして，国務院のウェブサイト「中央政府網」内の「法律法規」(http://www.gov.cn/flfg/index.htm) がある。法令のタイトル検索，全文検索も可能である。その他，私家版の法令サイトが多数存在し，多くは無料で検索が可能である。

いくつかの国務院の部・委員会，地方政府のウェブサイトに，英訳法令が掲載されている。Law Info China（北大法律英文網：http://www.lawinfochina.com/）では，タイトル検索，全文検索が可能であるが，会員制サイトであり，無料で提供されるサービスはごく一部に過ぎない。

2）判例集・裁判例の公開状況

法源のところでも触れたが，中国は裁判例の先例拘束性を認めていない。［政法］そのものが市民にすら公開されていなかったこととも相まって，『最高人民法院公報』，『人民法院報（新聞）』にごく一部掲載されるものを除き，かつては裁判例のほとんどが公開されていなかった（なお，前述のとおり，これらに掲載された裁判例は，他の裁判所が同種の事件を審理する際に「参考にすることができ

る」とされるに過ぎない)。教科書等に掲載されていた裁判例も，ごく簡単な事案の概要と判決の骨子が記載されていただけであった。

このような状況に変化が生じたのは，1992年に最高人民法院の中国応用法学研究所の手によって『人民法院案例選』(人民法院出版社，23～30輯は時事出版社)が編輯・出版されたことによる。同書「端書き」によれば，当初は裁判の質の向上のために優秀な判決文を公開することを目的としていたようであるが，結局，同書は公式裁判例集としての地位を得るとともに，同書の発行を契機に，各地の法院が競って裁判例集を出版しはじめ，おびただしい量の裁判例が公開されることとなった。かつてあれほど入手に苦労した裁判例であるが，現在では，裁判例の取捨選択に苦労するほどで，隔世の感がある。もはや裁判例が入手できないことを実証研究ができないことの口実にできない時代となった。

これらの裁判例のほか，最高人民法院はじめ地方各クラス法院のウェブサイトでも多くの裁判例が入手できる。特に，上海高級人民法院のウェブサイト(上海法院網：http://www.hshfy.sh.cn/shfy/gweb/)では，所轄の全法院から収拾した裁判例のタイトル検索や全文検索もできるデータベースが提供されていて，便利である。その他，数万件の裁判例をデジタル化し，オンラインで日々更新することができる『中国司法案例数拠庫』(北大法意)なるデータベースもある。

3) 基本文献
① 中国語文献
1980年代初頭から，司法部の肝煎りで各科目別・教育課程別にさまざまな統一教科書が編集・出版され，また，主要大学も独自の教科書を出版している。数こそ多いものの，現状では定番・決定版教科書とよべるものが存在しない。専門書も，法学・政治学あわせてのデータであるが，2007年の1年間だけで9,000冊以上が出版され[40]，法学雑誌も数十種類が刊行されている。

② 日本語文献
中国法全体を鳥瞰する教科書としては，木間正道・鈴木賢・高見澤磨・宇田川幸則『現代中国法入門[第5版]』(有斐閣，2009年)のほか，小口彦太・田中信行『現代中国法』(成文堂，2004年)がある。中国の人民民主政権の形成と発展過程を詳らかにするとともに，1950年代中期までの国家と法の構造・理論を検討する福島正夫『中国の人民民主政権』(東京大学出版会，1965年)，建国後文革

前半までの中国法の構造的特質を析出する浅井敦『現代中国法の理論』（東京大学出版会，1973年）は，現代中国法を理解する上での必読書である。また，現代中国法と伝統中国法の連続性から，現代中国法を理解する上で，法史を理解することは非常に有益である。さしあたり，仁井田陞『中国法制史［増補版］』（岩波書店，1963年），滋賀秀三『中国家族法の原理［第2版］』（創文社，1975年），同編『中国法制史――基本資料の研究』（東京大学出版会，1993年）をお勧めしたい。

　その他，現代中国法の学習方法および調べ方については，高見澤磨「中国法の調べ方」（社会主義法研究会編『社会主義法のうごき――ロシア法・ポーランド法・中国法の調べ方』1997.3別冊，ナウカ，1997年，所収），高見澤磨・西英昭「中国法」（北村一郎編『アクセスガイド外国法』東京大学出版会，2004年），宇田川幸則「中国」（指宿信他編著『インターネット法情報ガイド』日本評論社，2004年），木間正道・鈴木賢・高見澤磨・宇田川幸則『現代中国法入門［第5版］』（有斐閣，2009年）付録「学習のための文献案内」もあわせて参照されたい。

おわりに

　以上，現代中国法史，統治機構，司法制度，法学教育・法曹養成および研究に関する情報について，簡単に紹介した。紙幅の関係から，すべての項目について，ごく簡単に触れることしかできなかった。興味関心を有する方は，本文および本文所掲の文献をご覧いただき，理解を深めていただきたい。

　なお，これは中国法に限らないが，学習・研究を深めるためには，現地の言葉（中国法では現代漢語〔いわゆる中国語〕）を理解する必要がある。法令については，現在，一部英語で発信されているが（地方性法規も含め），たとえば実際の司法の現場を知るための最重要情報である司法解釈や裁判例は，そのほぼすべてが中国語バージョンのみである。重要な情報になればなるほど，中国語以外の言語でアクセスできない。まずは読解力を身につけられることを，強くお勧めする。

注

1）財務省貿易統計（http://www.customs.go.jp/toukei/info/index.htm），日本貿易振興

機構（JETRO）「日本の月別貿易動向」（http://www.jetro.go.jp/world/japan/stats/trade/）。ちなみに，2006年度に初めて対中国輸出額が対米国輸出額を上回り，輸出入とも最大貿易国となった。
2）法務省入国管理局・外国人登録者数（http://www.immi-moj.go.jp/toukei/index.html）。
3）法務省入国管理局「出入国管理（平成20年版）」（http://www.moj.go.jp/NYUKAN/nyukan78.html）。韓国，台湾に次ぐ第3位。
4）文部科学省『平成20年度わが国の留学生制度の概要』（http://www.mext.go.jp/a_menu/koutou/ryugaku/081210.pdf）。
5）中国国家観光局「中国への入国者数統計」（http://www.cnta.jp/common/data/enter.xls）。国別では第2位で，第1位は韓国の477万人。同「訪中者数統計（主要国別）」（http://www.cnta.jp/common/data/enter_07.xls）。
6）以下の記述は，木間正道・鈴木賢・高見澤磨・宇田川幸則『現代中国法入門［第5版］』（有斐閣，2009年）に依った。
7）2008年には，中国の国内総生産（GDP）はMERで3兆6千億ドル（中国国家統計局）に達し，世界第3位となった。世銀2005年のデータでは，PPP換算では実に5兆3,332億ドルに達し，日本の3兆8,703億ドルを抜いて世界第2位となっている。
8）先に豊かになった人・地区が牽引力となって，経済発展の遅れた人・地区の発展を手助けし，最終的にはともに豊かとなることを目指す政策。
9）以下の記述は，木間正道他前掲『現代中国法入門［第5版］』に依った。
10）鞏献田教授（北京大学法学院）の呉邦国・全国人大常務委員会委員長に宛てた公開書簡『一部違背憲法的《物権法》』（http://www.peacehall.com/news/gb/pubvp/2005/08/200508201243.shtml）参照。
11）2006年末の時点で，国有企業および国が筆頭株主である株式企業が全工業企業に占める割合は8.27%であるという。李榮融「宏大的工程　宝貴的経験──記国有企業改革発展30年」中国共産党新聞網（http://theory.people.com.cn/GB/49169/49170/7681674.html）。他方，従業員数で見た場合，2007年末時点で，中国国内で登記・登録されている事業単位・企業等の労働者11,427万人のうち，6,147.6万人が国有単位に，684.4万人が都市部集団所有制単位に，4,594.9万人がその他（すなわち非公有制セクター）に，それぞれ所属しており，公有制セクターと非公有制セクターとの比率は59.8%対40.2%となり，公有制セクターが非公有制セクターを上回る。しかし，企業従業員数で見た場合，国有が2,382.1万人（31.6%），都市部公有制が585.8万人（7.8%），非公有制が4,569.2万人（60.6%）となり，さらに製造業に絞り込めば，504.4万人（15.0%），177.0万人（5.3%），2,677.1万人（79.7%）となり，非公有制セクターが公有制セクターを大きく上回ることとなる（中華人民共和国国家統計局編『中国統計年鑑──2008』中国統計出版社，2008年，121頁）。このように，実体経済を支える分野では，いまや非公有セクターが公有制セクターを圧倒しているのが，現実である。

12) 工業総生産額で見た場合，国内企業の総額 277,548 百万元のうち，国有企業，集団所有制企業および非公有制セクターの金額とその占める割合はそれぞれ 36,387 百万元（13.1％），10,170 百万元（3.7％），230,991 百万元（83.2％）となっており，注 11 同様，これらの数字から経済分野における公有制の位置づけと意味合いが理解できよう。なお，データは，中華人民共和国国家統計局編前掲『中国統計年鑑──2008』485 頁。

13) 特別行政区は，中国というひとつの国に社会主義と資本主義が併存するという一国家二制度の下，中国にその主権が回復してから少なくとも 50 年間は高度の自治が認められ，国防および外交を除き，主権回復前の制度が維持されることとされた。しかし，香港基本法の解釈権をめぐる中国中央政府と香港政府との争いのように，高度な自治の解釈をめぐる同床異夢も存在する。たとえば，廣江倫子『香港基本法の研究』（成文堂，2005 年）参照。

14) 「全国人大代表都是党政幹部嗎？」全国人大網（http://www.npc.gov.cn/npc/rdgl/rdzd/2000-11/30/content_8643.htm）。

15) 外交部，国防部，国家発展・改革委員会，教育部，科学技術部，国防科学技術工業委員会，民族事務委員会，公安部，国家安全部，監察部，民政部，司法部，財政部，人事部，労働・社会保障部，国土資源部，建設部，鉄道［鉄路］部，交通部，情報［信息］産業部，水利部，農業部，商務部，文化部，衛生部，国家人口・計画出産委員会，中国人民銀行，会計検査署。

16) 人事部所轄の国家外国専家局，情報産業局所轄の国家郵政局，国土資源部所轄の国家測量［測絵］局，国家海洋局，衛生部所轄の国家漢方医薬［中薬］管理局，文化部所轄の文化財［文物］管理局，中国人民銀行所轄の国家外貨［外匯］管理局，その他，国家食糧［糧食］局，国家陳情［信訪］局，国家保密局，国家档案局，国家煙草専売局。

17) 国務院国有資産監督管理委員会。

18) 税関総署，税務総局，国家環境保護総局，民間航空総局，放送・映画・テレビ総局，体育総局，統計局，工商行政管理総局，新聞出版総局，林業局，品質監督検査検疫総局，食品薬品監督管理局，知的所有権局，観光局，宗教事務局，国務院参事室，国務院機関事務管理局。

19) 国務院華僑事務辦公室，同香港・マカオ事務辦公室，同法制辦公室，同研究室，同台湾事務辦公室。

20) その他，国務院の直接事業体として，新華社通信，中国科学院，中国社会科学院，中国工程院，国務院発展研究センター，国家行政学院，中国地震局，中国気象局，中国証券監督管理委員会，中国保険監督管理委員会，中国社会保障基金理事会，中国自然基金委員会，中国銀行業監督管理委員会，国家電力監督管理委員会がある。

21) 鈴木賢「中国における裁判の独立の実体と特徴的構造」（『社会体制と法』第 8 号，2007 年）48〜65 頁。

22) 80 年代初頭の四川省での調査によれば，裁判官の約 15％の学歴が小学校卒業以下で

あり，その大半は読み書きすらおぼつかない教育水準にあったという。なお，この間の経緯は，宇田川幸則「中国における司法制度改革」(『社会体制と法』第2号，2001年) 39頁以下を参照されたい。なお，私見によれば，裁判官の資質の低さというのはあくまで口実であり，実際には，裁判官が独立して裁判を行うと中央の統制がとれなくなることを極端に恐れた結果，裁判官の独立が一貫して否定されてきたものと思われる。

23) 自治県のうち内モンゴル自治区にある3ヶ所は自治旗と呼ばれているが，行政区画上は県と同様である。
24) 最高人民法院「関於確定民事侵権精神損害賠償責任若干問題的解釈」(2001年2月26日採択，同年3月10日施行)。詳細は，宇田川幸則「中国精神損害賠償法の今日的位相」(『社会体制と法』第9号，2008年) 26頁以下を参照されたい。
25) 満州国 (中国では偽満と呼ぶ) は傀儡政権と位置付けられているが，その実態は日本による植民地支配以外の何ものでもないといえよう。
26) 租界や租借類似地は，建前上は中国に主権があるとされていたが，実際には租界管理当局が広範な管理を行っていた。
27) たとえば，88年の憲法改正で認められた土地使用権の有償譲渡の法的構成は香港で認められていた hold の影響を受けているとの指摘がある (渠涛「中国における土地の所有と利用をめぐる法の変容」〔『比較法研究』第63号，2001年〕184頁)。
28) 範毅「試論1960年代至1970年代的憲法学説」中国憲政網 (http://www.calaw.cn/Pages_Front/Article/ArticleDetail.aspx?articleId=4669) の注8参照。
29) 北京政法学院は現在の中国政法大学の前身。以下，各地の政法学院の名称は華東政法学院 (上海，現華東政法大学)，西南政法学院 (重慶，現西南政法大学)，華中政法学院 (武漢，現華中政法大学)。
30) 中国では単科大学 (＝college) を「学院」，総合大学 (＝university) を「大学」と称する。
31) 「西北政法大学王健教授談如何統全国法律教育」中国教育新聞網，2009年4月1日 (http://gaojiao.jyb.cn/gjsd/200904/t20090401_260228.html)。
32) 詳しくは，宇田川幸則「中華人民共和国における法曹養成制度改革のうごき」(『比較法研究』第68号，2007年) 177頁以下を参照されたい。
33) 詳しくは，宇田川幸則前掲「中国における司法制度改革」を参照されたい。
34) 宇田川幸則前掲「中国における司法制度改革」40頁。
35) 詳しくは，宇田川幸則前掲「中国における司法制度改革」，宇田川幸則前掲「中華人民共和国における法曹養成制度改革のうごき」を参照されたい。
36) 民事訴訟受理件数についてみてみると，改革開放政策実施前の1977年には232,645件であったのが，87年には1,213,219件，97年には3,242,202件と，爆発的に増加している (出典：77年は『当代中国的審判工作 (下)』当代中国出版社，1993年，15頁，87年は『中国法律年鑑 (1988)』法律出版社，1989年，816頁，97年は『中国法律年

鑑（1998）』中国法律年鑑社，2000 年，1209 頁）。
37) 裁判の公正・公平を，中国共産党のレジティマシィ獲得の手段の観点から分析するものとして，鈴木賢「中国に地殻変動は生じているのか——政治・法制度変動の動態要因をさぐる」(『世界』2005 年 2 月号) 316～324 頁，但見亮「中国の『監督』制度における『民主』と『政治』」(1)～(2・完)『比較法学』第 38 巻第 3 号，2005 年，27～65 頁，第 39 巻第 2 号，2006 年，53～90 頁を参照。
38) たとえば，いずれも最高人民法院の「人民法院裁判人員違法裁判責任追及弁法（試行）」(1998 年 9 月 4 日公布・施行)，「人民法院裁判紀律処分弁法（試行）」(1998 年 9 月 7 日公布・施行) 等。
39) もっとも，これらの一連の措置が，裁判官の腐敗防止に効果的な措置であるかは疑わしい。たとえば，全国で党紀・政紀違反で処分を受けた人数は，2000 年の 1,292 名から 2007 年は 712 名と 500 人強減じているが，うち刑事処分を受けた人数は 2000 年の 46 名から 2007 年の 105 名と，かえって増加している。以上のデータは，2001 年と 2008 年の全国人大における最高人民法院の活動報告による。
40) 徐咏梅「近年来我国法学文献出版状況分析」(『法律文献信息與研究』2008 年 4 期)，11～12 頁によれば，法学・政治学専門書に関するここ 3 年間の出版状況は，2005 年：7,699 種，2006 年：8,145 種，2007 年：9,288 種という。

※なお，各章冒頭の各国情勢は，人口，民族構成・宗教・言語については外務省ウェブサイト (http://www.mofa.go.jp/mofaj/area/asia.html)，憲法施行年は CIA, *The World Factbook 2009*, GDP・1 人当たり GDP・識字率・平均寿命については国連開発計画『人間開発報告書 2007/2008』阪急コミュニケーションズ，2008 年（ただし，台湾の GDP・1 人当たり GDP・識字率・平均寿命，韓国の識字率・ミャンマーの GDP・1 人当たり GDP は CIA, *The World Factbook* による)，にもとづき若干の修正を加えて作成した。

第 2 章 韓　　国

尹　龍澤

はじめに

　韓国は，日本の隣国であり，古代においては韓国からの渡来人たちによって文字や仏教が伝えられ，また，鎖国をしていた江戸時代にも唯一の正式な外交関係を結んでいた朝鮮王朝から高度な医学や儒学が伝えられている。その一方，近代においては，日本が韓国を植民地支配するという不幸な歴史もあった。第2次大戦後は，北緯38度線を境に以南をアメリカ軍が，以北をソ連軍が占領し，1948年には南に大韓民国，北には朝鮮民主主義人民共和国が樹立された。

　韓国の憲法では，北緯33～43度，東経124～132度の間に位置する韓半島（朝鮮半島）全域および附属島嶼が領土とされているが（憲法第3条），現在，そのうちの南北境界線以南が韓国の行政地区となっている。韓半島の総面積は22万2,135平方キロメートルで，これはイギリスやニュージーランド，あるいは岩手県から山口県までとほぼ同じ大きさである。韓国の面積は9万9,274平方キロメートル（韓半島全体の45％）で，人口は4,954万367人（2009年1月1日の住民登録上の人口）である（北朝鮮は2,361万2,000人『朝鮮中央年鑑2008年』）。

　ところで，日本と韓国は隣国としての長い交流の歴史の中で，さまざまな出来事があっただけに，なかなか互いに等身大の姿を知ることは困難である。そこで，ここではドイツで最大の発行部数を誇る新聞『フランクフルター・アルゲマイネ』2005年10月19日付の「昇り調子の韓国」という社説をとおして，韓国のいまを見ておきたい。

　すなわち，「メイド・イン・コリアを小ばかにする人もいるが，ドイツでは，

第 2 章 韓　　国

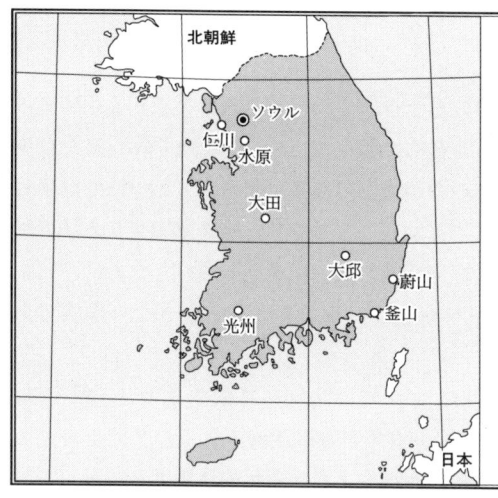

国名：大韓民国
首都：ソウル
人口：4,954万人
民族：韓民族
宗教：仏教25％，プロテスタント20％，カトリック7.4％，その他，社会・文化に儒教の影響を色濃く受ける。
言語：韓国語
現行憲法施行年：1988年
GDP・1人当たり GDP：7,876億ドル・16,309ドル
成人平均識字率：97.9％
平均寿命：77.9歳

北朝鮮
ソウル
仁川
水原
大田
大邱
蔚山
光州
釜山
日本

　家庭に韓国製のテレビがあり，自動車が走り，映画が上映されている。この30年の発展には驚くべきものがあるが，韓国と聞くと，国土の分割，ストライキ，軍，核危機という暗いイメージがいまも残っている。1960年代初頭の韓国はアフガニスタンと同じ水準にあったが，いまや世界で10番目の経済力を持つ。外貨準備高で韓国を上回るのは3ヶ国だけ。軍事独裁は過去のもので，いまやしっかりとした民主主義国である。韓国が日本と朝鮮戦争の影から飛び出し，世界に躍進したのは1988年のオリンピックの成功からである。2002年にはワールドカップを組織力にたけた日本と共催し，評判をいっそう高めた。日本と中国に挟まれて，西側で注目されなかった文化の紹介にも，韓国は力を入れている。金属製の文字で印刷を始めたのは，グーテンベルクの200年前である。韓国の映画，ミュージカル，マンガなどが日本から台湾，タイにまで流行し，教育水準の高さも国際的に注目されている」のであるが，しかし，その一方で，「よくも悪くも不安定な自意識が作用しているが，これは侵略，日本による植民地化，兄弟同士の戦争，その後の分割を耐えねばならなかったからである。韓国人は中国，ロシア，日本という巨大な隣国に囲まれた状況を，クジラの下敷きになった小エビにたとえる。韓国はあらゆる困難を排し，多くのことを達成した。最大の課題はいまも同じく，再統一である。再統一は朝鮮半島をひとつにするだけでなく，この地域に平和をもたらすであろう」と述べる。この記事は，今日の韓国が置かれて

いる状況を的確に表現しているものである。

　韓国法を世界の法系の中に位置付けるとき，その伝統と思考方式，文化様式の類似性に着目して，中国法と日本法を含めた極東法（Far Eastern Law）または東アジア法（East Asisan Law）に含めるのが通例である。また，ドイツ法を継受した日本によってはじめて近代法体系に接することになり，戦後はアメリカ法の影響を強く受け，そして廃墟の中から経済発展と民主化を成し遂げたために，日本と韓国は世界で最も似通った法体系を有していることは否定できない事実である。

　しかし，「韓国」という観点から日，中，韓の法制を考察するとき，第1に，日本と中国に挟まれながらも半万年（5,000年）と称される悠久の歴史を有する民族として存在し続けた事実，第2に，西欧的または近代的法制度と接触し受容すべき時期に長い交流の歴史を有する隣国の日本によって植民地支配された近代史，第3に，第2次大戦後の東西のイデオロギー対立の最前線に立つ分断国家として，共産主義に対抗するための便法として自由と繁栄の旗を掲げながらも，その実，いわゆる開発独裁を推し進める制度的装置としての法整備を経験した現代史，そして第4に，「漢江の奇跡」と謳われた経済発展と幾多の改憲の歴史が物語る革命によって獲得した民主主義によって，いまや先進国の隊列に加わるとともに，国際化，住民参加，途上国への法整備支援などの先進国に共通の課題に直面するに至っている現在の状況，これらを総合するとき，そこに日本法とも中国法とも異なる独自の韓国法の存在が鮮明に浮かび上がるのである。

1．韓国法の歴史

1）朝鮮時代以前

　韓国の地における最古の法は，『漢書』「地理志」に記されている「犯禁8条」であるといわれている。これは氏族共同社会であった古朝鮮（～B. C. 108年）の秩序と生活を維持するために定められた8ヶ条の基本法であるが，現在伝えられているのは，(1)人を殺した者は死刑に処する，(2)人に傷害を加えた者は穀物で賠償する，(3)人の物を盗んだ者はその者の奴婢となし，贖罪しようとするときは50万銭を支払わなければならない，という3ヶ条だけである。その後の，高

句麗，百済，新羅の三国時代（B.C. 57〜A.D. 668年），統一新羅時代（668〜936年）は，各種の支配組織や政府組織を「令」によって規定し，これに違反する者は「律」によって罰するという「律令」時代であったが，続く高麗時代（936〜1392年）になると，中国の「律令」を部分的に継受したものの，次第に王の命令や慣習法が律令にとって代わるようになっていった。

2）朝鮮時代（1392〜1896年）

朝鮮時代は，礼を重視した儒教社会である。そこでは，自然の法則との調和を保ちつつ社会生活を送るために従うべき規範である礼が重視され，法はその実践のための補完物と考えられてきた。しかし，その一方で，法を体系的・組織的に普及させるために努力した王朝も，実は朝鮮王朝であった。すなわち，個別的な王の命令や慣習法に代わって，基本的な統一法典と刑法である大明律によって統治したのである。この意味において，韓国の法史学では，朝鮮時代を「統一法典の時代」と呼んでおり，その法典は主要なものだけでも10種が編纂されている。

特に長い年月をかけて1470年に頒布・施行した『経国大典』は，中国の六官制度にならい，「吏典」，「戸典」，「礼典」，「兵典」，「刑典」，「工典」の六典で構成され，条文も抽象化・一般化されていた。しかし，その後，時代の変遷や社会の変化に合わなくなったために，『経国大典』の施行後に公布された法令を整理した第2の『経国大典』ともいうべき『続大典』（1746年）が編纂され，そして，『経国大典』と『続大典』およびその後の法令をひとつに統合した第3の『経国大典』ともいうべき『大典通編』（1785年）が編纂された。

なお，中国法の圧倒的影響下にあった朝鮮時代にあっても，男女均分相続やローマ法と同様の親等計算などは，朝鮮固有の制度として生き続けたことも指摘しておく必要がある。

3）大韓帝国時代（1897〜1910年）

1894年7月に親日開化派の政権の下で，封建的旧体制を撤廃して近代的絶対君主国家の法制へと進むための政治・経済・社会・文化全般にわたる一大改革が始まった。この甲午改革は，すでに解体期に差しかかっていた朝鮮王朝を中央集権的組織体制に再編成するとともに，自由かつ平等な権利主体としての近代的人間像，社会像を樹立しようとした試みであった。しかし，この改革を担当した開

化派は，支配階級のなかの少数派であり，したがってまた，改革に反対する封建的保守勢力に対抗するために日本の勢力に依存せざるをえなかったがゆえに，侵略的な日本と結託した「親日派」との印象を拭い切れなかった。そして，日本による王妃（閔妃）殺害事件を機に頂点に達した反日蜂起は，その対象を親日派と目された開化派に向け，ここに朝鮮近代史において注目すべき開化運動は充分な成果を上げられないまま挫折したのである。その後，日清戦争後の三国干渉によって日本は一時期，その勢力を後退させることになるが，日露戦争開始直前には，朝鮮侵略の意図を露骨に示すようになった。1904年には第1次日韓協約によりいわゆる顧問政治が行われ，翌年の第2次日韓協約によって外交権が剥奪された。1906年には統監府が設置され，ここに統監政治が始まった。そして，1907年の第3次日韓協定によって法令制定権が奪われ，1909年の「韓国司法及監獄事務委託ニ関スル覚書」によって司法権も奪われることになったのである。

　この時期に発行された法令集である『法規類編』（1896年），『現行大韓法規類纂』（1907年），『現行韓国法典』（1910年）に収録された法令を見るとき，それらのほとんどが日本人顧問の協力下に日本法令をそのまま継受したものであるとはいえ，その数の多さに驚かされる。1894年の甲午改革期から1910年の日韓併合までの16年間に公布された法令は約3,600件にものぼるのである。

　代表的なものとしては，改革の基本綱領を定めた「洪範十四条」（1895年），中国からの独立と君主制を宣言した「大韓国国制」（1899年），そして，それまでの伝統法的な要素と改革法的要素を結合させた680ヶ条におよぶ「刑法大全」（1905年）が挙げられる。これらは，依然として封建的身分制度を肯定した条項を残しながらも，一方では，その廃棄を規定した条項なども含んでいた[1]。

4）日本植民地時代（1910～1945年）

　日本植民地時代に朝鮮で適用された法令は，(1)朝鮮に施行する目的で制定された法律および勅令，(2)朝鮮総督府制令，(3)効力の存続を認められた旧韓国法令，(4)法律および制令の委任による命令等であった。この植民地支配法体系の中軸は，朝鮮の立法・司法・行政権を掌握した朝鮮総督の命令である「制令」である。朝鮮において法律が必要な事項は，この制令で定められたのである。制令は，植民地の期間を通じて676件が公布された（既存の制令を改廃する制令を除いても270件である）。その内容は，「朝鮮民事令」（制令第7号），「朝鮮刑事令」

(制令第 11 号) などに見られるように，日本国内で実施されていた法令を植民地支配に都合のよいように改悪して朝鮮にのみ適用したものが多かった[2]。

5) 韓国法の形成期 (1945〜1960 年)

　解放に伴いアメリカの軍政が敷かれた。この 3 年間は，短い期間ではあったが，韓国の基本法制定のための基礎作業と法運営の基本枠が作られたという点では非常に重要な時期であった。この時期は，一方では植民地支配の清算，他方では法的真空状態を埋めるための既存体制の維持という，二律背反的な基本原則が支配した時期であった。そこで，治安維持法，政治犯処罰法，出版法などの抑圧的かつ差別的な法律は廃止するとともに，それ以外の植民地時代の法令については暫定的に存続させ，アメリカ軍政が必要に応じて改廃または新法を制定した。このアメリカ軍政期の立法活動は特に刑事訴訟法と労働法の分野で大きな影響を与えた。

　1948 年 8 月に大韓民国が樹立され，それとともに大韓民国憲法も発効した。しかし，その憲法は附則で「現行法令は，この憲法に抵触しない限り，効力を有する」(第 100 条) と規定して，旧韓国，日本植民地時代，アメリカ軍政期の法令の効力を暫定的に認めたのである。

　1948 年 9 月に法典編纂委員会が大統領直属機構として構成され，法律の体系的整備作業に着手し，途中，朝鮮戦争 (1950〜1953 年) という未曾有の混乱を経ながらも，この委員会が主軸となって，刑法 (1953 年)，刑事訴訟法 (1954 年)，民法 (1958 年) が起草され，ここに現行法の母体が形成されたのである。

6) 韓国法の確立期 (1960〜1980 年)

　李承晩独裁政権を退陣に追いやった学生の蜂起 (1960 年の「4.19 革命」) によって政権を担当することになった民主党政権は，内部対立と無能さのゆえに社会の混乱を収束することができず，1961 年の 5 月 16 日には朴正煕少将 (当時) を中心とした軍事クーデターが起こった。ここから韓国法体制は，法が政権維持のための手段，経済発展のための手段となる，いわゆる法道具主義時代に入ることになる。軍事革命委員会を改称した国家再建最高会議という非常立法機構が憲法の上に君臨して絶対的な統治権を行使し，各種の法律を制定していったのである。すなわち，1961 年 7 月 15 日に「旧法令整理に関する特別措置法」を制定し

て，1948年7月16日（憲法が公布・施行された前日）以前に施行された法令のうち，その効力が存続しているものを1961年12月31日までに整理することにし（第2条），その日までに整理されない旧法令は1962年1月20日をもって廃止したものとみなす（第3条）と宣言することで，まさに革命的に旧法令は整理された[3]。この時期に新たに制定された法律としては，反共法（1961年），暴力行為等処罰に関する法律（1961年），軽犯罪処罰法（1964年）などがある。

その後も，朴大統領暗殺後の混乱期である1980年10月27日から1981年4月10日まで，国家保衛立法会議という超憲法的な立法機構によって多くの法律が制定された。政治風土刷新のための特別措置法，独占規制および公正取引に関する法律，社会保護法，労使協議会法などがこのときに作られた。

多くの重要な法律が非常立法機構によって制定されたことは，韓国の法治主義の実現に対する障害要素として作用したことは不幸な事実ではあるが，このような時期を経ることで韓国の法制が主権国家としての面貌を備えたものに発展したということも否定できない事実である。

7）韓国法の発展期（1980年～現在）

植民地支配からの解放，朝鮮戦争，軍部クーデター，開発独裁，大統領暗殺といった不安定な政治，社会状況の中で拙速に制定された基本法制は，1980年代に入るや，一方では民主化に対する国民の期待を反映して，また他方ではその間力を蓄えてきた実務家と法学者たちによって，韓国の実状に合うようにひとつずつ改正され始めた。民法，商法，民事訴訟法，刑法，刑事訴訟法はいずれもこの時期に大きく改正され，ここに，韓国の基本法制は，その発展した経済力と民主政治に相応しい現代的なものとして定着することになった。

各実定法学の分野に新たに現れた現象は，実定法条文を解釈するに際して，ドイツ，日本などの外国の文献を直接引用してきたこれまでの態度を捨てて，韓国の社会実状に合った独自な法解釈の必要性が確認されたことと，そして，これまでは単なる名目に過ぎなかった憲法の基本権規定が憲法裁判所によって名実ともに裁判規範として活用され始めたことである。

8）韓国法の世界化——発展途上国への法整備支援

韓国の近代史は，鎖国政策を徹底することで国家の安泰を守ろうとする「世界

化（グローバル化）に対する否定」の時代，一足早く開国して近代化を進めてきた日本によって強圧的に門戸を開放され，さらには植民地へと転落した「強要された世界化」を経て，解放後はさまざまな波乱を乗り越えながら，「世界化への積極的参加」によってグローバル・スタンダードを受け入れて自らの中に消化してきた。いま，韓国は，貧困と屈辱の歴史を克服して，中国，日本，そして東南アジアの「韓流」現象に見られるような「外に向かって発信する世界化」の時期を迎えている。1960年代からの経済発展と1980年代中頃からの民主化の成功は，当然に法制度の基盤の上に支えられたものでもあるだけに，韓国の法制度は発展途上国と体制転換国にとって格好のモデルとなっている。これを受けて韓国においても，これらの国に対する法整備支援が進められてきている。

韓国での法整備支援は，法務部が1997年から韓国国際協力団（Korea International Cooperation Agency, KOICA）の財政的な支援で発展途上国の検事と判事などの法律専門家を対象に犯罪防止および刑事司法国際研修課程（Internatinal Workshop on Crime Prevention and Criminal Justice）を開設したことに始まる。その後，2002年からは国際刑事司法パートナーシップ課程（Partnership Building for International Criminal Justice）を，2003年からは体制転換国法整備支援課程（Legal Technical Assistance for Countries in Transition）を開設して，3つの外国法曹人招請研修課程を運営している。現在では，大法院，韓国法制研究院，法制処（日本の内閣法制局に相当），韓国国際協力団などの国の機関の他にも，アドボケイツ・コリア（http://www.advocateskorea.org/），アジア法研究所（http://www.lawasia.org/）などのNGOでも，法整備支援がなされている。もっとも，アメリカや日本などの先進国に比べればいまだ初歩的な水準にとどまっているが，しかし，アジア諸国が過去の日本の侵略の歴史のために日本の先進法文化を受け入れることに対して一定の拒否感を持っていること，また，世界のどの国よりも短期間に驚異的な経済成長と民主化を成し遂げた韓国の成果をモデルにしたいと欲していることは，韓国の法制整備支援事業が有する優位点であり，大きな可能性を示唆するものであろう[4]。

2．国家組織と司法制度

韓国の国家組織は，次の図2-1のとおりである。

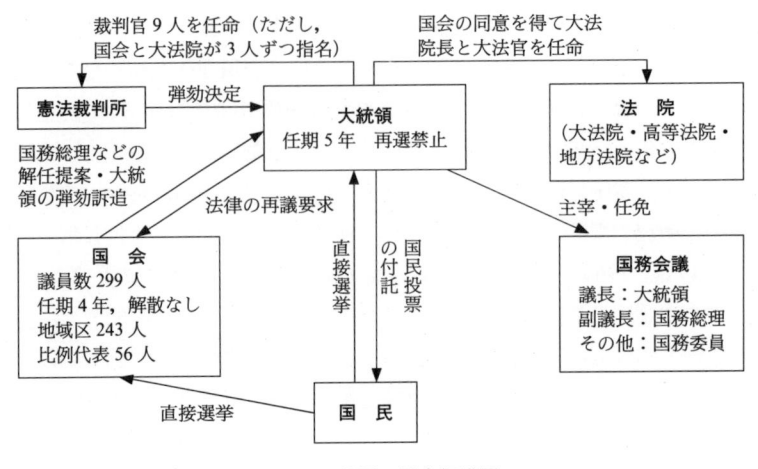

図 2-1 韓国の国家組織図

憲法裁判所 — 裁判官9人を任命（ただし，国会と大法院が3人ずつ指名）

大統領 任期5年　再選禁止
- 弾劾決定（憲法裁判所→大統領）
- 国務総理などの解任提案・大統領の弾劾訴追（国会→大統領）
- 法律の再議要求（大統領→国会）
- 国民投票の付託
- 直接選挙

法院（大法院・高等法院・地方法院など） — 国会の同意を得て大法院長と大法官を任命

国務会議 — 主宰・任免
- 議長：大統領
- 副議長：国務総理
- その他：国務委員

国会
- 議員数 299人
- 任期4年，解散なし
- 地域区 243人
- 比例代表 56人

国民 — 直接選挙

　この図において，韓国の国家組織の特色といえるものとしては，憲法裁判所と国務会議であるが，憲法裁判所については後に詳しく述べるので，ここでは国務会議についてのみ簡単に説明しておく。韓国の大統領制は，いわゆる議院内閣制的大統領制といわれており，国民の直接選挙によって選ばれる大統領を中心とした政治体制をとりつつも，国務会議を設置している。国務会議は，大統領と国務総理および15名以上30名以下の国務委員とで構成され，大統領が国務会議の議長，国務総理が副議長になる。しかし，一般的な慣例としては，国務総理が会議を主宰している。

　韓国の国務会議は，議院内閣制下での閣議やアメリカ大統領制下での単に諮問機関である長官会議とは異なる独特のものであり，いわば，議決機関である閣議と諮問機関である長官会議を折衷した諮問的機能を有する審議機関ということができる。すなわち，その議決には大統領に対する法的な拘束力はなくても，国政の基本計画と政府の一般政策，宣戦および講和などの重要な対外政策，憲法改正案と法律案，大統領の緊急命令，緊急財政経済処分，戒厳とその解除など，憲法の定める17の事項については必ず国務会議の議決を経なければならないとされている（憲法第89条）。したがって，このような手続を経ない大統領の国政行為は効力を生じないと考えられている。

　なお，2008年にスタートした李明博政権は，「規制緩和」と「小さな政府」を

目指して，中央行政組織を盧武鉉政権のときの2院18部4処18庁10委員会から2院15部2処18庁5委員会（ただし，国家人権委員会は独立機関である）へと縮小した（図2-2参照）。

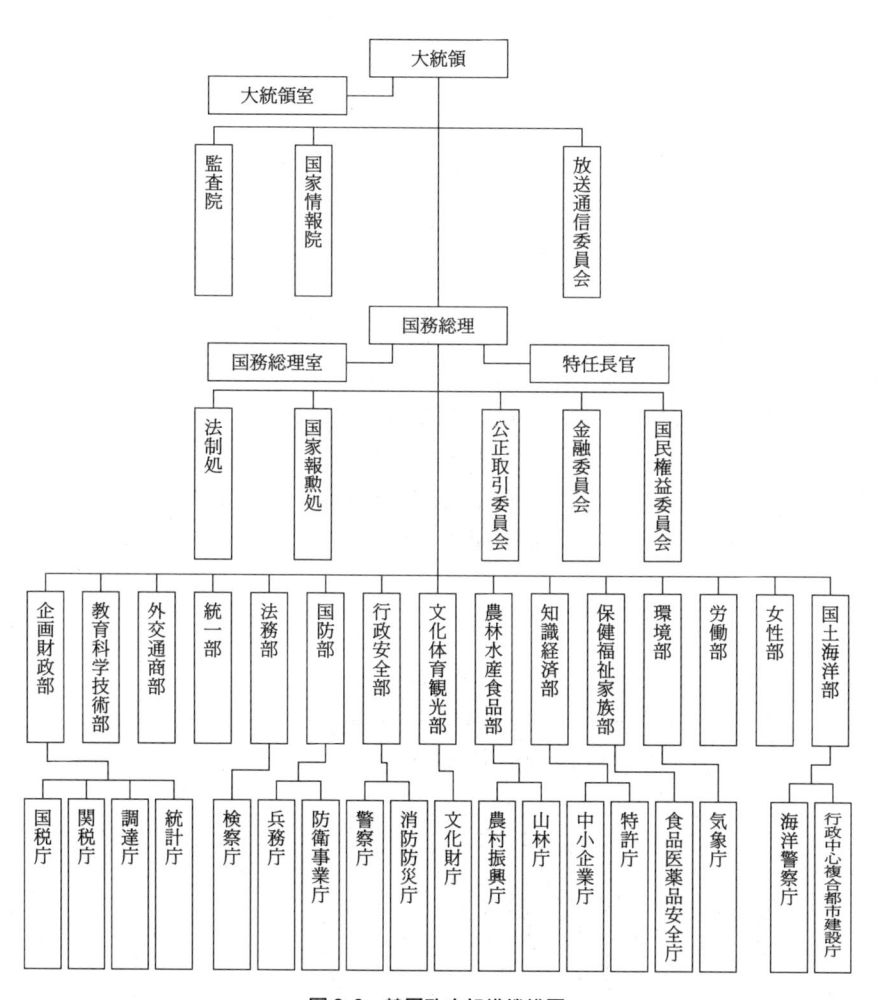

図 2-2　韓国政府組織機構図

注）この他，独立機関に国家人権委員会がある。

1）法　院[5]
① 法院の組織

　憲法は，第101条2項で「法院は，最高の法院である大法院および各級法院で組織される」と定めるとともに，第102条3項で「大法院および各級法院の組織は，法律で定める」と規定している。この規定を受けて制定された法院組織法では，最高法院である大法院の他に，各級法院として高等法院（5），特許法院（1），地方法院（18），家庭法院（1），行政法院（1）の5つを定めている（図2-3を参照）。また，憲法は特別法院として軍事法院を置いている。

　ところで，韓国でも裁判の適性と法令解釈の統一を図るために三審制を原則としている。審級管轄は，民事事件および刑事事件のうち単独事件については，地方法院（支院）単独判事→地方法院合議部（控訴部）→大法院の順であり，合議事件については地方法院（支院）合議部→高等法院→大法院の順である。行政事件については行政法院→高等法院→大法院の順であり，特許審判院の審決等に対する不服事件については，特許法院→大法院の順である。軍事事件については，普通軍事法院→高等軍事法院→大法院の順である。

　大法院は，大法院長と大法官13人で構成される。大法院長は国会の同意を得て大統領が任命する。大法官は大法院長の提案により国会の同意を得て大統領が任命する（憲法第104条1項，2項）。大法官以外の法官は，大法院長が任命するが，その際には大法官会議の同意を得なければならない（同条3項）。

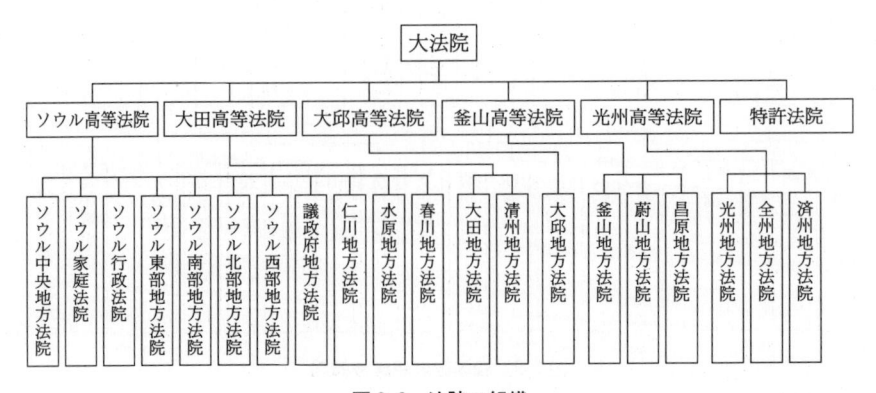

図2-3　法院の組織

第2章 韓　国　49

図2-4　大法院

② 法院の権限

ⓐ　司法権　法院は民事訴訟，刑事訴訟，行政訴訟，特許訴訟，選挙訴訟など法的争訟に対する裁判権を有している。後述するように，司法作用のうち，違憲法律審判などは憲法裁判所の管轄とされている。

ⓑ　命令・規則審査権　法院は，命令または規則が憲法や法律に違反するか否かが裁判の前提になった場合には，これを審査する権限がある。これは国法秩序の統一性と国民の基本権を保障するために，命令や規則が上位法である憲法や法律に違背する場合には，法院はその命令や規則の当該事件への適用を拒否することができることを意味する。

ⓒ　違憲法律審判提請権　法院は，法律が憲法に違反するか否かが裁判の前提になった場合には，職権または当事者の申請による決定でもって，憲法裁判所に違憲法律審判をするよう請求することができる。

ⓓ　司法行政権およびその他の権限　その他，法院は，人事，予算などの司法行政に対する権限と大法院規則制定権があり，法廷の秩序を維持するために法廷秩序維持権をもっている。

2）憲法裁判所[6]

① 憲法裁判所の憲法的地位

現行憲法は，違憲法律審判などを担当する機関として，憲法裁判所を置いてい

図 2-5　憲法裁判所

る。憲法裁判所と大法院は，それぞれ独立した国家機関であり，管轄権も異なるので，その管轄権に関しては原則的に相互独立的地位を有する。すなわち，大法院は，民・刑事訴訟，行政・特許訴訟などに関して最終審の法院であり，命令，規則，処分の違憲・違法の可否が裁判の前提になった場合，最終的にこれを審査する権限がある。一方，憲法裁判所は，違憲法律審判，政党解散審判，弾劾審判，権限争議審判，憲法訴願審判を担当するものの，法院の裁判に対しては憲法訴願を提起することはできない。しかし，大法院長は3人の憲法裁判所裁判官を指名し，法官に対する弾劾審判は憲法裁判所が担当する。また，大法院は法律の違憲の可否が裁判の前提になった場合には，憲法裁判所に違憲法律審判の請求をして，憲法裁判所の決定に従い裁判しなければならず，憲法裁判所の違憲決定は大法院を拘束する。

このように，両機関は相互独立的であるとともに，相互関連的でもあるために，命令，規則に対する憲法訴願の認定の可否，憲法訴願における補充性の原則（後述）の例外の認定の可否，憲法裁判所のいわゆる「変形決定」（後述）の大法院に対する拘束性の可否などをめぐって，憲法裁判所と大法院の間で解決しなければならない多くの問題も存在している。なお，法院の「判決」に対して，憲法裁判所の最終判断は「決定」と称されている。

② 憲法裁判所の組織

憲法裁判所は，法官の資格を有する9人の裁判官で構成され，裁判官は大統領

が任命する（憲法第111条2項）。このうち，3人は国会で選出した者を，3人は大法院長が指名した者を任命する（同条3項）。憲法裁判所長は，国会の同意を得て，裁判官の中から大統領が任命する（同条4項）。裁判官の任期は6年であり，法律の定めるところによって連任することができる（第112条1項）。

③ 憲法裁判所の権限

ⓐ **違憲法律審判** 違憲法律審判は，国会が議決した法律が憲法に違反するか否かを審査して，その法律が憲法に違反するものと認定した場合に，その効力を喪失させる制度をいう。違憲法律審判の対象になるものは，形式的な意味の法律と法律的効力を有する緊急命令，緊急財政経済命令，条約などである。また，抽象的規範統制は認められていないので，法律の違憲の可否が裁判の前提になった場合に，法院の請求によってのみ違憲法律審判をすることができる。憲法裁判所が法律に対する違憲決定をするためには，9人の裁判官のうち6人以上の賛成が必要である。違憲と決定された法律は，その決定がある日から効力を喪失する（憲法裁判所法第47条2項）。もっとも，韓国の憲法裁判所は，違憲決定に伴う混乱を少なくするために，単純違憲決定のほかに変形した決定類型も採用している。その代表的なものが，限定合憲決定と憲法不合致決定である。限定合憲決定とは，違憲的素地がある法令の意味を可能であれば憲法の精神に合致するように縮小解釈して違憲判断を回避する決定類型をいう。憲法不合致決定とは，法律の実質的な違憲性を認めながらも，法律の空白状態を防止して立法者の立法改善を促すために，法条文が違憲であると決定する代わりに，単に「憲法に合致しない」と決定すると同時にその法条文の効力時限を定める決定類型をいう。

ⓑ **政党解散審判** 政府は政党の目的や活動が民主的基本秩序に違背するときには，国務会議の審議を経て，憲法裁判所にその解散を提訴することができる。憲法裁判所は9人の裁判官のうち6人以上の賛成によって政党の解散を命ずる決定を下すことができる。解散決定が下されれば，中央選挙管理委員会は，その政党の登録を抹消し，解散された政党の残余財産は国庫に帰属する。また，解散された政党の綱領または基本政策と同一であったり，あるいはそれと類似した代替政党を創設することはできない（憲法裁判所法第42条）。所属議員の資格が当然に喪失するかどうかについては，見解が対立している。

ⓒ **弾劾審判** 弾劾審判権は，国会の弾劾訴追の議決があった後に憲法裁判所が行使することができる。弾劾決定は9人の裁判官のうち6人以上の賛成が必要

である。弾劾決定がなされれば，弾劾決定を受けた者は公職から罷免され，決定宣告があった日から5年間公務員になることができない（憲法裁判所法第54条2項）。

ⓓ **権限争議審判** 権限争議審判とは，国家機関または地方自治団体間に権限の存否やその範囲に関して紛争が発生した場合に，憲法裁判所がその権限の存否や範囲などを明白にすることでもって，機関間の紛争を解決する制度である。9人の裁判官のうち7人以上の出席で審理して，終局審理に関与した裁判官の過半数の賛成で決定する。

ⓔ **憲法訴願審判** 憲法訴願制度は，公権力の行使または不行使によって憲法上保障された基本権が侵害された場合に，その侵害された当事者が憲法裁判所に当該公権力の違憲の可否の審査を請求する制度である。これには2つの類型があるが，ひとつは公権力によって基本権を侵害された者が直接請求する権利救済型の憲法訴願であり，他のひとつは違憲法律審判の請求申請が法院によって棄却された場合に，その請求申請をした当事者が請求する違憲審査型の憲法訴願である（憲法裁判所法第68条2項）。後者の型の憲法訴願は，形式は憲法訴願であるが，その実質においては違憲法律審判ということができる。憲法訴願審判の対象になる公権力の行使または不行使には，立法作用，行政作用，司法行政作用がすべて含まれるが，法院の裁判はその対象にならない（同条1項）。憲法訴願審判を請求できるのは，基本権の侵害が自身に，直接的に，そして現実的に発生する場合であって，かつ，自身への基本権侵害を除去することのできる他の法的救済手段がない場合にのみ認められる。後者の場合を憲法訴願の補充性の原則という。憲法訴願の認容決定には，裁判官6人以上の賛成が必要である。

3．韓国における法源

現在の韓国法は大陸法系に属しているために，成文法主義をとっている。成文法源の種類としては，憲法，法律，命令・規則，国際条約・国際法規，条例・規則があり，不文法源の種類としては慣習法，判例法，条理がある。

1）成文法
　①憲　法
　韓国の地で最初に制定された憲法は，1899年8月17日に公布された「大韓国国制」であるといわれる。これは，大韓帝国（1897年に国号を朝鮮から大韓帝国に改称した）の国家統治の組織と統治権の行使を皇帝の命令で制定した国家の基本法であったが，1910年の日韓併合によって，大韓帝国そのものが終焉を迎えた。その後，日本植民地時代に起こった1919年の「3.1独立運動」の結果として樹立された上海の大韓民国臨時政府は，同年9月11日に大韓民国臨時憲法を公布した。この臨時憲法は，前文および8章58ヶ条で構成され，国民主権を宣言するとともに，権力分立と人民の権利を規定したものであり，条文の上からは近代立憲主義憲法の体裁を完備したものであった。しかし，「大韓国国制」は皇帝の大権事項を定めただけのわずか9ヶ条の簡単なものであり，また，臨時政府はその実質は海外に中心をおいた独立運動のための組織的抵抗運動団体に過ぎないものであって，いずれも十全たる意味においては「憲法」と呼ぶことはできない。
　日本の植民地支配からの解放後，北緯38度線を境に南にはアメリカ軍，北にはソ連軍が軍政を敷いていたために，南北の統一独立のための話し合いが米ソの間で幾度かもたれたが意見の一致を見ることができなかった。そこでアメリカはこの問題を国連に持ち込んだ。ソ連の反対はあったが，国連総会は，国連韓国臨時委員団の監視の下で南北同時の総選挙を実施することを決議した。しかし，ソ連軍の支配下にあった北側が同委員団の活動を拒否したために，国連小総会では，可能な地域内でのみ総選挙を実施することを決議した。ここに，1948年5月10日，38度線以南の地に限られはしたが，韓国で最初の総選挙が実施されたのである。この総選挙によって構成された国会が1948年7月12日に制定し，同年7月17日に公布・即日施行した「大韓民国憲法」こそが，韓国における十全たる意味での最初の憲法である。
　この憲法は，その後の内外の激動の渦に巻き込まれて，実に9次に及ぶ改正を経ることになる。現行の憲法は，1987年10月29日に公布され，翌88年2月25日から施行されたものであり，通常，第6共和国憲法と称されている。
　②法　律
　法律とは，国会が憲法の定める一定の立法手続に従って審議・議決して，大統領が署名・公布することで効力を発生する法規範をいう。法律は韓国の法秩序に

おいて憲法に次いで強い規範的効力を有している。したがって，法律に違背する命令・条例・規則・処分などの効力は否認される一方，憲法に違背する法律は憲法裁判所の違憲決定によって効力を失うことになる。

③ 命令・規則

命令とは，国会から立法権を委任された行政機関が制定する法規範をいう。命令は，その性質と効力に従い大きく法規命令と行政規則に区分され，前者はさらに制定権者に従い大統領令・総理令・部（日本の省に相当）令に分けられる。また，性格に従い委任命令と執行命令に区分することもできる。大統領令は一般に施行令と称され，総理令や部令は施行規則または施行細則と称される。憲法や法律に違背する命令は当該事件での適用が排除される。

規則とは，行政機関以外の国家機関が自律的な業務の遂行のために制定する法規範をいう。権力分立の精神を尊重して，該当国家機関の自律性を保障するために憲法が該当国家機関に規則制定権を付与したものである。規則には，国会規則，大法院規則，憲法裁判所規則，中央選挙管理委員会規則がある。

なお，大統領の緊急命令および緊急財政経済命令は，国会の集会が不可能であったり，集会を待つ余裕がないときに発せられる法律の効力をもつものであるが（憲法第76条1項，2項），命令を発したときは遅滞なく国会に報告してその承認を得なければならず，承認が得られなかったときは，そのときから，その命令の効力は喪失するとともに，その命令によって改廃された法律はその効力を回復する（同条3項，4項）。

④ 条約・国際法規

条約とは，名称の如何を問わず，国家間の文書による合意をいい，国際法規とは，自国が締約国ではない条約で，国際社会から一般的にその法規性が承認されたもの（国連加盟前の国連憲章など）および国際慣習法をいう。条約は，国家代表機関によって締結され，国会の同意と大統領の批准および公布手続を経る。韓国憲法は，「憲法に基づいて締結し，公布された条約および一般的に承認された国際法規は，国内法と同等の効力を有する」（第6条1項）と規定して，その法源性を認めている。

⑤ 条例・規則

韓国憲法は「地方自治団体は，住民の福祉に関する事務を処理し，財産を管理し，法令の範囲内において自治に関する規定を制定することができる」（第117

条1項)と規定している。この自治立法権に基づいて制定する法規範を自治法規といい,それには,地方議会が制定する条例と地方自治団体の執行機関が制定する規則(地方自治法第16条)がある。

地方自治団体は法令の範囲内でその事務に関する条例を定めることができるが,ただし,住民の権利を制限したり義務を課す事項,罰則を定めるときには法律の委任がなければならない(地方自治法第15条)。地方自治団体が条例で定めることのできる事務は,自治事務と団体委任事務に限られ,判例によれば機関委任事務は除かれる(大判1992.7.28)。

基礎自治団体(75市・86郡・69自治区,2009年1月1日現在)の条例・規則は,広域自治団体(1特別市・6広域市・8道・1特別自治道)の条例・規則に違反してはならない(地方自治法第17条)。地方自治団体は条例でもって条例違反行為に対する1千万ウォン以下の過料を徴収することができる(同法第20条1項)。

自治団体の長は,法令または条例が委任した範囲内で,その権限に属する事務に関して規則を制定することができる(同法第16条)。基礎自治団体の規則は広域自治団体の規則に違反してはならない(同法第17条)。

2) 不文法源

韓国は成文法主義を原則としているが,不文法の存在も認めている。韓国では一般に,「慣習法」「判例法」「条理」が不文法の法源とされている。

① 慣習法

慣習法の法源性に関する原則的規定としては,民法第1条の「民事に関して,この法律に規定がないときは,慣習法により,慣習法がないときは,条理による」と,商法第1条の「商事に関して,この法律に規定がないときは,商慣習法により,商慣習法がないときは,民法による」がある。

② 判 例

成文法主義をとっている韓国では,判例に法源性を認めるか否かについては争いがある。なぜなら,判例が法規範と法現実との間の乖離を埋める重要な機能を果たしていることは否定できない事実であるが,その一方で判例を法または法規範であるとすれば三権分立の原則と抵触するからである。確かに,韓国法においては,大法院は自己の判例を変更することもでき,また,大法院の判例は下級審を法的に拘束する力もないが,しかし,当該事件について上級審の拘束力が認め

られ（法院組織法第8条），最高法院である大法院が自己の先例を変更するには大法官全員の3分の2以上の合議体で判決しなければならない（同法第7条1項3号）という範囲内で，実質的な法源の機能を果たしているといえよう。

③ 条 理

韓国の民事調停法第1条は「この法律は，民事に関する紛争を簡易な手続により当事者間の相互了解を通じて，条理に合うように解決することを目的とする」と規定して，条理を紛争解決の妥当な法的根拠としている。具体的事件の裁判において，適用すべき成文法や慣習法がない場合に，法院は条理によって裁判することになり，この場合に，条理は補充的効力を有することになる。

4．立法過程

1）憲法改正手続

現行の韓国憲法の改正手続は，改正案の発議→公告→国会の議決→国民投票→大統領の公布の手続を経ることになっている。すなわち，憲法改正案は，国会在籍議員の過半数または大統領の発議によって提案され（第128条1項），提案された憲法改正案は大統領が20日以上の期間これを公告しなければならない（第129条）。国会は憲法改正案が公告された日から60日以内に議決しなければならないが，国会の議決は在籍議員3分の2以上の賛成を得なければならない（第130条1項）。国会の議決を経た憲法改正案は国会が議決した後30日以内に国民投票に付され，国会議員選挙権者の過半数の投票と投票者の過半数の賛成を得なければならない（同条2項）。国民投票で賛成を得たときには，憲法改正は確定し，大統領はこれを直ちに公布しなければならない（同条3項）。

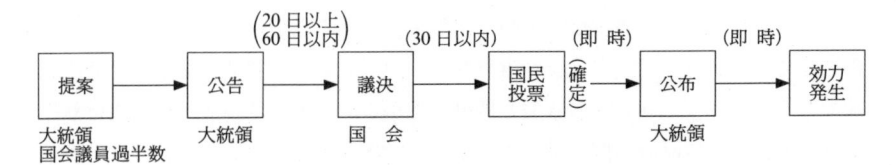

図 2-6　憲法の改正手続（憲法第128～130条）

第 2 章 韓　国　57

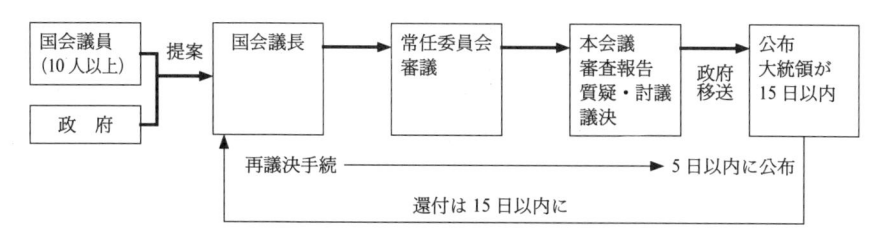

```
┌─────────┐
│国会議員  │
│(10人以上)│──┐
└─────────┘  │提案  ┌──────┐  ┌────────┐  ┌────────┐  ┌────────┐    ┌────────┐
             ├─────→│国会議長│→│常任委員会│→│本会議  │→│政府    │───→│公布    │
┌─────────┐  │      └──────┘  │審議    │  │審査報告│  │移送    │    │大統領が│
│政　　府 │──┘                └────────┘  │質疑・討議│ └────────┘    │15日以内│
└─────────┘                                │議決    │                └────────┘
                                           └────────┘
              └───再議決手続──────────────────────────→ 5日以内に公布
                              還付は15日以内に
```

図 2-7　法律の制定および改正の手続（憲法第 52, 53 条）
注) 効力発生は特別な規定がない限り，公布から 20 日が経過した後。再議決後の公布は大統領が 5 日以内に行う。

2) 法律の制定・改正手続

　法律案の提案権者は政府と国会議員であるが，国会議員の場合には 10 人以上の発議が要件となっている（国会法第 79 条 1 項）。国会議長に提出された法律案は，常任委員会と本会議の審議，議決を経る。委員会の審査を終えた法律案は，法制司法委員会に回付され，体系・字句の審査がなされる。この後，国会の本会議に上程され，審査報告，質疑・討論を経て，在籍議員過半数の出席と出席議員過半数の賛成で議決される。国会で議決された法律案は政府に移送されて，大統領は異議がなければこれを 15 日以内に公布する。異議がある場合は，移送された日から 15 日以内に異議書を付して国会に還付してその再議を要求することができる。再議に付された法律案は，国会の在籍議員の過半数が出席して，出席議員の 3 分の 2 以上が賛成すれば再議決され，法律として確定される。法律は，法律に特別な規定がない限り，公布した日から 20 日を経過することによって効力を発生する（憲法第 53 条）。

5. 印刷媒体・インターネットによる法情報

1) 法令集
① 官　報
　「大韓民国官報」は，行政安全部によって，公休日を除いて毎日，冊子の形式で発刊されているが（日本の国会図書館でも所蔵している），インターネットを通じても PDF 文書の形式で提供されている（http://gwanbo.korea.go.kr/）。

② 『大韓民国現行法令集』

『大韓民国現行法令集』は，政府（法制処）で発刊する公式の法令集である。現在効力を有する法令を集大成したもので，全体は44編で構成されており，各編に該当する法令を1巻または2巻（上・下に分類）の加除式バインダーで整理している（現在は，50巻59冊）。現行法令集には，法律以外にも，施行令，施行規則も収録されている。日本では国会図書館法令議会資料室で見ることができる。

③ 『大韓民国法律沿革集』

『大韓民国法律沿革集』も法制処が発刊しているが，これまでに制定・改正・廃止された法律の全文と，その制定・改正・廃止の要旨を収録したものであり，加除式のバインダーで綴じられた32巻36冊で編纂されている。なお，冊子の形態で発行されているものには法律しか収録されていないが，法制処のホームページで電子資料として提供されている「法令沿革集」には施行令と施行規則も収録されている。

④ 英文法令集

英文の法令集としては，韓国法制研究院が"Statutes of the Republic of Korea"全20巻（現在，年4回の追録で補完）を出しており[7]，また，法制処の「英文法令情報」(http://www.moleg.go.kr/lawinfo/engLawInfo) でも韓国の主要法令249件（2008年12月31日現在）の英訳を無料で見ることができる。

⑤ 大法典および小法典

民間の出版社が出している「法令集」は，かつては「六法」と呼ばれていたが，現在では伝統的な名称である「法典」という語を用いている。法典の大きさは約6,000頁ほどの大型のものからハンディ小型のものまでさまざまであり，また，教育や建築などの各分野に特化したものも数多く出版されている。これらは，通常，毎年改訂され，新しい法令が制定されたときには，追録が発刊されている。

2）判例集

① 大法院判決集

大法院判決を収録している公式文献は，法院図書館が発行している「判例公報」と「大法院判例集」(1979年までは「大法院判決集」という名称であり，ま

た，1994年までは法院行政処で発行していた）がある。

　「判例公報」は，毎月1日と15日に定期的に発刊されている。後述する大法院のインターネットサービスも，この判例公報の資料にもとづいている。「大法院判例集」は，「判例公報」に収録された判決の中で先例としての価値があると考えられる判決を選定して大法院判決の原審判決と上告理由などの追加的な資料を付して，年に4回ほど刊行されている。

　「判例公報」と「大法院判例集」に収録される判決は，まず，民事，刑事，特別に分類され，その分類ごとに宣告日の順に，そして宣告日が同じ場合には宣告番号の順に整理して収録されている。

② 下級審判決集

　下級審判決を収録した判決集としては，1983年まで発刊された「高等法院判決集」と1984年から年2回発刊されている「下級審判決集」がある。ただ，この「下級審判決集」に掲載された判決は，そのほとんどは大法院に上告されないものである。

③ 憲法裁判所公報と憲法裁判所判例集

　憲法裁判所が下した判断は「憲法裁判所決定」と称され，現在，この憲法裁判所決定を収録したものとしては，「憲法裁判所公報」と「憲法裁判所判例集」があり，この関係は先に述べた「判例公報」と「大法院判例集」の場合と同様である。

3）年鑑類

　法律関連の代表的な年鑑としては，『司法年鑑』（法院行政処発行），『検察年鑑』（大検察庁発行），『法務年鑑』（法務部発行）などがあり，多くの資料を収録している。特に『司法年鑑』は，司法府の制度，司法行政の運営現況，司法統計など，韓国の司法制度の現状を知るための誠に有益な資料が収められている。なお，司法統計は，インターネットでも公表されており，大法院のホームページ（http://www.scourt.go.kr/）の右上にある「情報広場」のメニューから「司法統計」を選択すれば見ることができる。

　インターネットによる法情報の検索において注意すべきは，第1に，ほとんどすべての韓国の文書作成者が使用しているソフトウェアの「아래아한글（アレア

ハングル）hwp [8]」を可能な限りインストールすることである。最近ではPDF形式で原文が提供されているものも増えてきているとはいえ、このソフトウェアがないと文献の原文をそのままダウンロードできない。第2に、初歩的な水準であっても、ある程度の「ハングル」の字形についての理解とその読解能力が要求されるということである。検索によって入手する韓国の法情報が韓国語で書かれているのはもちろん、当該サイトでの指示も韓国語でなされているからである。

なお、ハングルのサイトの閲覧に際して文字化けするときは、ブラウザー上で「表示」→「エンコード」→「韓国語」を選択する必要がある。また、ハングルを入力するには Global IME（Microsoft社のホームページから無償で入手できる）を用いて入力するか、あるいは、ヤフーなどのポータルサイトが無料で提供している翻訳サービス（http://www.honyaku.yahoo.co.jp/, http://www.translation.infoseek.co.jp/ など）を用いてハングルに翻訳したものをコピーして貼り付けるのも簡便な方法である。

4）法令情報

法令に関する包括的な情報を提供する公的な機関としては、法制処、大法院、国会、憲法裁判所を挙げることができる。また、私企業のウェブサイトの代表的なものとしては、「法律新聞」、「ネットロー」、「ローエヌビー」などがある（後述）。

① 法制処国家法令情報センター（http://www.klaw.go.kr/LSW/Main.html）

法令情報を入手するための最適なサイトは、法制処国家法令情報センターである。なぜなら、法制処は、いわゆる日本の内閣法制局に相当するところであり、政府の立法計画を総括・調整し、国務会議に上程するすべての法令案と条約案を審査する部署であるので、「立法予告」など、すべての法令情報はここに集まることになっているからである。したがって、法制処で提供する国家法令情報が電子法令集の原本ということができよう。法令が改正された場合には、約2ヶ月程度でアップデートされている。

同センターが提供する法令情報は、2つの方式での検索が可能である。ひとつは、検索語入力方式であり、主題語、法令名、法令公布番号、公布日のうちどれかひとつを入力して該当法令を探す方式である。もうひとつは、分類検索方式であり、「辞典式検索」「所管部署別検索」「法分野別検索」の中から検索者が知っ

ている類型に入って検索をするものである。法令の2文字以上が分かっていれば検索語方式でも探すことができるが，韓国の法令についての知識がまったくないときや，どの分野にどのような法律があるかを知るときなどは分類検索方式が適しているといえる。

　ところで，目的の法令を開くと，その全文の上に「改正文／改正理由」「変更条文」「法令沿革」「3段比較」「関連判例」「関連裁決例」「関連解釈例」と順に書かれた一列のアイコンが現れる。「法令沿革」をクリックすると，検索した法令がどのような改正過程を経て現在に至ったかが左側の窓に示され，さらにその改正年度をクリックすると改正時の法令の全文が表示される。「改正文／改正理由」をクリックすると，改正文と法令の改正過程で立法予告されていた改正理由と改正の主要内容が表示される。「変更条文」は「改正文」で説明された箇所を法条文の形で表示したものであり，変更された条文だけを確認するのに便利である。「関連判例」は検索した法令を参照条文として宣告した判決の目録が現れ，さらにそれらをクリックすると関連法令の全文，関連判例の全文を見ることができる。「関連解釈例」によって，行政通達を探すことができる。「3段比較」は，法律，施行令，施行規則を3列に分けて同時に表示するものである。この機能を利用すれば，法律で施行令などに委任した事項を一度に見ることができる。

　また，法制処では，国民生活で必要な法令を分野別に集めた「探しやすい生活法令」（http://oneclick.moleg.go.kr/CSP/common/Main.laf）も提供していて，たとえば「飲食店（創業・運営）」「家庭暴力被害者」などの項目をクリックすると，それに関連する法情報を一度に入手することができて，大変便利である。

②　国会法律知識情報システム（http://www.likms.assembly.go.kr/law/）

　国会の「法律知識情報システム」は，検索語入力方式と部処（省庁）別・分野別・事典式検索方式を用意している。ここでは国会で最近可決された法律案に関する情報，現行法律制定までに国会で論議された種々の法律案およびこれに対する審査報告書なども提供している。

5）判例情報

①　大法院総合法律情報（http://www.glaw.scourt.go.kr/jbsonw/jbson.do）

　大法院の総合法律情報サービスは，「判例」「法令」「文献」「規則・例規・先例」に分けて法律情報を検索することができる。判例を探す場合には，「判例」

の部分をクリックして，宣告日，検索語，参照条文，事件番号，事件名のうちひとつまたは複数を入力すれば，判例の全部または要旨を入手することができる。検索可能な判例は大法院，憲法裁判所，下級審の判例であるが，特に，大法院判例と下級審判例については全文を提供している。また，検索した判決文の閲覧中に参照条文と参照判例の内容を確認することができるようになっているほか，最新判例についての速報とマスコミで報道された判例に対する情報も別途提供している。

なお，大法院が提供しているこの情報サービスのなかには，法令には該当しなくても法律実務が具体的にどのような基準によって処理されているのかを見ることのできる例規（行政例規，登記例規，戸籍例規，裁判例規など）と先例に関する情報が含まれている点が特色である。

大法院総合法律情報サービスは，法院図書館が製作した「법고울（ポプコウル）LXDVD2006」（非売品）に収録されている資料を基本としてそれを拡充したものである。この법고울は，毎年アップグレードされたCD-ROMが製作配布されている。法院図書館閲覧課が注文の問合せに対応している[9]。

② 憲法裁判所（http://www.ccourt.go.kr/）

憲法裁判所のホームページの上段にある「憲法裁判情報」をクリックすれば，憲法裁判所の判例情報を利用することができる。利用者の選択に従って，決定（憲法裁判所判決）要旨だけを見ることも，全文を見ることもできる。検索方式は，大法院総合法律情報サービスと同じである。なお，大法院の総合法律情報サービスでも憲法裁判所の判例情報を検索することは可能であるが，そこでは判示事項と判決要旨しか見ることができないので，判決理由を見るためには，「憲法裁判情報」を利用することになる。

③ 裁決情報

国務総理行政審判委員会のホームページ（http://www.simpan.go.kr/index.jsp）にある「行政審判裁決例」では，国務総理行政審判委員会で審理，議決した行政審判（行政不服審査）請求事件の裁決例の全文が提供されている。

6）判決の引用

論文等での判決の引用方式は著者により若干の違いはあるが，最も正確な法院の引用方式と論文等でよく用いる略式の引用方式について述べる。

① 法院の引用方式

例：대법원 2000.3.23. 선고 99 다 50385 판결 ［공 2000, 1019］（日本語訳：大法院 2000.3.23. 宣告 99 다 50385 判決 ［公 2000, 1019］）

「2000.3.23.」は判決の宣告日であり，「99 다 50385」は事件番号であり，その意味は，「99」は1999年に大法院に上告されたことを示し（2000年代以降は，この数字は4桁表示となっている），「다」は法院裁判事件処理規則にもとづく事件符号（다は民事上告事件）であり，「50385」は大法院に50385番目に上告された事件であることを示している。［公 2000, 1019］は，判決が収録された文献の記載を示しており，2000年に発行された「判例公報」の1019頁に掲載されているという意味である。判例公報の頁数は，当該年度の1月1日に発刊された公報から連続して付けられている。「공（公）」の代わりに「집（集）」となっているときは「大法院判例集」を意味する。この場合には，「집 49（2）민，108」（「集第49巻第2号，民，108頁」の意）のように，巻・号と判決の分類，そして頁数を記載することになっている。なお，決定の場合には，「宣告（선고）」の箇所が「자」に，「판결（判決）」の箇所が「결정（決定）」にそれぞれ変更され，また，全員合議体判決の場合には，「판결（判決）」の箇所が「전원합의체판결（全員合議体判決）」と表記される。

② 略式の引用方式

正式に表示するときは表記が長くなるので，通常は略式で表記することが多い。よく用いられる方式としては，대판 2000.3.23, 99 다 50385 または 대판 2000.3.23 ［99 다 50385］というものがある。「대판」とは漢字で表記すれば「大判」であり，決定の場合は，この部分が「대결（大決）」となり，全員合議体判決の場合は「대판（全）」と表記される。

③ 主要な事件符号

事件類型の把握の便宜のために，法院が裁判事務処理規則にもとづいて付する事件符号のうち主要なものを説明すれば，次のとおりである。

a）民事事件の場合

　가단／民事第一審単独事件，가합／民事第一審合議事件，가소／民事少額事件，나／民事控訴事件，다／民事上告事件

b）家事事件の場合

　드／家事第一審訴訟事件，르／家事控訴事件，므／家事上告事件

c）刑事事件の場合

고단／刑事第一審単独公判事件，고합／刑事第一審合議公判事件，노／刑事控訴公判事件，도／刑事上告公判事件

d）行政事件の場合

구단／行政第一審裁定単独事件，구합／行政第一審事件，누／行政控訴事件，두／行政上告事件

7）憲法裁判所の引用例

　基本的には法院の判決引用の場合と同じである。たとえば，헌재 1994.7.29. 선고 92 헌바 49, 52 결정 (판례집 9-1, 90)（日本語訳：憲裁 1994.7.29. 宣告 92 憲バ 49, 52 決定〔判例集 9-1, 90〕）とは，「憲法裁判所判例集」第9巻第1号，90頁に収録されていることを示している。ただ，憲法裁判所の決定文は非常に長い場合が多いので，(판례집 9-1, 90, 96～98) のように，特に引用した部分（96～98頁）を明示することもある。憲法裁判所公報から引用する場合には，「판례집」の箇所が「헌공」（憲公）となっている。

　憲法裁判所の事件符号は，憲가／違憲法律審判事件，憲나／弾劾審判事件，憲다／政党解散審判事件，憲라／権限争議審判事件，憲마／憲法裁判所法第68条第1項による憲法訴願審判事件，憲바／憲法裁判所法第68条第2項による憲法訴願審判事件，憲자／各種申請事件（国選代理人選任申請，仮処分申請，忌避申請），憲아／各種特別事件（再審など）である。

6．文献の検索

1）図書館

① 法院図書館（http://www.library.scourt.go.kr/）

　法院図書館は韓国最大の法律専門図書館で，2008年12月31日現在，法律関係図書約25万冊，その他の図書をあわせると約29万冊の蔵書を有している。利用資格は法曹と大学教員などに限られているが，「相当な理由があると図書館長が承認した者」も利用できる。また，ホームページの「文献情報検索」は，資料の類型によって単行本，論文，評釈にわかれて表示され，目次と要約が付されているものもあり便利である。

② 憲法裁判所図書館（http://www.library.ccourt.go.kr/）

韓国最大の公法関係図書館であり，2009 年 1 月現在，約 10 万冊の蔵書があり，単行本は憲法関係約 1 万 5 千冊，行政法関係約 4,500 冊，学術雑誌は国内 414 種類，国外 181 種類が所蔵されている。開架式で，一般の人も自由に利用できる。

③ 国会図書館（http://www.nanet.go.kr/）

立法活動を助けるために設置された図書館であるが，一般人の閲覧を許している。現在は，インターネットによって国会図書館が所蔵している各種資料の書誌情報だけでなく，著作権法が適用されない資料については原本情報を利用することができるようにしている。国会図書館がオンラインでサービスしているデータベース（国会電子図書館）には，古書，国内外学術雑誌目録，国内学術雑誌記事索引，単行本，非図書資料目録，修士・博士学位論文，セミナー資料，国外学術雑誌記事索引，海外所在韓国関連資料などがある。「所蔵資料検索」の画面に書かれている，「国会電子図書館は，立法情報と学術情報の宝庫です」との言葉は，決して誇大な表現ではない。国会電子図書館で提供する資料は，目録だけでなく，目次，さらには著者の著作権の同意のある資料の場合には全文を見ることもでき，特に学位論文の場合には相当数が全文を見ることができるようになっているので便利である。ただし，全文資料は国会図書館および国会図書館と協定を結んだ機関（協議会機関）の一定のコンピュータでのみ見ることができるようになっている（この機関の一覧は，国会電子図書館のホームページに掲示されている）。

④ ソウル大学校法学図書館（http://lawlib.snu.ac.kr/）

ソウル大学校法学図書館は，1945 年以降に国内で発表された法を主題にした単行本，学位論文，定期刊行物に収録された論文などを広範囲に収集して，これを法学各領域別に分類・整理して単行本の形式でソウル大学校法学図書館編『法律文献索引』（ソウル大学校出版部）を I 集（1945〜1974）から VI 集（1999〜2001）まで出版しているが，これをもとにデジタル化したものをインターネットで提供している（http://lawindex.snu.ac.kr/index.html）。この「法律文献索引」の検索方式は，一般検索と主題別検索の 2 通りが用意されている。一般検索は，書名・著者名・雑誌名・発行所・主題別に任意の言葉を入力して検索する。主題別検索は，法律文献を法一般，憲法，行政法，民法，商法，民事訴訟法，刑法，

刑事政策，刑事訴訟法，司法制度，国際法，国際私法，労働法，社会保障法，経済法，国際経済取引法，法史学，税法，無体財産権法に分類して段階的に検索することができるようになっている。

このデータベースの特色は，その収集対象を法学論文に限定しないで，法律関連制度，政策，実務に関する文献，さらにはこれと関連した政治学，社会学，経済学，経営学など隣接学問の文献まで，できるだけ広範囲に資料を収録していることである。

⑤　その他

法学文献の収集に便利なその他の図書館としては，国立中央図書館 (http://www.nl.go.kr/) と国家電子図書館 (http://www.dlibrary.go.kr/) もある。国立中央図書館は，韓国で発行されたすべての文献を，納付，購入，寄贈，交換などによって収集しているが，法学関係の資料はそれほど多くはない。国家電子図書館は，仮想図書館である。ここでは，国立中央図書館，国会図書館，法院図書館など8つの参加機関が提供する多様なデータベースを統合して検索することができる。

2) 商用サイト

韓国国内でよく利用されている個人および法人のホームページとしては，「法律新聞」，「ネットロー」，そして「ローエヌビー」がある。

①「法律新聞」(http://www.lawtimes.co.kr/)

法律新聞社が週2回発刊する既刊の『法律新聞』をオンラインで提供するものである。ここには，法令の制定・改正の内容，判例と法曹界の動向などの法律情報が掲載されている。「韓国法曹人大観」や「PDF形式の法律新聞」の提供などのごく一部のサービスは有料であるが，それ以外は無料であるうえに，会員登録も必要ないので大変便利である。多くの下級審判決を提供していることと，法律新聞に載った判決，論文，評釈を検索できるシステムを備えている点は，このサイトの優れた特色である。また，「法律用語事典」も便利である。

②「ネットロー」(http://www.netlaw.co.kr/)

ネットローは，韓国国内で初めて設立されたインターネット総合法律会社であり，判例，法令，書式，ウェブ文書を含めた法律全般に関連した無料サービスを提供している。会員加入は無料であるが，韓国の国民に付与されている「住民登

録番号」の入力が必要であるので，事実上，韓国国民のみが利用できるサイトとなっている。

③「ローエヌビー」(http://www.lawnb.com/)

ローエヌビーは，法務法人太平洋の子会社としてスタートしたサイバーローファームである。国家で運営している機関を除けば最も多くの法律情報を提供しており，最近では韓国の多くの大学と協約を結んで，校内では自由に利用できる大学が多くなっている。メニューバーにある総合検索機能はローエヌビーが提供する法令，注釈書（韓国司法行政学会発行の注釈書44巻），判例，論文，書式など34もの分野別法律情報を一度に検索することができるために，法律情報の検索時間を画期的に短縮することが可能である。法令情報に関しては，官報を利用して更新しているために，インターネットを通じて提供される法律情報の中では最も早くアップデートされている。また，法令の中で引用された他の法令や条文はもちろん，当該条文と関連した判例・注釈書とハイパーリンクで連結しているので大変便利である。さらに，国内1,100余の学会（学術団体）の論文および刊行物を保有している韓国学術情報㈱と提携して学術論文の検索をすることができるようにしているだけでなく，法学および法学隣接分野の国内180の学会および研究所から提供された10万余の論文をPDF形式で利用することもでき，また，法学関係図書100余冊もE-Bookの形式で提供している。会員にならなくても学術論文の検索や「国文／英文法律用語事典」など一部のものは利用できるが，無料会員または有料会員として登録しなければ充分な利用はできず，また，その際にはやはり「住民登録番号」の入力が必要となっている。

3）日本語と英語による韓国法の調べ方

韓国法の調べ方について日本語で紹介している文献としては，①高翔龍「韓国法の調べ方」（同『現代韓国法入門』信山社，1998年），②高翔龍「韓国法」（北村一郎編『アクセスガイド外国法』東京大学出版会，2004年），③姜京根「インターネットによる韓国の法制・法学への接近」（尹龍澤・姜京根編『現代の韓国法』有信堂，2004年），④趙元済「大韓民国」（指宿信・米丸恒治編『インターネット法情報ガイド』日本評論社，2004年），⑤高翔龍「インターネットによる韓国法の調べ方」（同『韓国法』信山社，2007年）がある。

また，インターネットによって提供されているものとしては，京都大学大学院

法学研究科附属国際法政文献資料センターの「韓国の法律文献・政府文書を調べる」(http://www.users.kudpc.kyoto-u.ac.jp/~c53851/manual-korea.htm) が非常に丁寧かつ詳細に説明しており，大変有益である。

日本語に訳された韓国の法令集としては，法務大臣官房司法法制調査部職員監修『現行韓国六法』(ぎょうせい，加除式) がある。また，インターネットでは，「韓国 WEB 六法」(http://www.geocities.co.jp/WallStreet/9133/) が，2009年5月26日現在で342本の法律を翻訳して収録しており，非常に充実している。

日本語で書かれた韓国法の概説書としては，高翔龍『韓国法』(信山社，2007年) と李範燦・石井文廣編『大韓民国法概説』(成文堂，2008年) がある。また，各法分野を代表する韓国の著名な研究者による論文とそれに対する日本人研究者によるコメント論文を収録したものとしては，小島武司・韓相範編 (尹龍澤訳)『韓国法の現在 (上)(下)』(中央大学出版部，1993年) と尹龍澤・姜京根編『現代の韓国法』(有信堂，2004年) がある。

英語のサイトとしては，ワシントン大学ロースクールの Korean Legal Research at the University of Washington (韓国法学研究指針，http://www.lib.law.washington.edu/eald/klr/kres.html) が有益である。このサイトは，「Home」「Introduction」「Basic Materials」「Finding Books & Journals」「Finding Articles Korean Online Journals」「Finding Laws」「Finding Cases」「Finding Other Types」「UW Resources」に分類されていて，目的の韓国法の情報に容易に到達できるようになっている。そのほかには，アメリカ議会法律図書館 (http://www.loc.gov/law/guide/southkorea.html)，ワッシュバーン大学ロースクール (http://www.washlaw.edu/forint/asia/sokorea.html) などのサイトがある[10]。

おわりに

韓国はその近代化の過程において，隣国である日本の植民地になるという辛酸を舐めただけでなく，第2次世界大戦後には南北に分断されて同族相食む悲惨な状況を経て，軍事独裁政権が樹立されるという，まさに典型的なアジアの国であった。しかし，そのような幾重もの苦難を乗り越えて，韓国は見事に経済的発展と民主主義の成功を手に入れた。このような発展と成功を持続させるためには，それに相応しい法制度の確立と法の執行が不可欠の条件である。この意味

で，韓国法の研究は多くのアジアの国が今後たどるであろう過程を示す，「明日のアジア法」の姿を知るための材料を提供するものである。

一方で，軍事独裁政権時代から現在に至る韓国人の法に対する意識の変化を要約すれば，「第一に法に対する肯定的な認識が広がり，第二に権利意識が伸張した反面，第三に立法および法執行機関に対する否定的認識が深まった[11]」ということができる。最近では「有銭無罪・無銭有罪」という言葉さえ流行っているように，法執行機関に対する否定的認識は，韓国社会の発展に反比例するようにますます悪化している。確かに，「法曹非理」と呼ばれる法曹界の不正腐敗事件がマスコミを賑わせることもあるにしろ，いかなる国であれ，法執行の対象者となった者にとっては，多かれ少なかれ法執行過程における不公平感を受けるものである。しかし，一度も当事者となったことのない人々にまで，かつての独裁政権時代を上回るほどの法に対する不信感が広まっているという現実を，どのように理解すべきかは大変興味深い法社会学的課題である。この意味で，韓国法は，「今日のアジア法」を理解するための素材をも提供する。

さらに，日本よりも早く，1995年からその導入が幾度も検討されては消えていったロースクール制度が，ついに，2009年3月1日に「法学専門大学院」という名称でスタートした[12]。また，日本よりも一足早く，2008年1月1日から，国民が「陪審員」として刑事裁判に参加する「国民参与裁判制度」が実施されている[13]。これらに象徴されるように，日韓両国はアメリカ的な「グローバル・スタンダード」の流れに乗って進むアジアの先進国という共通点をも有しており，その意味では，韓国法は「鏡の中の日本法」でもある。韓国法の研究は，アジア法，そして日本法を知るために必須のものといえよう。

注

1) 韓国の伝統法についての調査方法を知るためには，정긍식「韓国의 伝統法」（정인섭 外『海外法律文献調査方法［改訂版］』서울대학교출판부，2005年）が非常に有益である。

2) 効率的な植民地統治のために，植民地統治の本質である搾取を妨げるおそれのある規定の適用を排除するなどの多少の特例を設けたうえで日本の法律を施行するのが便宜であったので，「法律の依用」という形式によって日本法が適用された。この「法律の依用」については，向英洋『詳解旧外地法』（日本加除出版，2007年）34〜38頁，参照。また，日本植民地支配下の法制については多くの歴史研究者によって研究が進め

られているが，法学研究者の手による日本語のものとしては，鈴木敬夫『朝鮮植民地統治法の研究』（北海道大学図書刊行会，1989 年）が第 1 に挙げられるべきであろう。
3) 国家再建最高会議は，このわずか 165 日の間に，389 件もの新法令を制定し，618 件の旧法令を廃止した。
4) 심동섭『世界化와 法의 交流』해든 D＆P，2006 年，229 頁以下，参照。韓国の法整備支援事業についての基本的な文献は，同書の巻末に収録されている「参考文献」が有益である。
5) 韓国の司法制度については，尹龍澤「韓国における司法制度の変遷と司法改革の現状」（『社会体制と法』第 2 号，2001 年），および同「韓国の法曹制度」（広渡清吾編『法曹の比較法社会学』東京大学出版会，2003 年）を参照されたい。なお，後者の巻末には「各国法曹制度の基本データ」が収録されており，韓国の法曹についての基本的データを知ることができる。
6) 韓国の憲法裁判所については，韓国憲法裁判所編『韓国憲法裁判所 10 年史』（徐元宇他訳，信山社，2000 年）がまず参考にされるべきである。本書には，韓国の制憲憲法が制定されて以来展開された違憲審査制度の歴史をはじめ，現行の憲法裁判所の制度，10 年間蓄積してきた主要決定例などが掲載されている。
7) 現在までに約 800 本（法令全体の約 19％）の英訳と『英文法令標準用語集』の刊行が実現しており，インターネットを通じても有償で利用することができる。外山勝彦「日韓における国際的な法制協力の現状と課題」（『CALE NEWS』No. 25，2008 年）12 頁。
8) Haansoft が開発・販売しているワープロソフトである。日本のパソコン環境で開くだけであれば，無償で提供されている「ハングルビューア」を使用することもできる。もっとも，韓国語 OS を対象に開発された製品であるので，日本語 OS にインストールしての利用は無保証で自己責任となる。
9) 법고을について詳しくは，高翔龍『韓国法』信山社，2007 年，324〜325 頁，参照。
10) 韓国語による韓国法の調べ方については，전정근『法情報学概論』（博英社，2004 年）が必要な情報を手際よく整理していて非常に有益である。また，韓国語による韓国法の概説書は当然あまたあるが，あえてここで挙げるとすれば，韓国法の歴史，各個別法の概略，法意識，法曹，法学教育，北朝鮮法を非常に簡潔に記述しているだけでなく，巻末には「韓国法研究国内文献」と「韓国法研究西洋文献」（Western Bibliography on Korean Law Studies）をも収録している崔鍾庫『韓国法入門 [全訂版]』（博英社，2003 年）と，各法分野の専門家がそれぞれの法分野の全体像を韓国法の特徴と課題をも踏まえて執筆している徐元宇編『韓国法의 理解』（斗聖社，1996 年）の 2 冊であろう。
11) 朴相哲「韓国人の法意識」（『ジュリスト』第 1007 号，1992 年）29 頁。この見解は，軍事独裁と開発独裁時代の 1965 年，民主化への過渡期であった 1981 年，経済的発展と民主主義の 2 つを手に入れた時期である 1991 年にそれぞれ行われた 3 つの法意識調

査を比較検討して導き出されたものである。このような傾向は，その後も引き続いており，法執行機関に対する根強い不信は，2007年4月に，『韓国日報』『週刊韓国』とインターネット・ポータルサイトの「ローマーケット」が共同で行った「韓国人の法意識調査」によってもよく現れている。すなわち，この調査によれば，「法曹界を信頼しますか」という質問に対して，「法院・検察・弁護士すべて信頼しない」が56.0%，「すべて大体信頼する」が20.5%であり，これは2004年1月の同じ調査者による調査の54%と比較しても2.0%ポイント否定的評価が増加している（http://weekly.hankooki.com/lpage/nation/200704/wk2007042314055337070.htm）。

12) 法学専門大学院は，3年制の専門修士学位課程として，25大学（国立9，公立1，私立15校），総定員2,000人でスタートした。詳しくは，尹龍澤「韓国の法学教育と法曹教育──韓国型ロースクールの開幕を目前にして」（『ノモス』第24号，2009年）を参照されたい。

13) 韓国の「国民参与制度」は，いわゆる陪審制と参審制とを組み合わせたものであり，その特徴は，(1)被告人に陪審制度による裁判を受けるか職業裁判官による裁判を受けるかの選択権を与えていること，(2)陪審員は裁判官の関与なしに有罪・無罪の評議をするが，全員の意見が一致しないときには，裁判官の意見を聞いた上で，陪審員のみの多数決で評決をし，量刑については意見を述べるにとどまること，(3)陪審員の有罪・無罪の判断および量刑意見は勧告的効力を有するにとどまり，裁判官を拘束しないことである。この制度は5年間の試行を経た後，2013年に正式に施行されることになっている。詳しくは，崔鍾植「韓国における国民の刑事裁判参与制度」（『季刊刑事弁護』第53号，2008年）を参照。

第3章 台　　湾

簡　玉聰

はじめに

　近年，東アジア行政法学会，東アジア経済法学会または東アジア法哲学シンポジウムなどのような地域的な学術研究活動が次第に増えてきている。このような学術的または人的交流を通じて，従来，ドイツ，フランス，英米などの先進国の法学にしか関心を持たなかった東アジア諸国の法学研究者は，ようやく互いに隣国の法学発展状況に比較法的な興味を持つようになったと思われる。このような地域的な法学研究の交流活動は，今後とも他の法学研究分野ないし他の地域まで次第に波及していくことになろう。本章は，日本の法学研究者や研究者になろうとする大学院生さらには一般読者のために，台湾法の研究に必要な最小限の基礎的専門知識および必要不可欠な情報源の所在と調べ方を概説するものである。
　台湾の法は，歴史的にも内容的にも相当複雑な法である。それゆえに，台湾法を的確に理解するためにはまずその法の歴史を正確に把握しておかねばならない。本章は，第１節で，戦前と戦後にまず分けた上で，それぞれ日本時代の「特別法制時期」と「内地法制延長時期」，および中華民国時代の「権威的統治法制時期」と「自由民主的法制時期」にそって台湾法の歴史沿革を概説する。そして，第２節で，憲法，立法制度，司法制度，行政・考試・監察制度，私法・刑法および手続法の法体系の概要を説明する。また，第３節で，私法実務の現状および残存のいくつかの民間慣習法の考察を通じて，台湾における実定法の運用と執行の状況およびインフォーマルな法の残存状況を説明する。さらに，第４節で，台湾の法学教育の機構や法学教育の内容の発展状況および法学研究機関と法学研

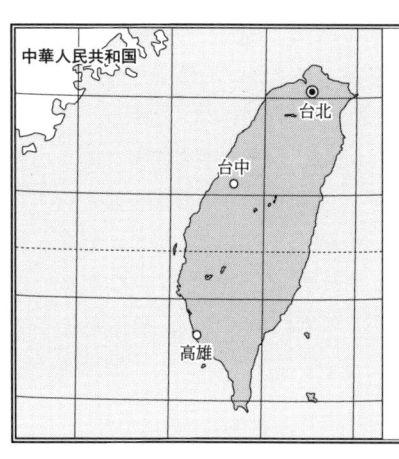

国名：中華民国
首都：(台北)
人口：2,305万人
民族：漢民族・山岳少数民族
宗教：仏教，道教，キリスト教
言語：台湾語，北京語，客家語
現行憲法施行年：1946年（1947年から施行，最近の改正は2005年）
GDP・1人当たりGDP：4,026億ドル・17,576ドル
成人平均識字率：96.1%
平均寿命：77.9歳

究に関する支援機構の現状を紹介する。最後に，第5節で台湾や日本における台湾法研究のための主要な法情報源の所在およびその最も効率的な利用方法を紹介する。

1．台湾法の歴史

　台湾近代の歴史は，1945年の第2次世界大戦の終結を境として，日本時代と中華民国時代に分けることができる。この世界政治の転換期における大きな体制転換を経由して，台湾の法体制は，日本統治時期の法体制から中華民国の法体制へとシフトした。日本統治時代の法体制については，さらに「特別法制時期」（1895年から1922年まで）と「内地法制延長時期」（1923年から1945年まで）に区分することができる。中華民国の法体制も，さらに「権威的統治法制時期」（1945年から1987年まで）と「自由民主的法制時期」（1987年以降）に分けることができる[1]。

1）日本時代の「特別法制時期」

　「特別法制時期」においては，政治，文化，慣習，国民感情などの相違が強く意識されて，最初から植民地の有効な統治を遂行するために日本本土のそれと異なる「特別法域」が形成された。その具体的な法体制は，日本本土の法律の適用

ではなく，植民地統治機構の法律または台湾の長年の慣習から構成されていた[2]。しかし，植民地の統治権にかかわる法領域，たとえば刑事法や行政法などの領域は，その大部分が植民地統治機構の法律に任されていた。しかし，一般人民の日常生活にかかわる民事法や商事法については，台湾現地の慣習に従うとされていた。当時の慣習といえば，中国の伝統的な法規範からの影響を強く受けていたものである。このような法体制の下で，明治憲法をはじめとして，日本本土の行政法，民事法，刑事法，民事訴訟法および刑事訴訟法等とはかなり異なる「特別法域」が台湾で形成された[3]。こうした「特別法域」では，植民地統治機構の法律においては，戦前の日本法制における形式的近代性さえも，植民地に対する強権的な支配のために大幅に取り除かれた。

2) 日本時代の「内地法制延長時期」

植民地社会の沈静化と安定化につれて，植民地の差別による民族意識の高揚と独立運動の可能性を防ぐために大日本帝国の植民地統治政策は，「内地延長主義」に転じるようになった。この「内地法制延長時期」において，明治憲法，日本本土の民法，商法，刑事法および多くの行政法令は，特段の法令規定がなければ，直接に台湾で施行されるようになった[4]。しかし，形式的近代化の法体制ではあれ，台湾への日本本土の憲法や法令の直接適用は，一時的には台湾の人民に自由民主主義の思想をもたらしたが，日中戦争の勃発によって，台湾は，日本とともに「戦時法体制」に突入したため，「皇民化」を大義名分とした「内地延長主義」は，一転して絶えず自由民主に反する独裁専断的な法規範を台湾に持ち込んだ。せっかくの形式的近代化の契機もそれゆえに途絶えた。その後，さらに日本の敗戦および台湾からの撤退によって，明治憲法を頂点とする日本時代の法体制は，台湾への国民党政府の移駐によって，中華民国憲法を頂点とする法体制に取り替えられるようになった。台湾の法体制は，日本植民地の法体制から中華民国の法体制へとシフトした[5]。

3) 中華民国時代の「権威的統治法制時期」

国民党政府の移駐に伴って，1949年に共産党に覆された中華民国の法体制は，台湾に持ちこまれて，前述の日本時代の法体制をほぼ完全に取り替えた[6]。中華民国の法体制は，主に1930年代前後にその当時のドイツ法をモデルとして制定

された諸法典および1946年に制定された中華民国憲法から構成されている。1987年7月15日に軍事戒厳令が解除されるまでの時期，台湾の法体制は，中華民国時代の「権威的統治法制時期」の法体制であった。前述の中華民国の諸法典は，その法規範の内容からすれば，個人の自由権利の保護を目的とする近代的なもののみならず，個人の積極的な社会的権利の保障を目的とする現代的なものからも少なからず構成されている。しかし，38年間の軍事戒厳は，自由民主的な法制の形骸化をもたらした。いわゆる「反乱掃討動員時期臨時法［動員戡亂時期臨時條款］」という戦時法律は，憲法の自由民主制度を凍結し，人権保障にも大きな制限を加えた。それゆえに，公法関係の法制度と法学研究は，独裁的軍事支配からかなりの抑圧を受けていた。一方，1960年代以降における経済発展により，民商法の適用余地が急増してきたため，その法制度の発展と法学の研究は，比較的，軍事政権からの制約を受けずに進行した。この時期における法体制は，「動産担保交易法」および「証券交易法」をはじめとする商事関係の法律を中心に，アメリカ法をモデルとして実定法上の発展を遂げていった。法体制の構造からすれば，憲法をはじめとする諸実定法の中身は，かなり近代的な内容となっていたが，法の執行や運用のレベルでは形式的なものにとどまっていた。

4)「自由民主的法制時期」

1987年7月に軍事戒厳令が解除されて以降の台湾の民主化により，軍事独裁体制は徹底的に覆された。「反乱掃討動員時期臨時法」の廃止，7回にわたった憲法改正，国会議員の全面改選，総統の直接選挙，司法改革，「公民投票法」，行政手続法の制定，行政訴訟法と訴願法の全面的改正，およびその他，政治の民主化，経済の自由化および人権保障の実現を追求するための各種の法規範は，枚挙の暇がないほど制定されまたは改正されるようになった。このような気運の下で，公法関係の法領域に関する法学の研究も，それゆえに盛んとなった。大法官会議の解釈も，より積極的に，自由，平等および他の人権保障に違反した「権威的統治法制時期」の法令を数多く違憲として廃棄した。これらの法体制の転換は，台湾本土における自由民主化運動によってもたらされたものであり，もはや戦前時期に形成された中華民国の法体制からは次第に離脱しつつある。台湾の主体性を示しうる法体制は，この時期において次第に形成されている。その中身は，形式的近代性に別れを告げて，相当に近代性や現代性を実質的に体現しうる

ものとなっているといえよう。

　この時期の法体制の発展について，前述した近代性の実質化のほか，いわゆる「自由化」，「グローバリゼーション」，「規制緩和」，「分権化」，「民間委託」，「民営化」および「市場化」などの政府の役割にかかわる外来の法現象も，同時に台湾の法体制に大きな影響を及ぼしており，政府の行政と財政作用の規模縮小をもたらし，国内外における民間企業の経済的自由に，より広汎な空間を与えた一方で，貧富の格差の持続的拡大，自助自立による人権保障の自主的実現の強要，歯止めのきかない深刻な少子化などの問題をも引き起こしている。現段階では，これらの法現象およびそのもたらした諸問題に対し，台湾の法体制は，いまだ適切な対応を形成していないし，法学の研究もいまだ相応の法理論を提出しておらず，またはその問題の深刻ささえ意識していない状況に止まっている。

2．台湾法の主な構造

　こうした法の歴史の下で形成されてきた台湾の法体制は，日本統治時代の法体制から中華民国時代の法体制への転換を経て，戦後の中華民国の法制を中心に発展してきた。こうして2つのまったく異なる法体制が台湾で交替したことは，台湾の社会に大きな衝撃を与えたと思われるであろう。しかし，偶然にも，1930年代前後における中華民国の法体制は，フランス法やドイツ法等の大陸法系の法典をモデルとした各種の法典を速やかに制定するために，多くの日本の法学者の協力を通じて形成されてきた。2つの法体系とも，フランス法やドイツ法等の大陸法系の法典をモデルとしたため，その基本的な法的思考と法原理に共通するものが少なくないし，日本の学者の助言や協力を通じて，戦後から台湾で実施されている中華民国の各種の主要法典も，その基本構造と規範内容が日本の関連法典のそれとは類似するところが少なくない。このような類似性は，前述した2つの法体制の交替からの衝撃を相当程度抑制した。

1）大陸法体系

　前述の台湾法の歴史からして，台湾の法体系は，基本的には成文法を原則とする大陸法系に属するものである。憲法をはじめとして，民法，刑法，民事訴訟法，刑事訴訟法，行政手続法，訴願法，行政訴訟法，国家賠償法などの主要な法

典は，主として欧州大陸法系の法典を参照して制定されたものである。しかし，商業等の経済関係に関する法典，たとえば会社法，銀行法，証券取引法，知的財産権諸法などは，その法形式は成文法を採用しているが，その実体的規範内容は英米法系の規範内容をも少なからず参照して制定された法典である。したがって，台湾の法体系は，大陸法系を基本としつつも，英米法系をも実体的な規範内容において参照している。このような英米法系からの影響は，近年民主化された後の憲法改革，司法改革や行政改革などに関する法制においてその勢いを増している。知る権利，プライバシー権などの基本的人権の憲法上の承認，今後の陪審制度や相互尋問などの刑事訴訟制度の改革，および規制緩和，分権化，民営化，市場化などを図るための行政法制の改革も，英米法系からの影響が強いものであろう。とはいえ，台湾法は，成文法を基本とする大陸法系の性格には変わりがなく，制定法のいっそうの充実を通じて，慣習法などの不成文法の存在空間をほとんどなくすようになっている。以下，台湾法を代表する主な法制を概観する。

2）憲　法

　まずは，中華民国憲法という台湾の憲法である。この憲法は，1946年に中国で制定されて，実際に中国で実施される余裕もなく，そのまま国民党政府の移駐先に持ち込まれて台湾で実施されるようになっている。したがって，この憲法の制定過程においては，台湾の国民は，まったく関与しなかった。その主な規範内容は，各種の自由権，平等権，労働権，生存権，財産権，争訟権，各種参政権，試験を受けて公職につく権利，教育を受ける権利等を例示的な基本的人権とする人権保障，国民大会，総統，行政，立法，司法，選考と人事管理［考試］，監察等の政府権力から構成される五権の水平的分立，中央と地方との垂直的分権，および国防，外交，国民経済，社会安全ならびに教育文化に関する基本政策からなっている。これらの規範内容は，制定当時における世界中の憲法の内容と比べれば，相当に先進的なものであるといえる。

　しかし，この憲法は，38年間の軍事戒厳体制を経験し，その多くの条項が「反乱掃討動員時期臨時法」という戦時体制の法律によって凍結されたほか，政府機構の水平的・垂直的権力分立に関する規範内容も，実質的に軍事統治によって形骸化していった。人権保障の規範内容も，軍事支配体制の下で制定された法律の許容範囲内においてしか実現できなかった。このような状況は，1987年に

戒厳令が解除されてはじめて改善することができた。1987年から1990年代初期にかけて，このような戦時法制が完全に撤廃されたため，台湾の憲法秩序は，完全に中華民国憲法に復帰するようになった。とはいえ，中国で制定されたこの憲法は，民主化後の台湾にとって，民主的正統性を欠いているし，さまざまな側面において台湾の実際の状況に適合しえないところが少なくない。これらの問題を徐々に解決するために，1990年代以降，台湾は，中華民国憲法の本文をそのまま保持しておき，「中華民国憲法増設改正事項［中華民國憲法增修條文］」という憲法改正条項の増設を通じて，この憲法に対しすでに7回もの改正を加えた。しかし，台湾の実際の状況に適合しえないとされる諸問題は，なお数多く残されているため，今後のさらなる憲法の改正が予想されている。

3）立法制度

　前述の憲法体制の下で，台湾法体制における立法権は，中央政府の立法院と地方の議会にそれぞれ垂直分立されている[7]。中央政府の立法院は，人民を代表して立法権を行使し，憲法改正案や領土変更案の審議権と提出権，緊急命令の追認権，首長任命の同意権，総統や副総統の罷免案や弾劾案の提出権，行政院長に対する不信任案の提出権，および法律案，予算案，戒厳案，赦免案，宣戦案，講和案，条約案ならびにその他の重要事項を議決する権限をもっている[8]。

　2008年現在，立法院の立法委員（国会議員）は，113名（小選挙区79名，比例代表34名）であり，すべて3年の任期で改選されている[9]。立法院の権限は，その組織法により主に院会と委員会によって行使されている。委員会は，内政，外交と国防，経済，財政，教育と文化，交通，司法と法制ならびに衛生環境と労働者という8つの委員会，および紀律，手続，憲法改正ならびに経費検査という4つの特種委員会から構成されている[10]。立法院の立法手続は，これらの組織を中心に，①提案と上程，②院会の一読，③院会の二読，④院会の三読，⑤総統の公布の段階に分けられている。

　こうした立法手続は，理性的な熟慮にもとづく法案審査のために設けられた手続であるが，現状は，この趣旨から程遠いものである。民主化の1990年代以来，立法委員は，常に会期中においても政治闘争，イデオロギーまたは知名度向上のための各種の「演芸」などに走っている。立法委員が法案の審査に関心を寄せていなかったため，各会期における法案審査は，牛歩並みであり，会期末になって

はじめて国民に業績を見せなければならないと意識して，徹夜を繰り返して一気に大量の法案を審査もせずに包括決議で通していた。このような状況は，依然として続いている。このような状況の下で，立法作業の質は，まったく期待のできるものではないといっても言い過ぎではない[11]。立法手続をいかにして実効性のあるものにするかは，今後の立法制度の大きな課題として残っている。

4）司法制度

中央政府の司法院は[12]，台湾の最高司法機構であり，民事訴訟，刑事訴訟ならびに行政訴訟の審判および公務員懲

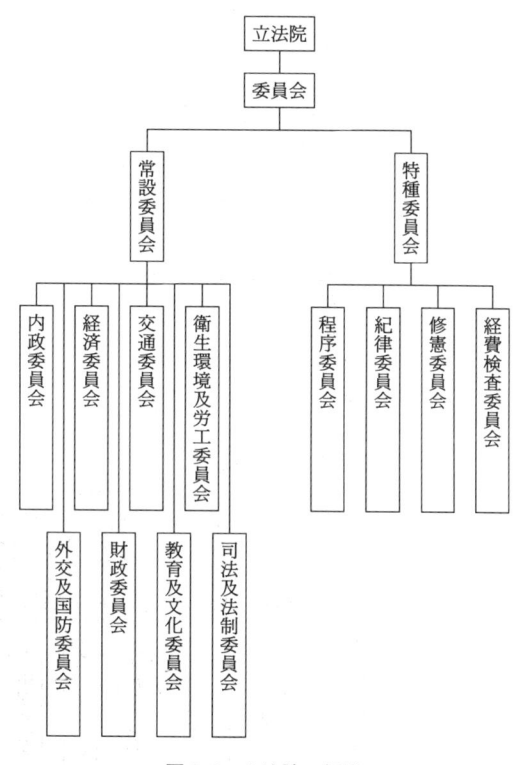

図 3-1　立法院の組織

戒の審理を司り，かつ憲法解釈と法令の統一解釈の権限を持ち，また憲法法廷を組織し総統や副総統の弾劾案および違憲政党の解散案を審理する。これらの権限を行使するために，司法院には，大法官（院長と副院長を含む），最高法院，高等法院およびその分院，地方法院，少年法院，最高行政法院，高等行政法院，公務員懲戒委員会および司法人員研修所（司法修習所）などの司法の組織が設置されている。司法院それ自体は，実質的にはこれらの審判組織のための司法の「行政機関」に過ぎない[13]。

大法官は，院長と副院長を含んで 15 名であり，総統の指名と立法院の同意を経て任命され，その任期は 8 年である。大法官は，憲法第 87 条の規定により，憲法の解釈および法令の統一解釈を行う[14]。これは，普通審判権における個別具体的な事案に対する司法審査とは異なる抽象的かつ集中的な司法審査である。こ

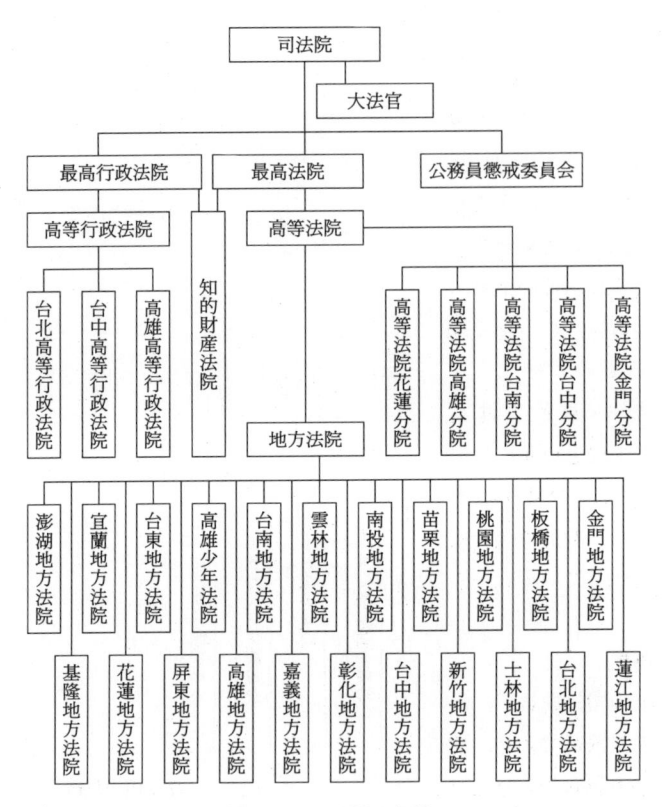

図3-2 司法院の組織

```
                    司法院
                      │
                    大法官
         ┌────────────┼────────────┐
      最高行政法院   最高法院   公務員懲戒委員会
         │            │
      高等行政法院   高等法院
```

高等行政法院：台北高等行政法院／台中高等行政法院／高雄高等行政法院

知的財産法院

高等法院の分院：高等法院花蓮分院／高等法院高雄分院／高等法院台南分院／高等法院台中分院／高等法院金門分院

地方法院：澎湖地方法院／宜蘭地方法院／台東地方法院／高雄少年法院／台南地方法院／雲林地方法院／南投地方法院／苗栗地方法院／桃園地方法院／板橋地方法院／金門地方法院／基隆地方法院／花蓮地方法院／屏東地方法院／高雄地方法院／嘉義地方法院／彰化地方法院／台中地方法院／新竹地方法院／士林地方法院／台北地方法院／蓮江地方法院

の他，大法官は，憲法法廷を組織して，総統や副総統の弾効案，または中華民国の存在や自由民主の立憲政治の秩序を害することを目的とする政党の解散案を審理する。

　最高法院，高等法院とその分院および地方法院は，一般の民刑事事件を審理する普通裁判所である。最高法院は，民刑事事件の終審裁判所であり，全国で1ヶ所が中央政府の所在地に設置されており，5人の裁判官からなる合議制で民刑事事案の第三審および内乱，外患，国交妨害などの刑事事案の第二審を管轄している。高等法院は，台北市内に台湾高等法院を設置し，台中，台南，高雄および花蓮にそれぞれ台湾高等法院の分院を設置しているほか，福建高等法院金門分院をも設置している。高等法院およびその分院は，3人の裁判官からなる合議制で，

図 3-3　司法院

主に民刑事事案第二審および内乱，外患，国交妨害などの刑事事案，総統・副総統選挙訴訟の第一審を管轄している。また 1999 年 10 月 3 日以降，最高法院および高等法院とその分院は，軍事法院の有期懲役以上の判決に対する不服の軍法事案を管轄することになっている。地方法院は，原則として各県（市）にひとつ，全国で 21 の地方裁判所が設置されている。地方法院は，民刑事法廷と民刑事簡易法廷に分けられている。簡易法廷は，独任制で軽罪の刑事事案および一定金額以内の民事簡易事案の第一審を管轄する法廷である。民刑事法廷は，独任制または 3 人の合議制で一般の民刑事事件の第一審，および 3 人の合議制で民刑事簡易事案の第二審を管轄している[15]。総じていえば，台湾の普通裁判所は，原則として三級三審制（例外の場合には三級二審制）をとっており，第一審と第二審を事実審として第三審を法律審としている。

このほか，最高行政法院および高等行政法院は，行政訴訟の終審と第一審を管轄する裁判所である。台湾の行政裁判所システムは，台北市内に最高行政法院を，台北，台中，高雄にそれぞれ高等行政法院を設置し，二級二審制をとっており，高等行政法院を第一審の事実審とし最高行政法院を終審の法律審としている。また，台南高等行政法院は設立中である。2000 年 6 月まで，台湾の行政裁判システムは，一級一審制の行政裁判制度を採っていたが，国民の権利・利益の

図 3-4　最高法院

注）中華民国最高法院提供。

　救済に不備があったとされ，2000年7月1日から行政訴訟法の改正法および行政法院組織法の改正法の施行に伴って，従来一級一審制を管轄していた行政法院は，二級二審制を管轄する高等行政法院と最高行政法院に改正された。最高行政法院および高等行政法院は，取消訴訟，義務付け訴訟，確認訴訟，一般給付訴訟および特種訴訟（公益訴訟）の訴訟類型で行政訴訟を審理している。最高行政法院は，5人の合議制で高等行政法院から上訴された事案や法律の規定により管轄すべき事案を審理する。高等行政法院は，通常訴訟手続と簡易訴訟手続に分けられており，通常訴訟手続では3人の合議制で行政訴訟を審理し，簡易訴訟手続では独任制で行政訴訟事案を処理している。

　また，公務員懲戒委員会は，台北市内の1ヶ所に設置され，ベテランの裁判官15名からなる委員会制の初審かつ終審の特別裁判所である。公務員懲戒委員会は，俸給を受けるすべての文官，武官および公営企業の常勤の職員に対する懲戒の事案を審理する。公務員懲戒委員会の審理手続は，審議と再審議に分けられており，いずれも委員全員の半数以上の出席かつ出席委員の半数以上の同意によって行われている。

　なお，ハイテク産業の知的財産権保護をめぐる法的紛争を専門的に，有効にか

つ効率的に処理するために,「知的財産裁判所［智慧財産法院］」が, 2007年3月28日公布され, 2008年7月1日施行の「知的財産裁判所組織法［智慧財産法院組織法］」によって新設された。知的財産裁判所は，知的財産をめぐる民事の第一審と第二審, 刑事の第二審および行政訴訟の第一審を管轄する。民事と刑事の事案は, 最高法院を終審とし, 行政訴訟は, 最高行政法院を終審とする。

　前述の司法制度は, 今後の司法改革によって, 主に司法院の審理機関化, 審理機関の一元化[16], および憲法審判権と一般審判権の一元化[17]の方向に向かって進んでいる。なお, 司法制度における核心的な役割を果たす裁判官, 検察官および弁護士の選考と養成については, 現在のところ, 裁判官と検察官の選考は, いわゆる「司法官」試験で行われている。「司法官」試験は, この2年間（2006年～2007年）, 毎年約4,600名の受験者に155名の合格者であり, 合格率が約3.3%である。弁護士試験は, いわゆる「専門職業及び技術者高等試験［専門職業及技術人員高等考試］」として, この2年間, 毎年約5,600名の受験者に440名の合格者であり, 合格率が約8%である。また, 裁判官・検察官の修習も弁護士とは別途で行われている。「司法官」試験の合格者は, 司法修習所において, 1年半から2年ほどの修習をしてから裁判官や検察官になる。弁護士試験の合格者は, 2段階に分けてあわせて半年の修習を受けてから弁護士になる。第1段階は, 司法修習所や弁護士協会での1ヶ月の修習である。第2段階は, 弁護士事務所で5ヶ月の実務修習を受ける。

5）行政院・考試院・監察院

　台湾の中央政府は, いわゆる五権分立や五権憲法の体制の下で, 前述の立法と司法のほかに, なお行政, 考試および監察の3つの権力がある。行政権は, さらに総統府と行政院に分属されている。総統は, 行政院長の任免権, 文官・武官の任免権, 立法院の同意を要する官職の指名権・任免権, 立法院の解散権, 緊急命令権, 三軍統率権, 法令公布権, 宣戦・講和権, 条約締結権, 栄典授与権, 戒厳・解除宣告権, 赦免・減刑・復権などの権限を有する。行政院長は, 最高行政機関の行政院の長である。行政院は, 内政部, 外交部, 国防部, 財政部, 教育部, 法務部, 経済部, 交通部, モンゴル・チベット委員会［蒙藏委員會］, 華僑事務委員会［僑務委員會］等8部2会, 会計・統計処［主計處］, 中央銀行, 新聞局, 人事行政局, 衛生署, 環境保護署, 海岸巡防署, 故宮博物院, および大陸

委員会をはじめとする 22 の委員会を直轄する膨大な組織である。総統と行政院長のいずれもが憲法上の行政実権を有する首長であるため，台湾の行政権は双首長制をとっているともいわれている。

考試院は，従来行政権に属していた公務員の選考権および身分保障に関する重要な人事管理権を行政権から独立させるために設置された台湾の最高考試機関であり，さまざまな国家試験，および公務員の職階管理［銓敍］，保障，補償［撫卹］，定年退職，公務員の任免，勤務成績評定［考績］，俸給，昇進，褒賞などの権限を行使する。これらの権限は，考選部，職階管理［銓敍］部，公務員定年保障［公務人員退休撫卹］基金監理委員会および公務員保障・研修［公務人員保障暨培訓］委員会に分けられて行使されている。考試院は，院長と副院長各 1 名および考試委員 19 名をおいている。考試委員は，総統の指名で立法院の同意を経て任命され，その任期が 6 年である。台湾の（法曹関係の）司法試験，（中央と地方の）公務員試験は，すべて考試院によって行われている。行政院と司法院は，個別具体的な試験につき関与することができない。この独立した選考試験を通じて，台湾における法曹試験と公務員試験の公開性，公正性や公平性は，世界中でも最高水準であると国民から広く信頼されている。

監察院は，台湾の中央政府の最高監察機関であり，弾劾権，摘発・是正［糾舉］権および，財務決算［審計］権を行使する。監察院は，院長 1 名と副院長 1 名を含めて，29 名の委員から構成されている。委員は，総統の指名で立法院の同意を経て任命され，その任期が 6 年である。会計検査部［審計部］は，監察院の下級機関であり，全国各機関の財務総決算の審査権限を行使する。監察院は，行政監査および会計検査の権限を行政院から，および行政に対する調査権を国会から独立させるために作られた最高監察機関であり，通常の行政監査，会計検査および是正勧告よりも行政に対する強力で有効な監視の機能が期待される。

6）私法・刑事法の体系

前述の公法関係に関する中央政府の法体系の他に，台湾における私法は，主に民法と商法から構成されている。台湾の民法は，1929〜30 年に中国大陸で制定された法律で，総則編，債権編，物権編，親族編および相続編の 5 編から構成される民法典であり，計 1,225 ヶ条がある。制定当時は，特に家族編と相続編につき中国の伝統法や慣習法を取り入れた。この法律は，1982 年以降，計 14 回の改

正がなされた。改正法の内容は，おおむね家族編と相続編を中心として，男女平等に違反した規定を改正したものである。刑法は，1935年に中国大陸で制定され，1999年以降，2回の大改正がなされており，計363ヶ条の法典である。この法律は，現在12章の総則および36章の各則から構成されている。

商法については，いわゆる「商法」という法典はない。台湾の商法は，会社［公司］法，手形法［票據法］，保険法，海商法の4つの法典から構成されている。会社法も，1929年に中国で制定され，1970年以来，5回の大改正がなされており，計449ヶ条の法律である。この法律は，無限会社，有限会社，両合（無限と有限の混合）会社，株式会社，関係企業および外国会社を対象として，関連の規定を置いている。その特別法として，金融持株会社法［金融控股公司法］がある。手形法も，1929年に中国で制定され，1973年に，1回の大改正がなされた計146ヶ条の法律である。この法律は，為替手形，約束手形および小切手を対象として，関連の規定を置いている。保険法も，1929年に中国で制定され，1974年以来，3回の大改正がなされており，計178ヶ条の法律である。この法律は，火災保険，海上保険，陸空保険，責任保険，保証保険などの財産的損害保険および生命保険，健康保険，傷病保険，年金保険などの人身保険を対象として，関連の規定を置いている。海商法は，1931年に中国で制定され，1962年以来，2回の大改正がなされており，計153ヶ条の法律である。この法律は，船舶，運送，船舶衝突，海難救助，共同海損，海上保険を対象として，関連の規定を置いている。

7）手続法の体系

なお，台湾における手続法の体系は，主に民事訴訟法，刑事訴訟法，行政手続法［行政程序法］，訴願法および行政訴訟法から構成されている。

民事訴訟法は，1930年に中国で制定され，1945年以来，4回の大改正がなされており，計640ヶ条の法律である。最近の大改正は，2003年に行われた。この法律は，第一審，上訴（第二と第三）審，抗告，再審，督促，保全，公示催告，および人事訴訟等を対象として，関連の規定を置いている。

刑事訴訟法は，1928年に中国で制定され，1945年以来，3回の大改正がなされており，計512ヶ条の法律である。最近の大改正も，2003年に行われた。この法律は，第一審，上訴（第二と第三）審，抗告，再審，非常上訴，簡易手続，協

商手続，執行および付帯民事訴訟を対象として，関連の規定を置いている。

また，行政手続法は，1999年に制定され，総則，行政処分，法規命令と行政規則，行政契約，行政計画および苦情処理を対象とする，計175ヶ条の法律である。この法律は，手続法と称されているが，実体法の規定も少なからず置いているため，行政法典に近いものであるともいわれている。

訴願法は，1930年に中国で制定，1998年に大改正された，計101ヶ条の法律である。この法律は，総則，訴願審議委員会，訴願手続，再審手続等を対象として，関連の規定を置いている。

行政訴訟法は，1932年に中国で制定，1998年に大改正された，計308ヶ条の法律である。この法律は，総則，第一審，上訴審，抗告，再審，新たな審理，保全，強制執行等を対象として，関連の規定を置いている。1998年の行政訴訟法大改正は，司法改革の一環として，従来の取消訴訟のほかに，確認訴訟，義務付け訴訟，一般給付訴訟および公益訴訟を加えた法改正である。同年度の訴願法大改正もその一環である。

3．台湾法の実際運用

前述の立法と司法制度の下で，台湾における法の運用は，ほとんど実定法の立法，解釈および適用を中心として，発展してきている。民間の慣習などのインフォーマルな法の運用は，その存在空間が実定法の精緻化によって極端に圧迫され，ほとんどなくなっている。本節では，人口2,300万人の台湾における法の運用の実際状況および民間のインフォーマルな法の状況を概説する。

1）法の運用と執行

憲法を頂点とする台湾法の実際運用について，まずは，憲法の解釈運用に触れなければならない。司法院の大法官会議は，憲法解釈と法令の統一解釈に関する権限を行使し，憲法の解釈運用をめぐる法的紛争を最終的に解決する権限を持っている。この6年間（2002～07年），大法官会議は，毎年227～400件の解釈申請案を受理し，217～373件の解釈申請案を審理終了した。受理件数と審理終了件数は，いずれも次第に増えている。

さらに，2008年7月1日から新しく設立された知的財産裁判所については，

これまで，刑事第二審，民事第一審と第二審，行政訴訟第一審において審理されていた，年約3,000件（2007年度）の民刑事および行政訴訟事案が，これから知的財産裁判所によって管轄されることになる。

2）インフォーマルな法

前述した台湾法のフォーマルな運用と執行の実態を踏まえて，台湾における法の運用と執行を全面的に把握しようとすれば，インフォーマルな法の存在状況や法のインフォーマルな運用と執行にさらに触れなければならない。

台湾法における西洋法の大量継受は，日本統治時代からである。植民地時代の前期において，日本政府は，台湾の政治や文化の相違に配慮して民間の取引，親族や相続などの事項については台湾の現地法の尊重をその法政策としていた。その当時，台湾にはまだ各法分野の統一的な成文法典が存在しなかったため，いわゆる台湾の現地法は，主に民間の慣習法を意味した。この時期における台湾の慣習や慣習法については，戦前の台湾総督府の臨時台湾旧慣調査会の調査結果としてまとめられた報告書『台湾私法』に詳細に記載されている。したがって，民間の慣習法は，戦前の時期においては台湾私法の主要部分をなしていたといえよう。しかし，植民地時代の後期から，日本政府は，いわゆる「内地法延長」政策を実施し，西洋法を大量に導入した日本の法律を直接に台湾で実施するようにした。この「内地法延長」政策によって，台湾法は，西洋法を基本とする成文法規範を次第に大量に導入したため，民間の慣習法は，次第に衰退してきた[18]。このような成文の実定法の充実と慣習法の衰退は，戦後の台湾法の発展においていっそう進行してきた。現在においては，民間の慣習法は，わずかしか残っていない。

台湾法は，前述のようにいわゆる大陸法系に属しており，その法形式が成文法を重視し，法の明文がない場合しか慣習法の適用を認めず，しかも慣習法が成文法に抵触してはならないとする。戦後60数年，台湾における各分野の実定法は，西洋法の規範を大量に導入したほか，台湾現地における各種の現代法に適する慣習法をも少なからず成文化した。また，工業化，都市化などによって，従来の農村共同体や大家族は，ほとんど解体してしまい，慣習法を維持する基盤がなくなったため，民間慣習法は，絶滅危惧種の状態になっているといっても言い過ぎではない。とはいえ，現在においても，なお実体的にも手続的にもいくつかの慣

習法が実際に生きている。

　実体的な慣習法は、主に民事法を中心としていくつか残っている。たとえば、「祭祀公業」の法的性格とその権利義務、既婚女性の相続権放棄、地域祭の労務や寄付、および「合会契約」などである。

　「祭祀公業」は、先祖などを祭祀するために設立者が寄付した財産を基礎として設立された団体であり、日本統治時代から慣習法により法人格を有する団体として扱われていた。戦後においては、「祭祀公業」は、法人団体の登録を申請しない限り正式の法人格を持たないが、民間の慣習法は、権利能力と行為能力をもつ団体として扱っている。しかし、訴訟や権利義務におけるその法人格の有無の問題や憲法上の男女平等などの問題をめぐって、多くの検討がなされた。その帰結として、2007年3月2日に「祭祀公業条例」が制定された。この法律は、同年12月に公布され、2008年7月1日から実施されている。既存の「祭祀公業」はすべて法人団体の登録が義務付けられている。また、女性の「派下員」相続権も、先祖を祭祀する目的を遂行する民間の慣習の範囲内で認められるようになっている。

　女性の相続権について、台湾の民法第1138条は、男性や女性または既婚や未婚を問わずにすべて相続の権利を付与している。法の形式上は、完全に憲法第7条の男女平等に合致している。しかし、伝統的な民間の慣習法によれば、女性は相続の権利をもたないとされている。それゆえに、相続法の実践において、相続事実が発生したとき、多くの女性は、民間の慣習法にしたがって「相続放棄同意書」に署名して相続の権利を放棄するよう求められる。実際上、多くの女性もこうした慣習法にしたがっている。このような状況は、民法の規定に抵触する慣習法が法の実践において実際に実定法を凍結している。もちろん、女性は、民法上の相続権を放棄しない場合には、それなりにその相続の権利を主張することができるが、このような状況は相対的に少ない。

　地域の祭の労務と寄付について、台湾の各地域、特に農村地域においては、地域ごとの定期的な祭がある。民間の慣習法によれば、地域祭に必要な労務のために、各世帯は、「1世帯に1人の労務（1戸1丁）」を出さなければならない。「1世帯に1人の労務」を出すことができない場合は、1人分の労務に必要な経費を寄付しなければならない。こうした地域祭に関する住民の権利義務については、実定法が関与していない。そのすべてを、民間の慣習法に任せている。もちろ

ん，寄付は，その法的性格が民法上の贈与であり，あくまでも贈与者の任意的決定によるものである。しかし，実際上この慣習法に逆らう者は少ない。

「合会」は，いわゆる助け合い会であり，「会首（招集者）」が2人以上の会員を招致して，会員が定期的に一定の金額（または物）を「会首」に交付し，利息の入札で当該集金の取得を決めるために作られた会である。これは，一時的に資金に困ったものへの救急の意味を持つ資金の助け合い制度である。従来は，民間の慣習法に任せていた。しかし，こうした助け合い会は，緊密な人間関係によってしか維持されることができなかった。義理人情の薄れてきた近年の台湾社会において，「合会」は，しばしば詐欺などの金銭的トラブルの温床となった。そのため，台湾は，1999年に民法の改正によって，「合会契約」を有名契約のひとつとして成文化した。これも，民間の慣習法を実定法化した最近の事例である。

もちろん，実体的な慣習法は，以上の数例に限られるわけではない。しかし，これらの民間の慣習法は，「祭祀公業」，女性の相続権放棄または「合会契約」のいずれも，実定法の充実によって実定法化されており，法律の明文規定の範囲内では，そのインフォーマルな性格を失った。これは，台湾における民間の慣習法の存在空間が次第になくなっていくことを示しており，ある意味では残存の慣習法を維持するための基盤がさらに崩壊しつつあることをも説明しているであろう。

また，実体的な慣習法については，必ずしも私法領域のものに限るわけではない。行政法における公用地役権がその例である。行政法における公用地役権は，大法官会議解釈第400号によって認められた慣習法である。同解釈は，私人の土地が長年にわたる公衆の使用によって既成の道路となりその自由な使用や収益の余地を失った場合には，公用地役関係の成立を認めるべきであり，公益のため特別な犠牲を構成し，法律の規定により私人に公用買収の補償を与えなければならないとした。これは，法律留保や法による行政を強調する台湾の行政法における国民の権利利益の保護に資する珍しい慣習法の事例である。

4．台湾の法学教育と法学研究

台湾法の研究については，現在の法体系，実際の運用および諸法情報や法環境を作り出した台湾の法教育や法学研究の状況をさらに正確に把握しておくことが

必要である。以下では，台湾の法学教育の沿革，体制，法学研究やその支援の機構などを概説する。

1）台湾の法学教育体制

　台湾における法学教育の沿革は，戦前の日本統治時期に遡ることができるが，2006年度現在で，法律関係の法律学科，法学研究科や法律学組は，110ヶ所も存在している。その内訳は，42の法学研究科，9の博士課程，59の法律学科である。毎年の学生の定員は，修士課程1,275名，博士課程50名，学部生2,848名，学部生（夜間）580名，および専門学校612名をあわせて，計5,365名である。

　戦後前期における台湾の法学教育は，東呉大学が英米法の教育にも力を注いで5年制の教育を行ったことを除き，主に伝統的な法曹養成教育に重点を置いた4年制の教育であった。したがって，この時期の教育体制も，通常，法律学系をさらに「法学組」と「司法組」に分けて，前者は，比較法の人材育成を重視し，後者は司法実務の人材育成を重視していた。とはいえ，法学教育の内容は，前者が英米法の教育を，後者が実務課程をやや重視したほか，さほど異なるところはなかった。法学研究科の教育体制も，たいてい，専攻分野を「民商法組」，「刑法組」や「公法組」に分けた上で，伝統的な法学教育や法学研究をその重点としていた。このような法学教育体制は，現在まで基本的には続いている。しかし，民主化後の90年代以降においては，金融経済やハイテク産業に関する法学の教育が次第に重視されるようになった。従来の法律学系や法学研究科に「財政経済法律組」[19]が増設されたり，または「財政経済法律学系」[20]，「財政経済法律研究所」[21]，「科学技術法律研究所」[22]ないし「海洋法律研究所」[23]などの法学研究科が新設されている。このほか，90年代以降，通常の大学法学教育のみならず，在職中の社会人の法学教育を進めるために，いわゆる学部の「社会人コース［在職班］」および法学研究科の「社会人修士課程［碩士在職専班］」が，いくつかの大学の法律学系や法律研究所において新設された[24]。

　伝統的な法学教育は，法曹の養成を主な目的とし，その課程の設計および教学の内容が，司法試験を中心として構想されてきた。授業科目は，主に司法試験の科目としての民法，刑法，商法，行政法および関連の手続法が必須科目とされ，労働法，社会法，経済法，金融法，知的財産権法およびその他の科目が選択科目とされていた。このような法学教育の内容は，台湾の法学教育を長期間支配して

きており，いまでもさほど変わっていない。戦後の前期において，弁護士や裁判官の司法試験は，その合格率（たとえば，1983年前後の弁護士試験合格者はわずか4名や6名）が極端に抑制されていたため，一般の大学受験生は，軍事統制のリスクや将来の進路の配慮も含めて，法学部にはさほど興味を持たなかった。したがって，法学教育の需要が伸びず，法学教育組織としての法学部は，少なかった。80年代の民主化運動を経て，司法改革を推進するために司法試験の合格率は，大幅に引き上げられた。法学部は，次第に大学受験生の憧れの学部となった。大学における法学教育組織も，大量に新設されるようになった。授業科目もなんらかの変容を見せた。「財政経済法律組」，「財政経済法律研究所」，「科学技術法律研究所」などにおいては，社会法，経済法，金融法，知的財産権法や他の専門的分野の法学教育が次第に重視されるようになった。

　こうして，法学教育は次第に変わってきたが，台湾の法学教育は，なお少なくない問題を抱えている。まず，教育内容は，依然として法曹養成を主な目的とする科目をその中心としているため，卒業生は，激変する経済社会に対応するための専門能力をもたず，金融，財政，知的財産などの専門事案の処理や審理に必要な専門知識や民間企業における企業法務に必要な専門能力に欠けている。この問題を解決するために，「財政経済法律組」，「財政経済法律研究所」，「科学技術法律研究所」などは，経済学，会計学，微積分，財政学，財政経済関係，知的財産権法および科学技術関連の諸法律科目に重きを置いて，教育内容の改善を図っているが，法学部における伝統的な司法試験の思惑の影響が根強く存在しているため，その両立策を模索しているところである。次に，教育方式は，まだほとんど口授と暗記の授業パターンであり，実務事例の検討や演習が非常に少なく，さほど重視されていない。理論と実務運用の乖離は，大き過ぎる。また，裁判官試験であれ，弁護士試験であれ，司法試験の合格率は，依然として高くないため，学部3年生になったら司法試験を目指して司法塾に入り込んでいる学生は，少なくない。

　このほか，すでに日本と韓国で導入された法科大学院の法学教育制度は，台湾においてもさまざまな議論や関心を呼んでいる。この点については，賛否両論がある。政府関係者は，日本・韓国の動向を見て，積極的に推進しようとしているが，大学法学部の関係者の多くは，異論を唱えている。今後は，日本・韓国の成果を見極めた上で，この問題への対応が決められることになろう。

2）法学研究や支援の機構

　各大学は，法学研究を進めるために，「法律研究所」を設置し，法学研究を志望する研究者の養成を行っている。また，法学部や法学研究科の研究者は，分野別でいわゆる「研究センター［研究中心］」を設置し，各種の研究活動や学術シンポの主催に携わっている。たとえば，国立台湾大学法学院には，大陸法政研究センター，犯罪防止研究センター，公法研究センター，民事法研究センター，刑事法研究センター，財政経済法制研究センター，法律・社会研究センター，および科学技術法律研究センターが設置されている。これらの研究センターを中心として，さまざまな分野別の研究活動や研究会が行われている。このほか，中央研究院の「法律学研究所設置準備処［籌備處］」は，法学研究の総合的な専門機構であり，台湾の最高研究機関の中央研究院に所属している。情報工業促進会［資策會］の「科学技術法律センター［法律中心］」は，科学技術や知的財産に関する法律研究の専門機構である。行政院経済建設委員会の「財政経済法制調和センター［財経法制協調中心］」は，世界各国の財政経済に関する法制度の研究を専門的に行っている政府の研究機構である。

　また，大学以外の法学研究機構には，各種の学会がある。たとえば，台湾法学会，台湾行政法学会，国際婦女法学会中華民国分会，台湾工程法学会，台湾科技法学会，台湾労働法学会，台湾刑事法学会，台湾国際法学会，中華民国国際法学会，中華民国憲法学会，台湾法理学会などの学会である。そのうち，台湾法学会は，規模の最も大きい総合的な学会の組織であり，さらに，民事法，刑事法，商事法，憲法行政法，社会法労働法，財経法，法律教育，会員，編集，知的財産権法，基礎法学および国際法等の12の委員会に分けられている。台湾法学会は，ほぼ毎月講演会，座談会や学術シンポを主催しており，台湾の法学研究に多大の貢献をしている。また，台湾行政法学会は，東アジア行政法学会の成立を契機として，設立された学会であり，東アジアや両岸の行政法学術交流に積極的に携わっているほか，毎年2，3回の行政法学術シンポを主催しており，台湾の行政法学研究のひとつの大きな助力となっている。

　前述の法学研究や支援機構は，台湾の法学発展がまだ外国の法制度や法理論の導入から土着化しつつある段階にあるため，各種の学会を除けば，ほとんど国内の法学研究活動の促進をその主な目的や任務としている。国際的なネットワークは，東アジア行政法学会における台湾行政法学会，国際的な法学会の台湾分会を

除けば，いまだ少ない。外国の法整備支援については，急速に発展中の中国に対する個人的な学問の参与を除けば，ほとんど視野に入れられていない。とはいえ，まだ非常に希少な存在ではあるが，「台湾法治および政策研究基金会［台灣法治暨政策研究基金會］」は，すでに東南アジアの法制度や法学に関する研究の奨励や支援を始めている。

5．台湾法研究に関する情報

前述の法体系，法の運用と執行，法学教育および法学研究を踏まえて，台湾法の研究を行うためには，さらに台湾法に関する各種の情報源の所在を把握しておかねばならない。本節では，台湾法研究に必要不可欠な法学関係の書籍，雑誌，立法情報，司法情報，および行政情報，の諸情報を概説する。

1）法学書籍・雑誌の情報源

台湾法研究の情報源について，まずは，法学関係の書籍や雑誌の所在を把握しなければならない。法学関係の書籍は，比較的歴史のある法学部を持つ大学の図書館が相対的に充実している。たとえば，国立台湾大学の「法律・社会科学図書分館［法社分館］」と「法律学・政治学研究所図書館［法政研図］」，政治大学図書館の「綜合院館図書分館」，東呉大学図書館の「城区分館」，輔仁大学図書館の「済時楼図書館」がその代表的な所在である。また，大学の図書館以外の法学書籍の収蔵は，国家図書館が代表的な情報源の所在である。国家図書館の「全国図書情報検索ネットワーク［全国図書書目資訊網］」は，全国約78ほどの図書館の蔵書を統合した図書検索のサービスを提供している。法学関係の書籍を入手するためには，まずこの連合書目検索システムを利用し，所要の書籍の所在を確認した上で，その収蔵の図書館を訪ねる方が効率的であろう。なお，立法院国会図書館の「館蔵査詢系統」は，その収蔵の法学関係の図書の検索サービスを提供している。

法学関係の雑誌文献についても，その情報源の所在は，たいてい前述の書籍の情報所在と大きく異なってはいない。大学図書館以外の雑誌の情報源は，国家図書館が代表的な所在である。国家図書館は，その収蔵雑誌の検索システムを提供しているほか，その「中国語雑誌記事索引画像システム［中文期刊篇目索引影像

系統]」は，さらに 1994 年以降における全国の各雑誌（約 4,000 種類）の論文題目と全文などの情報を統合し，検索のサービスを提供している。これは，外国からでも直接に利用できる検索サービスである。また，国家図書館が 1970 年以降における全国の各雑誌（約 4,000 種類）の論文題目などの情報を統合した「中華民国雑誌論文索引システム［中華民国期刊論文索引系統］」も各大学の図書館を通じて検索サービスを提供しているが，海外からの利用は，まだ直接にインターネットを通じて検索をすることができない。利用者は，各大学の図書館を訪ねて館内のシステムを通じて検索するしかない。また，「全国図書情報検索ネットワーク［全国図書書目資訊網］」も，雑誌の所在情報を統合した検索サービスを提供している。この他，立法院の「雑誌文献システム［期刊文献系統］」は，その収蔵の雑誌の種類や論文題目の検索サービスを提供している。所要の雑誌論文を入手するためには，まず「中国語雑誌記事索引影像システム［中文期刊篇目索引影像系統］」の検索システムを利用し，論文の掲載雑誌を確認し，「全国図書情報検索ネットワーク」の検索を通じて所要の雑誌の所在を確認した上で，その収蔵の図書館を訪ねる方が効率的であろう。なお，国家図書館の「遠距離図書サービスシステム［遠距図書服務系統］」は，雑誌文献の遠距離伝送のサービスを提供している。海外の利用者は，会員の身分を申請しておき，無償の雑誌論文の全文の電子ファイルを伝送してもらい自分で印刷することができ，有償の雑誌論文をクレジットカードなどでサービス料を支払った上で郵送してもらうことができる。さらに，ウェブサイト「月旦法学情報データベース［月旦法学知識庫］」（後述）は，台湾における主な法学雑誌の最新号の論文題目と著者ごとの主な論文の情報を提供している。このほか，「法源法律ネットワーク［法源法律網］」（後述）は，有料の会員制で雑誌等の論文文献情報を提供している。

2）立法・司法・行政の情報源

　前述した法学関係の書籍，雑誌論文の情報源のほか，台湾法の研究に必要不可欠な情報には，さらに立法，司法および行政関係の情報がある。まず，立法の情報について，法務部の「全国法規資料データベース［全国法規資料庫］」は，中央政府における法律，法規命令，条約や協定の検索と全文閲覧のサービスを提供している[25]。また，立法院の「法律系統」は，その制定した法律およびその改正，廃止，立法理由や立法記録の全文検索と分類検索のサービスを提供してい

る[26]）。その「立法院グローバル法律情報ネットワーク［立法院全球法律資訊網］」も法律や一部の法学文献の検索を提供している。なお，立法院の「立法多元情報検索システム［立法多元資料庫検索系統］」は，最新の立法情報，法案の審査状況などの情報を提供している。しかし，これらの情報源は，中央政府の法律や法規命令に止まり，中央政府の行政規則や通達または地方公共団体の法規を含んでいない。中央政府の行政規則や通達は，各省庁の法規検索システムを通じて検索することができる。地方の法規も各地方公共団体の法規検索システムを通じて検索することしかできない。たとえば，台北市の「法規検索システム［法規査詢系統］」は，条例，法規命令，行政規則および通達の全文検索や分類検索のサービスを提供している。高雄市法制局の「法規検索」は，条例，法規命令などの分類検索や全文検索を提供している。中央政府の行政規則や通達などの法情報や地方の法規を統合している情報源は，まったくないわけではない。「法源法律ネットワーク」および「植根法律ネットワーク［植根法律網］」（後述）は，有料会員制で中央と地方の法規，行政規則や通達を含む法令の全文や分類検索のサービスを提供している。また，日本統治時代の法制度の史料については，台湾大学図書館やその法律・社会科学図書分館に少なくない史料が収蔵されている。

　司法関係の法情報について，司法院の「法学情報検索システム［法学資料検索系統］」は，大法官会議の解釈，最高法院の判例，決議や判決，最高行政法院の判例や判決，公務員懲戒委員会の決議，行政通達，および高等法院と地方法院の判決などの全文検索を提供している。行政院法務部の「全国法規データベース［全国法規資料庫］」からも大法官会議の解釈，民刑事や行政事案の判例を検索することができる。「月旦法学情報データベース」は，大法官会議の解釈，最高法院の判例，決議および最高行政法院の判例の情報および全文検索を提供している。また，「法源法律ネットワーク」および「植根法律ネットワーク」は，有料会員制で，大法官会議の解釈，最高法院の判例，決議や判決，最高行政法院の判例や判決，公務員懲戒委員会の決議，行政通達，および高等法院と地方法院の判決などの全文検索を提供している。もちろん，データベース化や電子化の進展状況によって原本しか利用できないものも，いまだ多数存在している。たとえば，戦前の日本植民地時期における各裁判所の判決原本などは，最高法院の図書館をはじめとして台湾高等裁判所，新竹，台中，嘉義，台南などの地方裁判所，および法務部司法官訓練所にも数多く保管されている。これらの司法情報は，実際に

各情報の所在にて利用することになる。

　行政関係の法情報は，前述した法規命令，行政規則や通達を除くほか，なお膨大な情報がある。これらの法情報は，主に総統府公報，立法院公報，司法院公報，考試院公報，監察院公報，「地方政府公報検索システム［地方政府公報査詢系統］」，台湾省政府公報，台北市政府公報，高雄市政府公報などの中央や地方の政府公報に掲載されている。これらの公報は，行政院の「公報情報ネットワーク［公報資訊網］」から利用できる。また，各種の行政統計資料は，行政院の「統計情報ネットワーク［統計資訊網］」から探すことができる。

3）法学データベース［資料庫］

　前述した情報源は，情報の種類に応じていかに効率的に所要の情報を入手することができるかによって概説したものである。入手しようとする情報の種類が確定された場合には，前述の利用法の参照価値が高いと思われる。しかし，情報の種類が定かではない場合には，以下の法学データベースの検索サービスがよいであろう。

　(1) 全国図書書目資訊網（http://nbinet2.ncl.edu.tw/）　これは，国家図書館が台湾の78ヶ所の図書館や研究組織の図書室を統合して，その収蔵する書籍および雑誌を一括で検索できるように作られた検索システムである。

　(2) 中文期刊篇目索引影像系統（http://www.ncl.edu.tw/mp.asp?mp = 2）　このシステムは，比較的包括的な雑誌論文の題目や便利な雑誌論文の検索のために構築されたものである。利用者は，論文題目，著者，キーワードなどで，所要の論文を探し出すことができる。

　(3) 全国法規資料庫（http://law.moj.gov.tw/）　このデータベースは，行政院法務部が中央政府の憲法，法律，法規命令，司法実務の大法官会議の解釈，最高法院の民事や刑事の判例，最高行政法院の判例，各種の条約協定，および中国や香港との協定などの資料をまとめている全文検索のシステムである。

　(4) 法学資料検索系統（http://jirs.judicial.gov.tw/Index.htm）　これは，司法院が設置した司法実務の各種の情報を統合した全文検索のデータベースである。その収録範囲は，司法院の主管法規や司法解釈，各裁判所の判例，決議，裁判，決定，および訴願裁決書等である。

(5) 月旦法学知識庫（http://www.angle.com.tw/index.asp）　「月旦法学知識庫」は，主に法学雑誌の文献全文，法律関係の辞書，博士・修士論文および台湾・中国の法学文献索引，法学の授業用素材，試験問題，常用法規，実務裁判の精選などを収録する民間業者の法学データベースである。現段階では無料で海外からでも利用できる。

(6) 法源法律網（http://www.lawbank.com.tw/index.php）　これは，民間業者によって構築された会員制の有料検索システムである。この法学データベースは，憲法，法律，法規命令，行政規則，国際条約および地方法規，大法官会議の解釈，最高法院の判例，裁判，法律問題の座談，各裁判所の裁判の全文，行政通達を収録している。

(7) 植根大法律網（http://www.rootlaw.com.tw/）　これも，民間業者によって構築された会員制の有料検索システムである。この検索システムは，中央や地方における現行や廃止の法令，40種類の行政通達，司法解釈，大法官会議解釈，最高法院の裁判要旨と全文，判例要旨と全文，決議，一部の地方法院の裁判全文，法律問題の司法座談などの24種類の司法資料およびこの5年間の裁判記録を収録している。

(8) 植根法律網（http://www.rootlaw.com.tw/）　これは，民間業者によって構築された法学データベースであるが，無料で利用することができる。この検索システムは，憲法，法律，法規命令，行政規則，行政通達，地方法規，司法解釈，判例，法律座談会，裁判書，訴願裁決書などを統合したシステムである。このシステムは，海外でも利用できるシステムであり，他のデータベースが提供していない行政規則，行政通達および地方の法規の検索については，便利である。

(9) 東呉大学中文法律論文索引資料庫（http://www.lib.scu.edu.tw/）　この法学データベースは，東呉大学によって構築され，1963年以降2005年までの法学雑誌の論文，新聞掲載記事および学位論文を約94万件収録しているデータベースである。これは，外部からの一般利用に開放されていないデータベースである。利用者は，そのデータベースの検索システムを供用している図書館を直接訪ね当該検索システムを利用することになる[27]。

(10) FORMOSA法律網（http://www.lawformosa.com/）　このシステムは，主に財政経済政治関係の法情報を収録しており，それに関連するデータベース，検索システム，立法，司法，行政，法務，訴願，財政，投資などの情報の一部を収

録している。このシステムは，まだ構築の初期段階にあり，その内容がまだそれほど充実していない。また，このシステムは，まだ有料制ではなく，無料で海外でも利用できる。

　以上の法学データベースは，現段階の台湾における主な法学研究にかかわる情報源の所在である。外国からのオンライン利用者にとっては，(1)全国図書書目資訊網，(2)中文期刊篇目索引影像系統，(3)全国法規資料庫，(4)法学資料検索系統，(5)月旦法学知識庫，および(8)植根法律網の検索サービスが便利である。

4）日本における台湾法情報

　このほか，日本における台湾法の情報源も日本の法学研究者にとっては重要である。ここでは，各大学の図書館に収蔵されている情報以外のいくつかの法情報の所在に言及する。また，台湾における文献検索の日本語の情報については，西英昭「台北における図書館・文献検索情報」[28]が，参照に値する。

　(1) 早稲田大学東アジア法研究所　当研究所は，台湾における岡松参太郎関係資料を収集するために，台湾省文献委員会，国家図書館台湾分館，台湾司法院，台湾大学図書館および政治大学黄源盛研究室の各所蔵資料の調査を行い，戦前の立法政策や関係資料や裁判資料などを公開している。

　(2) 東京大学東洋文化研究所　台湾文献だけではないが，当研究所が収蔵している漢籍のうち，中華民国1年以降の中国語の書籍を東京大学オンライン目録データベース（OPAC）で検索することができる。

　(3) 日本損害保険協会　この協会は，台湾における安全防災にかかわる法令や規則をその『海外の安全防災に係る法令・規則に関する調査・研究 8. 台湾』にまとめてある。

　(4) 日本台湾学会　法情報に限らないが，当学会は，戦後日本における台湾関係文献目録を作成しており，著者名や年代別の検索サービスを提供している。

　(5) 中京大学社会科学研究所台湾史研究センター　当研究センターは，1874年から2003年までの台湾関係文書目録および台湾総督府文書目録を編纂し，かつ検索のサービスを提供している。

　(6) 台湾史研究会　この研究会は，主に法学関係ではないが，台湾に関する各分野の研究を行っており，その成果として機関紙『現代台湾研究』を出版してい

（7）東アジア行政法学会　この学会は，1994年に名古屋大学で創立され，日本，韓国，中国および台湾の行政法の研究者や実務家から構成されている学会である。2年に1回，学術総会が開催されている。毎回の学会報告の報告文書は，書籍としてまとめられているが，一般の出版物とはなっていない。台湾の行政法に関する研究については，これらの報告文集は，参照に値する。

（8）東アジア法哲学シンポジウム　これは，東アジア行政法学会に続く，東アジアにおける最大規模の法哲学のシンポジウムである。2年に1回，学術総会が開催されている。その報告集も，台湾の法哲学に関する研究を行っている者にとっては，参照に値する。

おわりに

　台湾法は，民主化されてからわずか10数年の法であるため，まだ変動期にあり安定化していない法である。したがって，台湾法の研究者は，随時その変動状況を把握しておく必要があろう。この点については，立法院の「立法院グローバル法律情報ネットワーク［立法院全球法律資訊網］」は，英文版も提供されているため，この情報システムによって随時に提供されている最新の立法情報は，外国人の研究者にとっては最も効率的であろう。

注
1）王泰升「台灣近代法律體系的確立」（『月旦法學雜誌』第66号，2000年）174～175，178～179頁参照。
2）この時期における台湾の旧慣については，台湾総督府臨時台湾旧慣調査会『臨時台湾旧慣調査会第1部調査第3回報告書　台湾私法　第3編（上・下）第1巻（上・下）第2巻（上・下）第3巻（上・下）』(1909-1911)，西英昭「土地をめぐる『舊慣』と『臺灣私法』の関係について（一）～（三・完）」（『法学協会雑誌』第122巻第7～9号，2005年）が参考になる。
3）王泰升「台灣法的近代性與日本殖民統治」（『月旦法學雜誌』第92号，2003年）198～211頁参照。
4）王泰升前掲「台灣近代法律體系的確立」175頁；同前掲「台灣法的近代性與日本殖民統治」198～211頁参照。

5）王泰升前掲「台灣近代法律體系的確立」175 頁参照。
6）王泰升「台灣戰後初期的政權轉替與法律體系的承接（一九四五至一九四九）」（『台大法學論叢』第 29 巻第 1 号，1999 年）1 頁以下参照。
7）中華民国憲法第 107〜111 条，62〜63 条，112〜117 条，122〜125 条；中華民國憲法增修條文第 4 条。
8）中華民国憲法第 63 条；中華民國憲法增修條文第 1 条 1 項，第 2 条 3 項，第 3 条 2 項 3 号，第 4 条 5〜7 項，第 5 条 1 項，第 6 条 2 項，第 7 条 2 項，第 12 条。
9）中華民国憲法第 65 条；中華民國憲法增修條文第 4 条 1〜2 項。
10）立法院の組織図は，図 3-1 を参照。
11）瞿海源「立法院和立委的問題與改進之道——國會記者的觀察和意見」（『聯合報』2002 年 10 月 7 日）；社論「立法院要有效率 行政院要有行動」（「自由電子新聞網」2002 年 1 月 10 日）参照。
12）司法院の組織図は，図 3-2 を参照。
13）大法官会議第 535 号解釈を参照。
14）中華民国憲法第 78，79 条。解釈案の議決については，憲法解釈案は，大法官全員の 3 分の 2 以上の出席および出席者の 3 分の 2 以上の同意によって可決されなければならない。しかし，命令が憲法に抵触することを宣告する場合は，出席者の半数以上であれば，これを可決することができる。法律や命令の統一解釈案は，大法官全員の半数以上の出席および出席者の半数以上の同意で可決される。
15）http://www.judicial.gov.tw/ (2008. 3. 18) 参照。
16）大法官会議第 535 号解釈参照。
17）黃昭元「司法違憲審查的制度選擇與司法院定位」（『台大法學論叢』第 32 巻第 5 号，2003 年）55〜118 頁参照。
18）王泰升「臺灣日治時期植民地立法之程序與內容」（『台大法學論叢』第 24 巻第 1 号，1994 年）17〜28 頁参照。
19）たとえば，國立台灣大學法律系財經法組，國立政治大學法律系財經法組，國立台北大學法律學系財經法學組，東吳大學法律系法律研究所在職碩士班科技法律組，財經法律組，輔仁大學法律系財經法學組，中國文化大學法學院法律學系財經法律組等である。
20）たとえば，國立高雄大學財經法律系，國立中正大學財經法律系，國立中興大學財經法律系，中央大學財經法律系，輔仁大學財經法律系，中原大學財經法律系，真理大學財經法律系，興國管理學院財經法律系，致理技術學院財經法律系，育達商業技術學院財經法律系，稻江科技暨管理學院財經法律系等である。
21）たとえば，國立東華大學財經法律研究所，國立中正大學財經法律研究所，逢甲大學財經法律研究所，南台科技大學財經法律研究所，中原大學財經法律研究所，嶺東大學財經法律研究所等である。
22）たとえば，國立台灣大學法律學院科際整合法律研究所，國立政治大學法律科際整合研究所，國立清華大學科技法律研究所，國立交通大學科技法律研究所，國立成功大學法

律學系暨科技法律研究所，世新大學智慧財產權研究所等である。
23) たとえば，國立台灣海洋大學海洋法律研究所である。
24) たとえば，國立政治大學法学院碩士在職班，國立高雄大學政治法律系在職班，國立高雄大學財經法律系在職班，國立高雄大學法律學系碩士在職專班，國立高雄大學政治法律系碩士在職班，東吳大學法律系法律研究所在職碩士班，中原大學財經法律研究所碩士在職班等である。
25) http://law.moj.gov.tw/fl.asp（2008. 3. 20）参照。
26) http://lis.ly.gov.tw/lgcgi/lglaw（2008. 3. 20）参照。
27) たとえば，国家図書館の検索サービスである。http://search1.ncl.edu.tw/dblink/hypage.cgi（2008. 3. 21）参照。
28) 西英昭「台北における図書館・文献検索情報」（『法史学研究会会報』第11号，2007年）120～132頁。

第4章　モンゴル

中村　真咲

はじめに

　夏のモンゴル[1]を訪れると，そこが草原の国であることを誰もが実感するだろう。この草原の国の人々は，1920年代という他国に比べて早い時期に社会主義を選び，それは「草原の革命」と呼ばれた。しかし，彼らは，20世紀の終わりには社会主義を捨てて市場経済化への道を歩み始めるという決断をした。いまや，モンゴルの若者たちは，社会主義の経験も記憶も持たない。
　モンゴルが清朝からの独立を宣言して以来，この100年間の最大の課題は，モンゴルをどのように「近代化」させるのか，ということであったように思われる。1920年代の，いわば現代モンゴルの建国期に多くの魅力的な人物が現れ，モンゴル独自の「近代化」を目指したが，1930年代に彼らは粛清されてしまい，ソ連型社会主義による「近代化」を余儀なくされた。田中克彦の名著『草原の革命家たち』は，そのモンゴル知識人たちの苦悩を描ききったものだが，1990年に始まる民主化・市場経済化で，再び『草原の革命家たち』で描かれた苦悩が新たな意味を持ってよみがえったといえる。モンゴルは，社会主義という近代化路線を捨て，市場経済化という新しい近代化路線を選択したが，その中で貧富の格差，土地私有化，環境破壊といった問題が浮上してきたのである。その意味では，現在，モンゴルが直面する諸問題は，モンゴルにとって100年来の課題であった「モンゴルにふさわしい近代化とは何か」「モンゴルらしさを残した近代化は可能なのか」という大きなテーマの中に位置付けられ，検討されなければならないだろう。

> 国名：モンゴル国
> 首都：ウランバートル
> 人口：270万人
> 民族：モンゴル人（全体の95％）およびカザフ人等
> 宗教：チベット仏教等
> 言語：モンゴル語（国家公用語），カザフ語
> 現行憲法施行年：1992年
>
> **GDP・1人当たり GDP**：19億ドル・736ドル
> 成人平均識字率：97.8％
> 平均寿命：65.9歳

 そのように考えるとき，社会主義期の，そして市場経済化後のモンゴルにおける法改革は，何を変えようとしたのか。そして，何が変わったのか（あるいは，変わらなかったのか）。本章では，モンゴルという草原の国の法改革について問い直すという視点から，モンゴルの法と社会について考えていきたい。

1．モンゴル法の歴史

1）古代から清朝支配まで

 モンゴルは，日本の約4倍の国土を持ちながら，人口はわずかに270万人（大阪市程度）である。その国土の約70％は草原であり，年間平均気温0℃（1月の平均気温－20.1℃，7月の平均気温18.9℃），年間降水量は約200 mm，平均高度1,000 m であり，ユーラシア大陸乾燥地帯の東端に位置する内陸国である。このような厳しい自然条件の下で，遊牧という生活様式が発達した。

 古来からモンゴル草原では，匈奴，鮮卑，高車，突厥，契丹，モンゴルといった諸集団が，遊牧という生活様式を展開してきた。12世紀末に勃興したモンゴル族のチンギス・ハーンは，1206年にモンゴル草原を統一すると周辺諸国へ遠征し，その後継者たちによって，モンゴル帝国は14世紀半ばにはアドリア海から日本海に及ぶ空前の大帝国となった。モンゴル帝国の法律として，チンギス・ハーンのヤサがあったとされ，ロシア人の研究者 V. リャザノフスキーなどによって研究されてきたが，詳細はいまでも明らかではない。

15世紀半ばに帝国が分裂すると，次第に各ハーン国は衰退していった。中国で明朝が勃興した後も，モンゴル草原はチンギス・ハーン一族の子孫を擁する北元によって支配されていたが，やがて北元も分裂して衰退し，1635年に最後のハーンであるリンダン・ハーンの遺児エジェイが，新たに勃興してきた満州族のホンタイジに降伏し，その支配下に入った。西モンゴルのジューンガル部は清朝に抵抗を続けたが，ガルダン・ボショクト・ハーンが1696年に清朝の康熙帝に敗れた後，ついに1755年に全モンゴルが清朝の支配下に入った。清朝は，満州族・モンゴル族・漢族による同君連合であった。モンゴルの貴族は清朝皇帝の一族と婚姻によって結ばれ，モンゴルの騎馬兵力は清朝を守る直属の軍事力として機能することが期待された。

　清朝支配下のモンゴルでは，外藩蒙古（ほぼ現在のモンゴル国に相当）と内蒙古（ほぼ現在の中国内モンゴル自治区に相当）に分けられ，盟旗制度が導入された。行政単位である旗の長は世襲貴族であり，旗の上位機関である盟の長は旗長が交代で務めた。

　清朝支配下のモンゴルでは，清律とその特別法としての蒙古例が適用されたが，蒙古例も徐々に清律に近づいていったとされる。しかし，活仏（チベット仏教の最高位の僧）の直轄領では，ハルハ・ジロームと呼ばれる慣習法典が適用されていたので，完全に清律化したわけではなかった。清朝支配下のモンゴルの法と社会については，島田正郎，萩原守，岡洋樹などにより，東洋法制史の分野で豊富な研究蓄積がある[2]。

　18世紀にチベット仏教がモンゴルに広がると，「仏教ルネサンス」とも呼ばれることがあるようにモンゴルの文化・学問・医療はチベット仏教の影響を強く受けるようになった。モンゴルの仏教は古来のシャーマニズムと融合し，モンゴル的な要素を加えたモンゴル仏教を形成した。清朝は，モンゴルの勢力を削ぐ目的もあって仏教を奨励し，ガンダン寺，エルデニズー寺，アマルバヤスガラント寺などの仏教寺院がモンゴル各地に建設された。仏教寺院は，貴族からの家畜の寄進によって大家畜所有者となっていったが，それは一方で貧しい牧民に家畜を委託することによって社会的セーフティーネットを構築する役割も果たした。また，仏教寺院はチベット仏教哲学を通して医療・科学・文学などを教育する役割も果たした。19世紀のモンゴルでは，成人男子の3人に1人が僧であったとされるように，チベット仏教の影響力は強かった。

19世紀末に清朝が列強の干渉を受けるようになると,清朝は藩部の統治方針を変更し,モンゴルを含めた藩部を国内植民地にしようとした。また,内モンゴルに漢人の入植が進むと,これに脅威を覚えた北モンゴルの貴族たちは,帝政ロシアの支援による独立を模索し始めた。1911年に辛亥革命が勃発すると,北モンゴルの貴族たちはチベット仏教の高僧である活仏ジュプツンダムバ・ホトクト8世をボグド・ハーン(聖なる君主)として最高君主に推戴し,中国からの独立を宣言した。

2) ボグド・ハーン政権期

モンゴル貴族たちは中華民国軍と戦闘を続け,ほぼ内外モンゴルを占領するが,ロシアは中国との対立を恐れて,ロシア・中国・モンゴルによるキャフタ会議(1914～1915年)を開催する。キャフタ会議において,モンゴルの独立は認められなかったものの,中国の宗主権下における自治を認められた。現在のモンゴル史では,独立宣言から自治返上に至る10年間をボグド・ハーン政権期,あるいは自治政府期と呼び,モンゴルで近代化が開始された時期とする。

モンゴル独立をめぐるキャフタ会議において,ロシア・中国と議論を戦わせたモンゴル代表団は,西欧諸国の政治制度・法制度を学ぶ必要を認識した。キャフタ会議での交渉のために,『万国公法』をモンゴル語に翻訳していたのは,その切実さを示しているように思われる。

モンゴルが西欧の制度,文化,科学をさらに深く学ぶ上で重要な役割を果たしたのが,モンゴルの北に位置するブリヤート(ロシア帝国領内のバイカル湖周辺に住むモンゴル系遊牧民)の知識人たちである。ブリヤートは,デカブリストの乱に失敗したロシアの青年貴族たちが流された地であった。デカブリストたちは,当時のロシアで最高の知識人たちであったので,ブリヤート族の生活に興味を持ち調査していく一方で,教師としてブリヤート族の若者たちを教育するようになった。その影響を受けて,18世紀半ばにはドルジバンザロフやハンガロフといったブリヤート族出身の民族学者が現れるようになった。また,ブリヤート族の中には,商人としてヨーロッパ各地を回り,ブリヤートの発展のためにシベリア鉄道の建設に影響を与えた者や,ロシア皇帝の側近となってロシア帝国のチベット・モンゴル政策に影響を与えたチベット仏教僧アグバンドルジーエフなどが現れた。彼らは,ブリヤート族の子弟のための学校を作り,首都のペテルブル

ク大学で学ぶための奨学金を創設するなど，ブリヤート族の子弟の教育に尽力した。そのようにして育てられたブリヤート族の中から，20世紀初めにモンゴルに入り，モンゴル自治政府の顧問として活躍する知識人たちが現れた。その代表的な知識人がツェベーン・ジャムツァラーノであった。1910年代から20年代にかけてのモンゴル近代法の歴史は，ジャムツァラーノを軸に展開していくことになる。

　ジャムツァラーノは，キャフタ会議で通訳として活躍した後，モンゴル自治政府の外務省顧問となり，小学校の開設などに尽力する一方，モンゴル最初の定期刊行物『新しい鏡』誌やモンゴル最初の新聞である『首都新聞』を刊行し，世界の中でのモンゴルの立場をモンゴル人たちに知らせるジャーナリストとしても活躍した。

　ジャムツァラーノの貢献のひとつに，西欧諸国の憲法制度をモンゴルに紹介したことが挙げられる。ジャムツァラーノは，首相ナムナンスレンの要請により，『国法学』(1915年) という著書を著した。このなかで，ジャムツァラーノは諸外国の憲法制度を紹介するとともに，人権や統治機構について解説するなど，同書はモンゴルで初めての憲法の概説書といっても良い。特に，ボグド・ハーンの下で政教一致の政治を行っていた当時のモンゴルにあって，政教分離の意義を強調したことは，ジャムツァラーノの目指していた方向性を示していたといえる。ジャムツァラーノと交流のあったフィンランドの言語学者グスタフ・ラムステッドは「彼は，モンゴルの新たな繁栄の時代の曙がきた，国民の文化水準は間もなく他の国々に追いつくであろうと確信していた」と回想で振り返っている。現在のモンゴル憲法学では，モンゴルにおける憲法思想の系譜は，この自治政府期に始まるものとされており，その嚆矢となったものこそ，ジャムツァラーノの『国法学』とされている。

　ボグド・ハーン政権は，ボグド・ハーンの下で政教一致の政治を目指しながらも，ボグド・ハーンの諮問機関として上院・下院からなる二院制の議会を開設した。近年，この上院・下院の決定を収録した資料集がモンゴルで刊行されたが，それを読むとボグド・ハーン政権の上院・下院はこれまで考えられていたよりもずっと活発に活動していたことが明らかになる。また，ボグド・ハーン政権は，『欽定ボグド・ハーン法典』の編纂を開始した。この編纂は自治廃止の混乱によって未完に終わったが，法典の草案はほぼ完成していた。三井物産の駐在員で

あった大島清は，この法典草案の日本語訳を残しており，田中克彦によって紹介されている[3]。この法典草案を研究した島田正郎は，この法典を「新旧共存の奇妙な性格を併せ持つ法典」と評している。

3）人民政府期

　ロシア革命の勃発でモンゴルのロシア勢力が退潮すると，中華民国の袁世凱はモンゴルに遠征軍を送り，高度自治を取り消した。しかし，シベリア内戦に敗れたロシア白軍がモンゴルに逃げ込み，首都フレーを占領する中国軍を破り，ロシア革命に抵抗する拠点としようとしたことから，モンゴルの独立運動はシベリア内戦に巻き込まれていく。モンゴル人の民族主義者たちの結成した独立運動組織は，シベリアのソ連赤軍第5軍と極東共和国軍の支援を受けて中国軍，ついでロシア白軍を破り，臨時人民政府を樹立した。当初，臨時人民政府と自治政府は並存していたが，やがて自治政府は臨時人民政府に併合され，ジュプツンダムバ・ホトクトを制限君主とする人民政府が成立した。

　臨時人民政府は，首相ボドーを中心とする憲法起草委員会を設立し，立憲君主制の憲法草案を起草するが，ボドーの失脚でその草案は廃案となり，その草案の第1章のみがボグド・ハーンと人民政府の関係を規定した「誓詞協定」として採択された。誓詞協定によって，ボグド・ハーンの地位は制限君主となった。

　その後，大臣会議は自治政府期の司法大臣マグサルジャブ・ホルツを委員長とする憲法起草委員会の設立を命じ，憲法起草委員にジャムツァラーノと満州学者バトオチルを任命した。さらに，この憲法起草委員会に，イギリスをモデルとする制限君主制の憲法草案を起草すること，そのために諸外国の憲法をモンゴル語に翻訳し研究すること，清朝の法制度とモンゴルの旧法を研究すること，を命じた。しかし，この作業は容易なものではなかったため，いったん憲法起草委員会を解散し，この作業は司法省の下にある典籍委員会（現在の科学アカデミーの前身）に引き継がれた。その成果が，最終的に憲法草案としてまとめられたのか否かは確認されていない。しかし，典籍委員会の資料が保管されているモンゴル国立中央図書館には，この時の翻訳と研究の成果と考えられる『諸外国の憲法集』が保存されており，その中には，解説，イギリスのマグナ・カルタ（1215年，1285年），ノルウェー憲法（議会の章のみ），アメリカ憲法の全訳，大日本帝国憲法の全訳が収録されている。これは，モンゴルで最初の比較法研究の成果といえ

る[4]。

　しかし，ボグド・ハーンの死にともない，共和制に移行することが決まり，新たに首相ツェレンドルジを委員長とする憲法起草委員会が設置された。しかし，憲法起草をめぐって，1924年9月からモンゴルに派遣されたコミンテルン代表ルイスクロフとジャムツァラーノは激しく対立した。ルイスクロフの報告書によれば，ジャムツァラーノは，ルイスクロフが1917年ロシア・ソビエト憲法をモデルに起草した憲法草案に「権力が集中し過ぎる」といって反対したという。ルイスクロフは，報告書に「ジャムツァラーノは，リベラルな憲法草案を目指していた」とも書いている。ジャムツァラーノは，権力集中という社会主義憲法の本質を見抜いていたからこそ，それに反対したということができる。しかし，ソ連の支援なくしてモンゴルの独立を維持することはできないという状況で，モンゴルの政治家たちはコミンテルンの憲法草案を受け入れることによって妥協することを選び，ここにモンゴルで最初の憲法が採択された。

4）社会主義体制
① 1924年憲法体制

　1924年憲法は10章，全50ヶ条からなる。第1章 共和政体制定に関する原則，第2章 モンゴル勤労人民の権利宣言，第3章 国家大会議，第4章 国家小会議および小会議幹部会，第5章 大臣会議，第6章 経済会議，第7章 地方自治，第8章 選挙権および被選挙権，第9章 予算編成権，第10章 国家紋章および国旗，という編成となっている。

　従来は，1924年憲法は，1918年ロシア・ソビエト憲法をコピーしたものとされてきたが，詳細に比較してみると，1918年ロシア・ソビエト憲法を簡略化したものであり，地方に関する規定などは大きく異なっていることが分かる。これは，モンゴルの地方では成立したばかりの人民政府の影響力は限られており，ソビエト型の地方政府をすぐに組織できる状況になかったことや，モンゴルの政治家たちがソビエト型の憲法を採用しつつも，その早急な実現には反対したことが背景となっているのだろう。

　また，ソビエト型憲法を採用したとはいっても，当時のコミンテルンの影響力は限定されており，1925〜28年のダンバドルジ政権下ではモンゴルの独自路線が模索されていた。ソ連から法律顧問がモンゴルに派遣されたが，法改革で大き

な役割を果たしていたのは，司法省副大臣グルセドや，かつて憲法起草委員であったジャムツァラーノ，バトオチルらであった。

しかし，1928年のモンゴル人民革命党第7回党大会で，コミンテルン代表によってダンバドルジ政権は打倒され，グルセド，ジャムツァラーノら法改革を担った主要な政治家はソ連に追放された。彼らは，1937～39年のスターリンによる粛清の犠牲となったが，モンゴルにおいても，スターリンの粛清に連動して1937～39年に旧世代の行政官・裁判官は一掃され，ソ連留学組が帰国して司法行政を担当するようになった。

② 1940年憲法体制

壮絶な粛清によってチョイバルサンが権力を掌握すると，1940年憲法が制定された。「スターリンの検事」と呼ばれたビシンスキーが憲法起草委員長となり，ソ連内のブリヤート＝モンゴル自治共和国1937年憲法をモデルにしてモンゴル1940年憲法が起草された。

1940年憲法は，12章，全95ヶ条からなる。第1章 社会機構，第2章 国家機構，第3章 国家大会議，第4章 国家小会議および小会議幹部会，第5章 モンゴル人民共和国人民委員会議，第6章 国家および地方行政機関，第7章 裁判所・検事局，第8章 モンゴル人民共和国歳入出，第9章 モンゴル人民共和国選挙制度，第10章 人民の権利と義務，第11章 国家紋章・国旗・首都，第12章 モンゴル人民共和国憲法改正手続，という編成となっている。

この1940年憲法は，ブリヤート＝モンゴル自治共和国1937年憲法の国名をモンゴルに置き換えたものであった。1924年憲法では，曲がりなりにもモンゴルの独自性が残されたが，1940年憲法では，そのような余地は残されていなかった。モンゴルは，事実上，ソ連の1共和国として扱われたのである。

この1940年憲法体制の下で，モンゴルは第2次世界大戦を戦い，冷戦を迎えた。1946年には国民投票が実施され，中華民国はモンゴルの独立を承認したが，それはスターリンによる強い後押しがあったからこそ可能となったものであり，モンゴルにおけるスターリニズムをやむを得なかったものとする根拠にもなっている[5]。1958年に，モンゴルは国連加盟を実現した。

1954年には，革命30周年を記念してモンゴル人民共和国建国の史料集が刊行されたが，そこで引用されたすべての史料からジャムツァラーノの名前は抹消されるなど，この時期のモンゴルで出版された研究書や資料集は，スターリニズム

の影響で改竄が多くなされており，利用には注意が必要である。

また，1959年には牧畜の集団化が行われ，ネグデル（牧畜協同組合）が設立された。ネグデルは産業・教育・医療の地域での中心となったが，ネグデルの役割は，実は社会主義以前の仏教寺院と基本的に変わらなかったとする指摘もある。仏教寺院とネグデルの断絶と連続性をどう評価するかは，いまだに完全な結論が出ていない問題であり，モンゴルにおける遊牧のあり方を考えるためには再考が必要であろう。

③ 1960年憲法体制

1960年憲法は，全4編，10章，94ヶ条からなる。〈第1編 モンゴル人民共和国の社会経済機構〉，第1章 国家組織の本質および一般原則，第2章 国家の基本的な経済原則およびその機能，〈第2編 モンゴル人民共和国の国家機構〉，第3章 国家権力の最高機関，第4章 最高および中央の国家行政機関，第5章 国家権力および国家行政の地方機関，第6章 裁判所および検察庁，〈第3編 モンゴル人民共和国市民の基本的な権利と義務〉，〈第4編 その他の条項〉，第7章 市民の基本的な権利と自由およびその実現の保障，第8章 市民の基本的義務，第9章 国家紋章・国旗・首都，第10章 モンゴル人民共和国憲法の改正と廃止について，という編成となっている。

ただし，1960年憲法によってチョイバルサンの後継者であるツェデンバルの体制が確立したわけではなく，ソ連でスターリン批判が起きると，その影響を受けてモンゴルでも一時的に知識人による政府批判が高まった。その動きに警戒感を強めたツェデンバル書記長により，チンギス・ハーン生誕800年祭事件（1962年）をきっかけに，ツェデンバルの政策に批判的な政治家トゥムルオチルらが失脚し，再び政治的な引き締めが行われた。

また，1960年にはモンゴル国立大学に法律コース（現在の法学部）が設立され，ここでモンゴル人の法学者・法律実務家の養成が開始された。それまで，モンゴルの法律家は，すべてロシアに留学していたから，モンゴル国内で法律家の養成が開始されたことの意義は大きかった。

1970年代に入ると，1920年代の革命家たちの再評価が徐々に開始された。この時期に刊行されたサンジドルジやダシの著作は，それまでには触れられてこなかった1920年代の革命家たちについても踏み込んだ記述があり，現在でも古典的な文献となっている。さらに，1980年代に革命60周年を記念して刊行された

ダシの著作は，それまで語られることのなかった革命の別の側面を明らかにしたものであり，歴史家たちは，歴史に存在したもうひとつの可能性について語り始めた。

1985年にソ連でゴルバチョフが書記長に就任すると，モスクワの指示によりモンゴル人民革命党書記長のツェデンバルは健康問題を理由に失脚させられた。そして，ソ連のペレストロイカをモデルとしたシネチレル（刷新）が開始され，国営企業改革や牧畜共同組合の生産性向上を目指した経済法改革が行われた。

5）民主化と市場経済化

1989年に東欧革命が達成されると，その影響を受けて若者を中心とする民主化運動が発生し，1990年3月にはモンゴル人民革命党中央委員会が総退陣，モンゴル民主化同盟が結成された。1990年5月の人民代表大会で，憲法からの一党独裁の条項の削除と複数政党制の採用に関する改正案が採択された。

市場経済化を目指した経済立法も本格化し，1992年には経営単位法と民営化法が採択され，ネグデル（国営牧場）と国営農場の民営化が進められたが，ソ連の経済支援を失ったモンゴルでは深刻な物不足に襲われた。モンゴルは，市場経済国との関係改善を模索し，日本はODAによるモンゴル支援を本格化させていった。

1992年には新憲法が採択された。新憲法の採択にあたり，最も議論となったのは，土地の私有化であった。モンゴルには土地の私有化の経験がなかったと考える多くの人々は，土地の私有化に反対したが，その最大の理由は，土地の私有化によって遊牧が維持できなくなるのではないかという危惧であり，また外国人に国土を買い占められてしまうのではないかという恐怖感であった。その結果，牧地は私有化の対象とせず，また外国人は土地を私有することができない，という条文が憲法に入れられた。

コメコン体制の崩壊によりソ連・東欧諸国からの経済支援が止まり，またショック療法による急激な市場経済化により社会インフラが崩壊したために，上述のように1992～94年には極端な物不足に陥った。農牧業協働組合や国営農場は短い期間で民営化されたが，証券化による民営化（組合・農場の施設や設備が証券化され，従業員に無償配布されたり，証券取引所でオークションにかけられた）が行われたために，多くの農牧業協働組合や国営農場は解体され，特に農業

生産は4分の1に激減した。さらに，民主化に伴う歴史の見直しによって社会主義時代の粛清の事実が次々と明らかになったことは，国民が新しい政治を求める原動力となった。

1996年の国会選挙では，野党の民主連合の勝利によって，モンゴルで初めて選挙による政権交代が実現し，人民革命党は野党に転落した。民主連合政権は，①中小規模の国営企業の民営化，②家畜の私有化，③住宅の私有化，④賃借方式による土地貸与制度の導入，などの急進的な政策を進めたが，汚職の蔓延と政権内部の分裂により，モンゴル社会の混乱を招き，2000年の国会選挙では人民革命党が圧勝して，再び人民革命党政権が発足した。

政権を奪還した人民革命党政権は，行政組織を立て直したが，2002年に強引に土地私有化法を採択したことにより，土地法反対運動を引き起こした。また，マスコミに対する統制を強化したことは，国民の強い反発を招いた。野党は祖国民主同盟を結成し，人民革命党の強硬姿勢を強く批判して対決色を強め，2004年の国会選挙では人民革命党の議席が半減して与野党伯仲となり，連立政権が発足した。

しかし，この連立政権は1年半で崩壊し，人民革命党・祖国党・共和党・国民党からなる新たな連立内閣が成立したが，この政権も閣僚の辞任が相次ぐなど，安定しなかった。また，2005年5月の大統領選挙で人民革命党が推薦したエンフバヤル国家大会議議長が当選し，憲法改正によってロシア型の強い大統領を目指そうとしたが，これには人民革命党内でも反対が強く，実現しなかった。

2008年6月に国会選挙が行われたが，選挙結果に不満を持った野党支持者が人民革命党本部前でデモを行い，その一部が暴徒化した結果，人民革命党本部が炎上するとともに，デモ参加者5名が死亡するという流血の惨事となり，エンフバヤル大統領は史上初の非常事態宣言を発令した（7月1日事件）。この事件の真相は，いまも明らかではない。この事件により国会は空転を続けたが，バヤル首相の努力により，ようやく人民革命党と民主党の連立内閣が成立した。

2009年5月には大統領選挙が行われたが，民主党の推薦するエルベクドルジ大統領が現職のエンフバヤル大統領を破り，12年ぶりに非人民革命党出身の大統領が誕生した。エンフバヤルは，首相・大統領在任中にしばしば強権的な政治を行い，それによって安定した政権運営と一時的な経済発展をもたらしたが，その政治姿勢に対する国民の反発は予想以上に強かったといえる。エンフバヤルの

功罪を明らかにするのは，これからの課題だろう。

2．現行の憲法体制

1992年憲法は，6章，全70ヶ条からなる。第1章 モンゴル国の主権，第2章 人権および自由，第3章 モンゴル国の国家組織，第4章 モンゴル国の行政地方単位とその統治，第5章 モンゴル国憲法裁判所，第6章 モンゴル国憲法の改正，という編成となっている。ここでは，1992年憲法の内容に沿って，1992年憲法体制について概観する（以下，カッコ内は憲法の条文を示す）。

1）基本原理と人権

まず，「モンゴル人民共和国」から「モンゴル国」に国名を変え，社会主義を放棄したことを示す。次に，前文で，モンゴル国民は，①独立と主権の強化，②人権と自由，正義，国民の統合，③国民国家としての伝統，歴史および文化の継承，④人類文明が達成したものの尊重，⑤人間的，市民的および民主的社会の建設，を希求しつつ，モンゴル国憲法を宣言するものとする。

国家活動の基本原理は，民主主義，正義，自由，平等および国民の統合，法の尊重を確保することである（第1条2項）。国権は，国民に帰属し，国民が自ら選出した代表機関を通じ，または直接参加により国権を行使する（第3条1項）。

何人も，法と裁判所の下に平等であり（第14条1項），出自，言語，人種，年齢，性別，身分，宗教等を理由に差別することは禁じられる（第14条2項）。

人権として，生命権，健康で安全な環境に対する権利，動産および不動産の公正な取得の権利，職業の自由な選択の権利および私的起業に関する権利，老齢・障害・出産・育児等の場合に物質的・財政的支援を受ける権利，健康の維持と医療への権利，教育の権利，文化的・芸術的・学術的領域における創造的労働により収益を受ける権利，国政に参加する権利，政党および他の自主的組織を設立する権利，両性の平等，国家機関・公務員に対する請願・不服申し立ての権利，人身の自由と安全の権利，法の適正手続と推定無罪の原則，良心および信仰の自由，思想・意見および表現，言論，報道，平和的集会の自由，国家機関に対する情報請求権，国内移動・居住および海外旅行・居住の権利，を挙げる（第16条）。緊急事態および戒厳令下においても，人権と自由は法律の制限にのみ服し，

生命権，思想・良心および宗教の自由に影響を及ぼすものであってはならない（第19条2項）。

　経済体制として，多様な所有形態を基礎とする経済（すなわち市場経済も含めて）を採用するが，世界経済の普遍的傾向と国家の特性のいずれにも対応するものとする（第5条1項）。私的所有権を認め，法の適正な手続によってのみ制約できるものとする（第5条2，3項）。土地については，モンゴル国民に限って，公用または特別用地および牧草地以外の土地を私的所有地とすることができるが，国民は自らの土地を外国人および無国籍者に譲渡することは禁じられる（第6条3項）。国家は，土地所有者による土地の利用方法に関し責任を負い，特別の公共の必要を理由とするときには，収用，交換，没収することができる（第6条4項）。

　国家と宗教の関係については，国家は宗教を尊重するが，国家機関は宗教活動に関与せず，また宗教団体は政治活動を行わないとして，政教分離を規定する（第9条1，2項）。

2）統治機構
① 国家大会議

　国家大会議は，国権の最高機関であり，唯一の立法機関である（第20条）。国家大会議は一院制であり，76名の議員により構成される（第21条1項）。国家大会議の議員は，普通・自由・直接の選挙で秘密投票により選出され，任期は4年である（第21条2項）。議員には，国家予算から歳費が支給され，法律が指定する以外のいかなる地位や職業にも就くことはできない（第29条1項）。

　国家大会議の通常会は6ヶ月に1度招集され，75日以上開会される（第27条2項）。臨時会は，議員の3分の1以上の要求，および大統領，国家大会議議長の発議により招集される（第27条3項）。国家大会議には，個別の領域を扱う各常任委員会が置かれる（第28条1項）。国家大会議は，国の内外政策にかかわるあらゆる事項を審理することができ，憲法の定める事項について決定することができる（第25条1項）。また，国家大会議は，緊急事態，戒厳令を宣言することができる（第25条2，3項）。議決は，出席議員の多数決による（第27条6項）。

　国家大会議は，3分の2以上の議員の決議，もしくは大統領の提案により解散する。

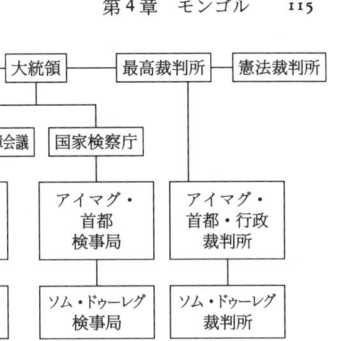

図4-1 モンゴル国家機構図

② **大統領**

　大統領は，国家元首であり，国民の統合を表す（第30条1項）。国家大会議に議席を持つ政党が大統領候補者を指名し，国民の投票で過半数を得た候補者が大統領に選ばれる（第31条2，4項）。第1回投票で過半数を得る候補者がいなければ，上位2位までの多数票を得た者により第2回選挙が行われ，過半数を得た候補者が大統領に選ばれる（第31条5項）。第2回投票でも大統領が決まらなかった場合には，大統領選挙を新規に行う（第31条6項）。大統領の任期は4年であり（第30条2項），重任は1回に限られる（第31条7項）。また，大統領は，国家大会議議員または内閣閣僚であってはならない（第31条8項）。

　大統領は，国家大会議に採択された法律や決議に対する拒否権の行使（ただし，出席議員の3分の2以上の多数決で国家大会議が大統領拒否権を容認しない場合には法律や決議は有効となる），国家大会議の多数党がない場合の内閣総理大臣の指名候補の提案や内閣総辞職の提案，内閣の指導，条約の締結，緊急事態および戒厳令の布告等の権限を持つ（第33条）。しかし，大統領は国家大会議に対し責任を負い，憲法の侵害および権力の濫用を行った場合には，憲法裁判所の事実認定にもとづき，国家大会議での投票で解職される（第35条）。

③ **内　閣**

　内閣は国家の最高行政機関であり，国家の法律に応じて，国の経済，社会およ

図 4-2　最高裁判所

び文化的発展を管理する義務を遂行するため，内閣は憲法に規定する権限を行使する（第 38 条）。内閣は内閣総理大臣と閣僚からなり，職務期間は 4 年である（第 39 条 1 項，第 40 条 1 項）。内閣総理大臣が国家大会議に辞職を申し出た場合，閣僚の半数が辞職した場合に解散し，国家大会議は議員の 4 分の 1 以上が公式に内閣総辞職を提案した場合には，それを議決する（第 43 条）。

④ 司法機関

司法権は，裁判所に属し，非合法な裁判機構や裁判所以外の機関による司法権の行使は禁じられる（第 47 条 1，2 項）。裁判官は独立であり（第 49 条 1 項），裁判所総評議会は司法の独立を確保するために裁判官選任，法曹の権利保護，その他の司法の独立の保障のための条件確保に関する活動を行う。

裁判は公開で行われ（第 54 条），裁判においてはモンゴル語が使用される（第 53 条 1 項）。裁判所の組織は，最高裁判所，アイマグ裁判所・首都裁判所・行政裁判所，ソム裁判所・ドゥーレグ裁判所の三審制となっている。

また，憲法裁判所が別に設けられている。憲法裁判所は，憲法の履行に関する最高の統制権を行使し，憲法条文の侵害と，憲法上の紛争解決のために判決を下す機関である（第 64 条 1 項）。憲法裁判所は 9 人の裁判官からなり，3 人が国家大会議から，3 人が大統領から，3 人が最高裁判所からの指名にもとづき，6 年の任期で国家大会議が任命する（第 65 条 1 項）。

憲法裁判所は，国家大会議，大統領，内閣総理大臣，最高裁判所および検事総長の要求により，もしくは市民から受理した請願および情報にもとづく自らの発議により，憲法上の紛争を審理し，決定する（第66条1項）。憲法裁判所が憲法に適合しないと判決した場合には，取り上げられている法律，命令，承認文書および決定は無効とみなされる（第66条4項）。憲法裁判所の判決はただちに施行される（第67条）。

検察官は，事件の尋問，調査および刑の執行につき監督し，国家を代表して裁判手続に参加するが（第56条1項），社会主義時代に存在した一般監督の制度は廃止された。

⑤ 地方制度

モンゴルは，アイマグ（県に相当）と首都に分けられ，アイマグはソム（郡に相当）に，ソムはバグ（村に相当）に分割される。首都はドゥーレグ（区に相当）に，ドゥーレグはホロー（地区に相当）に分けられる（第57条1項）。

アイマグ，首都，ソム，ドゥーレグには，市民代表からなる議会が置かれ，バグとホローには，市民代表からなる市民総会が置かれる（第59条2項）。アイマグと首都の議会は，4年の任期で選挙される（第59条3項）。

知事は，各アイマグ，首都，ソム，ドゥーレグの議会，バグ，ホローの市民総会から指名を受け，アイマグおよび首都の知事は内閣総理大臣から任命され，それ以外の知事は上級の知事から任命される（第60条2項）。つまり，知事は住民の直接選挙によって選ばれるわけではない。なお，知事は，各アイマグ，首都，ソム，ドゥーレグの議会，バグ，ホローの市民総会に対して拒否権を持つ。

3）憲法改正

憲法改正は，法案提出権を持つ組織および官吏による国家大会議への発議，並びに憲法裁判所による国家大会議への提案のいずれかにもとづく。憲法改正の国民投票は，国家大会議議員の3分の2以上の多数の同意にもとづき実施され（第68条），さらに，国家大会議議員の4分の3以上によって採択されなければならない（第69条1項）。

4）法源一覧（法の階層制）

法源として，憲法，法律，政府決定，大統領命令，最高裁判所通達がある。政

府決定は，各省庁から出されるが，省庁によって基準や名称が異なり，混乱が見られるため，統一基準を作るとともに，整理する準備が進められている。大統領命令もあるが，頻繁に出されることはない。最高裁判所通達は，法律の解釈について最高裁判所の見解を述べたものであるが，下級裁判所の判決に影響を与えることにより，裁判所の独立に影響を与えているという批判もある。

5）判例集の有無と公開状況

判例集は，モンゴル最高裁判所，モンゴル国立法律センター，JICA，世界銀行，USAID の共同プロジェクトとして，2005 年から出版を開始した。民事，刑事，行政の 3 種類に分けて出版されており，モンゴル国立法律センター内の書店で購入できる。現在のところ，判例の選定は最高裁判所が行っている。判例集出版と並行して，JICA プロジェクトの一環として，モンゴル国立大学法学部で判例研究の講義も行われた。裁判の判決は，所定の手続を踏めば，裁判所の文書館で閲覧することができる。

6）立法手続

立法にあたっては，法務省法政策局が法案を作成するが，関係各省や国家機関（国立中央銀行等）とともに起草委員会を設立し，法案を作成することが多い。また，関係各省や国家機関が単独で法案を作成することもある。また，議員立法による法案作成もあり，この場合は議員の主催する研究会が法案を作成することが多い。新しく採択された法律や法律改正は，官報に掲載される。

7）法曹養成

法学部を卒業した後，1 年以上の実務経験を積んでから司法試験の受験が認められる。司法試験に合格した後，短い研修を受けてから弁護士となることができる[6]。検察官，裁判官となるには，さらに検察庁，最高裁判所が実施する試験に合格する必要がある。裁判官の人事は，裁判所総評議会が管理しており，政府からは独立している。また，モンゴル国立法律研究所は，法曹実務家向けの研修を定期的に実施しており，法曹実務家はその研修に参加して一定の単位を取ることが求められる。国際機関や外国の支援機関がその研修に協力することも多く，たとえば JICA はこれまでに法曹倫理の研修に協力している。

3．モンゴルの法と社会に関する主要な研究機関

1）モンゴル国内の研究機関

モンゴルの法学分野における主要研究機関としては，法務内務省の研究教育機関であるモンゴル国立法律研究所，モンゴル科学アカデミー哲学・社会学・法学研究所，モンゴル国立大学法学部がある。

モンゴル国立法律研究所は，2002年に法務内務省の3つの機関が統合されて設立されたものであり，その設立にあたっては世界銀行の融資を受けた。法曹実務家の研修，法令集・法学教材の出版，シンポジウム・セミナーの開催などを行っている。

モンゴル科学アカデミー哲学・社会学・法学研究所は，研究活動を中心的業務としており，法意識調査などを行っている。

モンゴル国立大学は1942年に設立されたモンゴル最大の総合大学であり，1957年に設立された法律コースが1960年に法学部となった。社会主義期には，法学部はモンゴル国立大学にしか存在しなかったが，民主化後に私立大学が設立されるようになると多くの法学部が設置され，現在は20を超える法学部がある。特に，オトゴンテンゲル大学，イフザサグ大学，シヒホトグ大学などの法学部は有力であり，とりわけ私法分野の教育に力を入れている。

2）海外の研究機関

外国の研究機関として，これまでにモンゴル法研究にかかわってきた機関には，ドイツのブレーメン大学，マックス・プランク国際法・公法研究所，韓国法制研究院，名古屋大学大学院法学研究科および法政国際教育協力研究センター（CALE）などが挙げられる。

ブレーメン大学には，ドイツ技術協力公社（GTZ）のプロジェクトオフィスが設置されており，中央アジア・コーカサスとともにモンゴルを法整備支援の対象としている。また，マックス・プランク国際法・公法研究所は，モンゴルの行政法改革支援にかかわったことがあり，モンゴル人の留学生も学んでいる。韓国法制研究院は，モンゴル国立法律研究所と協定を結んで，刊行物の交換や学術シンポジウムの共催を行っている。名古屋大学大学院法学研究科および法政国際教

育協力研究センター（CALE）は，モンゴル国立大学法学部，モンゴル国立法律研究所と学術交流協定を締結しており，研究者・留学生の派遣，共同研究の実施，刊行物の交換などを行っている。

4．法整備支援の現状

モンゴルでは，1990年以降，市場経済化に向けた法整備支援が本格的に開始された。その概要をここで簡単に紹介しておく。

1992～97年には，経済改革に関する法整備が重点的に行われ，民法が改正されたほか，租税法典，関税法，関税率法，国有財産および公有財産法，住居民営化法，共有住居に関する法律，不動産登記法，土地法，地代法，不正競争禁止法，破産法，協同組合法，ヌフルおよび会社法，有価証券法，中央銀行法，銀行法，銀行および法人の預貯金，決済，融資業務に関する法律，外貨調整法，著作権法，特許法，商標，商号法，外資による投資法，商工会議所法，公証法，監査法などが制定された。

また，ロシアおよび中国との関係が大きく変化する中で，1998年までの間に国家安全保障に関する法整備も行われ，国防法，国境法，内国軍法，国境合同調査の際に則るべき方針に関する法律，国家安全保障会議法，民間防衛法，国家特別警備法などが制定された。

このように1992年から1998年までの間に400を越える法律が制定されたが，このように短期間に制定された法律には，相互に矛盾するものもあり，しばしば混乱を引き起こした。そこで，これらの法律間の矛盾を調査・整理するために，1998年1月22日第18号国会決議により「モンゴル法改革プログラム」，「モンゴルの法令を2000年までに改善するための基本方針」，「モンゴル法改革プログラム実施に向けた措置の計画」が決定された。

このプログラムは，法令改善のための基本方針を2000年までの2年間で，①人権と自由，その法的保障の整備，②経済関係における法的基盤の改善，③国家制度における法的基盤の改善，④社会分野における法的基盤の改善，について69の法律を新たに制定，または改正し，また49の法律の追補および改正を行うという目標を掲げた。国会では，本基本方針について2001年，2005年にそれぞれ4年間延長することを決定し，2008年に終了した。モンゴル法務内務省は，

2008年にこのプログラムの報告書として『モンゴル法改革プログラム評価報告書』を刊行し，1998〜2008年の法改革に関する現状と課題について検討している。モンゴル政府による法整備の現状の分析・研究としては，同書はこれまでで最大かつ体系的なものであり，今後のモンゴル法整備の基本情報となるだろう[7]。

このような法整備に対して，国際機関，2国間援助機関，NGOによってさまざまな法整備支援が実施されてきた。その代表的なものとして，国連開発計画による憲法起草支援，世界銀行による行政法改革支援，ドイツのGTZによる民法・民事訴訟法の起草支援，アメリカのUSAIDによる刑法・刑事訴訟法の改正支援，日本のJICAによる弁護士会支援および登記制度改革支援などが挙げられる。

とりわけ，ドイツによる法整備支援は，モンゴルに対する法整備支援の中核であり，重要な役割を果たしている。その背景として，モンゴルはワイマール共和国時代から留学生を派遣するなどドイツとの交流が古く，社会主義期には東ドイツがモンゴルの法整備支援を担当していたため，多くのモンゴルの法律家が東ドイツに留学しており，現在でもドイツ語に堪能な法律家が多いことが挙げられる。また，統一後のドイツは，東ドイツ出身の研究者や実務家を専門家としてモンゴルへ派遣し，モンゴル人の実務家・研究者・学生を留学生として受け入れてきた。ドイツ政府の海外援助機関であるGTZと政党系の海外援助機関であるハンス・ザイデル財団，コンラート・アデナウアー財団などが協力しながら法整備支援を行うなど，体系的な法整備支援を目指してきたことも重要な要因であろう。

これ以外に，EUのTACISプロジェクト，北欧のSidaやDANIDA，韓国のKOICA，ソロス財団・アジア財団などのNGOも，モンゴルを重点地域に指定し，法整備支援や政治改革支援の分野で活動している。

法学教育支援の分野では，ドイツのハンス・ザイデル財団によるドイツ留学のための奨学金や，日本政府による国費留学・JDS留学，ソロス財団による留学支援がある。また，名古屋大学は，日本の文部科学省の特別教育研究経費によって「日本法教育研究センター」をモンゴル国立大学法学部に設立し，日本語による日本法教育やモンゴル土地法に関する共同研究を実施している。

法整備支援に関して忘れてならないのは，国際機関や外国からの支援が，却っ

てモンゴル社会を混乱させることもあるということである。1990年代前半のIMFやADBなどの国際金融機関は，モンゴルに対する融資方針として急進改革を推進し，土地の私有化をその融資条件とした。しかし，前述の通り，1992年憲法の採択にあたっては，土地の私有化が最大の論点のひとつとなった。牧地は私有化の対象とせず，外国人は土地を私有化することはできないと憲法で規定したにもかかわらず，国民の間で土地の私有化そのものに対する反対は根強く，土地私有化のための法律は2002年に至るまで作られなかった。しかし，ADBは牧地も含めた私有化をモンゴル政府に執拗に求め続け，2002年の土地私有化へとつながった。しかし，2002年の強引な土地私有化は，2004年の政権交代をもたらす原因のひとつとなった。このようなADBの強硬な姿勢は，1990年代を通してモンゴル社会を混乱させる原因となったため，現在では国内外で批判的な検討を受けている。

5．モンゴル法の基本情報

1）電子情報

モンゴルの最新の法情報としては，モンゴル法務省のLegal Information Systemがある[8]（基本法令のモンゴル語・英語訳）。また，GTZのブレーメン事務所のLegal Database "LexInfoSys" には，モンゴル民法のドイツ語訳が掲載されている[9]。

モンゴルの政治制度の解説としては，アメリカ議会図書館のホームページが充実しているが，主として1990年代の法制度や法史の解説であり，最新のものではない[10]。

また，モンゴルの主要新聞のホームページや，ニュースサイト「オルロー」で法制度改革のニュースを得ることができるが，モンゴル語のみである[11]。

2）定期刊行物

新しい法律の採択や改正は，必ず官報に掲載される。また，モンゴル国立法律研究所の刊行する『法律情報』誌には，同研究所の開催する法律セミナーやシンポジウムの情報の他に法整備支援の情報も掲載される。

法律雑誌として，『裁判所年報』，『裁判所紀要』（季刊）があり，どちらも最高

裁判所の売店で購入できる。また，モンゴル国立大学法学部，オトゴンテンゲル大学法学部，イフザサグ大学法学部，シヒホトグ大学などで紀要が刊行されている。

また，知識人に影響力のある定期刊行物『新しい鏡』誌で，法律や人権に関する特集が組まれることもある。

3）図書館

モンゴル国内で，法律文献を揃えていて外国人でも閲覧できるものとして，モンゴル国立中央図書館，モンゴル国立法律研究所の図書館，モンゴル国立大学法学部図書館，ウランバートル市図書館法情報センターがある[12]。

歴史的文献や社会主義期の法律文献を調査するには，モンゴル国立文書館，モンゴル人民革命党文書館に行く必要がある。どちらも，外国人に公開されているが，閲覧時間が限られており，コピー制限などの制約がある。清朝支配期の裁判文書は保存状態も良く，まだ研究されていない史料が多数あるので，これらの史料の研究は今後の課題であろう。

モンゴルの法令に関する文献を日本国内で閲覧するには，国立国会図書館関西館，東京外国語大学図書館，名古屋大学法政国際教育協力研究センター（CALE）の資料室などがあるが，この中ではCALEの資料室が最も充実している。CALEは，2006年にモンゴル国立法律研究所と学術交流協定を結び，モンゴル国立法律研究所の発刊する法令集・法学教科書の寄贈を受けており，またモンゴルの官報や統計集を定期購読している。

これ以外に，アメリカ議会図書館，ロンドン大学東洋アフリカ学院図書館が，モンゴル法に関する文献を置いているが，モンゴル法を専門とする研究者や司書がいるわけではなく，1990年以降のモンゴルの法令集や法律書を体系的に集めているわけではない。

かつてモンゴルに対して強い影響力を持ったロシアでは，社会主義期にモンゴルで刊行された書籍の多くが寄贈され，豊富なモンゴル法のコレクションを有するが，モンゴルの民主化後には関係が弱くなり，モンゴルの最新の法情報を収集する体制は構築されなかった。ロシア科学アカデミー・サンクト・ペテルブルク支部図書館，サンクト・ペテルブルク国立大学東洋学部図書館，サンクト・ペテルブルク国立図書館アジア・アフリカ文献部には，モンゴル法に関する文献が所

蔵されているが，多くの場合にそれは社会主義期のものであり，1990年以降の出版物は少ない。しかし，ロシアの図書館には，モンゴルで1930年代に文字通り「焚書」された文献がいまでも保管されており，ある種のタイムカプセルとなっている。また，上記のようなロシアの図書館には，モンゴル専門の司書がおり，およそ10年ごとに書誌情報を集録した本を刊行している。この本には，法学分野の情報も掲載されているが，ロシア語による書籍が中心であるため，モンゴルで刊行されたモンゴル語の書籍までは対象とされていない。

4）書店

モンゴル法の基本文献を購入するには，モンゴル国の書店に行く以外に方法はない。法律分野の書籍を揃えている書店として，モンゴル国立法律センターの書店，出版社アドモンの直営書店，モンゴル国立大学法学部内の書店を挙げておく。

モンゴルの場合，新刊の際には300部程度しか印刷されないため，刊行から時間が経ったものは入手が困難である。そのような場合には，図書館か，市内の古書店を利用することになる。古書店の場合，多くは個人経営であり，固定の販売場所を持っていない。古書店が多く集まるウランバートルの商人通り北の古書店街や，不定期に開催される古書店市に行き，法律分野に比較的強い古書店経営者に交渉する必要がある。また，5年に1度ウランバートルで開催される「モンゴル国際学者会議」には，ウランバートルの主だった古書店が集まるので，外国人のモンゴル研究者には，その時にまとめて古書を購入する人が多い。

6. モンゴル法の基本文献

モンゴルの法と社会を知るための文献として，日本語と英語の書籍で比較的入手しやすいものを紹介する。

モンゴルの歴史・社会について知るための文献として，以下のものを挙げておく。

(1) 宮脇淳子『モンゴルの歴史――遊牧の誕生からモンゴル国まで』刀水書房，2002年。

(2) ワルター・ハイシッヒ『モンゴルの歴史と文化』田中克彦訳,岩波書店,2000年.
(3) Ts. バトバヤル『モンゴル現代史』芦村京・田中克彦訳,明石書店,2002年.
(4) グスタフ・ラムステッド『7回の東方旅行』荒牧和子訳,中央公論社,1992年.
(5) 田中克彦『草原の革命家たち——モンゴル独立への道[増補改訂版]』中央公論社,1990年.
(6) 荒井幸康『「言語」の統合と分離——1920-1940年代のモンゴル・ブリヤート・カルムイクの言語政策の相関関係を中心に』三元社,2006年.
(7) 小長谷由紀『モンゴルの二十世紀——社会主義を生きた人びとの証言』中央公論新社,2004年.

(4)は革命前のモンゴル社会を知る文献として,(5)と(6)は1910〜1920年代の革命家たちを知るために良い文献として,(7)はモンゴルの社会主義を考えるために良い文献として挙げておく.

市場経済化後のモンゴルの社会や環境の抱える問題については,以下のものがある.

(8) 小長谷由紀編『暮らしがわかる アジア読本 モンゴル』河出書房新社,1997年.
(9) 小長谷由紀編『遊牧がモンゴル経済を変える日』出版文化社,2002年.
(10) 『科学』特集「モンゴル——環境立国の行方」岩波書店,2003年5月号.
(11) モリス・ロッサビ『現代モンゴル——迷走するグローバリゼーション』小林志歩訳,明石書店,2007年.

清朝期のモンゴルの法と社会を考えるための文献としては,以下のものがある.

(12) リャザノフスキー『蒙古法の基本原理』青木富太郎訳,原書房,1975年.
(13) 島田正郎『北方ユーラシア法系の研究』創文社,1981年.
(14) 島田正郎『清朝蒙古例の研究』創文社,1982年.
(15) 島田正郎『明末清初モンゴル法の研究』創文社,1986年.

(16) 島田正郎『清朝蒙古例の實効性の研究』創文社，1992年。
(17) 萩原守『清代モンゴルの裁判と裁判文書』創文社，2006年。
(18) 岡洋樹『清代モンゴル盟旗制度の研究』東方書店，2007年。

社会主義期のモンゴルの法制度・政治制度について体系的に紹介したものとして，以下のものを挙げておく。

(19) J. K. Sanders Alan, *Mongolia : Politics, Economics, and Society*, London : Frances Pinter, 1987.
(20) W. E. Butler, *The Mongolian Legal System*, The Hague : Martinus Nijhoff Publishers, 1982.

民主化・市場経済化後のモンゴルの法制度については，以下のものがある。

(21) S. Narangerel, *Legal system of Mongolia*, Ulaanbaatar : Interpress, 2004.
(22) James R. Wingard and Purevdolgor Odgerel, *Compendium of Environmental Law and Practice in Mongolia*, Ulaanbaatar : GTZ Commercial and Civil Law Reform Project, GTZ Nature and Conservation and Buffer Zone Development Project, 2001.

この他に，モンゴルに対する法整備支援については，蓑輪靖博の一連の論考[13]，田中嘉寿子の報告書[14]などがある。

また日本のモンゴルに関する学術団体の定期刊行物として，以下のものがある。

(21)『日本モンゴル学会紀要』(日本モンゴル学会)。
(22)『早稲田大学モンゴル研究所紀要』(早稲田大学モンゴル研究所)。
(23)『内陸アジア史研究』(内陸アジア史学会)。
(24)『近現代東北アジア地域史研究会年報』(近現代東北アジア地域史研究会)。

また，アメリカのモンゴリア・ソサエティ (Mongolia Society) の学術雑誌『モンゴル研究』(*Mongolian Studies : Journal of the Mongolia Society*)，イギリスのケンブリッジ大学モンゴル・内陸アジア部が刊行する学術雑誌『内陸アジア』(*Inner Asia*) などがある。

おわりに

かつて、梅棹忠夫はその著書『狩猟と遊牧の世界』の中で、世界の各地で遊牧民の定住化・農民化が行われているが、多くの場合、その結果が遊牧民の悲惨な貧民化を招いているとした上で、無理な定着化を図る背景には、定住民側の、遊牧に対する抜きがたい偏見があると批判した。そのような定住化・農耕化を無理に図らなくても、牧畜民というものは、牧畜民のままで近代社会に適応する道があるはずで、それによって、近代産業社会の中に牧畜社会としてひとつの安定した暮らし方を発見するようにしなければならない、と述べた[15]。

この梅棹の問題意識は、かつてのジャムツァラーノをはじめとする1920年代の革命家たちの問題意識と共鳴しているように思われる。

モンゴル国の法と社会の歴史について学んでいると、しばしばIMFなどの国際金融機関によるモンゴル法整備支援に、社会主義時代のソ連・コミンテルンによる法整備支援の論理と共通するものがあることに気付く。われわれは、そのような国際金融機関の論理と手法に対するオールタナティブを法学の立場から模索する必要があるのではないか。それはつまり、法整備支援の根源的な問題である「何のための、誰のための法整備支援なのか」「国際社会を満足させるためだけの法整備支援であって良いのか」という問題に対して、モンゴルの法整備を通して、モンゴルの人々と共に国際社会に対して問い直そうとする試みでもある。その意味では、草原の国の法改革は、ジャムツァラーノたちの問題意識を引き継ぐことから始まる。

注
1）本章では、「モンゴル」という場合にはモンゴル国の領域を示す。
2）「6. モンゴル法の基本文献」を参照のこと。なお、ここでは本文中での引用箇所を示していないが、主に「6. モンゴル法の基本文献」に挙げた文献からの引用である。それ以外の論文からの引用のみを注に記した。
3）田中克彦「大島清庫倫出張報告書」（『遊牧社会史探求』第41号、1969年）。
4）この『諸外国の憲法集』については、筆者が2004年5月20日にモンゴル政府宮殿で開催された国際シンポジウム「モンゴルにおける法改革と比較法研究の発展」での報告をもとにしている。

5）中国のモンゴル独立承認にいたる経緯についての最新の研究成果として，O. バトサイハン「20世紀モンゴル史の若干の問題」（橘誠・中村真咲・三矢緑訳『早稲田大学モンゴル研究所紀要』第4号，2007年，55～72頁）を参照のこと。
6）法曹養成のあり方については見直しが進められており，試験の方法，事前研修の方法や内容は，毎年のように変更されている。本章の情報は，2009年7月現在のものである。
7）名古屋大学法政国際教育協力研究センター（CALE）では，本報告書の日本語による翻訳を進めており，近刊予定である。
8）http://www.legalinfo.mn/。
9）http://www.cis-legal-reform.org/database-lexinfosys/index.html。
10）http://memory.loc.gov/frd/cs/mntoc.html。
11）Udriin Sonin 新聞（http://dailynews.imedia.mn/），Unuudur 新聞（http://www.mongolnews.mn/unuudur.php），Zuunii Medee 新聞（http://zuuniimedee.imedia.mn/），ニュースサイト「Olloo」（http://www.olloo.mn/）など。
12）モンゴル国内の図書館の概略と利用方法については，中村真咲「モンゴル国の図書館について」（『近現代東北アジア地域史研究会ニューズレター』第15号，2003年）を参照のこと。
13）蓑輪靖博「モンゴルの司法制度・司法改革」（小林昌之・今泉慎也編『アジア諸国の司法改革』アジア経済研究所，2002年），同「モンゴルの憲法制度」（大村泰樹・小林昌之編『東アジアの憲法制度』アジア経済研究所，1999年），同「発展途上国に対する法律整備支援について――ADBの対モンゴル支援を題材として(1)」（九州産業大学『商経論叢』第40巻第2号，1999年），同「発展途上国に対する法律整備支援について――ADBの対モンゴル支援を題材として(2)」（九州産業大学『商経論叢』第40巻第3号，1999年），同「発展途上国に対する法律整備支援について――ADBの対モンゴル支援を題材として(3)」（九州産業大学『商経論叢』第40巻第4号，1999年），同「モンゴル民法の概要と特色」（九州産業大学『商経論叢』第39巻第1号，1998年）。
14）田中嘉寿子「モンゴルの司法制度と司法改革の状況」（『ICD NEWS: LAW FOR DEVELOPMENT』第5号，法務省法務総合研究所国際協力部，2002年）。
15）梅棹忠夫『狩猟と遊牧の世界――自然社会の進化』講談社，1976年，155～157頁。

II 東南アジア

第5章 インドネシア

島田　弦

はじめに

　インドネシア（正式国名はインドネシア共和国〔Republik Indonesia〕）[1]は，東西を太平洋とインド洋，南北をユーラシア大陸とオーストラリア大陸に挟まれた東南アジア島嶼部に位置しており，約17,500の島々から成る群島国家である。インドネシアの領域（最も外側の島を結んだ直線基線に囲まれる領域）は，赤道をまたぎ東西約5,100km，南北約1,900kmに及ぶ。これは，アメリカ合衆国本土をほぼ覆う広さに相当する。
　先史時代よりインドシナ半島からさまざまな民族がインドネシアへ順次南下し，この地域においてきわめて多様な民族・言語分布を形成した。また，シュリービジャヤやマジャパヒトなどの強大な王朝が栄え東南アジア島嶼域に大きな勢力圏を築いた。これらの王朝はインド文化の強い影響を受け，ボロブドゥールやプランバナンなどの仏教・ヒンドゥー教の巨大寺院を建造し，またインド叙事詩『ラーマーヤナ』を素材とした影絵芝居（ワヤン）など独特の文化を形成してきた。そして，13世紀頃にはインド経由でイスラームがこの地域に伝播した。その後，インドネシア西部を中心にイスラーム化が進行し，特にジャワ島においては土着文化と混淆し独自の文化世界を形成した。16世紀以降，オランダやポルトガル，イギリスの商船が到来し，1602年にはオランダ東インド会社（Vereenigde Oostindische Compagnie, VOC）が設立された。その後，オランダは支配を強化し，この地域はオランダ領東インド植民地となった。1942年から1945年までの日本軍による短い支配の後，1945年8月17日にインドネシア共和国は独

第 5 章　インドネシア　131

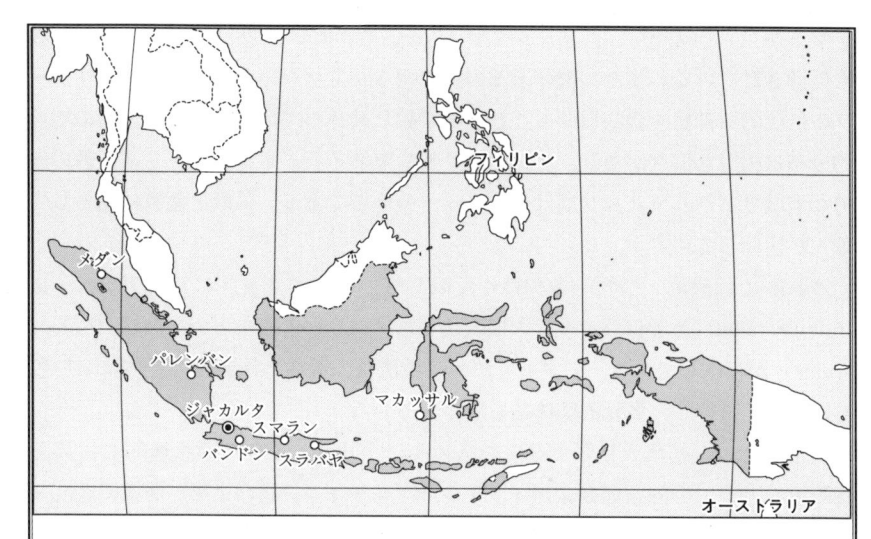

国名：インドネシア共和国
首都：ジャカルタ
人口：2 億 2,800 万人
民族：マレー系諸族
宗教：イスラーム教 88.6％，キリスト教 8.9％（プロテスタント 5.8％，カトリック 3.1％），ヒンドゥー教 1.7％，仏教 0.6％，儒教 0.1％，その他 0.1％
言語：インドネシア語（多数の地方語も各地域で使用されている）
現行憲法施行年：1945 年（1949 年まで。1955 年再施行。最近の改正 2002 年）
GDP・1 人当たり GDP：2,872 億ドル・1,302 ドル
成人平均識字率：90.4％
平均寿命：60.7 歳

立を宣言，それを認めないオランダと独立戦争を繰り広げ，1949 年 12 月に最終的に「インドネシア連邦共和国（Republik Indonesia Serikat）」として国際的な独立の承認を獲得した[2]。

　以上のような多様性に富む地理的・社会的・歴史的条件は，インドネシア法のあり方にも大きな影響を与えてきた。そこで，インドネシアの社会状況と，それにかかわる法制度の特徴を概略する。

　インドネシアの人口は 2 億 2,800 万人である。このなかには 200 から 300 ともいわれる種族（suku）が存在し，それぞれに独自の言語・慣習を有している[3]。

　インドネシア国民のうち約 90％はイスラームを信仰する。このほかプロテス

タントが全人口の5％，カトリックが2％を占め，ヒンドゥーおよび仏教，儒教も信仰されている。また，統計上その数は明らかではないが，アニミズムやジャワの伝統的な神秘主義的信仰もこれらの宗教と共存している。各宗教人口の地理的分布は相当な偏りがあり，北スマトラ州や東部インドネシアはキリスト教の優勢な地域であり，またバリ島はヒンドゥーの地域である。仏教・儒教は主として華人が信仰している。

これらの民族的・宗教的多様性を反映して，インドネシアには，アダット法（hukum adat）と呼ばれる多くの慣習法と，イスラーム法などの宗教法（hukum agama）が存在している。アダット法・宗教法は，現在の法制度の枠内においても国家法と併存し，多元的法体系を形作っている。

政治面では，初代大統領となったスカルノ（1901～70年）は急進的な民族主義政策をとり，非同盟運動，西イリアン（ニューギニア島西半部）帰属問題，マレーシア独立問題などで欧米西側諸国と対立し，急速に左傾化した。しかし，1960年代半ばにクーデターで権力を掌握したスハルト（1921～2008年)[4]は，権威主義的体制のもとで開発政策を推進する，いわゆる開発独裁体制をしいた。スハルトは，スカルノとは対照的に，アメリカ・IMFの支援を積極的に受け入れ外資法などの経済開発にかかわる法制度を整備した[5]。その結果，インドネシア経済は1990年代前半まで続く高成長を実現した。他方，国内の治安と安定を最優先する開発政策をとるスハルト体制は，政党法および大衆組織法，プレス法などの法令を定め政治的・市民的自由を厳しく制限した。

しかし1997年，インドネシア経済はアジア通貨危機の影響をうけ危機的状況に陥った。この経済危機によりスハルト長期政権下での権威主義的国家体制および開発主義政策は破綻した。企業倒産が相次ぎ，さらにIMF融資のコンディショナリティとして課せられた燃料補助金削減など構造調整政策を行った結果，生活に困窮した国民の反発が強まり，暴動が拡大するなか1998年5月にスハルト大統領は辞任した。次に大統領へ就任したハビビ（1936～）は，政治的・市民的自由の制限を大幅に緩和する政策をとった。たとえば，プレスの自由を制限していたプレス出版営業許可制度は事実上廃止され，また労働組合結成の自由を制限する社会組織法，政党結成の自由を制限する政党法も大幅に改正された。さらに，長期のスハルト政権を制度的に支えていた諸法令も次々に改正された。たとえば，選挙によらない大統領任命議席を国軍に割り当てていた議会構成法の改正

などである。

　また，経済危機により明らかになったインドネシア経済の脆弱性，たとえば，コーポレートガバナンスの欠如，汚職による高コスト経済などの問題を是正するための経済法整備，および司法制度改革なども行われた。1998年以降，日本を含めた諸外国および国際機関はそのための法整備支援を実施している。インドネシア経済は，その後は比較的順調に推移し，また2008年からの世界金融危機の影響も国内経済に対してはあまり大きくなかった。しかし，失業率は依然として高いままである。

1．インドネシア法の歴史

　現代のインドネシア法を概観すると，土着の慣習法，13世紀以降に移入したイスラーム法を中心とした宗教法，近代以降に植民地支配などを通じて西洋から移入された西洋近代法，そして独立以降に制定された法令群というように，異なった歴史段階においてこの地域に現れた法体系が重層的に存在している。そして，それらの法は，相互に影響し合いながら現在の法制度のなかにおいても併存している。このような多元的法体系の形成，特に近代西洋法の移入は次のような経過を経ている。

　すでに述べたように，東南アジア島嶼部には多数の種族が居住し，それぞれにアダット法を有していた。その後，13世紀頃に島嶼部西部を中心に東西交易を通じイスラームが伝播し，イスラーム法も各地に受容されてきた。

　1602年，オランダは東インド貿易を支配するために東インド会社を設立した。東インド会社は東インドの交易拠点およびその周辺の統治権も有し，その地域のオランダ人にはオランダ法を適用していたが，それ以外の地域の原住民については「土地の法」にもとづく裁判を受ける権利を認めていた。すなわち，原住民の法には不干渉の立場をとっていた。

　1815年に締結されたイギリス＝オランダ協定[6]以降，オランダは東インドにおける領域的支配を強めていく。この植民地統治にあたりオランダは，植民地住民を「人種集団」に分類し，それぞれに異なった法体系を適用することとし，これを植民地の基本法に定めた[7]。すなわちオランダは，ヨーロッパ人[8]にはオランダ本国法に準拠する制定法を，原住民にはアダット法を，そして中国系・アラ

ブ系・インド系などの住民からなる外来東洋人（Vreemde Oosterlingen）については それぞれのアダット法に加え，一部に制定法を適用する制度であった。

　植民地においてこのような複数の法体系が併存している状況を改め，法の統一を行うべきであるとする主張は強かった。しかし，オランダおよび東インドの政治社会状況の影響も受け[9]，植民地における法の統一問題の経過は曲折した。結局，公法分野においては，1848年に刑事手続法が，1915年に刑法がそれぞれ統一されたものの，私法分野については，たびたび統一民法典案が提起されたにもかかわらず統一は実現しなかった。

　植民地私法統一に強く反対したのは，オランダ・ライデン大学教授ファン・フォレンホーフェン（Van Vollenhoven, 1874〜1933年）を中心とするいわゆるアダット法学派である。ライデン大学を拠点とするアダット法学派の研究者たちは，東インド慣習法の収集・体系化に努め，その影響は現在のインドネシアの法制度に根強く残っている[10]。

　また東インド植民地においては，人種集団に応じて異なった司法制度も整備された[11]。しかし，日本の東インド植民地占領中，日本軍軍政監部はヨーロッパ人に適用される司法制度を廃止した。この結果，東インドの訴訟法も原住民を対象とする司法制度において適用されていた簡略な訴訟法である「改正インドネシア規則（Herziene Indonesische Reglement）」に統一され戦後もそれが継続した。

　インドネシア独立後の最初の憲法であるインドネシア共和国憲法（1945年憲法，1945年8月18日公布）の経過規定第I条は「既存のすべての法令は，本憲法にもとづき新たに定めのあるまで引き続き有効とする」と定めた。この規定は，独立に伴う法制度の空白を回避するためであり，結果としてインドネシアは独立後，オランダ植民地法を継承することとなった。このため，植民地法の廃止と法体系の統一による「国民法」制定は，独立後のインドネシア民族主義において重要課題となった。しかし，主要法典のうち1981年に刑事訴訟法が全面的に改正されたことを除けば，刑法典，民商事法典もオランダ語を正文とする植民地の法典が現在も有効であるなど，植民地法はなお実定法の主要部分を占めている。

　なお，インドネシアの憲法は次のように変遷している。独立インドネシア最初の憲法は，日本占領中に独立準備調査会が制定した上述のインドネシア共和国憲法である。その後，オランダとの独立戦争を経てインドネシア連邦共和国として

国際的な承認を得た際に制定したインドネシア共和国連邦憲法（1949年憲法，1949年12月27日公布），そして連邦制を解消し単一国家制へ移行した際に制定したインドネシア共和国暫定憲法（1950年憲法，1950年8月17日公布）がある。しかし，1959年7月5日大統領布告により1945年憲法が再施行された。その後，スハルト体制終了を機に，1945年憲法は1999年から2002年までの4次に渡る一連の改正を経て，現在に至っている[12]。

2．インドネシアの統治機構

1）統治機構

統治機構の構造は図5-1の通りである。インドネシアの統治機構は，国民協議会の下に，大統領，国民代表議会，最高裁判所，会計検査院，最高顧問会議が国家高等機関として位置する構成となっている。このうち，最高顧問会議は憲法に規定はあるにもかかわらず実質的には活動はしていない（2002年憲法改正で廃止され，あらたに大統領下部機関として大統領顧問会議が設置された）。大統領は大臣を指名し，大臣は大統領に責任を負う。大臣は，省を統括する大臣（Menteri Departmen）[13]，庁を統括する大臣（Menteri Negara）[14]，複数部門を統括する調整大臣（Menteri Koordinator）[15] から構成される。また，国家官房長，内閣官房長および検事総長も大臣と同格の役職で大統領が任命する。

国会に相当する国民代表議会は，大統領の指名による国軍議席をのぞき，5年に1度実施される総選挙で選出される議員から構成する。また，総選挙では，州議会および県・市議会議員選挙も同時に行う[16]。

インドネシアの統治機構は，1999年からの一連の憲法改正により大きく変化した[17]。このうち，特に重要な変更を伴った国民協議会，および司法権の構造についてやや詳しく説明する。

① 国民協議会

インドネシアの統治構造は図5-1のように，国民協議会の下に行政，立法および司法の三権などが位置している。ただし，国民協議会の性質は一連の憲法改正により大きく変化した。改正前の憲法によると，国民協議会の地位は次のようである。まず，「主権は国民に存し，国民協議会がこれを完全に行使する」（第1条2項）。したがって，国民協議会は主権を行使する国権の最高機関として，憲法

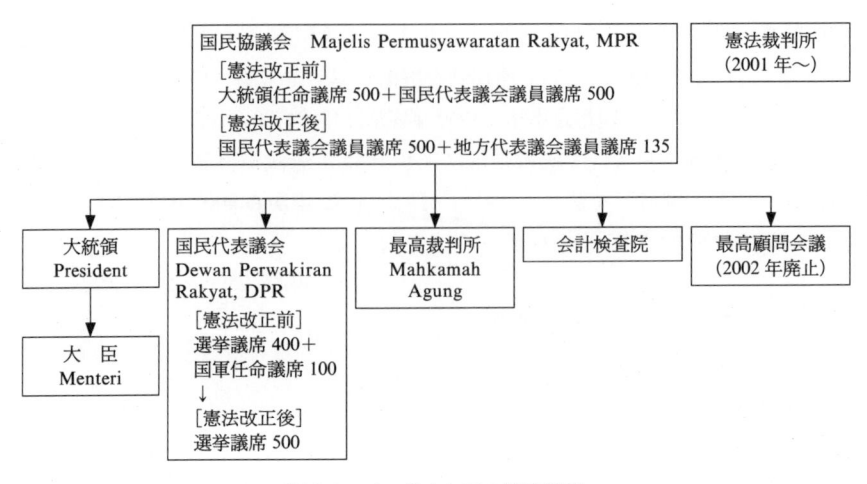

```
┌─────────────────────────────────────────────────────┐  ┌──────────────┐
│ 国民協議会  Majelis Permusyawaratan Rakyat, MPR      │  │ 憲法裁判所    │
│ ［憲法改正前］                                        │  │ (2001年～)    │
│ 大統領任命議席 500＋国民代表議会議員議席 500          │  └──────────────┘
│ ［憲法改正後］                                        │
│ 国民代表議会議員議席 500＋地方代表議会議員議席 135    │
└─────────────────────────────────────────────────────┘
```

┌────────┐ ┌──────────────┐ ┌──────────┐ ┌──────────┐ ┌──────────────┐
│ 大統領 │ │ 国民代表議会 │ │ 最高裁判所│ │ 会計検査院│ │ 最高顧問会議 │
│President│ │Dewan Perwakiran│ │Mahkamah │ │   │ │(2002年廃止) │
└────────┘ │ Rakyat, DPR │ │ Agung   │ └──────────┘ └──────────────┘
    ↓   │［憲法改正前］ │ └──────────┘
┌────────┐ │選挙議席 400＋ │
│ 大 臣 │ │国軍任命議席 100│
│Menteri │ │   ↓   │
└────────┘ │［憲法改正後］ │
          │選挙議席 500   │
          └──────────────┘

図5-1　インドネシアの統治機構

制定（第3条），正副大統領の選出および罷免（第6条），国策大綱（5年ごとに制定し，立法および行政の指針となる文書）の制定（第3条）を行う権限を有していた。国民協議会は，国民代表議会議員と，各地方および社会組織の代表議員から構成する（第2条1項および注釈）。スハルト体制下の国民協議会議席は1,000議席であり，国民代表議会議員 500議席（うち国軍議席 100），大統領の任命する各種組織・団体代表 100議席，国民代表議会議席数に比例配分され大統領の任命する選挙参加政党議席・国軍・警察議席 400議席となっていた（1984年法律第2号第1条1項）。このような構成は，国民協議会が政治代表による機関ではなく，職能代表制と地方代表制を組み合わせた人民代表的機関としての性格であることを示していた。

しかし，憲法改正により国民代表議会の地位は大きく変化した。まず，憲法第1条2項は「主権は国民に存し，憲法にもとづきこれを行使する」と変わり，国民協議会は国権の最高機関としての地位を失った。国民協議会の権限も縮小し，正副大統領の選出の権限を失い，大統領直接選挙制となった（第6A条）。また正副大統領の罷免についても国民代表議会が提起し，後述する憲法裁判所がその可否について判断するという形式となり，憲法裁判所が罷免を可とした場合，国民協議会が招集され，罷免を決議することとなった（第7A条，第7B条）。

また，議員の構成についても国民協議会議員は「国民代表議会議員および地方

```
                    ┌─────────────────────────────────────────┐
                    │ 各省による裁判所人事・予算の管轄権（～1999）  │
┌─────────┐ ┌─────────┐ │┌──────┐ ┌──────┐ ┌──────┐│
│ 最高裁判所  │ │ 憲法裁判所 │ ││ 司法省 │ │ 宗教省 │ │ 国防省 ││
│(破棄審，再審)│ │(1999～)  │ │└──────┘ └──────┘ └──────┘│
└─────────┘ └─────────┘ └─────────────────────────────────────────┘
```

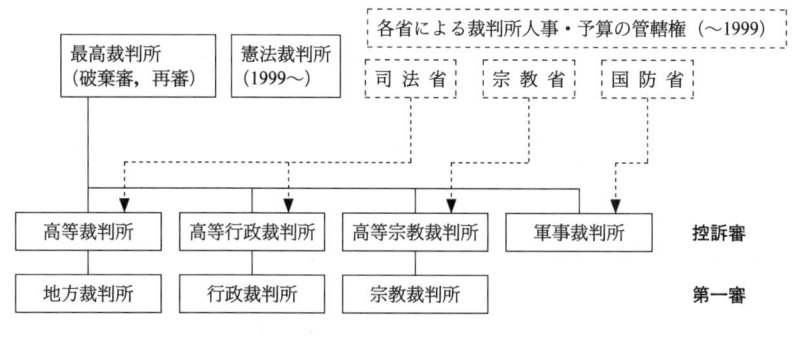

| 高等裁判所 | 高等行政裁判所 | 高等宗教裁判所 | 軍事裁判所 | 控訴審 |
| 地方裁判所 | 行政裁判所 | 宗教裁判所 | | 第一審 |

図 5-2　インドネシアの司法制度

代表議会議員から構成する」（第 2 条 1 項）こととなった。地方代表議会[18]は，各州で選挙された議員から構成する議会である。したがって，この改正は，国民協議会の人民代表的組織としての位置づけも廃止し，政治代表機関としての性格を与えたことを意味する。

② 司法制度

ⓐ **裁判系列および最高裁の役割**　図 5-2 に示すように，インドネシアの司法制度は，通常裁判系列，行政裁判系列，宗教裁判系列および軍事裁判系列があり，それぞれの裁判系列は第一審および控訴審を行う。通常裁判系列は，民刑事事件を管轄するほか，後述のように多くの特別法廷を併設している。行政裁判系列は，公務員または国家機関の行った行政処分に対し，その処分の名宛人が処分の無効などを求める事件を管轄する。宗教裁判系列は，ムスリムの家族法・相続法に関する事件を管轄する。軍事裁判系列は，原則として国軍・警察隊員の職務上の事件を管轄するが，過去に文民である旧共産党員を裁く特別軍事法廷を設置した例がある。

最高裁判所はすべての裁判系列について破棄審を行う。ただし実務上，最高裁判所裁判官は，下級裁判所の裁判系列ごとに法部門室に分かれ，原則として専門分野のみの裁判を担当する。また，確定判決に対する再審制度があり，最高裁判所が再審を行う。

このほかに，最高裁判所は，法律より下位の法令に対する司法審査権および国家高等機関への意見提出権を有している。司法審査権は，通常の司法手続に付随的に行うほか，最高裁に直接，法律より下位の法令について司法審査を求める訴

図 5-3　最高裁判所

えを受理することもできる。また，最高裁判所は国家高等機関（大統領，国民代表議会など）に対し，当該機関からの諮問の有無にかかわらず，法的拘束力のない意見を提出する権限を有する（最高裁判所に関する法律1985年第14号第37条）。

　スハルト体制下に制定された司法権基本法（1970年法律第14号）は，最高裁判所が各裁判所の法技術的事項について監督権を有する[19]一方，図5-2の点線が示すように通常裁判系列および行政裁判系列は司法省，宗教裁判系列は宗教省，軍事裁判系列は国防省が裁判官を含む人事および予算権限を持つという二重構造を定めていた。このような司法機構の二重構造は，司法権の独立を損ない，行政権の突出を招いているという批判があった。

　そのため，スハルト大統領辞任を受け1998年11月に招集された国民協議会特別会は，司法分野における改革について，行政権による裁判所の管理は，統治担当者による司法過程への介入および行政と司法の癒着など望ましくない慣行を助長する契機となっているという理由から，行政権から司法権機能を明確に分離することを大統領に求める決定を採択した[20]。この決定にもとづき制定された司法権基本法改正法（1999年法律第35号）は，各裁判系列の下級裁判所の人事および予算についてすべて最高裁判所の管轄下に置くことを定めた[21]。

　ⓑ　特別法廷　上述の4系列の裁判所に加えて，いくつかの常設または特設の特別法廷が設置されている。これらの特別法廷は4裁判系列に付設される形式と

なっている。人権裁判所（2000年法律第26号）[22]，汚職犯罪裁判所（2002年法律第30号）[23]，商事裁判所（2004年法律第37号），漁業裁判所（2004年法律第31号）[24]，少年裁判所（1997年法律第3号），産業関係裁判所（2004年法律第2号），パプア州におけるアダット裁判所（2001年法律第21号）[25] は通常裁判系列，税務裁判所（2002年法律14号）は行政裁判系列，ナングロ・アチェ・ダルサラーム州シャリーア裁判所（2001年法律第18号）は，宗教裁判系列への付設となっている。

ⓒ **憲法裁判所** 司法権にかかわる憲法改正のなかでとりわけ重要なのは，2001年憲法改正による憲法裁判所（Mahkamah Konstitusi）の設置である（第24C条）。憲法改正以前，司法権が法律の憲法適合性を審査する制度は存在していなかった。憲法裁判所は違憲立法審査権に加え，機関訴訟，政党解散に関する請求，選挙結果に関する訴え，国民代表議会の提起する大統領罷免に関する請求を管轄する（同条）[26]。

2）法源および立法手続

① 主要法源

1966年国民協議会決定第20号は，法源およびその序列について上位から，(1) 1945年憲法，(2) 国民協議会決定，(3) 法律・法律代行政令，(4) 政令，(5) 大統領決定，(6) その他の法令，とする。1999年，地方分権化政策を受け，「大統領決定」の下位に「地方規則」（条例，知事決定など）が追加された。また，植民地政庁の制定した法令も，独立後に制定された法令に抵触しない限りにおいて有効である。

法律代行政令とは，緊急かつ特別の事情がある場合に大統領が法律に代行するものとして定めることができる政令である（憲法第22条1項）。ただし，法律代行政令は，その公布後最初に開催される国民代表議会の同意を得なければならず，同意を得られない場合，当該法律代行政令は失効する。最近の法律代行政令の事例としては，1998年の破産法改正に関する法律代行政令や，1999年の人権裁判所に関する法律代行政令，アチェ津波被害による法的問題の特別措置について定めた2007年の法律代行政令などがある。

上記の序列において下位にある法令は，上位法令に違反してはならない。しかし，実際には法律とそれを実施するための政令や大統領決定の内容が矛盾するこ

とは、まれではない。たとえば、1982年に制定されたプレス基本法（法律1982年第21号）の第4条は「国内プレスは検閲および発行禁止処分は課せられない」と定めていたが、他方、同法の下位法令である1984年情報大臣規則第1号第33条h項は、情報大臣が記事の内容を理由にプレス事業許可を取り消すことを認めていた。裁判所は法律より下位の序列にある法令の内容ついて、上位法令との適合性を審査する権限を持つ。このケースでは、許可を取り消された雑誌の編集長からの訴えに対し、行政裁判所が当該大臣規則の条項を無効とする判決を下した。しかし、スハルト体制下においては、これは例外的なケースであった[27]。

インドネシア共和国連邦の時期をのぞき、裁判所による違憲立法審査については認められていなかった[28]。しかし、2001年憲法改正以降、憲法裁判所が違憲立法審査権を行使する。

② 立法手続

統治構造と同じく、インドネシアの立法手続は表5-1に示すように1999年の第1次憲法改正により大きく変化した。そこで改正前後の制度を比較し、立法手続について概略を述べる。

表5-1 立法手続に関する憲法規定

	憲法改正前	1999年第1次憲法改正後
立法権の所在	憲法第5条1項「大統領は国民代表議会の同意を得て法律を制定する権限を有する」 憲法第20条1項「すべての法律は、国民代表議会の同意を必要とする」 憲法第21条1項「国民代表議会議員は法案を提出する権利を有する」	第5条1項「大統領は国民代表議会へ法案を提出する権利を有する」 第20条1項「国民代表議会は法律を制定する権限を有する」
法案の審議	憲法第20条2項「法案が国民代表議会の同意を得ることのできない場合、当該法案を同一会期中に、再度国民代表議会へ上程することはできない」	第20条2項「すべての法案は、国民代表議会と大統領において共同の合意を得るために討議される」 第20条3項「共同の合意の得られない法案は、同一会期中に再度提出することはできない」
大統領による法律の裁可	憲法第21条2項「国民代表議会の同意を得たにもかかわらず、当該法案が大統領の承認を受けない場合、当該法案を同一会期中に再び国民代表議会へ上程することはできない」	第20条4項「大統領は、法律として制定することを共同で合意した法案を承認する」 第20条5項「大統領が、すでに共同で合意された法案に関し、その合意後30日以内に承認しない場合においても、同法案は法律となり、かつ施行されなければならない」

ⓐ 憲法改正前の立法手続　憲法改正前の規定は「大統領は国民代表議会の同意を得て法律を制定する権限を有する」(第5条1項)と定めており，国民代表議会は立法権において大統領に対して従属的な地位におかれていた。したがって，国民代表議会議員は法案を提出する権利を有し(憲法第21条1項)，また「すべての法律は国民代表議会の同意を必要とする」(同20条1項)が，法案が国民代表議会の同意を得たにもかかわらず，大統領の裁可を得られない場合，廃案となり，それを同一会期中に再上程することはできないものとされた(同21条2項)。たとえば，1996年に国民代表議会は放送法を可決したが，大統領は裁可しなかった事例がある。このケースでは，翌1997年の会期で同法案は再可決され，このときは大統領が裁可し1997年法律第24号となった。

ⓑ 憲法改正後の立法手続　1945年憲法は統治機構における権限の授権・制限規定を明確に定めておらず，また各規定は解釈の余地を多く残すものであった。結果として，1945年憲法はスカルノおよびスハルト両大統領統治下における大統領への権力集中に法的根拠を提供するものとして機能した。1999年以降の憲法改正はそのような問題を是正することが目的であり，権力分立の明確化による国民代表議会の権限強化は憲法改正の柱のひとつであった。

まず「国民代表議会は法律を制定する権限を有する」(第20条1項)と定められ，国会の立法権が明確になった。そして，大統領と国民代表議会は法案について同意を得るために討議を行うが(第20条4項)，第20条5項は，もし大統領がすでに国民代表議会と同意した法案を30日以内に裁可しない場合，その法案は自動的に法律として成立すると規定する。

3. インドネシア法研究へのアクセス

1) インドネシアの法令について

インドネシアの法律の名称は，「…に関する法律〇〇年第△△号」(たとえば，「人権裁判所に関する法律2000年第26号」，インドネシア語では Undang-undang Tahun 2000 Nomor 26 tentang Pengadilan Hak Asasi Manusia) と表記される。法律が改正される場合，通常「法律〇〇年第△△号の改正に関する法律□□年××号」という形式となる。そして，その内容は，「旧規定第〇条を，以下のように改正する」という形式をとるため，法律を読む場合，旧法令を必ず参照する必要

がある。

　法律の内容は、表題、前文、本文、注釈という構成になっている。前文はさらに、立法趣旨を記述する部分（menimbang）と、根拠法令を記述する部分（mengingat）に分かれる。

　本文は法律の条項を記述する部分である。通常、本文全体はいくつかの部（bagian）、さらに章（bab）に分けられており、それぞれに小見出しが付く。また、本文の最後には経過規定（ketentuan peralihan）および附則（ketentuan penutup）が定められる。経過規定は、当該法律施行前に起きた事柄と当該法律との関係（たとえば、訴訟法改正の場合に、旧法律で提起された訴訟が、新法律施行後に審理が開始される場合など）について定める。また、附則は当該法律施行に伴う旧法令の廃止などを定める。本文の後に法律の裁可者（法律の場合は大統領）、および公布者（法律の場合は、国家官房長〔sekretaris negara〕）の署名および署名日が記載される。この形式は、下位法令についてもほぼ同様である。

　注釈（penjelasan）は、法律の一部として同時に公布される。ただし、法律が官報（Lembaran Negara, LN）に掲載され公布される一方、注釈は官報補遺（Tambahan Lembaran Negara, TLN）という別の出版物に掲載される。注釈は、オランダの法令形式を引き継いだものであり、一般注釈（penjelasan umum）と逐条注釈（penjelasan pasar demi pasar）の部分に分かれる。一般注釈は、法令の趣旨などを詳しく述べる。他方、逐条注釈は各条項の趣旨および解釈基準などを述べている。注釈は本文に準じて裁判規範として扱われている。ほとんどの法令データベースは法律の本体部分と注釈部分をあわせて提供している。

　インドネシアの法律は、多くの規定について、政府規則（peraturan pemerintah）や大臣決定（penetapan menteri）など下位法令の実施規則を必要とする場合が多い。特に、このことは「〜の基本規則に関する法律（Undang-undang pokok tentang...）」という名称の法律に顕著である。そのため、実施規則の制定されない場合、法律は事実上実施されないこととなる。したがって、インドネシアの法律を調べる際、実施規則を参照することは不可欠である。

2）法令の入手

　法令の正文はすべてインドネシア語である。経済法令などごく一部について、非公式な英訳を見つけることができる。

公布された法令は，官報に収録される。ただし，1969年以降，官報に掲載されるのは法律および政令，そして外交関係にかかわる大統領決定に限定されている。また，すでに述べたように，植民地政府の法令もなお有効であり，これは旧官報（Staatsblad, Bld.）に収録されている。地方規則は，地方官報（Lembaran Daerah, LD）に収録される。

以上のように法令は官報などにより公開されているが，法改革の課題のひとつに法令情報に対するアクセス整備があることが示すように，現在，法令を入手することは必ずしも容易ではない。国立大学図書館さえも，すべての官報を揃えているところは少ない。インドネシアにおいて法令を入手するためには次の方法がある。

第1は，官報等をすべて揃える専門図書館の利用である。ただし，このような図書館は少数である。そのうち利用が容易なものとして，
 a. 国民法育成局（Badan Pembinaan Hukum Nasional, BPHN）付設図書館
 b. インドネシア大学法文献センター（Pusat Dokumentasi Hukum, PDH）
の2つがある。国民法育成局は，ジャカルタの中心部からやや外れたチリリタン（Cililitan）地区にある。国民法育成局は，また法令の電子データ化も行っている。インドネシア大学法文献センターは，ジャカルタ郊外のデポック（Depok）市にあるインドネシア大学法学部（Depok）と，ジャカルタ中心部のメンテン地区（Menteng, Jl. Cirebon）の2ヶ所に分かれている。同センターは2ヶ月ごとに，中央および地方の法令ごとに法令目録（Informasi Peraturan Perundangan-undangan）を発行している。

また現在は，インターネットを経由した法令データベースが利用できる。1990年代以降，インドネシアは海外からの支援を受けて，さまざまな組織がインターネットによる法令のデータベース化を進めている。以下，やや詳細に各データベースの特徴などについて説明したい。

① **Hukumonline**（http://www.hukumonline.com/）
法律情報サービスを目的とする同名のNGOが運営するウェブサイトである。発足当初はAusAIDなどの援助を受けて法律情報データベースの構築を行っていたが，最近は商用データベースとして，法令，判例および法律記事などの詳細な情報を提供している。サイトにアクセスすると法律ニュースを掲載しているページが表示される（過去2ヶ月程度のニュースまで検索可能である）。データ

ベースへのアクセスは，ページ右上に ID およびパスワードを入力することによって可能となる。ユーザーは3つのクラス（無料，個人および法人）があり，無料ユーザーの場合は同サイト上からオンラインで住所・職業などの情報を入力して登録すると，法律および政府規則までアクセスできる[29]。

このデータベースの特徴は非常に優れたリンク機能であり，ある法令を検索した場合，同時にその根拠法令および実施規則，改廃された過去の関係法令へリンクする一覧が表示される。また，重要な法律の場合には，法案段階のデータも提供しているため，起草過程についても確認することができる。ただし，現在のところ，ほかのウェブサイトと同様にサーバ等の運用はやや不安定ではある。

② インドネシア法務人権省　Legalitas.org（http://www.legalitas.org/）

法務人権省内に設置されているウェブサイトである。このウェブサイトも法律，政府規則などの下位法令のデータベースを提供している。このウェブサイトの特徴としては，オランダ植民地法（インドネシア語訳）および法案とそれに関する政府説明もデータベースに含めていることがある。また，審議中の法案や，法案についての政府説明などについても一部データベース化している。Hukumonline では有料の法令にも無料でアクセスできる。主要法令の英訳も収録する。

③ 国民法育成局　Badan Pembinaan Hukum Nasional, BPHN（http://www.bphn.go.id/）

設立当初は，オランダ植民地法令に代わる法令の整備を目的とする機関であったが，現在は主として法政策に関するシンクタンク的役割を担っている。このウェブサイトより法律のほか，政府規則，大統領規則，大統領決定，大統領指令などの下位法令のテキストにアクセスすることができる（JDIH のリンクから）。ただし欠番が多い。このウェブサイトのトップページには，インドネシア法に関連する国内外のウェブサイトのリンク一覧が掲載されており便利である。

④ 地方法令データベース　Perda Online（http://www.perdaonline.org/）

世界銀行の「貧困層へ司法を（Justice for Poor）」プロジェクトに，インドネシア開発庁および国立ランプン大学が協力し構築している地方法令データベースである。トップページからは，キーワード検索，カテゴリー検索（女性，子供，宗教，社会保障など14カテゴリー），州および県市の名称からの検索が可能となっている。ただし，収録法令データの多くは印刷媒体から OCR 化したままのものであり，したがって正確さについて注意が必要である。これまで，地方法令はイ

ンドネシア大学法文献センターが2ヶ月ごとに法令情報（Informasi Peraturan Perundangan-undangan）を紙ベースで出版する程度で，国外からの参照が困難であった。

3）インドネシアの判例について

　判決を含む裁判書類は終局判決の確定後，当該事件の第一審を行った裁判所の書記局（Kepaniteraan）に保管されることとなっている。原則として訴訟当事者，相続人およびその代理人以外の裁判書類閲覧は認められておらず，それ以外の者の閲覧は当該裁判所所長へ文書で特別許可を求めることになるが，非常に時間がかかり困難である。このような手続を踏むよりも，むしろ事件当事者または弁護人を通じて判決文を入手する方が現実的である[30]。

　重要判例をまとめている継続的な出版物としては次のようなものがある。

　(1) ***Jurisprudensi Mahkamah Agung*** は，最高裁判所が毎年発行する判例集である。また，(2) ***Putusan Hakim*** は，司法人権省が発行し，下級審判決のうち重要なものを掲載している。ただし，これらに掲載される判例数は非常に限られている。また，市販されていないため，法律専門図書館においての利用に限られる。

　(3) ***Varia Peradilan*** は，裁判官の組合であるインドネシア裁判官連盟の月刊機関誌である。同誌は，民事，商事，刑事，行政に関する最近の判例について要旨および前文を毎号複数掲載している。会員向けの雑誌であるため国外からの定期購読は困難であるが，上記の法律専門図書館などで閲覧可能である。インドネシア裁判官連盟は，2000年に，1985年以降に同誌で掲載した判例要旨をまとめた ***Kompilasi Abstrak Hukum Putusan Mahkamah Agung*** を出版している。同書は，相続法（46件），土地法（54件），債権法（77件），刑法（126件）の4分冊となっている。掲載されている各判例には，事件の性質を大まかに示す表題が付され，事件概要，第一審判決要旨，控訴審判決要旨，破棄審判決要旨，注記（編者による判決のまとめ），各判決番号および判決日という構成になっている。

　判例の電子データベース化は，法令情報に比較するとなお不充分ではあるが，最近着実に整備されつつある。比較的データ件数の多いものとして，次のネット上から利用可能なデータベースがある。

　(1) 最高裁判所判例目録　***Direktori Putusan*** (http://www.putusan.net/app-

mari/putusan/）インドネシア最高裁判所ウェブサイト（http://www.mahkamahagung.go.id/）からアクセスできる判例目録であり，2009年8月時点で13,932の判決が登録されている。判決はキーワード検索できるほか，民事，刑事，宗教，軍事，行政，特別刑事（少年，人権，汚職）および特別民事（仲裁，商標，著作権など）の事件ごとに分類してある。

(2) 憲法裁判所（**http://www.mahkamahkonstitusi.go.id/**）　憲法裁判所は2003年（2001～2003年は最高裁が代行）の設立以降，情報公開を重視しており，ウェブサイト上から登録事件一覧，審理進行状況，公判予定，判決および裁判書類がすべて閲覧できるようになっている。また，年次報告書などの出版物も同サイトから閲覧可能である。また，一部の判決については，英訳も提供している。憲法裁判所は，政治問題に密接に関連した事件を扱うため，このように整備されたデータベースが準備されていることは現代インドネシア研究にとっては非常に有益である。

4）そのほかの情報のアクセス

Worldlii (World Law Information Institution, http://www.worldlii.org/) Worldliiは，インドネシアだけでなく全世界123ヶ国，865のオンライン法律データベースを集めたウェブサイトである。法律および政府規則のような主要法令は，司法人権省のウェブサイトで参照できるようになっているが，上述のようにインドネシア法調査においては実施規則となる下位法令を参照することが必須である。しかし，現在のところこれらの法令を網羅的に利用可能なデータベースは整備されていない。他方，各省庁やNGOはそれぞれの分野についての関係法令をウェブサイトでまとめている。Worldliiはそのような個別法令資料へのリンクを設けているため，インドネシア法研究において利用価値の高いウェブサイトである。

4．インドネシア法研究に向けて

1）インドネシア法研究動向

インドネシア法研究は，オランダ植民期に慣習法研究として発達した。したがって，戦後もこの伝統をうけ，法社会学および法人類学分野における多くの業

績が発表されている。特に国家制定法に代表される近代法と，慣習法などの固有法および宗教法が併存する多元的法体系に関する研究は現在でもインドネシア法研究の中心である[31]。一方，独立後，インドネシア国内においては，オランダ植民地期の法令に代わるインドネシア独自の法体制の整備が重要な課題となった。そのために国民法育成庁（Lembaga Pembinaan Hukum Nasional, 後に国民法育成局 Badan Pembinaan Hukum Nasional）が設置され，大学においても慣習法を取り入れた新法制定に関する民族主義色の強い研究が多くなされた。他方，1959年以降の権威主義的な政治状況において，大学での自由な法学研究は沈滞した。その間，法律扶助，消費者保護，環境問題などの立場から在野の研究が発表された。また，人権問題もインドネシア法研究の重要なテーマとなった。1998年以降のインドネシア法研究は，法制度改革との関連が強く経済法，地方分権などのテーマが多くなっている。

2）インドネシア法研究へのアクセス
 ① インドネシア法研究動向に関する情報
 (1) ***Exerpta Indonesia*, KITLV.** オランダ王立言語学人類学研究所（Koninklijk Instituut voor Taal-, Land- en Volkenkunde, KITLV）[32] が作成している文献カタログで，雑誌および単行本に掲載された社会科学・人文科学分野におけるインドネシアに関する論文とそのアブストラクトのデータを提供している。インドネシア法に関する最近の研究動向を知ることができる。*Exerpta Indonesia* は，2003年までは印刷物として年2回出版されていたが，それ以降はウェブサイトからアクセスできるデータベースとなっている。

(2) **S. Pompe, *Indonesian Law 1949-1989 : A Bibliography of Foreign-language Materials with Brief Commentaries on the Law*, Dordrecht : M. Nijhoff Publishers, 1992.** 1949年から1989年までに出版されたインドネシア法に関するインドネシア語以外で書かれた文献を法分野ごとにまとめている。オランダ語など英語以外の文献情報も含む（ただし，ヨーロッパ諸言語が中心で，日本語・中国語についてはアルファベット表記）。また，各法分野ごとに比較的詳しい解説および重要文献に関する解題をつけている。

(3) **John Ball, *Bibliography of Material on Indonesian Law in the English Language, 3rd Edition with 1986 Supplement*, Sydney : The University of**

Sydney, 1986. リング製本されたタイプ打ちの文献カタログである。1981年の第3版には約1,000件，また1986年の追加分で136件の英語で書かれたインドネシア法に関する書誌情報を掲載している。

(4) **Eddy Damian and Robert Hornick,** *Bibliografi Hukum Indonesia : Daftar Pustaka Hukum Terbitan Tahun 1945 s/d 1972,* **Bandung : Universitas Padjadjaran, 1974.** (インドネシア語) インドネシア法に関する単行本2,681件，雑誌論文690件および学位論文3,928件の書誌情報を収録している。特に謄写印刷による文献や学生グループの作成した講義録などの情報も掲載しているのは，他の書誌カタログにはない特徴である。全体で5部に分かれており，第1部は著者名順に書誌情報を記載している。第2部は，単行本，パンフレットおよび法令を法分野ごとにまとめている。第3部は，雑誌論文を著者名順に記載し，また第4部は同じく雑誌論文を法分野ごとにまとめている。第5部は大学ごとに法学分野の学位論文の書誌情報を掲載している。

② インドネシア法に関する主要な文献

(1) **Eddy Damian & Robert N. Hornik, "Indonesia's Formal Legal System : An Introduction",** *The American Journal of Comparative Law,* **Vol. 20, No. 3, 1972, pp. 492-530.** 1999年以降の憲法改正により情報としては古くなってしまっているが，国家機関の成立および構造に関する全体的な解説としては重要である。特に立法機関（国民協議会および国民代表議会）の歴史的変遷について詳しい。

(2) **Sudargo Gautama,** *Indonesian Business Law,* **Bandung : Citra Aditya Bakti, 1995.** オランダ植民地法政策に由来する人種集団ごとの多元的法体系を基礎として，インドネシアにおけるビジネス法について解説している。第1章においてインドネシアにおける多元的法体系の由来，独立後の展開およびその状況について述べた後，第2章において当事者が異なる法体系に服する場合の準拠法の確定について解説している。第3章以降は各論である。第3章は契約法，第4章は土地法，第5章は会社法，第6章は外国人投資法，第7章は仲裁，第8章は司法手続，第9章は商法，第10章は破産法，第11章は担保法，第12章は知的財産法を扱っている。

(3) **J. F. Holleman (ed.),** *Van Vollenhoven on Indonesian Adat Law,* **The Hague : Martinus Nijhoff, 1981.** アダット法学創始者ファン・フォレンホーフェンの著した *Het Adat Recht van Nederlandsch-Indië* (1931) からの一部抜粋

を英訳したものである。第1章から第4章までは，アダット法研究方法論に関する論文を英訳したものである。ここでは，アダット法学における基本的概念である「法共同体（rechtsgemeenschap）」，「処分権（beschikkingsrecht）」，そして「アダット法区域（adatrechtskring）」を論じている。第5章から第7章は各論であり，スマトラ島北端のアチェ，スマトラ島西部のミナンカバウ，そしてジャワ島中西部についてアダット法の状況を述べている。第8章は，オランダ植民地支配下におけるアダット法の役割に関する論述であり，東インド植民地私法の統一に反対し，アダット法の必要を主張している。同書はファン・フォレンホーフェンに学んだ H. W. J. ソニウスによる詳細な解説（pp. XXIX-LXVII）が付いており，ファン・フォレンホーフェンによるアダット法研究の特徴およびオランダにおける論争の経緯を概観することができる。

　アダット法全体を概観する文献としては，ファン・フォレンホーフェンの直弟子であり，バタヴィア法科大学アダット法教授として東インドのアダット法フィールド調査を指揮したテル・ハールの著作の英訳がある[33]。

　(4) **Timothy Lindsey,** *Indonesia : Law and Society*, **2nd edition, Annandale : The Federation Press, 2008.**　独立後のインドネシアについてインドネシア国内外のインドネシア法研究者が寄稿した法社会学的見地からの論文集である。現在のインドネシア法各分野における諸問題について包括的に知ることができる。第1章はインドネシアにおける「法の支配」の概念について分析している。第2章では多元的法体系について，第3章は法とジェンダーについて，第4章は，インドネシア法思想史および中央集権主義と地方分権との関連について，第5章は，裁判について，第6章は，ビジネス法について，そして，第7章は人権について扱っている。

　(5) **Sebasitiaan Pompe,** *The Indonesian Supreme Court : A Study of Institutional Collapse*, **Ithaca : Cornell Southeast Asia Program, 2005.**　ライデン大学を拠点にインドネシア法史を研究してきた著者によるインドネシア最高裁判所に関する博士学位論文をベースにした500頁以上にのぼる大著である。著者の問題関心は，1998年以降のインドネシアにおける法改革がこれほど困難な理由であり，それについて第1章から第4章で最高裁判所の歴史から，そして第5章から第9章までをインドネシア最高裁判所の構造から分析している。

　インドネシアの裁判所に関する体系的研究としては，ほかに Adriaan Bedneer,

Administrative Courts in Indonesia : A Socio-legal Study, The Hague : Kluwer Law International, 2001, および Daniel S. Lev, *Islamic courts in Indonesia : a study in the political bases of legal institutions*, Berkeley : University of California Press, 1972, がある。

3) インドネシア法に関する国際的な研究拠点

(1) オランダ国立ライデン大学法学部ファン・フォレンホーフェン研究所 (**Van Vollenhoven Insituut, VVI**)　ライデン大学法学部は，19世紀以来の東インド法・行政研究の歴史を有している[34]。ファン・フォレンホーフェン研究所はその歴史を継承し，インドネシアを中心とする非欧米地域の法制度，法社会学，慣習法に関する研究を行っている。また，現在は法整備支援研究にも取り組んでいる。

同研究所図書室（現在は法学部図書館と同じ場所）は，インドネシア法などに関して約22,000冊の蔵書を持ち，専門の司書をおいている。この図書館において特に重要なコレクションは，オランダ植民地（東インド，スリナム，アンティル）の法令，法学雑誌および書籍である。このうち，『東インド法学雑誌』(*Indisch Tijdschrift van Het Recht*, 1849-1950)，および戦後同誌を引き継いだ『海外法文書局報』(*Mededelingen van het Documentatiebureau voor Overzees Recht*, 1950-1958) に掲載された学術論文および判例は，それぞれ書誌目録としてまとめられている[35]。学外者は開架図書を自由に閲覧および複写することができる。

インドネシア法に関する書籍・資料はこのほか，ライデン大学中央図書館および隣接する王立言語・地理・民族学研究所（KITLV）も所蔵している。どちらも学外者は利用登録の上，利用することができる[36]。

(2) メルボルン大学法学部アジア法センター (**Asian Law Centre**)　インドネシア法研究に関する代表的研究者の1人であるリンゼイ (Timothy Lindsey) が所長を務める研究所であり[37]，また，アジア法に関する学術雑誌である *Australian Journal of Asian Law* を，アメリカ・ワシントン大学アジア法センターおよびオーストラリア国立大学法学部との協力で刊行している。同センターが構築している Asian Law Online (http://www.alc.law.unimelb.edu.au/bibliography/) は，アジア法に関する文献を，単行書，学術論文，学位論文，会議議事録についてデータベース横断的に検索できるシステムである。

(3) コーネル大学東南アジアプログラム (Southeast Asian Program, SEAP)
インドネシア政治史研究の第1人者であるケーヒン (George M. Kahin) が中心となって創設したコーネル大学アジア学部アジア地域センター東南アジアプログラムは，東南アジア研究の世界的センターとして知られている。コーネル大学図書館の所蔵する東南アジア・コレクション (Echols Collection on Southeast Asia) は，ロックフェラー財団，フォード財団およびメロン財団の助成を受け，世界中の東南アジア研究機関の中で最も大規模に文献収集を行っている。このコレクションは外部者にも開放している。

おわりに

インドネシア法は1998年を境に激変した。その最も重要な変化は1999年から2002年に行われた憲法改正である。憲法改正の趣旨は，統治機構における行政権の突出を是正し，分権化を進めることである。ここで分権化は，三権分立と地方分権の2つを含意している。三権分立に向けた制度改革は本文でも触れたように比較的順調であるが，汚職問題が改革の足かせとなっており，対策に向けた研究が重要である。他方，地方分権は非常に混乱している。主たる権限移譲先が県となったため，利権獲得を狙って各地で県が乱立する事態となっている。ここ数年，新立法のほとんどが新県の設置を定める法律という状態であり，地方資源の浪費につながっている。したがって地方行政法に関する研究が必要となっており，ドイツ・アメリカが研究・支援を活発に行っている。

また，最近の法的問題として慣習法の復活がある。ひとつは地方における利権主張が慣習法と結びつくケースであり，しばしば排他的傾向を持つ。もうひとつは，紛争解決における慣習法の役割であり，この場合，公的司法制度に比較して人々にとっては利用しやすいという利点があるが，共同体内における伝統的差別を温存する傾向もある。この問題は，アチェの津波被害復興や平和構築において重要となっている。いずれの場合にも，慣習法と現代法の理念をどのように接合させるかという問題を投げかけている。

注

1) インドネシアの呼称について，1945年8月17日の独立宣言前のオランダ領東インド

植民地領域を「東インド」と表記し，独立宣言後のインドネシア共和国領域を「インドネシア」として表記する。東インドとインドネシアは地理的にはほぼ一致する領域である。ただし，東インド全体のインドネシア国家としての独立を目指す民族主義の文脈においては「インドネシア」を用いる。

2) インドネシア共和国連邦においては，インドネシア共和国は，オランダの傀儡政権である他の連邦構成国・地域と同等の地位を持つ一連邦構成国に過ぎなかった。翌1950年8月17日までにすべての連邦構成国がインドネシア共和国に合併し，単一のインドネシア共和国となった。

3) インドネシア政府は種族別人口統計をとっていないが，推定される最も大きな種族は人口約6,000万人のジャワである。そのほか，人口数百万人に達する種族としては，スンダ，アチェ，バタック，ミナンカバウ，ムラユ，マドゥラ，バリ，ブギスがある。また，17世紀以降に移住してきた中国系住民（華人）も300万人以上存在する。

4) 1965年に9月30日事件と呼ばれる反乱事件が発生した。この事件でスカルノは失脚し，スハルトが権力を掌握した。その後，スハルトは大統領代行を経て，1967年，正式に第2代大統領に就任した。

5) スハルト体制初期において経済政策立案に中心的役割を果たしたのは，アメリカのビジネススクールなどで学んだテクノクラートたちである。カリフォルニア大学バークレー校出身者が多かったことから，「バークレー・マフィア」と呼ばれた。

6) 1810年，オランダはフランスに占領され，その機会にイギリスはジャワ島などを占領した。その後，ナポレオンの敗北によるオランダ独立に伴い，イギリスは占領していたジャワ島などをオランダに返還した。その際に，マラッカ海峡とボルネオ島カプアス（Kapuas）・イラン（Iran）両山脈を両国植民地境界としたのがこの協定であり，現在の東南アジアにおける国民国家のひな形となった。

7) 1855年統治規則（Regerings Reglement）第109条，1926年東インド基本規則（Indische Staatsregelings）第131条および第163条。

8) ヨーロッパ人には，出身国がヨーロッパ法を採用している住民，すなわち日本人，タイ人なども含まれた。特に，ヨーロッパ人と原住民の区分については，吉田信「オランダ植民地統治と法の支配──統治法109条による『ヨーロッパ人』と『原住民』の創出」（『東南アジア研究』第40巻第2号，2008年）を参照。

9) 当時のオランダ法学界の状況が植民地法政策に与えた影響についての研究としては，島田弦「インドネシア・アダット法研究における19世紀オランダ法学の影響──ファン・フォレンホーフェンのアダット法研究に関する考察」（『国際開発研究フォーラム』第38号，2009年）55〜69頁。

10) 島田弦「インドネシアにおける植民地支配と『近代経験』──インドネシア国家原理とアダット法研究」（『社会体制と法』第6号，2005年）50〜67頁。

11) ヨーロッパ人は，簡易な事件および軽犯罪については住民裁判所（Residentiegerechten），通常の第一審として司法評議会（Raad van Justitie），そして植民地の最高裁とし

て高等裁判所（Hooggerechtshof）の管轄に服した。他方，原住民は，村落内の慣習的紛争解決手続にまず服し，次に土民裁判所（Land-raad），そして最終審として司法評議会（Raad van Jusitite）の管轄となっていた。Sebasitiaan Pompe, *The Indonesian Supreme Court : A Study of institutional Collapse*, Ithaca : Cornell Southeast Asia Program, 2005, pp. 28-30.

12) インドネシアの憲法改正過程については島田弦「インドネシアの憲法事情」（国立国会図書館調査及び立法考査局編『諸外国の憲法事情 3』国立国会図書館，2003 年，http://www.ndl.go.jp/jp/data/publication/doc/2/20030205.pdf で参照可能）を参照。

13) 内務（Dalam Negeri），外務（Luar Negeri），防衛（Pertahanan），司法人権（Hukum dan Hak Asasi Manusia），財務（Keuangan），エネルギー鉱物資源（Energi dan Sumber Daya Mineral），産業（Perindastrian），商業（Perdagangan），農業（Pertanian），林業（Kehutanan），交通（Perhubungan），海洋水産（Kelautan dan Perikanan），労働移民（Tenaga Kerja dan Transmigrasi），公共事業（Pekerjaan Umum），保健（Kesehatan），教育（Pendidikan Nasional），社会（Sosial），宗教（Agama），文化観光（Kebudayaan dan Pariwisata），通信情報（Komunikasi dan Informatika）。

14) 研究技術（Riset dan Teknologi），協同組合・中小企業（Koperasi dan Usaha Kecil Menengah），環境（Lingkungan Hidup），女性地位向上（Pemberdayaan Perempuan），国家公務員強化（Pendayagunaan Aparatur Negara），後進地域開発（Pembangunan Daerah Tertinggal），国家開発計画（Perencanaan Pembangunan Nasional），国有企業（Badan Usaha Milik Negara），人民住宅（Perumahan Rakyat），成年スポーツ（Pemuda dan Olahrga）。

15) 政治・司法・治安部門（Politik, Hukum dan Keamanan），経済部門（Perekonomian），人民福祉部門（Kesejahteraan Rakyat）。

16) 地方自治体は，まず第 1 級地方自治体として州（provinsi）があり，その下に第 2 級地方自治体として県（kabupaten）・市（kota）がある。県と市は同格であり，都市部には市が，それ以外には県が置かれる。県の下にはさらに郡（kelurahan）が，その下に村（desa）がある。

17) 1999〜2002 年の憲法改正の経緯および詳細については，島田弦前掲「インドネシアの憲法事情」63〜84 頁。

18) 地方代表議会（Dewan Perwakilan Daerah）の権限は国民代表議会と比較して中央地方関係にかかわる事項に限定されている。すなわち，地方自治，中央地方関係，地方自治体の設置または変更，天然資源の管理，財源の配分に関する立法について国民代表議会とともに，法案提出権（第 22D 条 1 項）および審議権を有し，また，予算，租税，教育，宗教に関する法案に意見を提出することができ（同 2 条），さらにそれらの法律執行に対する監視権（同 3 項）を有する。

19) 最高裁判所は，この監督権を法令の解釈基準などを内容とする最高裁判所通達（surat edaran）などにより行使する。

20)「国家の安全および正常化のための国家開発改革の基本に関する決定」(国民協議会決定 1998 年第 10 号)。
21) インドネシアにおける司法改革の経緯については，島田弦「インドネシアにおける司法改革——ポスト・スハルト期における司法権および裁判所の課題」(小林昌之・今泉慎也編著『アジア諸国の司法改革』アジア経済研究所，2002 年) 201〜234 頁。
22) 国家人権委員会の調査にもとづき検事総長が公訴を提起する重大な人権侵害 (ジェノサイドおよび人道に対する罪) 事件を管轄する。
23) 汚職犯罪取締委員会が同裁判所への公訴権を有する。
24) 漁業事業許可違反などを管轄する特別裁判所。
25) パプア州にあるそれぞれのアダット法共同体内における共同体成員間の民刑事事件を裁く裁判を指す。もし当事者がアダット法裁判所の決定に不服の場合，当該地域を管轄する地方裁判所に訴えを提起することができる。また，刑事事件で無罪判決を行う場合，地方裁判所長官の承認を必要とする。
26) ただし，憲法裁判所設置までは，最高裁判所が違憲立法審査権を行使するものとされた。
27) 島田弦「インドネシアの開発主義と人権を巡る裁判——90 年代の判例分析」(『アジア経済』第 41 巻第 2 号，2000 年) 2〜32 頁。
28) インドネシア共和国連邦憲法は，最高裁判所が連邦構成単位の制定する法令の憲法適合性を審査する権限を定めていた。
29) データベースの全情報にアクセスできる有料ユーザー (月額 3,000 円程度) もあるが，国外からの支払いはやや困難である。
30) インドネシアにおいては法律扶助 NGO の活動が盛んであり，政治犯罪，人権，土地収用，環境，消費者保護，労働などの分野における訴訟を支援している。この種の事件については，関与した法律扶助 NGO の資料室などで閲覧できる場合がある。
31) インドネシアにおける多元的法体系に関する研究としては，たとえば M. B. Hooker, *Legal Pluralism : An Introduction to Colonial and Neo-Colonial Law*, Oxford : Oxford University Press, 1976。
32) ただし，英語名称は Royal Netherlands Institute of Southeast Asian and Caribbean Studies となっている。
33) B. Ter Haar, *Adat Law in Indonesia*, New York : AMS Press, 1948.
34) オランダ・デルフトにあった植民地官僚養成学校が，1864 年にライデン大学法学部に移転した。また 1876 年には東インド法講座が設置されている。そして，1901 年に教授となったファン・フォレンホーフェンはアダット法学を確立した。
35) Hannekke Van Katwijk & Albert Dekker, *Nederlands-Indische Rechtsliteratuur : Register op de verhandelingen in het Indisch Tijdschrift van het Recht (1849-1950) en de Mededelingen van het Documentatiebureau voor Overzees Recht (1950-1958)*, Leiden : KITLV, 1992, および Hanneke Van Katwijk & Albert Dekker, *Nederlands-*

Indische Jurisprudentie : Register op de geannoteerde rechtspraak in het Indisch Tijdschrift van het Recht (1849-1950) en de Mededelingen van het Documentatiebureau voor Overzees Recht (1950-1958), Leiden : KITLV, 1993.

36) 中央図書館および KITLV はパスポートなどの身分証を提示し，館内利用証を作成しなければならない（ただし，中央図書館は有料，約 10 ユーロ）。

37) インドネシア以外に，中国，日本，ベトナム，韓国，マレーシア，比較法制研究，イスラーム，商法の各研究プログラムをおいている。

第6章 ベトナム

鮎京 正訓

はじめに

　2005年5月24日および6月2日の2つのベトナム共産党政治局決議は，ベトナム法の現状認識を示し改革の方向性を打ち出した。
　「2010年までのベトナム法律システムの構築と整備のための戦略および2020年までの方針について」と題する5月24日の政治局決議（48NQ/TW号）は，以下のような内容である。
　「ドイモイ事業を実施して20年近く経ち，党の指導の下，法律システムの構築と整備のための活動は重要な前進を遂げた。各法律規範文書の公布過程は，刷新された。多くの法典，法律，法令が公布され，国家が法律によって経済，社会，安全，国防，対外といった分野を管理するための法的枠組みがいっそう整備されたものになってきた。社会主義的法治という原則は，段階的に高く掲げられ，実際に活かされてきた。また，法律の普及，教育活動は，かなり強化された。その進歩は党の路線の体制化に貢献し，国家の管理，運営の効力と効果を向上させ，経済を促進し，国の政治と社会を安定させた。しかし，概観すると，我が国の法律システムはまだ一貫性がなく，統一性に欠け，実施可能性が低く，生活への浸透も遅い。法律の構築，改正のメカニズムはまだ非合理的な点が多く，刷新を重視したものとはいえず，整備したといえない。法律と法令の構築の進捗は，まだ遅く，各法律文書の質もまだ高くはない。また，ベトナムが参加する各国際条約の研究とその実施方法については，充分に関心が持たれていない。法律の広報，普及，教育活動の効果も限られたものとなっている。法律施行を保障する体制も

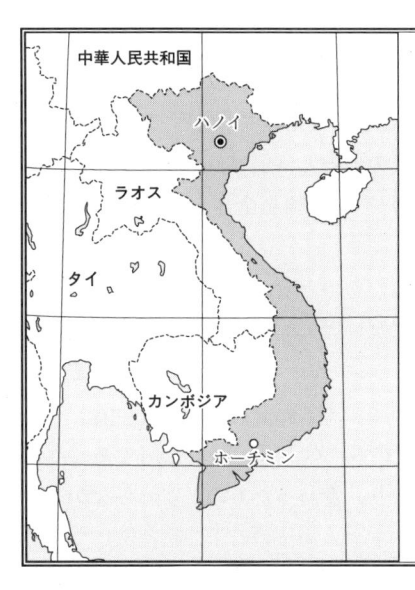

国名：ベトナム社会主義共和国
首都：ハノイ
人口：8,616万人
民族：キン族（越人）約86％，他に53の少数民族
宗教：仏教（80％），カトリック，カオダイ教他
言語：ベトナム語
現行憲法施行年：1992年（2001年改正）
GDP・1人当たりGDP：524億ドル・631ドル
成人平均識字率：90.3％
平均寿命：73.7歳

欠ける点があり，脆弱である」と指摘した。そして，2010年までの法整備の目標を「社会主義的法治国家」建設におくとともに，「人権，市民の自由権，民主の権利」の実現などにおいた。

　また，「2020年までの司法改革戦略について」と題する6月2日の政治局決議（49NQ/TW号）は，次のように，司法分野の問題状況を指摘し改善を求めた。

　「司法の活動は，まだ，大きな限界をあらわにしている。刑事政策，民事法律の制定，司法手続きに関する法律には，多くの〔整備の〕遅れがあり，改正，補充が遅い。司法機関の組織，機能，任務，活動メカニズムが，まだ不合理である。司法幹部組織，司法補助組織も不足している。一部の幹部の活動レベルと政治的素質は，まだ脆弱である。幹部の一部には，品位や職業に関する道徳と責任から程遠い者までがいる。捜査，逮捕，勾留，起訴，審理において冤罪や間違いが起こっている。司法機関の業務の物質的基盤と手段は，まだ不足しており，時代遅れとなっている」と述べ，「当事者主義」の質の向上，「司法に関する国際協力の強化」などを含む，司法改革戦略を明らかにした[1]。

　すなわち，1986年末のベトナム共産党第6回大会でドイモイ（刷新）路線を提起して以降，ベトナムにおいては，ベトナム共産党の1党支配のもとで社会主義体制を維持しつつ，市場経済化を軸に，経済改革，行政改革，法改革の道を歩

んできた。

　特に法改革に焦点を当ててみると，ベトナムは，ドイモイ以前の時代に較べ大きく変化していった点と，あまり変化してこなかった点を指摘することができる。しかし，同時に，国家，社会体制の編成の仕方とは別に，ドイモイ開始以降20年以上の月日は，ベトナムの街を，村を，そして国土全体を大きく様変わりさせてきた。

　本章は，この数十年間に生起した，変わったものと変わらなかったもの，という問題関心をもちつつ，そのことを，さらに長い歴史的尺度，すなわち，ベトナム法の歴史過程全体の中から大づかみに明らかにし，ベトナム法の現在をどのように理解し，また，調査していくかを明らかにすることを目的としている。そこで，本章では，「近代経験と法」という観点から，ベトナム法とは何であったかについて考察し，さらに，ドイモイ路線により，変わったものと変わらなかったものを明らかにするために，主として現行ベトナム憲法の若干の諸特徴について分析し，これらの作業をつうじて，ベトナム法の現在を考えていくことにする。

1. ベトナムにおける第1の「近代経験」と法——植民地支配

　ベトナムは，歴史的には長期にわたり中国と冊封関係をもちその支配下に置かれ，その後，フランスによる植民地支配をうけ，さらに，社会主義的統治の時代を経て，近年における市場経済化の道を歩んできた。したがって，このような歴史を「近代経験」という視点から考察すると，どのようなベトナム法像がうかびあがり，また「近代経験」という主題にかかわっていかなる論点が存在するかについての検討を行うことにする。そして同時に，近年のベトナムに対して欧米，日本などが行った「法整備支援」[2]を，「新たな近代経験」をもたらすものと考えてみることにする。

　ところで，「近代経験と法」という視点は，ソ連，東欧諸国をはじめとする社会主義体制を採用した国々の法研究を専門とする日本の学会である「社会体制と法」研究会が提起したものであり，高見澤磨「『近代経験』と体制転換について」（『社会体制と法』第2号，2001年）によれば，「近代経験」とは，「その地域の『近代』との接し方」[3]のことを意味する。この方法的視座は，社会主義体制の崩壊と，その後の各国における市場経済化への移行を，「社会主義からの体制転換」

と見るだけではなく,「近代」という価値的な, そしてある意味では,「文明論」的な範疇を介在させることにより分析しようとする試みである。したがって, その意味においては, これまでベトナムは歴史上, 大きくは2回にわたって「近代」との接し方を経てきたといえよう。もちろん, いわゆる社会主義(法)の導入という時期およびファクターを「近代」とよぶ, とすると3回ということになるが, 本章では,「近代化」=「西欧化」とさしあたりとらえ, これについては「近代」とは別個のものと考えておくことにする。

さて, ベトナムが「近代」と接した第1回目の時点は, ベトナムが「仏領印度支那」としてフランスの植民地に組みこまれたときである。「革命」と「人権」宣言の国であったフランスを宗主国として, 19世紀にベトナムは植民地支配を受けることになった。フランス植民地のもとで, ベトナムは, フランスの多くの文化を受け入れるとともに, 法制度および統治の領域でも「近代」化が進行した。フランスは当初,「同化政策」を採用し, その後,「協同政策」へと転換していくものの, しかし, これら法の分野の「フランス」化=「近代」化は, 愛国主義者のファン・ボイ・チャウによれば,「人種を隠滅する法律」[4]のベトナムへの押しつけとして評価された。1858年, フランス遠征軍がトゥラン港を占領し, 1862年の第1次サイゴン条約, 1874年の第2次サイゴン条約, 1883年の第1次フエ条約, 1884年の第2次フエ条約とつづく一連の条約により, ベトナムはフランスの植民地となった。

フランスの分割統治政策は, ベトナムをトンキン, アンナン, コーチシナという3つの部分にわけ, コーチシナを固有の直轄植民地, アンナン, トンキンを保護国, 保護領とし, それぞれに異なる統治を行った。また, フランスは, 3つの部分からなるベトナムをはじめ, ラオス, カンボジア, 広州湾を含む一帯を「インドシナ連邦」とよばれる連邦植民地とした。

フランスの植民地支配においては, 一般に法形式上は, フランス憲法が植民地にも適用され施行されてきた。しかし,「憲法が植民地に行はれてゐるといふことは必ずしも植民地と内地との間に立法上何らの区別をみとめぬといふ意味では」なく,「同じ憲法の下において, 地域により立法の手続を異にし, 又その内容を異にすることは十分可能」であった[5]。事実, 植民地に対する立法は, 1854年5月3日の元老院令以後, すべてデクレ・ロワ (Décret Loi) により行われるのを原則とした。

さらに，フランスのインドシナ連邦総督は，法律・命令の公布・執行権，本国政府との直接通信権，外交に関する権限，軍事指揮権，司法権に関する権限，地方議事機関に関する権限，関税に関する権限をはじめとする植民地支配のための強大な権限を付与されていた。

20世紀初頭のベトナム知識人にとって，明治維新を行い日露戦争に勝利した日本にかける期待は大きかった。ベトナムへの独立支援を託して，1908年までに200人を超えるベトナム留学生が日本を訪れたが，「しかし当時すでに台湾を領有し，朝鮮を保護国化して，帝国主義の陣営に参加した日本の援助を，たとえ在野にしろ期待するのは幻想にすぎなかった」[6]。この東遊(ドンズー)運動は，失敗に終わった。

東遊運動の指導者であったファン・ボイ・チャウが当時のフランス植民地支配を告発した書『天か帝か』(1923年)は，ベトナム民族運動における憲法思想あるいは権利観の特徴を示している。

『天か帝か』は，フランス植民地主義がキリスト教を利用してベトナムを支配することへの非難(「人の国を亡ぼし，人種を亡ぼす宗教家」)およびフランス植民地法の過酷さを訴えた部分(「ひそかに人種を滅せんとするフランス政治」)とからなる。ファン・ボイ・チャウは，特に後者の部分において，「人種を隠滅する法律」について指摘した。

ファン・ボイ・チャウはいう。「本来国家の法律は民意にもとづき，公理を斟酌してこれを行うべきもので，すなわち公正なる法律にして，はじめてよく人民の生命財産を保障することができる。われらはすでに被征服の民族である。民意は埋没され，公理は抑圧されて，法律の擁護を受けがたきはもとより言をまたない。今われらのいわんとするところは，すなわちきわめて野蛮の法律が，文明国人の手によって作られているという事実である」と。そして，1917年7月16日の『越南新律』に対し，その内容がかつての「君主専制時代の野蛮法律」と比べても「もとより旧律に比してこれをすぐるも及ばざるところはない」と告発した[7]。ファン・ボイ・チャウは，一般に，「愛国主義」者とよばれているが，この『天か帝か』におけるその権利観は，天賦人権思想の主張であり，その後のベトナムにおける民族運動に大きな影響を与えた。

また，1925年にフランスで出版された『フランス植民地主義を告発する』(原文はフランス語)において，ホー・チ・ミン(グエン・アイ・クオック)は，ア

ルジェリアをはじめとするフランス植民地において，フランスが行ったことを詳細に記したが，そのなかで，次のように述べている。

「正義は，片手にはかり，片手に剣をにぎった威厳ある婦人によって象徴される。フランスからインドシナへの道のりは大変遠い。道のりが大変遠いから，インドシナについたときには，はかりは平衡をうしなってしまい，はかりは溶けてアヘンのパイプにかわったり，まずい官営のアルコールびんにかわったりしてしまう。そこでこのあわれな婦人の手にのこるのは虐殺する剣だけとなる。彼女ははなはだしいときには無実な人を虐殺する。いや，多くの場合無実な人を虐殺する」[8]。

このホー・チ・ミンの文章は，フランス人権宣言の下で，植民地がそれといかに大きくかけはなれた状態にあるかを告発し，当時のフランス植民地の実態を端的に示している。したがって，ファン・ボイ・チャウおよびホー・チ・ミンによって，フランスによる法の分野の「近代」化は，ベトナムにとっては否定的なものと扱われた。ホー・チ・ミンが起草した「ベトナム民主共和国独立宣言」(1945年9月2日)[9] は，次のような文句で始まる。

「すべての人間は平等に造られ，造物主によって一定の奪いがたい権利を付与され，そのなかに，生命，自由および幸福の追求が含まれる。／この不滅の言葉は，1776年のアメリカ合衆国独立宣言からの引用である。この意味を広くとると，この文章は次のような意味になる。／世界におけるすべての民族 (peuple) は生まれながらに平等であり，各民族は生きる権利，幸福の権利，自由の権利をもつ。／フランス革命の人および市民の権利の宣言は，1789年〔ベトナム語原文は1791年——引用者〕にやはり次のように宣言している。『人は，自由かつ権利において平等なものとして出生し，かつ生存する。』／これらのことはまさに否定できない真理である。／しかしながら，80年以上のあいだフランスの植民地主義者たちは，自由，平等，博愛の旗を濫用し，われわれの国土を占領し，われわれの同胞を圧迫してきた。彼らのすることは人道と正義の理想とは正反対であった〔／は原文改行〕」。

すなわち，「独立宣言」は，冒頭にアメリカ独立宣言とフランス人権宣言を掲げており，その宣言の形式において，西欧近代が生みだした「独立」と「人権」，「民主主義」の主張を出発点とするところに最大の特徴をもつ。「独立宣言」の権利観の特徴は，「民族 (dan toc)」を主体とする権利概念を登場させ，「民族」の

「生きる権利」,「幸福の権利」,「自由の権利」を強調していることである。西欧近代が宣言した「独立」という価値と「民主主義」,「人権」という価値とを,「民族」概念を媒介させることにより統一しようとする志向が,ここから看取しうる。

　しかし,現実のその後の歴史過程が示すように,その2つの価値を統一的に獲得しうるためには,長期にわたる植民地主義との闘争と,2つの価値を担いうる主体の形成を必要とした。すなわち,「民族の権利」の主張は,「個人」の権利だけでもなく「国家」の権利だけでもない両者を含む権利概念として提起された。植民地から「独立」する国々において形成される権利観のひとつの特質が,ここには現れていた。

2．ベトナムにおける第2の「近代経験」と法——法整備支援

　ベトナムにおける,「近代」との第2回目の出会いは,1980年代後半に始まるドイモイ（刷新）路線のもとで,市場経済化と対外開放政策が採用された時期以降のことであった。

　この時期,法の分野においては,欧米・日本の援助機関および国際援助機関によって大規模に行われた「法整備支援」を通して,ベトナムはこれまで経験したことがなかったような,「近代」との否応ない接し方を求められるに至った。

　多くの欧米諸国,国際援助機関が世界のさまざまな地域に対して法整備支援を行ってきたが,日本政府,すなわち外務省,JICA,法務省が最初にアジア諸国への法整備支援を開始したのは,ベトナムに対してであった。日本のベトナム法整備支援が1996年に本格的に始まったときには,すでにベトナムでは最初の民法典が制定されていたが,日本としては市場経済化の方向を模索するベトナムに対し,民商事法分野を中心とした支援を行った。また,ベトナムに対する法整備支援には,欧米のドナー,たとえばスウェーデン（Sida）が,すでに積極的な活動を展開し,スウェーデンの活動は,主として国会の立法能力の向上をはじめとする統治機構全般にかかわる支援を行っていた。

　ベトナムに対する法整備支援のなかで,現地の司法機関および法学教育に携わる特に若い世代の人材に対する西側諸国の法学教育の必要性が強調されるようになり,スウェーデン,フランス,日本などが研修生受け入れ,留学生受け入れの

制度を新たに設けた。

　法整備支援を通したこの第2回目の「近代」との遭遇は，明治期日本のような不平等条約の改正という政治的課題の克服を目指すための法整備というよりは，むしろ，グローバル化のもとでの「市場経済化」，WTO加盟にともなう法整備といった，いわばより直接的に経済的な理由にもとづくものであった[10]。

　世界各国，国際機関が行っている法整備支援は，援助各機関の援助理念により，その目標はさまざまであり，援助理念も異なっていた。市場経済化促進のためか，人権，民主主義，ジェンダーの平等促進のためか，法の支配の確立のためか，人間の尊厳のためか，等々，援助理念の対抗が実施主体の中に存在する。

　いずれにせよ，ベトナムは1980年代末から1990年代初頭にかけての東欧，ソ連の社会主義体制の一連の崩壊という事態を前にして，いわゆる西側諸国からの法整備支援を積極的に受け入れることになった。しかし，法整備支援にともなって受け入れることになった「近代」の内容は，上記のように多様であるものの，その内容が何であれ，少なくともドイモイ以前の1980年代まで存在したベトナム社会主義体制（1980年ベトナム憲法体制をここでは想定している）とは基本的に対立する内容をもっていたことだけは確かである。

　ドイモイ政策のもとで1992年憲法が制定され新しい道（市場経済化と対外開放路線の採用）を歩み始めたとはいえ，少なくとも統治体制の分野では，かつての1980年憲法体制からの根本的な転換はそれほど急速に行われているわけではない。概していえば，ベトナムは法整備支援を受容する過程で，市場経済化を推進するために必要な民商事法分野の法改革については積極的に対応し，国家の統治体制全体にかかわる法分野については，消極的に対応してきたといえよう。

　ところで，現在，かつてのフランス植民地下での1920年代の行政改革，法改革を検討することが，ベトナムにおける法学研究者のあいだで注目されてきている。すなわち，ベトナムの法学研究者が第2の「近代」の導入の時点で，第1回目の「近代」とそのあり方に注目したことは，現在の市場経済化のもとでの行政改革と，そして民商事法以外の法分野の改革の可能性を追求しようとする試みともいえよう。

　この第1回目と第2回目の「近代経験」の内容そのものについては，今後，歴史研究の課題として，1920年代論と1990年代論の比較を本格的に行うなかで解明されるべきことがらである。そこで，このベトナムにおける「近代経験」を考

察する上で、きわめて興味深いと思われる研究を次に紹介して、ベトナムにおける「近代経験」をめぐる問題の一端を提示することにする。

今井昭夫「植民地期ベトナムにおける立憲論と 1946 年憲法」（東京外国語大学『東南アジア学』第 6 巻，2000 年）は，植民地期ベトナムにおける立憲論の系譜を，「文明化」を目指した 20 世紀初頭の愛国啓蒙運動に求め，その後の立憲党，『南風』雑誌グループ，あるいは急進的反植民地運動などにおける立憲論を実証的に明らかにし，どのような系譜の立憲論（反共産党・ベトミンのそれを含む）が 1946 年ベトナム憲法に影響を及ぼしてきたかを検討したものである。そして，今井は，「1946 年憲法が植民地期の立憲論の積み上げの成果」[11] であるという結論を導き出している。

周知のように，1946 年ベトナム憲法は，フランスとの全面的な戦争（「抗仏戦争」）の前夜という複雑な時代状況の下で，ホー・チ・ミンの側がフランスに対して譲歩をしていた時期の憲法であり，内容的にも幾多の譲歩を示す条文をもつ憲法であった。そして，この 1946 年憲法は，その後の西側の研究者から「のちには，裏切り者の仕業として，したがって非進歩的であるとして，党官僚たちに攻撃された」という指摘まで加えられた経緯をもつほどに[12]，今日のベトナム憲法研究史においてもミステリアスな存在であった。

このような研究状況に対し，今井は，植民地期ベトナムにおける立憲論（すなわち，ホー・チ・ミンらとは異なる，「近代ブルジョア思想」に依拠した立憲論の多様な系譜）を仔細に追うことにより，それらが 1946 年憲法制定過程に与えた影響を明らかにし，1959 年憲法以降の憲法とは異なる「近代立憲主義」の系譜の主張を含みこんでいることを鮮やかに分析した。

したがって，「近代経験」とベトナムという問題を考える場合には，植民地ベトナムのフランスによって押しつけられた「近代経験」（第 1 の「近代」）と，ドイモイ以降の欧米，日本，国際援助機関などによる法整備支援という「近代経験」（第 2 の「近代」）の分析および比較研究とともに，その間に横たわる時期における，ベトナムの知識人による「立憲論」と「人権，民主主義，自由論」の系譜を解明することが研究課題として重要なのである。

3.「郷約」とドイモイ

　さて，ベトナムをはじめとするアジア諸国法研究を考える場合,「近代経験」が伝統法秩序にどのような影響を与えたかを考えることはいまひとつの重要な研究テーマである。

　ベトナムでは，フランス植民地期において，1920年代にフランスが行った行政改革の中でフランスが利用しようとしたもののひとつは「郷約（村の掟）」であった。「郷約」とは中国に起源をもち，ベトナムでは現存する最古の郷約として15世紀のものがあり，村における紛争解決，婚姻・家族等に関して文書化された掟を指す。フランスはこの郷約を，植民地体制下で，とりわけ1920年代の行政改革，法改革の過程で「改良」しようとした。一般にベトナムでは，植民地化以前に制定されたものを「古典郷約」とよぶのに対し，これを「改良郷約」とよんでいる。また1980年代末，ドイモイ（刷新）の過程でベトナムは，1945年の革命以降「封印」してきた郷約を復活させ各地の人民委員会の指導のもとで新たな郷約を制定したが，これを「新しい郷約」とよんでいる。ここでは，ベトナムにおける2回の「近代経験」において，ともに「郷約」の「改良」，「復活」という現象が生起していることに注目しておく必要がある。

　郷約すなわち，村の掟問題については，日本では，かつてたとえば穂積陳重が，日本の五人組制度に関する著書の中で中国の郷約の影響等について論じた著作があり，また，中国の郷約については，仁井田陞の業績が多数存在する。

　さて，ベトナムと郷約について，1990年代の初頭以後，ベトナムでは従来は否定してきた「法治国家」という新しい考え方が登場し，その時期，当時のベトナム共産党書記長のドー・ムオイが，かつての郷約というものを村のレベルで復活させるというような掛け声を発した。ところで法治国家というのは国が制定した法律によって国を統治することを意味する。しかし，各村々で自主的に作る郷約，あるいは起源として，封建的な内容を持っている郷約というものが，新しいドイモイの時代になぜ復活してくるのか，復活した郷約と国家制定法とがどのように衝突するのか，あるいは補完するのかという問題意識がただちに浮上してくる。

　韓国宗教学研究者であるイギリス・シェフィールド大学のグレイソン

(Grayson) 教授によれば，ベトナムの郷約と同様に韓国にもヒャンヤック (Hyang Yak) があり，郷約のことをベトナムではフオン・ウオック (Huong Uoc) というが，ヒャンヤックと音も類似しており，もともとは中国にあったものが朝鮮半島とベトナムにも伝播していった，という。中国の郷約が日本にどれだけの影響を与えたのかは不明であるが，中国の郷約が東アジア社会に伝播していったことは間違いない。そこで，中国と韓国とベトナムの郷約に関する比較法的な研究を行う必要があり，法治という中央レベルの問題提起と地方の村の掟というものが，どのような関係になるのかを考えることが，重要となってきた。

そして，ベトナムにおいて，郷約の調査を行うと，ベトナムの研究者の多くは，むしろ国家制定法を実際に実施する上で，それをいったん郷約というものに翻訳しなおして実施しないと農村では法が定着しないという説明をすることが多い。また，郷約に定められている罰則が，国が定めている罰則の枠を越えているような場合に，国家の制定法と郷約の関係をどのように考えるかという論点もうかびあがってくる。

そこで，日本でのベトナム郷約研究状況を概観すると，日本では法律学からの郷約研究はまだ行われていないが，しかしそれとは異なり，歴史学あるいは人類学の分野でベトナムの研究をしている人々の中で，すでに多くの研究成果が公表されている。そこでの問題意識は何かといえば，1990年代の初めからベトナムでは，ドイモイ政策が定着し，実際に歴史学や人類学を専攻する日本を含む外国の研究者がベトナムの村へ実際の聞き取り調査に入ることが可能となり，そのような実証的な研究ができるようになった。いわゆる社会主義時代，より厳密には，ドイモイ以前に存在していた旧来の農村合作社というものがドイモイ以降かつての性格を失い，事実上解体し，農村の市場化が進行してくる。このように市場化が進行してくる中で，郷約という，ルーツとしては古いところにあるものが復活してくるという現象をどう考えたらいいのだろうかということが，日本のベトナム研究者の問題関心であるように思われる。

さて，郷約をどのように理解するかの解明はそれほど簡単ではない。先に指摘したように，最初のベトナムの郷約は，15世紀にはあらわれている。その後に，フランスの植民地時代，特に1921年にフランスが大々的な植民地統治における行政改革を行い，そのもとで旧来の古典郷約とそれを改良した郷約というものが各地で出始めるようになった。そして，1980年代末から今日に至る時代に，新

しい郷約というものが出てくるのであり，この3つの郷約の流れをどう考えるかという問題が存在する。

そこで，郷約とはいったい何であったのかということについて，中国および韓国というベトナム以外の国々における郷約論について研究する必要がある。すなわち，「オリジナル」と「バリエーション」ということにかかわるが，オリジナルの中国で，仁井田の論文などによればもっと早い時期に郷約ができているという記述があり，そうしたもともとの中国における郷約のあり方とその後ベトナム，韓国の郷約ではどのように変わっていったのかというような観点からの研究も必要である。ところで，ベトナムでの郷約理解としては，一方では，郷約というものは儒教的伝統というものに非常に強く裏付けられているという意見を述べる研究者もいると同時に，他方で，そうした中国から由来する儒教的伝統を跳ね除けるためにこそ郷約を作ったという評価をする研究者も存在する。その意味では，儒教と郷約，あるいは村の自治と郷約の関係をどのように考えるかということが郷約論の重要な論点になる。

これら一連の課題は，一般にベトナムにおける共同体といわれているものの性格を解明していく作業にも関連している。

従来よりベトナムでは，「王法も村の垣根まで」ということわざが存在してきたが，これは，一般にベトナムにおける村落の自律性の「強さ」をあらわすものとして理解されてきた。しかし，ベトナム村落を自律性の「強さ」だけの観点から考察することは一面的であろう。村落における自治の存在と，それを自らの支配に適合的なように国家の側が組みこむということとは矛盾することではない。いずれにせよ，郷約という村の掟のあり方について，現在のベトナム政府が深くコミットしようとしていることは事実である。

とはいえ，郷約は，「改良」され「新しく」されようとも本来的に古い時代に起源をもつものが多く，したがって，それは今日から見ると「古い」価値原理に立脚している。郷約は，たとえば，村の結婚式における結納に関する規定であるとか，あるいは新郎，新婦のアオザイの着用の勧めであるとか，さらには，紛争解決における「長老」の支配であるとか，全体的に，古い伝統的なシステムを是認する規定をもつ場合もある。

その場合には，ドイモイの過程で提起された「法治国家」論，民主主義，人権などとの関連からは，本来的に相反する規定をもつことになる。同時に実態面か

らは，政府の側が，郷約をひとつの「しばり」として，法治，民主主義，人権などの水準のあり方を逆に限定する体制を維持することを可能とするように郷約は機能していると位置づけることもできる。

4. ベトナムの憲法体制

ベトナムにおける憲法的文書は，(1) 1945 年「独立宣言」，(2) 1946 年「ベトナム民主共和国憲法」，(3) 1959 年「ベトナム民主共和国憲法」，(4) 1980 年「ベトナム社会主義共和国憲法」，(5) 1992 年「ベトナム社会主義共和国憲法」，である。

1945 年 9 月 2 日のベトナム民主共和国「独立宣言」は，先に紹介したように，「植民地人民の人権宣言であると同時に帝国主義国家に対する告発状である。ヴェトナム独立宣言は，第 2 次世界大戦後もえあがったアジア・アラブの民族解放運動の最初の産ぶ声であった」[13]。そして，独立宣言は，最後の部分で「ベトナム国は，自由と独立とを享受する権利をもっているし，事実，自由で独立したひとつの国となった。ベトナム民族全体は，かならず，すべての精神と力，生命と財産をもって，彼らの独立と自由の権利を守る決意である」と宣言している。「独立宣言」の最大の特徴は，植民地からの解放を求める「人権」宣言がなによりも「民族の権利」の宣言としてあらわれた点にある。

ベトナム民主共和国の最初の憲法は，1946 年 11 月 9 日に採択された。この 1946 年憲法は，前文および 7 章，全 70 ヶ条からなる。1946 年憲法は，「国の全権力はベトナム人民全体に帰属する」（第 1 条），国土の「統一，不可分」（第 2 条）などを規定し，人民民主主義憲法の体裁をもち，「統一」の課題を掲げている。1946 年憲法の採択の直後，ホー・チ・ミンは，フランスとの長期徹底抗戦の路線を選択することになるが，この時期に，1946 年憲法に代わる「真正の人民民主主義憲法」（1951 年ベトナム労働党第 2 回大会）の制定が提起されるに至った。

1954 年 7 月のジュネーブ会議は，「最終宣言」で，「軍事上の境界線が暫定的なものであり，かついかなる意味においても政治的または領土的境界を定めるものと解してはならない」こと，および，「総選挙は，敵対行為の停止に関する協定の定める国際監視委員会の構成国の代表者からなる国際委員会の監視の下に，1956 年 7 月に行われるものとする」と規定していた。しかし，「最終宣言」に対

し,「ベトナム国」とアメリカ合衆国は,署名をしなかった。バーナード・フォールが「共産側がなぜこのように法的拘束力の曖昧な文書を認めたのかという理由については,まだ十分に明らかにされていない」[14],と述べたように,ベトナム民主共和国にとっては,大国のはざまで,譲歩を余儀なくされたものであった。

その後,南北への分断が固定化し,北部では,社会主義的改造の諸施策が実施された。

1957年1月23日,ホー・チ・ミンを委員長とする憲法改正起草委員会が選出され,憲法の起草作業が進行し,1959年12月31日の国会は改正憲法を採択し,1960年1月1日公布された。ベトナムでは,この憲法を「1959年憲法」と呼んでいる。1959年憲法は,前文および19章,全112条からなる。1959年憲法は,国家の性格を「労農同盟にもとづき労働者階級により指導される人民民主主義国家である」(第2条)と規定している。

1975年のサイゴン陥落以降,南北「統一」への志向が急テンポで強まった。そして,76年6月から7月にかけての「統一国会」は,チュオン・チンを委員長とする憲法草案起草委員会を選出した。

1976年12月のベトナム共産党第4回大会は,統一ベトナムの社会主義的改造と社会主義建設の総路線を提起し,「勤労人民の集団主人権」,「集団主人制度」という中心的概念をうちだした。その後の,カンボジアおよび中国との軍事的衝突は,新憲法の制定を遅らせたが,1980年12月18日,新憲法が採択され,翌19日に公布された。

1980年憲法は,前文,12章,全147条からなる。前文では,ベトナム共産党第4回大会の路線に従って前進することが明記され,「プロレタリア独裁をしっかりと堅持し,勤労人民の集団主人権を発揮し,3つの革命,すなわち,生産関係の革命,科学・技術革命,思想・文化革命――そのなかで科学・技術革命が要石である――を同時に遂行する。社会主義への過渡期全体の中心任務である社会主義的工業化を推進する」と,強調した。ここに見られるように,1980年憲法は南北全土にわたる急速な社会主義化を志向したものである。

1986年12月のベトナム共産党第6回大会は,第4回大会以降の路線を否定し,ドイモイ(刷新)路線を決議した。ドイモイ路線の内容は,市場経済の導入と対外開放政策を柱とするものであり,従来の急速な社会主義化の路線を覆すも

のであった。したがって，すでに第6回大会以降，1980年憲法は現状に合致しないものとなった。

　そこで，1988年12月の国会は，1980年憲法前文に存在した「中国覇権主義」，「日本，フランス，アメリカの帝国主義」など歴史的な記述にかかわる用語を削除し，ドイモイ路線のひとつの柱である対外開放政策を進めるうえで不適切だと思われる表現を改めた。

　さらに，1989年6月の国会は，ボー・チ・コンを委員長とする「憲法改正委員会」を設置した。憲法改正委員会の任務は，「1980年憲法の包括的，全面的改正をすすめ，新たな革命段階の要求に適合させる」というものであった。しかし，「包括的，全面的」と位置づけながらも，あくまでも1980年憲法の「改正」としているところに，1992年憲法の歴史的性格および射程が表れている。

　憲法改正委員会は，1992年憲法に至るまでに，4回にわたり草案を作成した。この憲法改正作業の最大の特徴は，各草案を対比してみると，各草案の内容が重要なところできわめて大きく異なっていることである。その最大の箇所は，第1に国家評議会をめぐる変更であり，第2には，人権に関するものである。最終的には，1992年4月15日，改正憲法は国会で採択され，4月18日に公布・施行された。正式名称は，「1992年ベトナム社会主義共和国憲法」である。

　「前文」は，1959年，1980年の憲法にくらべて，きわめて簡潔なものである。第1章「政治制度」では，1991年の党第7回大会の路線にもとづいて，「プロレタリア独裁国家」の規定を削除し「人民の，人民による，人民のための国家」であるとし，「すべての国家権力は，人民に帰属し，労働者階級と農民階級，知識階層の同盟にもとづく」（第2条）と定めたが，それは，1980年憲法の「労働者階級，集団的農民階級，社会主義的知識階層」の規定とは対照的である。第3条は，「国家は，あらゆる面で人民が主人となる権利を保障し不断に促進し，祖国と人民の利益を侵犯するようなあらゆる行動を厳罰に処する」と定めている。ベトナム共産党については，「国家と社会を指導する勢力」と位置づけ，「マルクス・レーニン主義とホー・チ・ミン思想」にもとづき行動すると定めている（第4条）。第6条では「民主集中原則」の堅持を定めている。第12条では，「国家は，法律により社会を管理し，社会主義的適法性（phap che xa hoi chu nghia）をたえず強化する」というように「社会主義的適法性」概念を1980年憲法と同様に規定している。

第2章「経済制度」では，1980年憲法とは異なり，市場メカニズムにもとづく，「多様なセクターからなる商品経済の促進」をうたい，所有形態としては，「全人民所有，集団所有，私的所有 (so huu tu nhan)」の3つを認めた（第15条）。そのうえで，第16条は，「国営経済」，「集団経済」，「個人経済」，「私的資本主義経済」，「国家資本主義経済」の各セクターを発展させる，と規定している。第18条は，土地使用権を譲渡する権利を定めている。第23条は，国防，治安，国家利益を理由とする場合を除き「個人および組織の合法的な財産は，国有化されない」ことが明記され，第25条は，外国の組織・個人による外資導入を積極的に行うことを定めた。

第3章「文化，教育，科学，技術」では，文化の領域で「ホー・チ・ミンの思想，道徳，スタイル」（第30条）を継承することが強調され，第33条は，マスコミの分野に触れ，「国家の利益を侵害し，ベトナム人の人格，道徳，美しい生活様式を破壊する」行動はすべて厳禁する，と定めた。第40条では，人口プログラムと家族計画について触れている。第43条は，「文化，情報，文学，芸術，科学，技術，教育，保健，体育，スポーツ」の分野での国際交流と国際協力の拡大について触れている。

第4章「社会主義ベトナム祖国の防衛」にかかわっては，「国家の安全，社会の秩序・安全をまもり，政治的安定と市民の自由権および民主主義的権利を保障し，人民の生命・財産，社会主義的財産を守る」ために，人民に依拠した「革命的人民警察」の設立（第47条）を新たによびかけている。

第5章「市民の基本的な権利と義務」については，重要な変更があらわれた。92年憲法第50条は，次のような規定を行った。「ベトナム社会主義共和国において，政治的，市民的，経済的，文化的，社会的な分野における人権は尊重され，それらの人権は，市民の権利のなかにあらわれており，憲法と法律により定められる」。

また第51条は，「市民の権利は，市民の義務と不可分である」と定めた。しかし，憲法第3次草案が改革派の主張を取り入れて，「人権は尊重され，法律により保護される」と「人権」概念を一般的な形で承認したのに対し，実際の1992年憲法は，「政治的，市民的，経済的，文化的，社会的な」という限定を付した。このような規定の仕方のなかには，「人権」概念の憲法上への採用を，ベトナムも批准した「国際人権規約」の尊重というような，いわば条約上のレベルの議論

へと傾斜させていく意図があらわれているし，第50条で行われた規定によっては，「人権」概念が，「市民の権利」概念という伝統的な枠組みのなかに封じ込められていき，結局のところ，「市民の権利」概念のなかに「人権」の理念は生かされている，という従来のベトナムにおける議論に帰着することを可能にするものである。憲法諸草案において推敲されながら形づくられてきた「人権」概念は，1992年憲法において，異質なものへと変更されていった。しかし，たとえそうであるにせよ，「人権」概念が憲法上の規定として維持されたことは，自然権としての性格をもつ「人権」概念の存在を唱える改革派にとっては，ひとつの橋頭堡を獲得したことを意味する。もちろん，改革派の「人権」概念堅持の中心が，経済的自由すなわち財産権の保護であったことは確かである。総則部分でのこのような変化は，個別的な権利の領域にも如実に反映している。

表現の自由に関する1992年憲法第69条は，次のように規定した。「市民は，法律の定めるところにしたがい，言論の自由権，マス・メディアの自由権をもち，情報を受け取る権利，集会，結社，示威の権利をもつ」。表現の自由は，この条文においては，「法律の定めるところにしたがい」というように「法律の留保」が加えられ，また，「情報に対する権利」のうち草案段階では存在した「情報を伝達する権利」については削除された。

その他，第54条は，選挙権とともに「国会，人民評議会へ立候補する権利」を定め，1959年憲法第57条の「代議員に選出されることができる」という規定を変更した。また1992年憲法第57条は，「営業の自由権」を認め，第72条は，1980年憲法には存在しなかった無罪推定の原則および刑事補償について定めている。

第6章「国会」では，1980年憲法で廃止した，「国会常務委員会」を復活させ（第90条），「憲法，法律，命令の解釈」権を含む広範な権限を定めている（第91条）。

第7章「国家主席」では，「国家主席は，国家元首であり，対内的および対外的にベトナム社会主義共和国を代表する」（第101条）こと，「国家主席は，国会代議員のなかから，国会により選出される」（第102条）こと，「憲法，法律，命令の公布」，「国家副主席，首相，最高人民裁判所長官，最高人民検察庁検事総長の選任，罷免，免職」などを国会に提起することをはじめ多くの権限が与えられていること（第103条），が定められている。

第8章「政府」は，1980年憲法には存在しなかった表題であり，「閣僚会議」から名称を変更した。第109条は，「政府は，国会の執行機関であり，ベトナム社会主義共和国の最高の国家行政機関である」と述べ「国会の執行機関」としての位置を明確にした。そして，「首相」を新たに設け（従来は「閣僚評議会議長」），その権限を強化した（第114条）。

第9章「人民評議会と人民委員会」については，憲法第3次草案が第123条で省，中央直轄都市の行政委員会の主席は同級の人民評議会の推挙にもとづいて政府首相により任命される，と定めていたが，1992年憲法は，1980年憲法と同様，人民委員会が人民評議会により選出される（第123条）とした。

第10章「人民裁判所と人民検察庁」では，第126条で，1980年憲法には存在した「国家と集団の利益，市民の正当な権利を侵犯するいかなる行為も，すべて法律により処罰される」という規定を削除した。また，第129条で，軍事裁判所において「軍事参審員」をもつことを新たに規定し，第130条で，「審理の際に，裁判官と参審員は独立であり，法律にのみしたがう」と規定した。第138条では，重要問題を討論し，決定するための「検察委員会（Uy ban kiem sat）」の設立が新たに提起されている。

第11章「国旗，国章，国歌，首都，国家記念日」では，「国歌」は『進軍の歌』と定められ，「国家記念日」は独立宣言を行った9月2日とされた。

第12章「憲法の効力と憲法の改正」は，1980年憲法とまったく同一であり，改正の場合には国会代議員総数の3分の2以上の賛成が必要であることを定めている。

1992年憲法の下で，1993年には土地法，1994年には環境保護法，労働法典（2002年，2006年に改正）などをはじめとする諸法律が制定され，また，1995年10月，民法典（2005年，改正）が制定された。さらに，2004年には民事訴訟法典，2006年には社会保障法などが制定された。これらの諸法律は，市場経済化の課題に適合するように，1992年憲法の規定を越えるかにみえる内容を含んでいるのがひとつの特徴である。

そして，1992年憲法は，その後，2001年12月に部分改正され，今日に至っている。そこで，1992年憲法が2001年改正において行われたいくつかの重要な諸点を考慮して，部分改正にともなう若干の論点を紹介することとする。

1)「社会主義的法治国家」

　現行ベトナム憲法（2001年改正——以下同じ）第2条は、「ベトナム社会主義共和国は人民の、人民による、人民のための社会主義的法治国家である。すべての国家権力は、労働者階級と農民階級、知識人隊列の同盟を基盤とする人民に帰属する。国家権力は統一的であり、立法・行政・司法の三権を行使する各国家機関の間で分業と協調が行われる」と定めた。「人民の、人民による、人民のための社会主義的法治国家」という表現は、1992年憲法には存在しなかったものであり、1992年憲法では、たんに「人民の、人民による、人民のための国家」とされていた。従来より1992年憲法のこのような国家の性格規定は、落ちつきの悪い規定であると考えられてきたが、1980年憲法における「プロレタリアート独裁国家」規定を削除した後、それに変わる規定を1992年憲法は上手に行うことができなかった。そこで、2001年改正においては、1990年代初頭から、党により唱道されてきた「法治国家」概念に着目し、国家の性格規定を再定義したものと思われる。

　「社会主義的」法治国家は、「法治国家」と同様に、「法により国が統治されなければならない」という意味をもつが、しかし、その「法治国家」は、あくまでも「社会主義」に拘束されていることを明示的に示すものである。とはいえ、このような「法治国家」規定は、次に述べる従来からの「社会主義的適法性」との関係をどのように理解するかという問題を提起することとなった。

2)「社会主義的適法性」

　現行ベトナム憲法第12条は、「国家は、法律により社会を管理し、社会主義的適法性をたえず強化する」と定める。「社会主義的適法性」とは、1956年のスターリン批判以降、ソ連をはじめとする社会主義諸国で強調されるようになった用語である。それは、(1)法によって統治すること、(2)法を遵守すること、という2つの内容からなるが、問題の焦点のひとつは、憲法などの遵守義務主体のなかに、「市民」を入れるかどうか、という問題であった。この論点は、いうまでもなく、「憲法」観念をどのように理解するかに直接的に関連している。すなわち、「憲法」というものを、国民―市民が、国家―政府を名宛て人として提出した文書であると理解する近代立憲主義思想に立脚する場合には、当然のことながら国民―市民は、憲法遵守義務主体には含まれない。たとえば、日本国憲法第

99条は、「天皇又は摂政及び国務大臣、国会議員、裁判官その他の公務員は、この憲法を尊重し擁護する義務を負ふ」と定め、「国民」を憲法擁護義務主体としては挙げていない。

したがって、社会主義憲法史の中で形成されてきた「社会主義的適法性」概念と、「法治国家」概念とは本来異なる文脈において形成されてきた観念であり、「社会主義的適法性」と、「社会主義的」という形容詞を付した「社会主義的法治国家」という2つの観念を並存させているところに、現行ベトナム憲法のひとつの重要な特色がある。

3)「党の指導性」

現行ベトナム憲法第4条は、「ベトナム共産党は、ベトナム労働者階級の前衛であり、労働者階級、勤労人民、全民族の権利の忠実な代表であり、マルクス・レーニン主義とホー・チ・ミン思想に従い、国家と社会を指導する勢力である。党のすべての組織は、憲法と法律の範囲内で活動する」と規定し、ベトナム共産党が「国家と社会」を指導する勢力であることを強調している。

ドイモイ路線の進展の過程で、1988年に、社会党と民主党という共産党以外の政党が解散し、ベトナム共産党の一党支配が名目的にも確立した。1989年の東欧諸国の崩壊に連動する形で、ベトナムにおいても複数主義への主張が顕在化したが、その主張は、ただちに批判され、党の指導性は、名実ともに確立した。しかし、もし、国家と社会を指導する「権利」が共産党に与えられていると理解するならば、「党のすべての組織は、憲法と法律の範囲内で活動する」という条文との関係で議論が生ずる。すなわち、白石昌也「ベトナムにおける法律整備について」は、ベトナムの実情をふまえて、「党機関の諸決議、党中央委員会の諸決議、党政治局や党書記局の諸決議・通達」を「主要な法的文書」の第1番目に挙げているが[15]、これらの党機関の文書と憲法および法律との関連が問題となる。ちなみに、現行ベトナム憲法の下では、国会常務委員会の権限として「憲法、法律、命令の解釈」(第91条)が与えられているが、「党機関の文書」は、解釈の対象とはなっていない。

4)「民主集中原則」

現行ベトナム憲法第6条は、1980年憲法と同様に、「国会、人民評議会および

その他の国家機関はすべて，民主集中原則にしたがって組織され活動する」と定め，「民主集中原則」を国家組織の編成原理としている。ベトナムの憲法概説書によれば，「民主集中は，集中と民主という2つの側面の結合である。集中は民主に基礎づけられなければならない。民主には，集中が伴わなければならない」と述べ，それは，(1)「集団的な活動，集団的な決定と個人責任との結合である」，(2)「集団的な指導，下級機関に対する上級機関の諸規定の強制と，下級機関の創造性，相対的独立性との結合」，(3)「選出，罷免制度，人民および自らを選出した機関への報告および責任を負う制度」を主要な内容とするという[16]。

しかし，「民主集中原則」が，党組織だけではなく，国家組織の編成原理とされ，また，前項で述べた国家と社会に対する「党の指導性」規定と民主集中原則が連動するとき，「上級」が「下級」さらには「社会」に対しても絶大な拘束力をもつこととなる。

5）「人権」と「市民の権利」

先にも紹介したように，現行ベトナム憲法第50条は，「ベトナム社会主義共和国において，政治的，市民的，経済的，文化的，社会的な分野における人権は尊重され，それらの人権は，市民の権利のなかにあらわれており，憲法と法律により定められる」と規定し，「人権」とともに「市民の権利」という用語を並存させている。1992年憲法は，それまでのベトナム憲法には存在しなかった「人権 (quyen con nguoi)」を憲法上の規定に置いた。1980年憲法とは異なり，現行ベトナム憲法は，「市場経済」の導入と「私的所有」（第15条）を明記した。

このように，「市場経済」と「私的所有」を部分的にであれ導入したところに，現行ベトナム憲法の特徴が表れているが，同時にそれと連動して，従来の社会主義憲法のもとで承認されていた「市民の基本的権利」というカテゴリーに加え「人権」というカテゴリーを導入した。

元来，社会主義憲法においては，一般に，階級的な支配・従属関係を隠蔽するものとして考えられた「人権」概念は憲法上採用されず，それとは異なる「市民の基本的権利」という概念が採用されてきた。

社会主義憲法の下での「市民の基本的権利」という概念は，原理的に，いわゆる自然法思想にもとづく「天賦人権」論を否定し，「前国家的」な人権という考え方を拒否してきたが，そのイデオロギー的根拠としては，「労働者階級の国家」

という論理を前提として，「社会主義」という体制制約原理を権利論にも導入したものであった。

しかし，ベトナムにおける市場経済の導入にともなう「私的所有」の導入は，新たに生み出されてきたひとつの階層＝富裕層の財産権を，「人権」として承認せよとの要求の高まりの中で，「人権」が憲法上承認されることとなった。

6）立法権

現行ベトナム憲法は，「国会は，人民の最高代表機関であり，ベトナム社会主義共和国の最高国家権力機関である。国会は，憲法制定権および立法権を有する唯一の機関である」（第83条）という規定を行った。

また，憲法の下で，法案提出権は以下の者が有する。「国家主席，国会常務委員会，民族評議会，国会の各委員会，政府，最高人民裁判所，最高人民検察庁，ベトナム祖国戦線，祖国戦線を構成する各組織は，国会に法案を提出する権利を有する」（第87条）。

また，国会常務委員会は，国会の常設の委員会であり，国会議長，国会各副議長，各委員から構成されるが，国会常務委員会のメンバーは，同時に政府のメンバーであることはできない（第90条）。

国会常務委員会は，第91条の規定により11項目にわたる権限をもつが，特に，「憲法，法律，命令の解釈」（第91条第3号）権限を付与されている。

1992年憲法は，いわゆる三権分立を採用していないが，特に国会常務委員会が，憲法，法律，命令の解釈権限を与えられていることは，裁判所または他の機関による違憲法令審査制度の確立を今後の課題としている。

7）行政権

ベトナムにおいては，1945年9月の独立以来，「国家主席」制を採用してきたが，1980年憲法ではそれを廃止し，当時の東欧諸国にならって「国家評議会制」を採用した。1992年憲法改正諸草案において，第1次草案では「国家主席団主席」を採用したが，第2次草案では「国家主席」制を採用した。ソ連のクーデターとそれに続くソ連邦の解体の後にまとめられた第3次草案は，「国家主席」制を止め，「国家評議会と国家評議会主席」制へと変更した。しかし，結局のところ1992年憲法は，「国家主席」制を採用した。

178　II　東南アジア

```
→ 階層関係
--→ 指導関係
```

| 政府 | 国会 国会常務委員会 | 国家主席 | 最高人民裁判所 | 最高人民検察庁 |

| 省人民委員会 | 省人民評議会 | | 省人民裁判所 | 省人民検察庁 |

| 地区人民委員会 | 地区人民評議会 | | 地区人民裁判所 | 地区人民検察庁 |

| 村人民委員会 | 村人民評議会 |

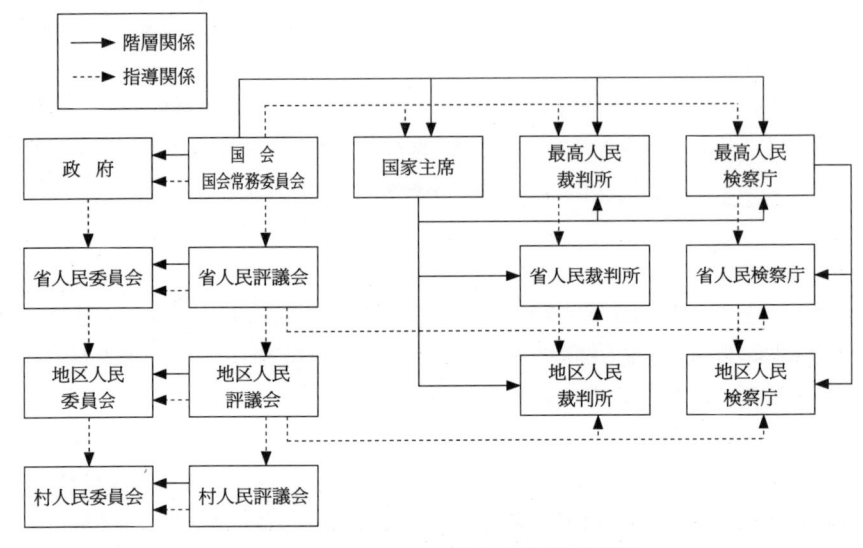

図 6-1　ベトナム社会主義共和国国家機構図

注）ハノイ，ホー・チ・ミン市のような大都市においては，若干の地区・街区人民評議会を廃止するパイロットプロジェクトを試行している。

　さて，国家主席は，内政および外交について国家を代表し（第101条），国会が国会議員のなかから選出し，国家主席は国会に対する責任を負い，国会への活動報告義務を負っている（第102条）。そして，国家主席の権限としては，憲法，法律，命令の公布権，国家副主席，首相，最高人民裁判所長官，最高人民検察庁検事総長の選任，罷免，免職を国会に提起する権限など12項目の権限を有する。しかし，それらの権限のなかに，国会の解散権は存在しない。

　また，政府は，首相，副首相（複数），大臣およびその他のメンバーから構成され，首相以外の政府メンバーは国会議員である必要は必ずしもない。さらに，首相は，国会に対して責任を負い，国会，国会常務委員会および国家主席に対して活動報告を行う（第110条）。

　政府の任務および権限としては，(1)各省，各省各機関，政府所属の各機関，各級人民委員会の活動を指導し，中央から基礎単位に至るまでの国家行政組織を統一的に作り上げ堅固なものとする，(2)各国家機関，経済組織，社会団体，武装単位および人民のなかで，憲法および法律の実施を保障し，人民の間に憲法および法律の宣伝と教育活動を組織し指導する，(3)国会および国会常務委員会に

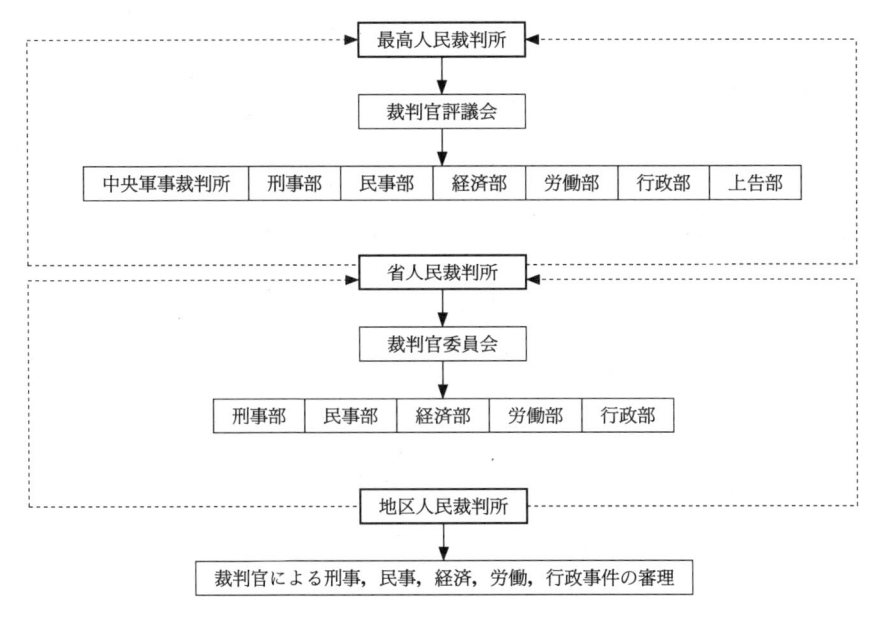

```
                    ┌─────────────────┐
           ┌───────▶│  最高人民裁判所  │◀───────┐
           │        └────────┬────────┘        │
           │                 │                 │
           │        ┌────────▼────────┐        │
           │        │   裁判官評議会   │        │
           │        └────────┬────────┘        │
           │  ┌──────┬───────┼───────┬──────┐  │
           │ 中央軍事 刑事部 民事部 経済部 労働部 行政部 上告部
           │ 裁判所                                       │
                           │
                  ┌────────▼────────┐
          ┌──────▶│   省人民裁判所   │◀──────┐
          │       └────────┬────────┘       │
          │                │                │
          │       ┌────────▼────────┐       │
          │       │   裁判官委員会   │       │
          │       └────────┬────────┘       │
          │  ┌──────┬──────┼──────┬──────┐  │
          │ 刑事部 民事部 経済部 労働部 行政部│
                          │
                 ┌────────▼────────┐
                 │   地区人民裁判所  │
                 └────────┬────────┘
                          │
              裁判官による刑事，民事，経済，労働，行政事件の審理
```

図6-2　ベトナムの人民裁判所組織図

注) ---▶ 裁判所間の上訴関係を示す。

対し法律案，命令案およびその他の議案を提出することなど，11項目にわたる（第112条）。

8）司法権

現行ベトナム憲法第127条は，「最高人民裁判所，地方人民裁判所，軍事裁判所および法が定めるその他の裁判所は，ベトナム社会主義共和国の裁判機関である。特別な事情のもとでは，国会は特別裁判所を設置する決定をすることができる。基礎においては，法律の規定にもとづき，人民のなかの軽微な違法行為および紛争を解決するために，人民の適切な組織を設立する」と定めている。

この第127条は，2002年人民裁判所組織法の規定によれば，「最高人民裁判所，省および中央直轄都市人民裁判所，県，郡，市および省直轄都市人民裁判所，軍事裁判所，法が定めるその他の裁判所」があり，「特別な事情のもとで国会は特別裁判所の設置を決定することができる」（人民裁判所組織法第2条）。

特別裁判所の設置について，1980年憲法のもとでは，「特別な事情のもとで」

図6-3　最高人民裁判所

および「特別な事件を裁判する必要のある場合」という2つの場合に特別裁判所を設置することになっていたが，現行憲法は「特別な事情のもとで」という場合にのみ限定した。1980年憲法では「国会および国家評議会」が特別裁判所を設置する決定権限をもっていたのに対し，憲法は「国会」だけにその権限を限定し，また「国会常務委員会」には付与していない。

先にも述べたように，現行ベトナム憲法第72条は，「何人であれ，法的効力をもつ裁判所の確定判決がでないかぎり，有罪とはみなされず刑罰を課せられない」と規定し，無罪推定の原則を定めている。現行憲法第132条は，被告人の防禦権について定める。

これまで考察してきたように，ベトナムの現行憲法体制は，市場経済化の導入と従来からの社会主義的国家体制の継承という両者のはざまで，揺れ動いてきた，といえよう。

いまベトナムの法学界で議論されていることは，第1に，憲法適合性審査機関の創設に関するものである。現行憲法においては，国会常務委員会に，法律，命令等の解釈権限が付与されているが，憲法裁判所創設構想を含むさまざまな案が浮上している。

第2には，1992年憲法は第137条で最高人民検察庁によるあらゆる国家機関

に対する「一般検察権限」を承認してきたのに対し，2001年改正の現行憲法は，その規定を変更し，「最高人民検察庁は，公訴権を行使し，司法活動を検察し，法が厳正かつ統一的に執行されるよう保障するのに貢献する」と定め，司法活動の検察というように，従来の一般検察権限を限定的とした。

市場経済化とそのための法整備は，特にベトナムの民商事法分野での多くの変化をもたらした。他方，それ以外の法分野，すなわち，公法分野においても少しずつではあるが変化のきざしを見てとることができる。

ドイモイ政策の採用から20数年を経たベトナムが「立憲主義」国家を目指してどのように変容していくか，今後にこそ注目していくことが肝要である。

5．ベトナム法研究に関する情報

1) ベトナム法辞典

ベトナム法の辞典に関しては，最近になって，(1) **Bo Tu Phap Vien Khoa Hoc Phap Ly,** *Tu Dien Luat Hoc,* **Ha Noi : Nha Xuat Ban Tu Dien Bach Khoa = Nha Xuat Ban Tu Phap, 2006**（司法省法理科学院『法学辞典』百科辞典出版社＝司法省出版社，ハノイ，2006年）がようやくベトナムにおいて信頼に足る「法学辞典」として公刊された。

本書は，グエン・ディン・ロック元司法大臣らが編集したものであり，900頁に及ぶ大部のものである。

2) 法制史

ベトナムは長きにわたり中国の歴代王朝と冊封関係にあり，ベトナム法は中国法の影響を強く受けてきた。また，同様に儒教の影響も受け，徳と才をもつ優れた人物による統治こそが最良のものであるという観念が強く，法はあくまでもその人物による統治を補完するためのものであり必要悪であるとする考え方が顕著であった。植民地になる以前の法制史については，以下の文献がある。

(2) **Vien Nghien Cuu Nha Nuoc va Phap Luat,** *Nghien Cuu ve He Thong Phap Luat Viet Nam - The Ky XV - The Ky XVIII,* **Ha Noi : Nha Xuat Ban Khoa Hoc Xa Hoi, 1994**（国家と法研究所『15世紀から18世紀のベトナム法体系に関する研究』社会科学出版社，ハノイ，1994年）。

(3) **Vien Nghien Cuu Nha Nuoc va Phap Luat,** *Mot So Van Ban Phap Luat Viet Nam - The Ky XV - The Ky XVIII*, **Ha Noi : Nha Xuat Ban Khoa Hoc Xa Hoi, 1994**（国家と法研究所『15世紀から18世紀のベトナム法の若干の文書』社会科学出版社，ハノイ，1994年）。

(4) **Bui Xuan Dinh,** *Nha Nuoc va Phap Luat Thoi Phong Kien Viet Nam*, **Ha Noi : Nha Xuat Ban Tu Phap, 2005**（ブイ・スアン・ディン『ベトナムの封建期における国家と法』司法出版社，ハノイ，2005年）。

(5) **Nguyen Minh Tuan,** *To Chuc Chinh Quyen Thoi Ky Phong Kien o Viet Nam*, **Ha Noi : Nha Xuat Ban Tu Phap, 2006**（グエン・ミン・トゥアン『ベトナムの封建期における政権組織』司法出版社，ハノイ，2006年）。

(6) **Phan Dang Thanh,** *Tu Tuong Lap Hien Viet Nam Dau The Ky XX*, **Ha Noi : Nha Xuat Ban Tu Phap, 2006**（ファン・ダン・ティン『20世紀初頭のベトナムにおける立憲思想』司法出版社，ハノイ，2006年）。

また，(7) 東亜研究所編（宮沢俊義執筆）『仏印の統治体制』（東亜研究所，1944年）は，植民地時代のベトナム法研究に関する日本の基本文献である。

3) 憲　法

(8) *Hien Phap Nuoc Cong Hoa Xa Hoi Chu Nghia Viet Nam nam 1992 (sua doi)*, **Ha Noi : Nha Xuat Ban Chinh Tri Quoc Gia, 2002**（『1992年ベトナム社会主義共和国憲法［改正］』国家政治出版社，ハノイ，2002年）は，2001年12月に部分改正されたベトナム憲法のテキストであるが，改正条文がイタリックで示してあり便利である。本書には，国会，政府，人民裁判所，人民検察庁の各組織法のテキストも収録してある。また，現行憲法の翻訳・解説として，中野亜里によるものがある（萩野芳夫・畑博行・畑中和夫編『アジア憲法集［第2版］』明石書店，2007年，所収）。本章においても，中野訳を参照した。

ベトナム法および憲法史研究として，(9) 稲子恒夫・鮎京正訓『ベトナム法の研究』（日本評論社，1989年），(10) 鮎京正訓『ベトナム憲法史』（日本評論社，1993年）を挙げておく。なお，『ベトナム法の研究』には，日本の第2次世界大戦前，戦時中および戦後に，日本の法学研究者等が行ったベトナム法に関する詳細な文献情報が収められている。牧野巽，仁井田陞，山本達郎らによる「安南」法研究，平野義太郎，逸見重雄による「仏領印度支那」研究，刑部荘，福井勇二

郎，宮沢俊義，江川英文らによる「仏領印度支那」法研究など，戦前，戦時中の日本のベトナム法研究の軌跡から，今日もなお，きわめて多くのことがらを学ぶことができる。また，近年におけるベトナムの人権状況をめぐる詳細な研究として，⑾ 中野亜里『ベトナムの人権——多元的民主化の可能性』（福村出版，2009年）がある。

その他，以下の文献がある。

⑿ **Bui Xuan Duc,** *Doi Moi, Hoan Thien Bo May Nha Nuoc Trong Giai Doan Hien Nay,* **Ha Noi : Nha Xuat Ban Tu Phap, 2005**（ブイ・スアン・ドゥック『現在の段階における国家機構の刷新・改善』司法出版社，ハノイ，2005年）。

⒀ **Bui Ngoc Son,** *Bao Hien o Viet Nam,* **Ha Noi : Nha Xuat Ban Tu Phap, 2006**（ブイ・ゴック・ソン『ベトナムにおける憲法保障』司法出版社，ハノイ，2006年）。

4）憲法以外のベトナム法

労働法の本格的研究として，⑭ 斉藤善久『ベトナムの労働法と労働組合』（明石書店，2007年）がある。なお，本書には，巻末に詳細なベトナム法年表があり，便利である。また，⒂ 香川孝三『ベトナムの労働法と文化——ハノイ滞在記』（信山社，2006年）は，生きたベトナム法研究の書である。

5）法整備支援関連

法整備支援関連としては，⒃ 武藤司郎『ベトナム司法省駐在体験記』（信山社，2002年），⒄ 榊原信次『ベトナム法整備支援体験記——ハノイで暮らした1年間』（信山社，2006年）などが挙げられる。ともにJICAの長期専門家としてベトナムに滞在した弁護士と裁判官である著者の知見にもとづき，ベトナム法を考察した好著である。

以下はそれぞれ，ベトナムに対する法整備支援に従事したスウェーデンの研究者たちによる著作である。⒅ **Per Sevastik (ed.),** *Legal Assistance to Developing Countries,* **Stockholm : Kluwer Law International, 1997,** ⒆ **Per Bergling, "Legal Reform and Private Enterprise : The Vietnamese Experience",** *Umea Studies in Law,* **No. 1, 1999.** 法の支配，人権等の観点から，ベトナム法の歴史と現在そして今後の課題を検討している。

また，法務省法務総合研究所国際協力部報『ICD NEWS』には，ベトナム法に関する論文，情報等が掲載されており，最新のベトナム法情報を得る上で必読文献である。なお亀卦川健一「ベトナム法・司法改革支援プロジェクトについて」，同「第27回ベトナム法整備支援研修」(『ICD NEWS』第34号，2008年)には，「ICD NEWS 中のベトナム関係掲載記事」(115～118頁) がまとめられており，きわめて有意義かつ便利である。

　その他，以下の文献がある。

(20) *Danh Gia Thuc Trang Hop Tac Quoc Te ve Phap Luat o Viet Nam*, Ha Noi : Nha Xuat Ban Tu Phap, 2005 (『ベトナムにおける法分野の国際協力に関する現状評価』司法出版社，ハノイ，2005年)。

6) 郷約について

　郷約に関する研究としては，(21) 古田元夫『ベトナムの現在』(講談社現代新書，1996年)，(22) 嶋尾稔「黎朝期北部ベトナムの郷約再編に関する一史料」(『慶應義塾大学言語文化研究所紀要』第32号，2000年)，(23) 宮沢千尋「革命以前の北部ベトナム村落における年齢改訂制と地位獲得競争」(『東洋文化』第78号，1998年) などがある。これらは，日本におけるベトナム研究者——歴史学，人類学——による郷約研究である。法律学からする研究成果は，日本ではまだでていない。

　郷約に関するベトナムでの研究では，次のようなものが挙げられる。

(24) Bui Xuan Dinh, *Le Lang Phep Nuoc*, Ha Noi : Nha Xuat Ban Phap Ly, 1985 (ブイ・スアン・ディン『村の掟　国の法』法理出版社，ハノイ，1985年)。

(25) Trung Tam Khoa Hoc Xa Hoi va Nhan Van Quoc Gia, *Luat Tuc va Phat Trien Nong Thong Hien Nay o Viet Nam*, Ha Noi : Nha Xuat Ban Chinh Tri Quoc Gia, 2000 (社会・人文科学ナショナルセンター『現在のベトナムにおける慣習法と農村の発展』国家政治出版社，ハノイ，2000年)。

(26) Vien Nghien Cuu Nha Nuoc va Phap Luat (Chu bien : Dao Tri Uc), *Huong Uoc*, Ha Noi : Nha Xuat Ban Chinh Tri Quoc Gia, 2003 (国家と法研究所〔ダオ・チ・ウック監修〕『郷約』国家政治出版社，ハノイ，2003年)。

　郷約そのものについては，ハノイの漢文チュノム研究院，社会科学通信院が収集を行っている。また，新しい郷約は，各地の人民委員会にある。

第6章 ベトナム　185

7）法律雑誌・新聞

　代表的なものとしては，⑵『国家と法（*Nha Nuoc va Phap Luat*）』誌（国家と法研究所），⑵『法学（*Luat Hoc*）』誌（ハノイ法科大学），⑵『法の科学（*Khoa Hoc Phap Ly*）』誌（ホーチミン市法科大学），⑶『民主と法（*Dan Chu va Phap Luat*）』誌（司法省），㈲『人民裁判所（*Tap Chi Toa An Nhan Dan*）』誌（最高裁判所），⑶『立法研究（*Nghien Cuu Lap Phap*）』誌（国会事務局），⑶『検察（*Kiem Sat*）』誌（最高人民検察庁），㈹『法曹（*Tap Chi Nghe Luat*）』誌（司法省司法学院），㈹『法理（*Phap Ly*）』誌（ベトナム法律家協会），㈹『法と発展（*Tap Chi Phap Luat va Phat Trien*）』誌（ベトナム法律家協会，英越2ヶ国語），㈹ *Vietnam Law & Legal Forum*（ベトナムニューズ社）などがある。法律新聞も数多く発行されているが，司法省の ㈹『法律（*Phap Luat*）』新聞，ベトナム法律家協会の ㈹『生活と法（*Doi Song & Phap Luat*）』新聞，などがある。

8）法律情報検索の仕方

　㈹ **Dao Tri Uc, "Basic Information for Legal Research: A Case Study of Vietnam", in** *Doing Legal Research in Asian Countries*, **Chiba: Institute of Developing Economics（IDE-JETRO），2003,** は，ベトナム国家と法研究所前所長ダオ・チ・ウック教授によるベトナム法概観および法律情報検索に関する論文である。本論文は，ベトナムにおける法令情報等を調べるうえでの必読文献である。

9）法情報データベース

　ベトナムでは1945年の8月革命とそれにつづく独立宣言以降の法令が「官報（Cong Bao）」として刊行されてきた。「官報」には，国会，国会常務委員会，政府，各省庁，および首相が制定した各種法令が収録されている。1945年以降から今日までの官報は，国家と法研究所図書室，司法省図書館などに所蔵されている。それ以外のたとえば人民委員会が制定した法令は，基本的には当該人民委員会の事務所で閲覧させてもらうことになる。

　さて，法令検索情報が集中しているのは，国会事務局（Van Phong Quoc Hoi）の情報・図書・科学研究センターである。このセンターからは，「ベトナム法データベース」というCD-ROMが発行されており，あわせて，ベトナム法の

データベースに関するウェブサイトを開設している（http://www.vietlaw.gov.vn/）。また，データベースとしては，他に Luat Viet Nam（ベトナム法，ウェブサイトは，http://www.luatvietnam.vn/Default.aspx?tabid = 217），もある。

おわりに

　今後のベトナム法研究にとって留意すべき諸点は，以下のことがらである。
　第1に，ベトナム法の歴史全体の中から，現在のベトナム法の動向を知ることである。そのためには，ベトナム法史——その中には郷約や法意識の研究も含まれる——研究自体を，ベトナムの専門家とも協力し本格的に行っていくことである。
　第2に，ベトナム現行法研究を，「グローバル化」をひとつのキーワードにしつつ行っていくことである。各国援助機関，国際援助機関による法整備支援も，それに深くかかわっているが，そのような国際的なファクターを理解することなしに，ベトナム法の変動を知ることは困難である。
　第3に，ベトナムにおける法の担い手，とりわけ法の制定・運用にかかわるテクノクラートの知的背景に関心を向けることである。法の分野におけるこれまでのリーダーたち，たとえば，グエン・ディン・ロック元司法大臣，ダオ・チ・ウック前国家と法研究所長は，ともにモスクワで学んだ秀才たちであった。しかし，若い世代は，日本をはじめとする欧米で学んだ人々である。この世代の人々が，どのような新しい法理論を作り出していくかに注目していかなければならない。
　第4に，同時に，ベトナム法研究は，隣国中国の法とは異なる，そしてそれ自体知的興味にあふれた学問分野である。ベトナム法研究を志す日本の若い世代の専門家育成が急務である。

注

1) 上記2つの政治局決議については，『ICD NEWS』第28号，法務省法務総合研究所国際協力部，2006年，所収の翻訳に依拠した。ただし，以下の原文にもとづき，若干の訳語を変えた。Hoc Vien Chinh Tri Quoc Gia Ho Chi Minh, Vien Nha Nuoc va Phap Luat, *Cac Van Kien cua Dang va Nha Nuoc ve Cai Cach Bo May Nha Nuoc*, Ha Noi :

2005（ホー・チ・ミン国家政治学院・国家と法院『国家機構改革に関する党と国家の文書』ハノイ，2005年）．
2) この点については，以下の文献を参照のこと．鮎京正訓「アジアの法律整備支援体制」（猪口孝編著『アジア学術共同体——構想と構築』NTT出版，2005年），鮎京正訓「学会展望：国際シンポジウム 開発における法の役割」（『アジア経済』第46巻第4号，2005年）．
3) 高見澤磨「『近代経験』と体制転換について」（『社会体制と法』第2号，2001年）54頁．
4) 潘佩珠『ヴェトナム亡国史他』長岡新次郎・川本邦衛訳，平凡社，1966年，182頁．
5) 東亜研究所編（宮沢俊義執筆）『仏印の統治体制』東亜研究所，1944年，50頁以下を参照．
6) 桜井由躬雄・石澤良昭『東南アジア現代史 3 ヴェトナム・カンボジア・ラオス』山川出版社，1977年，94頁．
7) 潘佩珠前掲『ヴェトナム亡国史他』182頁以下参照．
8) アジア・アフリカ研究所編『資料ベトナム解放史』第1巻，労働旬報社，1970年，142頁．
9) 以下，引用は，高木八尺・末延三次・宮沢俊義編『人権宣言集』（稲子恒夫訳，岩波文庫，1957年）によるが，一部，訳語を変えた．
10) この点について，三ヶ月章「日本国の近代化（1868年）以後の法制度構築の歴史」（『ICCLC』第10号，財団法人国際民商事法センター，2000年）を参照のこと．
11) 今井昭夫「植民地期ベトナムにおける立憲論と1946年憲法」（東京外国語大学『東南アジア学』第6巻，2000年）158頁．
12) これらの点について，鮎京正訓『ベトナム憲法史』日本評論社，1993年，89頁以下を参照のこと．
13) 高木八尺・末延三次・宮沢俊義編前掲『人権宣言集』，稲子恒夫によるヴェトナム独立宣言「解説」，344頁．
14) バーナード・フォール『ヴェトナム戦史』松元洋訳，至誠堂，1969年，66頁．
15) 白石昌也「ベトナムにおける法律整備について」（『横浜市立大学論叢人文科学系列』第45巻第1号，1994年）195頁以下．
16) Phan Trung Ly = Ha Thi Mai Hien, *Tim Hieu Noi Dung Hien Phap 1992*, Ha Noi : Nha Xuat Ban Su That, 1992, pp. 9-10（ファン・チュン・リー＝ハ・ティ・マイ・ヒエン『1992年憲法内容概要』真理出版社，ハノイ，1992年）．

第 7 章　カンボジア

四本　健二

はじめに

　現在のカンボジア王国（以下，カンボジア）は，東をベトナム，西をタイ，北をラオスに接し，最南部は南シナ海に面してインドシナ半島の中心に位置する。熱帯雨林が広がる北部および西部の丘陵地帯に囲まれた海抜 30 メートル以下の中央平原部では稲作が盛んに行われ，ラオスからベトナムへと国土をほぼ南北に貫流するメコン川と中央平原部のトンレサープ湖に源を発するトンレサープ川は豊富な漁業資源に恵まれ，水上交通にも利用されてきた。現在の首都プノンペンは，これら 2 つの川の合流点に位置する。

　歴史学においてカンボジアの時代区分は，(1) 先史期，(2) 現在のカンボジア中部からベトナム南部にあたるメコン川デルタ地域に栄えた扶南（1 世紀頃〜7 世紀前半）とトンレサープ北岸に栄えた真臘の時代をプレ・アンコール期とし，(3) ジャヤヴァルマン 2 世によるアンコール朝の開朝からアユタヤ朝（タイ）の攻撃を受けて都をプノンペンに遷都してアンコール朝が事実上滅亡するまでをアンコール期（802〜1431 年頃），(4) これ以後カンボジアがフランスの保護国となるまでをポスト・アンコール期（1431 頃〜1863 年），その後，(5) フランスの保護国となった後，完全独立の達成までをフランス植民地期（1863〜1953 年），(6) 独立後を現代（1953 年〜），と区分している。今日でこそ国土の総面積が 18 万平方キロメートルと日本の半分に満たないカンボジアの名が日本人にも広く知られているのは，アンコール朝のスールヤバルマン 2 世がヒンドゥー寺院として 1113 年から 30 年以上をかけて造営させ，1992 年にユネスコが世界遺産に登録したア

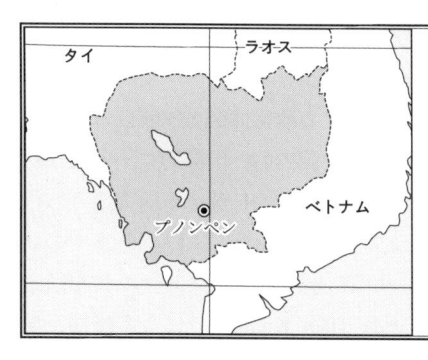

国名：カンボジア王国
首都：プノンペン
人口：1,340万人
民族：クメール人 90%
宗教：仏教（一部少数民族はイスラーム教）
言語：クメール語
現行憲法施行年：1993年
GDP・1人当たりGDP：62億ドル・440ドル
成人平均識字率：73.6%
平均寿命：58.0歳

ンコール・ワットに代表される遺跡群の存在によってであろう。アンコール期カンボジアについては欧米とりわけフランスにおいて膨大な考古学研究の蓄積があるが，邦文の研究としてはインドシナ半島を席捲する一大帝国であったアンコール朝の法と政治のほか社会全般を理解する手がかりとなるものとして周達観が著した『真臘風土記』のほか，碑文分析から王による当時の裁判について論じた研究がある[1]。

アンコール朝滅亡後，カンボジアは周辺諸勢力からの介入によって分裂し，領土はタイとベトナムによって蚕食された。このポスト・アンコール期の18世紀末から20世紀初頭にかけてはカンボジアの建国神話とともにそれぞれの王の治世が叙述された『王の年代記』が編纂されている[2]。また，この時代の社会と法をめぐる資料として1692年にチェイチェスター王の命によって編纂された『判例集（*Chhbap Tumnim Pi Bauran*）』の写本を翻訳，紹介した研究がある[3]。

フランス植民地期カンボジアの法と司法に関しては宗主国フランスの植民地官僚であったルクレールによる一連の研究のほか，日本では高橋宏明による行政制度史研究がある[4]。

1953年にフランスからの独立を果たしたカンボジアは，国王シハヌーク（Norodom Sihanouk，のちに退位して国家元首）の巧みな政治手腕によって経済開発を実現したが，政府とインドシナ共産党との政治闘争は1970年の軍部によるクーデターを契機に，中国，南・北ベトナム，アメリカも介入した全土的な内戦状態に発展した。これ以後のカンボジアでは，王制を打倒して共和制を採ったクメール共和国政権（1970～75年），4年あまりのうちに100万人を超える犠牲者を出したといわれる民主カンプチア政権（1975～79年）[5]，ベトナムの武力侵攻

によって樹立されたカンプチア人民共和国政権（1979～89年），前政権の社会主義からの体制転換によって生まれたカンボジア国政権（1989～93年）と政権の樹立と打倒が繰り返され，そのたびに大きく変動する政治体制と法制度は，長期化する内戦と国際的孤立とも相まってカンボジアを国内的，国際的に不安定な状況におき続けた。なお，この時期のカンボジアの法と政治に関する研究のうち代表的なものとして，ヘダー（Steve Heder）による1930年代から1975年までの共産主義運動史研究，コーフィールド（Justin Corfield）によるクメール共和国政権の成立と崩壊の過程に関する研究，キエナン（Ben Kiennan）による極端な集団主義と農村重視の革命路線を実践した民主カンプチアの権力掌握過程および国内政策に関する一連の研究，ゴッテスマン（Evan Gottesman）らによるベトナムの支援による社会主義体制の樹立とその後の体制転換をめぐる研究がある[6]。

　1991年の「カンボジア紛争の包括的政治的解決に関する協定」（以下，パリ和平協定）は，上述のような不安定な政治状況に終止符を打つ契機となり，カンボジアは国連による暫定統治を経て新憲法であるカンボジア王国憲法（1993年公布，施行，以下，1993年憲法）のもとで立憲君主制を復活させ，複数政党制と市場経済を導入した。これ以後，本格的に国家機構の整備にかかわる法の領域，政治的安定を確保するための反政府勢力の弾圧・統制にかかわる法の領域，市場経済の導入にかかわる法の領域および急速な社会の変化によって生じた問題への対応にかかわる法の領域において急速な法整備が進められており，これらに対する国際社会からの法整備支援も積極的に取り組まれている。

　こうした「カンボジア紛争」の終結は，カンボジア研究にも新たな展開をもたらし，カンボジア国内で再建に着手された大学，研究機関と諸外国の大学との学術交流も活発に行われるようになった。1990年代にカンボジア法研究の口火を切ったのは，法学教育支援のためにフランス政府がカンボジアに派遣したガイヤール（Maurice Gaillard）で，1994年には早くも前年に公布，施行されたカンボジア王国憲法の逐条解説書を発表している[7]。

　カンボジア人研究者・実務家による研究としては，アメリカで法学教育を受けた弁護士のソク・シパナ（Sok Siphana）らが設立したNGO，CLRDC（Cambodian Legal Resource Development Center）が，1990年代半ば以後，法令集を継続的に刊行し，商事法，環境法など分野別の概説書を英語で発表し続けている[8]。

日本における現代カンボジア法研究は，これまで現地調査が困難であったことに加えて，経済的関係が希薄なことから研究を要請する実務的ニーズが乏しかったために，他のアジア諸国の法研究に比較してその成果は限定的である。代表的なものとしてカンボジア憲法と人権保障，諸改革に関して四本による一連の研究がある[9]。また，中山研一らは，刑事法に関しては，刑事訴訟法におけるフランス法の影響を論じている[10]。さらに，民主カンプチア政権幹部を人道に対する犯罪や戦争犯罪などで裁こうとする「クメール・ルージュ裁判」と国民和解をめぐっても数編の研究が国内外で発表されている[11]。なお，資料として，パリ和平協定締結から国連暫定統治期および新政権成立直後までの国連文書を集成したもの，2006年の第5次改正を含む1993年憲法の翻訳と解説がある[12]。

1．カンボジアの国家機関と諸制度の概要

1）統治機構
① 国 王

1993年憲法は，立憲君主制を採用し，1970年代から途絶えていた王制を復活させた。新たに採用された君主制がどのような性格をもつかについて憲法は，第2章「国王」において国王は「君臨するが，統治しない」（第7条1項）ことを明文で定め，この条項を「これを絶対的に修正しえない」（第17条）ものとした。さらに，憲法は，国王の機能について「民族の統合および永続性の象徴」（第8条1項）であり，「公権力の誠実な行使を確保するための調停者」（第9条）であると位置づけた。国王の国政への関与について憲法は，討議の対象とならない勅書による議会との連絡（第18条），首相および大臣会議の任命（第19条），高位の文官，武官，特命全権大使，特命全権公使，裁判官の任命および罷免（第21条），国家非常事態の宣言（第22条），外国大使の信任状の接受（第25条），条約の署名および批准（第26条），恩赦の認証（第27条），法律案の審署（第28条），栄典および階級の授与（第29条）を定めた。また，国王にカンボジア国軍最高司令官（第23条），国防最高評議会議長（第24条），司法官職高等評議会議長（第134条）の地位を与えたが，実質的な任命権者，決定権者をそれぞれ別におき，国王の役割を儀礼的手続に限定した。なお，王妃には政治への関与を一切禁止（第16条1項）し，「社会的，人道的および宗教的利益に奉仕する活動を行

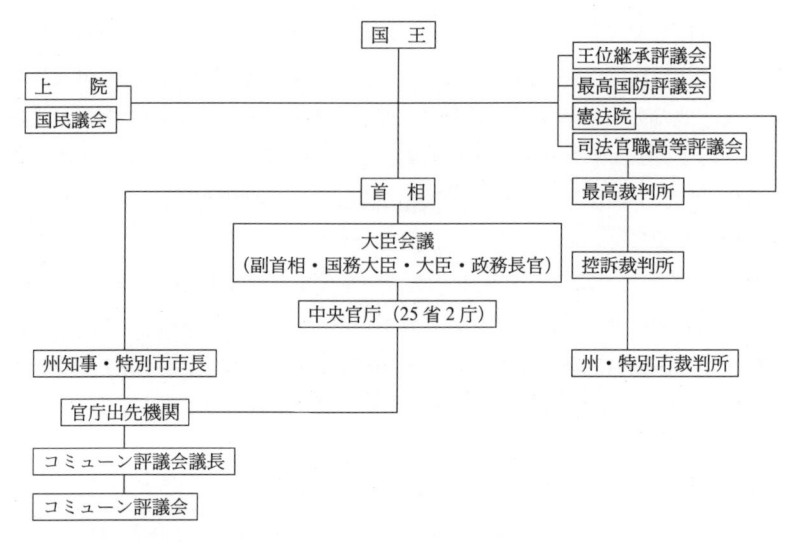

```
                          ┌─────┐      ┌──────────────┐
                          │ 国王 │──────│ 王位継承評議会 │
                          └──┬──┘  │   ├──────────────┤
     ┌──────┐                │     │   │ 最高国防評議会 │
     │ 上 院 │────────────────┤     ├───┤ 憲法院        │
     ├──────┤                │     │   ├──────────────┤
     │国民議会│                │     │   │司法官職高等評議会│
     └──────┘                │     │   └──────────────┘
                          ┌──┴──┐  │   ┌──────────────┐
                          │ 首相 │  └───│ 最高裁判所    │
                          └──┬──┘      └──────────────┘
              ┌──────────────────────────┐
              │     大臣会議                │
              │(副首相・国務大臣・大臣・政務長官)│
              └──────────────┬───────────┘
                   ┌─────────┴─────────┐      ┌──────────────┐
                   │ 中央官庁（25省2庁） │──────│ 控訴裁判所    │
                   └─────────┬─────────┘      └──────────────┘
       ┌────────────────┐    │                ┌──────────────┐
       │州知事・特別市市長 │────┤                │州・特別市裁判所│
       └────────┬───────┘                    └──────────────┘
       ┌────────┴───────┐
       │ 官庁出先機関    │
       └────────┬───────┘
       ┌────────┴───────┐
       │コミューン評議会議長│
       └────────────────┘
       ┌────────────────┐
       │コミューン評議会  │
       └────────────────┘
```

図7-1　カンボジア国家機構図

い，儀典および外交に関して国王を補佐する」(第16条2項) 機能を与えた。

　現行の君主制のいまひとつの特徴は，王位の継承を世襲によらず，「30歳以上で，アンドゥオン王，ノロドム王およびシソワット王のいずれかの直系子孫である王族」(第14条) から議会両院の議長および副議長，首相，仏教モハニカイ派およびトアンマユット派の大管長によって構成される王位継承評議会による選任制を採ったことである (第13条)。

② **立法機関（国民議会，上院）と選挙制度，複数政党制**

　1993年憲法は，新たに創出される体制の基本原理として「複数政党制に立脚した自由な民主主義」を提起し，第4章「政治体制」の総則的な規定である第51条において「カンボジア王国は，自由な民主主義体制および複数政党制を採用する」(同条第1項) ことを宣言し，同条第2項に「国民主権」を，同条第3項に「三権分立の原則」をおいてその実行を担保した。カンボジアにおいて複数政党制が採用されるのは，シハヌークが組織した翼賛政治組織である「王制社会主義共同体」(Sangkum Reastr Niyum, 通称サンクム) が議会の全議席を占めた1955年以来，実に38年ぶりのことであった。

　民主政の中核をなす議会制について1993年憲法は，制定当初は一院制を採用して第7章に「国民議会」をおき，国民議会議員の選挙についてその任期を5年

間（第78条）として定数を120議席以上（第76条1項，現行は123議席），自由，普通，平等，直接の選挙および秘密投票（同条2項），25歳以上の出生時にカンボジア国籍を有する市民の被選挙権（同条4項）を定めた。また，議員は国民全体を代表するとして命令的委任を禁止し（第77条），法律案提出権および法律修正法案提出権を議員と首相に限定（第91条）した。

さらに，1993年憲法は，1999年の第2次改正によって，新たに上院を設けた。上院は，定数を国民議会の半数以下（第99条，現行は61議席）とし，国王による勅任議員2名，国民議会が指名した議員2名のほか選挙で選ばれた議員によって構成され（第101条），その任期は6年間である（第102条）。上院は，国民議会と王国政府との関係を調整するものとされる（第112条）。

なお，国民議会規則および上院規則は，各省が起草し，大臣会議の決定を経て首相が提出する法律案と議員提案による法律案の扱いに若干の差異を設けている。すなわち政府提出による法律案は，議長，副議長，委員会委員長によって構成される国民議会常務委員会への提出と同時に提案主意書とともに全議員に配布され，所管の委員会の審議を経て本会議に上程される。しかしながら議員提出による法律案は所管の委員会に送付するかどうかの可否を常務委員会が審議する。国民議会が採択した法律案は上院常務委員会に送付され，委員会の審議を経て本会議に上程される。なお，国民議会と上院の関係にかかわって，国民議会が可決した法律案を上院が否決したとき，および上院が可決した法律案を国民議会が否決したときは，最終的には国民議会が回付案または返付案を再議決する（第113条）として国民議会の上院に対する優越を定めた。

ところで，制定当初1993年憲法は，国民議会の機能として議員総数の2分の1の多数決によって承認する予算案，国家計画，恩赦法案，国際条約，宣戦布告法案などとは別に，政府に対する信任投票に限っては議員総数の3分の2の信任を要すると定めた（第90条）。この規定は，長年にわたって内戦を続け，パリ和平協定調印後も政治的対立を続けていたカンボジア人民党（＝ベトナムの支援を受けて社会主義政権を樹立した旧・カンボジア人民革命党，以下，人民党）とフンシンペック（FUNCINPEC，独立・中立・協力のカンボジアのための民族統一戦線＝シハヌーク支持派）が政権樹立にあたって協調することを前提とし，紛争両派の国民的和解を国際的，国内的に強く印象づけるものであったが，後述するように2003年の国民議会選挙後には両党およびサム・ランシー元経済財務大臣ら

を中心にフンシンペックから分派して選挙に臨み,議席を獲得したサム・ランシー党による連立協議がまとまらず,11ヶ月にわたって新政権を樹立できない事態を招く原因となった。こうした事態をふまえて議会は2004年に第3次憲法改正に踏み切り,国民議会の正副議長を選出したのちに大臣会議の信任投票を行う従前の規定(第82条,第119条)に追加条項を設ける増補型改正を行い,国民議会正副議長,国民議会常務委員会構成員,首相,副首相,大臣,政務長官を一括投票で指名することを可能にした。これによって3党間の権力分配問題は決着をみたが,改正案への審署を拒否した国家元首代行(上院議長)に代わって憲法上に規定のない上院副議長の審署によって改正憲法を公布したことは,憲法改正手続に瑕疵の疑いを残す結果となった。

政党制に関して1993年憲法は,前述の複数政党制の採用(第51条)に加えて「クメール市民の権利および義務」(第3章)に「クメール市民は,団体および政党を結成する権利を有する」(第42条前段)という規定をおいたが,同条後段において「これらの権利は,法律で定める」こととして結社の自由に対する法律の留保を設けた。この規定にもとづいて1996年に内務省が政党法の起草に着手し,翌1997年に6章45ヶ条からなる「政党に関する法律」(以下,政党法)が公布,施行された。政党法の特徴は,第1に,総則(第1章)に政党が民族統一と領土保全の原則に反する自治地域を創設することを禁止し,権力掌握のために暴力を用いて複数政党制と自由な民主主義体制の転覆を図ることを禁止し,政党独自の武装勢力の保持を禁止したことである(第6条)[13]。政党法の第2の特徴は,政党の結成要件が法律案起草の過程で発起人120人および党員5,000人(1996年草案)から発起人80人,党員4,000人に緩和されたことおよび選挙運動に際して国庫から助成を受けられる制度を創設して小規模かつ財政基盤の脆弱な政党にも選挙に参加する道を拓いたことである。

1993年の制憲議会選挙以後,カンボジアではこれまでに1998年,2003年,2008年の3度にわたって国民議会議員選挙が行われた。また,1999年の憲法第2次改正によって設置された上院は,当初は選挙を行わずに国民議会の各政党の議席配分をそのまま適用して国王が上院議員を任命したが,2005年に公布,施行された上院議員選挙法にもとづいて2006年にはじめての上院議員選挙が行われた。

国民議会議員選挙は,選挙権者を18歳以上,被選挙権者を25歳以上の「ク

メール市民」(1993年憲法第34条)とし,選挙の方法を州・特別市ごと(全24選挙区)の比例代表制(国民議会議員選挙法第5条)と定めて投票数から議席数を算出する方式は「ハイエスト・アベレージ」方式(同第118条)とした。一方,上院議員選挙は,選挙権者を18歳以上,被選挙権者を40歳以上の「クメール市民」(1993年憲法第34条)とし,選挙の方法を州・特別市を地方ごとに8選挙区に分けた上で,比例代表制(上院議員選挙法第8条)と定めて得票数から議席数を算出する方式は国民議会議員選挙同様に「ハイエスト・アベレージ」方式(同)とした。なお,いずれの選挙においても政党に属さない無所属の立候補者は認められていない。

　このように,国政選挙においては小規模な政党の選挙参加を可能にする政党法と無所属候補を排除した上で得票数の多い政党に有利に働く「ハイエスト・アベレージ」方式を採用した選挙法の組み合わせによって,いずれの選挙においても多数の政党が候補者を擁立したものの,議席を獲得できたのは大政党のみに過ぎない[14]。

③ 国家行政機関(大臣会議)

　1993年憲法は,第10章に10ヶ条からなる「王国政府」をおいて行政権について定めた。その総則的規定である第118条は,大臣会議を王国政府としてその構成員を首相,副首相,国務大臣,大臣,政務長官とした。

　現行の大臣会議は,大臣会議官房以下25省2庁という編成になっているが,首相を除く27名の大臣のうち5名が副首相を兼務,副首相(無任所)が4名,それ以外に12名が国務大臣(無任所),各省庁の政務長官は総勢で198名(2008年9月25日現在)に上っており,猟官運動の結果,ポストを濫増させる,という異常な事態を招いたことを示している。

　大臣会議の組織および権限は,憲法上,組織法律で定めることとなっており(第127条),この規定にもとづいて「大臣会議の組織および権限に関する法律」(1994年公布,施行,以下,大臣会議法)が制定された。大臣会議法によれば,大臣会議は,国民議会に対して責任を負い(第1条),その構成は,首相,副首相,国務大臣,大臣および政務長官である(第4条)。このうち,首相は国民議会議員でなければならず(第5条),首相が国民議会の承認を求めた上で国王が任命する各省の政務次官は,大臣会議構成員には含まれない(第6条)。首相の職権として,政府を代表し(第8条),大臣会議を主宰し,一般国務について大

臣会議を指揮，監督する（第9条）。また，大臣会議令，大臣会議決定，大臣会議通達に署名することが法定されている（第13条）。このほか，首相が有する人事権については大臣会議構成員，国立銀行総裁および副総裁，政務次官，王国政府顧問および首相顧問，官房長官，各省事務次官および官房長，州知事および特別市市長，特命全権大使および特命全権使節，国軍司令官の任命，異動，罷免は国民議会の同意を要し，国民議会が首相の提案を承認したのちに首相が副署する国王の勅令によって任命されるものとしている（第14条）。

　ところで，現政権の担い手たちは，1979年に民主カンプチアを打倒し，ベトナムの支援の下で近代的行政機構の再建に携わったヘン・サムリン政権の元幹部と1991年の和平達成以後に新政権に加わったフンシンペックに属した人々である。当初「100人足らずの人々が中核となって」[15]発足したヘン・サムリン政権は，極度の人材不足に応急的な人材養成で対応し，1982年に開設された行政・司法公務員養成校はわずか5ヶ月間の課程を終えた者を公務員として採用せざるを得なかった。こうした努力の結果，1990年時点において，中央，地方の行政機関および104の国有企業に所属する国家公務員，服務員の総数は，教員5万5,000名を含めて20万から21万人にまで達した[16]。したがって，現在のカンボジアのガバナンスをめぐる問題の背景にはこうした極端な人材の不足を応急的な公務員養成制度によって補わざるをえなかった，というクメール・ルージュ時代の負の遺産を引き継いでいることを見逃すことはできない。

④ 行政改革の動向

　1993年の政権発足の前後に，国連開発計画（UNDP）はカンボジアの行政機構と公務員制度について詳細な調査を行い，この提言を受けたカンボジア政府は，1996年から政府能力強化，中央官庁管理能力強化，公務員改革，人材養成，地方行政強化の5分野からなる行政改革国家計画に取り組むこととして，パリで開催された「第3回カンボジアの再建のための国際会議」（1995）において各国に支援を求めた。そして，まず，1995年には公務員数の確認に着手したものの，国防省，内務省は当初から公務員数の確認作業から除外され，省庁間の利害対立と政府部内の政党間対立による混乱から計画は頓挫してしまった。その後，1998年の国民議会議員総選挙を受けて樹立された政権では人民党の政治基盤が強化され，フン・セン首相は諸改革の推進を表明し，1999年3月12日付大臣会議決定および同月19日付勅令によって首相を議長とする国家改革最高評議会とその下

に行政改革評議会，司法改革評議会，国軍改革評議会を設置した。この背景には強力な反政府勢力であったクメール・ルージュが瓦解して軍事的脅威が消滅した状況の下で，人民党が国内外の支持を繋ぎ止めるためには，「クメール・ルージュの復権を阻止できる唯一の政治勢力」から「国民と国際社会の期待に応えられる唯一の政治勢力」へと脱却を図る必要があったと考えられる。こうした国内情勢の変化を受けて，2000年のカンボジア支援国会合でカンボジア政府は，グッド・ガバナンスの実現を最優先課題と位置づけることを表明して国際社会に支援を求め，翌年の支援国会合にはガバナンス行動計画を提出し，さらに2002年には「公務員制度合理化の到達点と2002-2006年期の発展戦略」を発表するなどして公務員制度改革に取り組んでいる。

⑤ 請願権（国民大会）

1993年憲法は，代表制議会に加えて国民による請願権行使の受け皿となる機関として第16章に「国民大会」をおく。国民大会において「クメール市民」は国益にかかわる情報を国家機関から直接に受け，問題を提起し，国家機関に対して問題の解決を請願することができる（第147条）。この国民大会は，毎年12月に首相が招集し，国王の主宰の下で開催される（第148条）。国民大会は国民議会，上院，政府に対して対応を求める勧告を採択し，勧告は，これらの国家機関によって真摯に検討されるものとした（第149条）。こうした規定は，第4次改正（1958年）によって旧・カンボジア王国憲法（以下，1947年憲法）第8章「国民大会」に盛り込まれたものと同様の規定である。1947年憲法下において国民大会は，「王制社会主義」を標榜するシハヌーク（当時は，王位を退位して国家元首）が圧倒的な国民的支持を背景に，直接民主制を体現する装置として設置し，ときに対立する国民議会を牽制して自らの政策を実現するために駆使した制度である。この制度がいまさらどのような経緯から1993年憲法に導入されたかは明らかではないが，現在に至るまで，国民大会の設置法は起草されておらず，実際に開催されてもいない。

⑥ 地方行政

1993年憲法は，地方行政制度に関してわずかに「カンボジア王国の国土は，州および特別市に区画割りされる。州は，郡に，郡は，村に区画割りされる。特別市は区に，区は街に区割りされる」（第145条）および「州，特別市，郡，村，区および街は，組織法律にもとづき統治される」（第146条）という2ヶ条の規

定をもつに過ぎない。現在は，20の州およびプノンペン（首都），南部の港湾都市カエップとシハヌーク・ヴィル，最近までクメール・ルージュの反政府武装闘争の拠点であったタイ国境のパイリンが特別市に指定されている。州知事および特別市市長は，首相の提案にもとづいて国王が国民議会の同意を経て勅令によって任命することとされ，地方公共団体の首長の実質的任免権を首相に賦与（大臣会議法第14条）し，地方行政を内務省の所管とした。憲法第146条に定められた「組織法律」はいまだ公布，施行されていないが，地方行政については「村および区の行政組織に関する大臣会議令」，「州および特別市の行政当局の職務および職責並びに組織に関する内務省宣言」および「州知事および副知事並びに特別市市長および副市長並びに行政組織の職務に関する内務省宣言附則」が定められている。

カンボジアにおいて地方分権をめぐる議論は，1990年代末にアジア開発銀行（ADB）やドイツ技術協力公社（GTZ）が地域行政の意思決定に住民を参加させることを勧告したことに由来する[17]。それ以来，カンボジア政府と国連機関，国際援助機関との間ではコミューンと総称される末端行政村（クム）と特別市の区（サンカット）評議会（それぞれ村議会，区議会に相当）の議員公選制の復活を焦点に議論が続けられた。この結果，2001年に全国1,621のコミューン評議会の議員選挙のためのコミューン評議会選挙法が公布，施行されたのち，2002年と2007年にコミューン評議会議員選挙が実施された。コミューン評議会選挙法は，人口1万5,000から2万人のコミューンに人口に応じて評議会の定数を5から11として無所属候補を排除した比例代表制を採用し，得票数から議席数を算出する方式として国政選挙と同様の「ハイエスト・アベレージ」方式を採用した[18]。

2）司法機関と司法制度・違憲審査制・ADR
① 裁判所と司法改革

1993年憲法は，第11章に8ヶ条からなる「司法」をおき，司法制度について規定した。その総則的規定である第128条は，司法を独立の権力とし（1項），その目的を市民の権利および自由の保障にある（2項）として，行政訴訟を含むあらゆる訴訟を管轄（3項）する司法権を最高裁判所および下級裁判所に賦与した（4項）。また，判決を言い渡す権限を裁判官のみに与え（第129条），立法機関および行政機関による司法権の行使を否定（第130条）することで司法の地位

を保障し，司法官職高等評議会による懲戒を除いては裁判官は罷免されないとして裁判官の身分を保障した（第133条）。

司法官職高等評議会について憲法は，司法の独立の擁護者である国王を補佐する機関（第132条）であり，国王の主宰によってすべての審級の裁判官，検察官の任命を国王に提案（第134条3項）し，最高裁判所長官または最高裁判所所属検事総長の主宰によって裁判官，検察官の懲戒を決定する権限を与えた（第134条4項）。

司法官職高等評議会
国王，司法大臣，最高裁判所長官，最高裁判所所属検事総長，控訴裁判所長官，控訴裁判所所属検事長，互選された裁判官3名

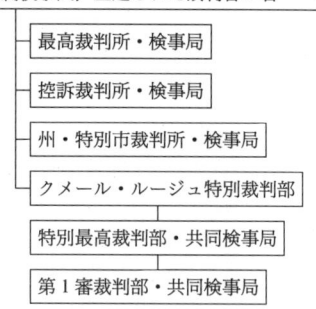

- 最高裁判所・検事局
- 控訴裁判所・検事局
- 州・特別市裁判所・検事局
- クメール・ルージュ特別裁判部
- 特別最高裁判部・共同検事局
- 第1審裁判部・共同検事局

図7-2　カンボジア裁判所の組織機構図

これらの規定にもとづいて制定された「司法官職高等評議会の組織および権限に関する法律」（1994年公布，施行，以下，司法官職高等評議会法）によれば，同評議会は，国王（議長），司法大臣，最高裁判所長官，最高裁判所所属検事総長，控訴裁判所長官，控訴裁判所所属検事長，互選により選挙された裁判官3名によって構成され（第2条），選挙された評議会委員の任期は5年間である（第4条）。同評議会は，司法の権限および組織に関する法律案について国民議会の諮問を受け（第10条1項），裁判官，検察官の任命，異動，昇任，昇格，解任，降格，停職および罷免を国王および司法大臣が出席しない懲戒会議において決定する（第11条〜15条）。なお，同評議会の予算は司法省の予算によって賄われる（第19条）。このように司法の独立を保障する司法官職高等評議会の組織と機能を定めた司法官職高等評議会法は，構成員および予算に関して司法大臣および司法省の関与が規定されていることから行政による司法への介入の余地を残している。

クメール・ルージュ政権下でほぼすべての法曹実務家を失い，法学教育機関が崩壊したばかりか法制度そのものを失ったカンボジアにおいて，1980年代における司法の再建は，ベトナム人専門家の下で短期間の法学実務教育を受けたカンボジア人司法官僚がベトナム法を必要に応じて移植することから着手された。したがって，1993年憲法の下で新たにカンボジア司法が直面した緊急の課題は，

図7-3 最高裁判所

1993年憲法に適合的な法制度を構築し、その担い手を養成する、という全面的な司法改革であった。そこで政府は、2000年に司法改革評議会を、2002年にはその後継組織として法制度・司法改革評議会を発足させ、2003年には、(1)基本的権利と自由の保障の改善、(2)法の支配の貫徹を目指す立法作業の近代化、(3)法情報の普及、(4)法曹養成の強化と司法の質の向上、(5)独立した司法の確立に向けた関係法令の整備、(6)代替的紛争解決方法の導入、(7)司法行政能力の向上、からなる司法改革戦略を策定した。また2004年のカンボジア支援国会合では、民法、民事訴訟法、刑法、刑事訴訟法、裁判所構成法の制定、裁判官規程および検察官規程と汚職防止法の制定をつうじた司法の独立と公正の促進が求められた。そこで、これらの議論をふまえて2005年に大臣会議で了承された司法改革実施計画の下で優先順位を与えられた法律の起草作業、法令のデータベース化、判例集の刊行、裁判官、検察官および弁護士研修機関の設置、商業裁判所の設置準備が短期目標として取り組まれている。

② 違憲審査制（憲法院）

カンボジアにおける違憲審査制度は、かつてクメール共和国憲法（1972年憲法）において憲法裁判所を設置して導入されたことがあるものの、その後の社会主義政権においては、人民代表によって構成される立法機関が採択した法律を司法機関が違憲審査すること自体が否定され、法律の解釈権は国会常務委員会に委

ねられた。これに対して 1993 年憲法は、違憲審査制を復活させ、第 12 章（第 136 条～第 144 条）に「憲法院」の規定をおいた。憲法院は 3 年ごとに改選される任期 9 年の評議官 9 名によって構成され、それぞれ 3 名の評議官を国王、議会、司法官職高等評議会が指名し、国王が任命する。

また、5 章 41 ヶ条からなる「憲法院の組織および機能に関する法律」（1998 年公布、施行）にもとづく憲法院の管轄事項は、選挙争訟の決定と法律（案）の違憲審査の 2 つである。選挙争訟について憲法院は、政党登録、候補者名簿、立候補資格、選挙人資格および選挙結果に関する国家選挙管理員会の決定に対する政党または個人による不服申立てを審査し、裁判所における取消訴訟の対象とはならない終局的決定を下す。法律案の違憲審査は、組織法律、議会規則およびそれらの改正案は、公布に先立って義務的に憲法院による審査に付される。他方で、国王、国民議会議長、首相および国民議会議員の 10 分の 1 は、上記以外の法律案を公布に先立って憲法院に送付して審査を求めることができる。また、国王、国民議会議長、首相および国民議会議員の 10 分の 1 に加えて裁判官は、すでに公布、施行された法律に対する審査（抽象的違憲審査）を求めることができ、さらに裁判の当事者は、事件を管轄する裁判所から最高裁判所を通じて、憲法院に対して係争中の裁判で適用される法令または行政機関による処分に対する審査（付随的違憲審査）を求めることができる。

③ 代替的紛争解決方法（ADR）

カンボジアにおいて裁判によらない代替的紛争解決のメカニズムとして最も活発に機能しているのは、カンボジア仲裁評議会による労働仲裁である。「労働に関する法律」（1997 年公布、施行、以下、労働法）の下で国際労働機関（ILO）などの支援を受けて起草された「カンボジア仲裁評議会の設置に関する法律」（2002 年公布、施行、以下、仲裁評議会設置法）にもとづいて 2003 年に設置された仲裁評議会では、現在、政府、使用者団体、労働組合から推薦された 30 名の仲裁人が労使紛争の仲裁にあたっている。

労働法によれば、労使紛争は当事者間にあらかじめ紛争解決方法についての合意がなく、交渉による解決が図られなかった場合、当事者の申立てによって労働職業訓練省（または州労働職業訓練局）の労働監察官による調停に付され（労働法第 303 条）、当該調停が不調のときは、労働監察官はその旨を労働職業訓練大臣に報告し、大臣は、仲裁委員会に仲裁を命じることができる（労働法第 310

条)。仲裁手続において当事者双方は使用者団体と労働組合があらかじめ推薦した名簿から仲裁人各1名を選任し，これら2名の合意にもとづいて指名された公益代表仲裁人1名によって3者構成の「パネル」が編成され，公益代表仲裁人が議長を務める（仲裁評議会設置法第12条）。仲裁手続は，冒頭で裁定に不服のあるときは裁判所に提訴するかどうかを当事者に合意させた上で開始され，パネルは手続中のストやロック・アウトを禁止し，すでに行われている場合には中止を命令することができる（仲裁評議会設置法第20条）。仲裁評議会は，これまでに首都のみで行われている仲裁手続を各州への「出張仲裁」によって拡大することを計画している一方で，当事者が仲裁裁定を遵守しなかった場合の裁定の拘束力の実質化をいかに図るか，が問題となっている。

2．カンボジアの法制度の概要

1）法　源

　カンボジア政府法律家評議会の発表によれば，現代カンボジア法の法源は，(1) 憲法，(2) 憲法改正法，(3) 法律，(4) 勅令，(5) 大臣会議令，(6) 省令，(7) 条例の序列による[19]。

　いうまでもなく憲法は，制憲議会によって採択され，国王によって公布された1993年憲法を指す。憲法第150条は，憲法の最高法規性を宣言（同条1項）し，法律および国家機関の決定に憲法との厳格な一致を求めている（同条2項）。また憲法保障のための違憲審査制を導入し，違憲審査機関として憲法院を設けていることは，すでに述べたとおりである。憲法改正手続は，国王，首相または議員総数の4分の1のいずれかの提案にもとづいて国民議会議長が発議し，国民議会議員総数の3分の2の賛成によって可決される（第151条）。ただし，憲法第86条の定めにより，国家非常事態が発令されているときは憲法を改正することはできず，また，内容面においても「国王は，君臨するが，統治しない」原則（第17条）および自由な民主主義体制，複数政党制ならびに立憲君主政体を侵害する改正は認められない（第152・153条）。

　法律は，国民議会および上院の議決を経て国王が勅令をもって公布する。なお，国家機構の編成にかかわる統治組織法は組織法律と呼ばれ，国王の審署に先だって憲法院による事前の義務的審査に付される。さらに，憲法は，「カンボジ

アの国有財産，権利，自由および合法的私有財産を保護し，国益に一致する法律その他の法令は，憲法の精神に反しない限り，新しい規定により改正され，または廃止されるまで効力を有する」という「移行措置」（第158条）を定めている。

勅令は，議会（国民議会および上院）の議決，大臣会議または司法官職高等評議会の提案にもとづいて国王が発する。大臣会議令は，大臣会議の決定にもとづく行政命令であり，首相の権限に属する内容については首相の署名により，大臣会議の事務に関する内容については首相の署名に加えて所管の大臣が副署する。また，省令は，各省の所管の大臣がその所掌の事務について発する。さらに，条例は，州知事，特別市市長が発することができるがその効力の及ぶ範囲は，当該州，特別市に限定される。このほか，行政機関が法律にもとづいて発する布告や下級機関への通知，行政手続を定めた宣言がある。なお，「武器弾薬の所持に関する内務省・国防省共同宣言」（1996年7月11日付）にみられるように内容によっては複数の省が合同して共同宣言を発することができる。

2）立法手続

先に述べたとおり，カンボジアにおいては議会への法律案提出権は，社会主義政権下では，政府（大臣会議）のほか，国会議長，国家評議会（国会の常設機関），国会委員会委員長，各大衆団体議長に加えて最高裁判所長官および最高検察庁検事総長にも認めてきたが，現行の1993年憲法においては，議会に法律案を提出できるのは首相，国民議会議員および上院議員のみである（第91条）。

政府による法律案の起草過程は，所管の省庁が法律案を起草し，大臣会議に提出する。大臣会議はまず，大臣会議法律家評議会に法律案を送付してその内容と憲法および他の法律との整合性を審査させ，次に省庁間会議に提出して了承を取り付けたのちに大臣会議案として採択して国民議会常務委員会に提出する。議会による審議の手続きおよび憲法院による公布前の審査についてはすでに述べたとおりである。

ところで，急速に法整備を進める必要に迫られているカンボジアにおいては，国王の審署を得て公布された法律は，憲法上プノンペンにおいては審署の日から10日後に，それ以外の地域においては20日後に施行される（第93条）。しかしながら，2007年に公布，施行された民事訴訟法は，従来の民事訴訟手続に大幅な変更を加えることとなった規定内容を周知し，また円滑な適用を図るために裁

判所や執行官などの制度整備に充分な期間を確保する必要がある，という実務的要請から適用開始を施行の日から1年後と定めた（民事訴訟法第587条）。また2007年12月に公布，施行された民法についても同様の理由から，適用開始は「別に法律で定める日から」（民法第1302条）となっている。

3. 法整備と法整備支援の現状

1991年の和平成立と同時に，カンボジアでは数多くの援助機関がさまざまな分野において復興・開発に向けたプロジェクトに着手した。法整備支援もその例外ではなく，さしあたり，その特徴として以下の3点を指摘することができよう。まず第1に，カンボジアにおける法整備支援の特徴は，援助供与機関（ドナー）の多様性にある。アジア開発銀行（Asian Development Bank）などの開発金融機関，国連人権高等弁務官事務所（UNHCHR），国連開発計画（UNDP），国際労働機関（ILO）といった国連機関，日本，フランス，オーストラリア，ドイツ，アメリカなどの政府機関に加えてアジア財団（The Asia Foundation），アメリカ弁護士会（American Bar Association）といった非政府機関（NGO）が1990年代初頭に相次いで法整備支援プロジェクトを開始している。第2の特徴は，カンボジア側の援助受入機関（カウンター・パート）の多様性にある。司法省，最高裁判所はもとより，商業省，経済財政省，内務省といった官庁から大臣会議，国民議会，上院，憲法院にまでおよび，それ以外にも王立経済法科大学，王立経営大学（Royal University of Management），王立司法学院といった人材養成機関やカンボジア弁護士会も法整備支援プロジェクトの主要な舞台となっている。こうしたことからも判るとおり，第3の特徴は，プロジェクトそのものの多様性にある。法令起草のための支援は民法や刑法にとどまらず，土地法，人身取引取締法にまで広がりをみせている。また，裁判官，検察官，弁護士といった法曹実務家を養成するための支援はその対象を裁判所書記官や公証人にまで拡大しようとしている。さらに，法学教育の分野では教員の派遣，留学生の受け入れ，教科書の編纂が行われ，議員や議会スタッフを対象とする研修も実施されている。

日本は，まさに各国がカンボジアへの法整備支援に着手していた1992年に人造りや制度構築といった知的支援をつうじて被援助国の統治のあり方を改善し，

統治能力を向上させる，という国際協力の基本理念を明らかにした[20]。1994年に実施されたベトナムへの民法起草支援を皮切りに1996年からは「ベトナム重要政策中枢支援・法整備」プロジェクトが開始され，同時期にインドシナ諸国などで案件発掘のための調査が実施されている。

カンボジアにおける日本による法整備支援は，1996年から始まった予備調査とカンボジア側諸機関との協議結果を踏まえて，1999年から司法省をカウンター・パートとして民法典と民事訴訟法典の起草支援を目的に開始された。

日本によるカンボジア法整備支援プロジェクトの実施体制は，当初から日本側が法律案を起草して完成したものをカンボジアに引き渡す，というアプローチを排し，両国の関係者による共同作業による法律案の起草を目指した。この方式を実効的に進めるために，日本側には援助実施機関の国際協力事業団（現・国際協力機構），外務省，法務省，最高裁判所，日本弁護士連合会，大学の研究者からなる国内支援委員会が組織され，その下に法曹実務家と研究者からなる民法部会，民事訴訟法部会をおき，カンボジア側にも司法省，裁判所の実務家からなるワーキング・グループが組織された。両者は定期的なワークショップや日本国内での研修を重ねて法律案全体の構成から逐条にわたる議論を続け，案文中の用語を確定するという作業を行った。また，2001年には法務省法務総合研究所に国際協力部が設置され，専門家派遣や研修受け入れの態勢が飛躍的に強化された。

こうしたカウンター・パートの実質的参加を重視した作業は，単に草案の完成にとどまらず，起草作業の過程でカンボジア側関係者の法律知識の向上や法律案起草技術の移転といった人材養成の側面をも強化することとなった。

プロジェクトの第1フェーズは，民法典草案および民事訴訟法典草案を完成させて終了し，2004年から開始された第2フェーズは，立法手続の支援，関係法令の起草と制度設計支援と並んで，実務家に向けた民法，民事訴訟法の普及セミナーを各地で開催し，2005年からは，裁判官検察官養成校において関連科目の教育支援を行っている。

他方で，各国による法整備支援のカウンター・パートがカンボジア政府部内で多岐にわたっていることは，法体系の一体性，統一性を図る観点から法律案の規定内容や制度設計についての充分な調整を要する。しかしながら，個別のドナーやカウンター・パートの思惑の違いは，ときとして思わぬ問題を生じさせてしまう。たとえば，民事訴訟法典起草とほぼ同時に商業省がカナダ国際開発庁

(CIDA)の資金協力を得て起草した商事裁判所法案は,外国投資家との紛争を解決する制度の確立を急ぎ,ひいてはWTO加盟を急ぐ政府の思惑から民事訴訟法との整合性が調整されず,草案完成後に省庁間の協議が始まったことからいまだ宙に浮いたままである。また,ADBが融資の条件(コンディショナリティ)として制定を求めた土地法は,民法に先立って2001年に公布,施行されたが,不動産物権の変動に関しては当時起草中であった民法の規定を一部変更するという事態が生じた。こうした事例は,カンボジア政府が新たな法体系のグランド・デザインを持たないままに個別のプロジェクトに合意を与えていること,およびドナー間の調整が充分には図られていないことを示している。

4. クメール・ルージュ裁判(KRT)

1975年から1979年までの間に民主カンプチア政権(ポル・ポト政権)を樹立したカンプチア共産党(いわゆるクメール・ルージュ)は,自力更生と極端な民族主義を標榜して国民を農業集団化施設に強制移住させ,都市や通貨を廃止するなどして独自の社会主義政策を展開し,党の路線に異を唱えるものは反逆者として容赦なく粛清した。外交面では中国に軍事的・経済的に依存する反面,諸外国には事実上の鎖国政策を採り,内政の失敗は西欧諸国や対立する隣国ベトナムによる干渉の結果であると宣伝した。こうしたことからベトナムとの衝突は全面的な武力紛争に拡大,1978年12月にベトナム軍はカンボジア侵攻を開始し,翌年1月には民主カンプチア政権を打倒してカンプチア人民共和国政権(ヘン・サムリン政権)を樹立した。これ以後,ベトナムと東欧諸国の支援を受けた人民共和国政権と東南アジアにおけるソ連・ベトナムの勢力拡大を懸念する当時の西側諸国の支援を受けて反ベトナムを標榜する勢力が糾合した民主カンプチア連合政権との間の内戦状態は,パリ和平協定が締結される1991年まで続き,和平回復後もクメール・ルージュは反政府武装闘争を継続した。

クメール・ルージュ政権下における大量虐殺の責任者を処罰することは,1997年にカンボジア政府が国連に対して支援を求めたことから具体化が模索されたが,カンボジア政府は国家主権を主張して国際法廷の設置を拒み,政権与党である人民党がクメール・ルージュを離脱した幹部によって結成された勢力であったことから訴追対象者も絞り込むことを求めたために国連との交渉は難航した。

2001年には，前年の国連との合意をふまえて「民主カンプチア政権時代に実行された犯罪を裁く特別裁判部のカンボジアの裁判所への設置に関する法律」案が議会において採択されたが，憲法院は翌年2月に同法案の最高刑を死刑とした規定を憲法違反と決定した。そこで政府は国連との協議の上で最高刑を終身禁固に引き下げ，三審制を二審制に簡略化するなどの改正を盛り込んだ法律案をあらためて議会に提出し「民主カンプチア政権時代に実行された犯罪を裁く特別裁判部のカンボジアの裁判所への設置に関する法律」改正草案（以下，改正特別裁判部設置法）は議会での採択を経て2004年10月24日に公布，施行され，クメール・ルージュ裁判に向けた動きはようやく本格化した。

 改正特別裁判部設置法は，特別裁判部の管轄事項をポル・ポト政権期の1975年4月17日から1979年1月6日に実行された犯罪に限り（第2条），対人管轄権を「民主カンプチアの主要幹部および民主カンプチアによる統治期間中の深刻な人権侵害に最も重大な責任を負うべき者」に限定した（同）。また処罰対象を1956年カンボジア刑法にも規定された殺人，拷問，宗教的迫害，1948年ジェノサイド条約に定義された集団殺害のほか，人道に対する犯罪，武力紛争時における捕虜の待遇や文民の保護を定めた1949年ジュネーブ諸条約に対する違反行為（第3条）として，適用可能な最高刑を終身禁固とした（第8条）。

 訴訟手続として特別裁判部は二審制を採り，第一審裁判部は外国人裁判官2名と裁判長を含むカンボジア人裁判官3名により，最高裁判部は，外国人裁判官3名と裁判長を含むカンボジア人裁判官4名により構成され（第9条），判決は第一審においては外国人裁判官を含む4名の賛成を，上訴裁判部では外国人裁判官を含む5名の裁判官の賛成を要するものとした（第14条）。被疑者はカンボジア人，外国人それぞれ1名からなる共同検察官によって起訴されるが，起訴，不起訴に意見が分かれたときには5名の裁判官（カンボジア人3名，外国人2名）からなる予審裁判部が起訴の要否を決定し，起訴後は捜査裁判官2名（カンボジア人1名，外国人1名）による捜査を経て公判に付される（第17～20条）。

 2009年6月現在，特別裁判部はドゥイ（Duch）ことカイン・グエック・エアヴ（Kaing Guek Eav，治安機関収容所長），ヌオン・チア（Nuon Chea，党中央委員会常務委員，軍事委員，党副書記），イエン・サリ（Ieng Sary，党中央委員会常務委員，外務担当副首相），イエン・チリト（Ieng Trith，党中央委員，社会問題相），キュウ・サンパン（Khieu Samphan，党中央委員，国家幹部会議長）を人道

に対する犯罪などの容疑で逮捕,起訴し,審理を進めている。今後の裁判において,政権幹部であった上記の被告人らは,自らが実行した犯罪行為に加えて,「上官としての責任」を追及されることとなろう。

5. カンボジア法研究に関する情報

公的機関として,国立図書館(所在地:Street 92)の蔵書のうち植民地期から70年代までに収蔵されたものは傷みがひどいために修復作業中で閲覧することができない。また,利用可能な文献は,おもにパリ和平協定締結後に海外から寄贈された一般書が中心であるが,国立図書館構内の国立公文書館には,内戦による散逸を免れた植民地期からの公文書が整理・保存されており,外国人研究者は10ドルの手数料(1ヶ月間有効)を支払えば資料を閲覧し,コピーすることができる。

また,国民議会および上院にも附属図書館があり,パスポートを持参すれば入館することができる。しかしながら,蔵書は,パリ和平協定締結後に海外から議会支援の一環として立法考査用に寄贈されたものがほとんどである。

さらに,王立行政学院(Royal School of Administration, 所在地 No. 17 St. 466)は,フランスの国立行政学院をモデルに司法,外交,行政分野における高級官僚を養成する機関として設立され,裁判官・検察官養成校や裁判所書記官養成校を傘下にもつ王立司法官職学院が同じ敷地内にあることから,王立行政学院図書室には法令集,最高裁判所判例集やカンボジア法に関する文献が比較的整っている。

大学として,王立プノンペン大学(Royal University of Phnom Penh, 所在地:Blvd. Confederation of Russia)は,1960年に王立クメール大学として設立され,1970年の共和制施行にともなって名称をプノンペン大学に改称した。1975年から79年の間のクメール・ルージュ政権下で廃止され,多くの学生,教官,卒業生を失ったが,1980年から教育省所管の高等教育機関として再建が開始され,1996年に現在の名称に改称した。1997年に開館したフン・セン図書館はカンボジア国内で最も整備された図書館で,学外者の利用も可能であるが法律文献は限られている。

なお,1967年に王立クメール大学の一学部として設立され,1975年にクメー

ル・ルージュ政権下で廃止された後，1980年にベトナムの援助で司法省所管の司法官僚・法曹養成機関として再建に着手された王立経済法科大学（所在地：Boeung Trabek, Blvd. Monivong）は，その後教育省の所管となり，王立プノンペン大学から独立した大学として現在に至っている。王立経済法科大学図書館の蔵書は，パリ和平協定締結後に海外から寄贈されたものがほとんどで，カンボジア法に関する学術文献は皆無に等しいが，各科目の担当教官がクメール語で執筆し，学内で印刷・簡易製本された講義資料を閲覧することができる。

　国際機関として，アジア開発銀行の資料室（Asian Development Bank Phnom Penh Learning Resource Center, 所在地：29 Sramarit Blvd.）は，カンボジアの開発問題にかかわる資料を幅広く収集している。

　カンボジアに数多く存在するNGO（非政府機関）のうち，カンボジア協力委員会（Cooperation Committee for Cambodia, CCC, 所在地：35 Street 178）はカンボジアで活動するNGOの協議体である。CCCの資料室には法律文献は少数ながら，傘下のNGOのみならず，国際機関などの調査報告書や関連文献が多数収められており，農村開発，環境，人権，ジェンダーなど「法と開発」にかかわる研究にはきわめて有用である。

　また，カンボジア開発資源研究所（Cambodian Development Resource Institute, CDRI, 所在地：56 Street 315）は，国際機関などからの受託調査を行っているシンクタンク系のNGOである。同研究所の資料室も「法と開発」研究に資する資料を多く収蔵している。

　カンボジア史料センター（Documentation Center of Cambodia, DC-Cam, 所在地：No. 70 Shihanouk Blvd.）は，コーネル大学のカンボジア大量虐殺研究プロジェクトの拠点として発足し，現在は独立したNGOとしてクメール・ルージュに関する資料や証言の収集を行っており，ことにDC-Camが散逸を防いだ強制収容所の調書を整理，公開している。

　法律雑誌に関して，クメール語，外国語とも法律雑誌はカンボジア国内では発行されていないが，Dirksen, Flipse, Doran and Le 法律事務所（DFDL, 所在地：No. 45 Suramarit Blvd.）が主要な法令を英訳し週毎の速報（DFDL Weekly Law Update）として頒布している。

　法律情報をアップロードしているものとして，たとえば以下のような機関のサイトがあるが，頻繁に更新されているわけではない。

(1) カンボジア国民議会（http://www.national-assembly.org.kh/）
(2) カンボジア上院（http://www.senate.gov.kh/）
(3) カンボジア政府（http://www.cambodia.gov.kh/）
(4) カンボジア大臣会議法律家評議会（http://www.bigpond.com.kh/Council_of_jurist/）
(5) クメール・ルージュ特別裁判部（http://www.eccc.gov.kh/）
(6) カンボジア仲裁評議会（http://www.arbitrationcouncil.org/）
(7) カンボジア史料センター（http://www.dccam.org/）

おわりに

　みてきたように，カンボジアでは1993年憲法に適合的な人権保障と統治のための法整備はいまだ完遂しておらず，法令の執行を担保する諸制度もまた整備の途上にある。憲法制定からすでに10数年を経ていまだにこうした課題に直面している背景には，クメール・ルージュ政権下で多くの法曹実務家と法学研究者・教官を失ったことはいうまでもないが，それに加えて現行の憲法体制が1980年代をつうじてこの国に導入された社会主義体制をしりぞけ，複数政党制に立脚した自由な民主主義体制と市場経済への転換を要請していることが大きな要因となっている。すなわち，ひとことでいえばカンボジアの法と司法をめぐる状況は，社会主義法体制から民主主義と市場経済に適合的な法体系への転換という大事業を極端に少ない担い手によって短期間のうちに進めなければならない，という困難なものであるといえよう。さらに国際社会からは貧困削減，環境保全，人権保障といったグローバルな問題に対応することが新たな立法課題として要請されている。

　カンボジアにおける法整備の人材と資金の不足を補っているのが国際機関や諸外国の国際協力機関による法整備支援であることは，すでに述べたとおりである。一方で，日本の法学研究者が中心となって起草を支援した民法，民事訴訟法はすでに公布，施行され，フランスの援助による刑法，刑事訴訟法の完成も間近い。他方で，法整備支援そのものの歴史が浅いために事業の成果をいったいどのような基準と手法で評価するか，といった国際協力の実務的要請に法整備支援研究は応えきれてはいない。したがって，現代カンボジア法の研究は，カンボジア

1国の法研究にとどまらず，法整備支援の実証的研究にまで発展する可能性を秘めており，またそのような課題に応えることを要請されているといえよう。

注

1) カンボジアに関する代表的な通史的研究として David P. Chandler, *A History of Cambodia*, Boulder : Westview Press, 1992, プレ・アンコール期のカンボジア研究として Michael Vickery, *Society, Economics and Politics in Pre-Angkor Cambodia : The 7th-8th Centuries*, Tokyo : Centre for East Asian Cultural Studies for UNESCO, 1998 がある。また，周達観による『真臘風土記』の翻訳として『真臘風土記 アンコール朝のカンボジア』(和田久徳訳注，平凡社，1989年) が，アンコール期の碑文解析の研究成果として石澤良昭「カンボジア・アンコール時代の法廷と訴訟問題」(『東洋史研究』第43巻第2号，1994年) がある。
2) 坂本恭章訳・上田広美編『王の年代記』明石書店，2006年。
3) Adhémard Leclère, *Les Codes Cambodgiens T. I-II*, Paris : Ernest Leroux, 1898, 飯泉華子・上田広美「カンボジア慣習法」(1)～(3) (東京外国語大学東南アジア課程『東京外大東南アジア学』第5巻，第6巻，第7巻，1999年，2000年，2002年)。
4) Adhémard Leclère, *Recherche sur le droit public des Cambodgiens*, Paris : Augastin Challamel, 1894, Adhémard Leclère, *Recherche sur la legislation criminelle et la procédure des Cambodgiens*, Paris : Augastin Challamel, 1914, 高橋宏明「近現代カンボジアにおける中央・地方行政制度の形成過程と政治主体」(天川直子編『カンボジアの復興・開発』アジア経済研究所，2001年)。
5) 民主カンプチア政権下の犠牲者数をめぐってはさまざまな推計が存在する。これらを整理したものとして，Craig Etcheson, *The Rise and Demise of Democratic Kampuchea*, Boulder : Westview Press, 1984, p. 143 以下を参照せよ。また，今日，定説となっている「100万人」という推計については David P. Chandler, *Brother Number One : A Political Biography of Pol Pot*, Boulder : Westview Press, 1992 (邦訳としてデービッド・P・チャンドラー『ポル・ポト伝』山田寛訳，めこん，1994年) p. 168 以下を参照せよ。
6) Steve Heder, *Cambodian Communism and the Vietnamese Model (Vol. 1) : Imitation and Independence,* Bangkok : White Lotus, 2004, Justin Corfield, *Khmers Stand Up !*, Clayton : Centre for Southeast Asian Studies, Monash University, 1994, Ben Kienan, *How Pol Pot Come to Power*, London : Verso, 1985, Ben Kienan, *The Pol Pot Regime : Race, Power, and Genocide in Cambodia under the Khmer Rouge, 1975-1979*, New Haven : Yale University Press, 1996, Even Gottesman, *CAMBODIA After the Khmer Rouge*, New Haven : Yale University Press, 2002, Margaret Slocomb, *People's Republc of Campuchea, The Revolution after Pol Pot*, Chiang Mai : Silkwarm, 2003 を参照せよ。

7) M. Gaillard, *DÉMOCRATIE CAMBODGIENNE : La constitution du 24 Septrembre 1993*, Paris : L'Harmattan, 1994 を参照せよ。
8) たとえば，Siphana Sok, *Legal System of Cambodia*, Phnom Penh : Cambodian Legal Resource Development Centre, 1998 を参照せよ。
9) 四本健二「カンボジアの憲法制度」(作本直行編『アジア諸国の憲法制度』アジア経済研究所，1997年)，四本健二『カンボジア憲法論』勁草書房，1999年，四本健二「カンボジアの復興・開発と法制度」(天川直子編『カンボジアの復興・開発』アジア経済研究所，2001年)，四本健二「カンボジアにおける司法改革」(小林昌之・今泉慎也編『アジア諸国の司法改革』アジア経済研究所，2002年)，四本健二「カンボジアにおける近代的行政機構の発展と行政改革」(『アジア法文化と国民国家II』関西大学法学研究所研究叢書第29冊，2004年)，四本健二「カンボジアにおける社会問題と法——トラフィッキング取締法制の展開を中心に」(天川直子編『カンボジア新時代』アジア経済研究所，2004年)，四本健二「カンボジアにおける女性の権利——ドメスティック・バイオレンス防止法制の展開を中心に」(『アジアのマイノリティと法II』関西大学法学研究所研究叢書第36冊，2007年) を参照せよ。
10) 中山研一・佐藤美樹「カンボジア刑事訴訟法におけるフランス刑事訴訟法の影響」(1)，(2・完)(『高岡法学』第11巻第1号，第11巻第2号，1999, 2000) を参照せよ。
11) 欧米における代表的な研究として，たとえば Howard J. De Nike, John Quigley and Kenneth J. Robinson (eds.), *Genocide in Cambodia : Documents from the Trial of Pol Pot and Ieng Sary*, Philadelphia : University of Pennsylvania, 2000, Stephan Heder and Brian D. Tittemore, *Seven Candidates for Prosecution : Accountability for the Crimes of the Khmer Rouge*, Phnom Penh : Documentation Center of Cambodia, 2004 (邦訳としてスティーブ・ヘダー，ブライアン・D・ティットモア『カンボジア大虐殺は裁けるか——クメール・ルージュ国際法廷への道』四本健二訳，現代人文社)を参照せよ。
12) United Nations, *United Nations and Cambodia 1991-1995*, New York : United Nations, 1995，四本健二「カンボジア王国憲法」(萩野芳夫・畑博行・畑中和夫編『アジア憲法集[第2版]』明石書店，2007年) を参照せよ。
13) これらの規定は，1994年に公布，施行された「『民主カンプチア・グループ』の非合法化に関する法律」にもとづいて非合法化され，自治地域の放棄，武装解除，政府への投降，指導者の処罰を命じられたにもかかわらず，タイ・カンボジア国境地帯で反政府武装闘争を継続した民主カンプチアの残存勢力(いわゆるクメール・ルージュ)が政党を結成して合法的に政治闘争を展開することを阻止するためにもうけられたものである。
14) たとえば，最大政党のカンボジア人民党は，23政党が1,905人の立候補者を擁立した2003年の国民議会議員総選挙において全国で244万7,000票あまりを得票し，73議席を獲得した。このことは，47.4%の得票率で59.6%の議席を確保したことになる。その一方で，はじめて国政選挙に臨んだサム・ランシー党は，113万票あまりを得票したに

もかかわらず24議席にとどまったことから，得票率が21%であったにもかかわらず，19.5%の議席しか得られなかったことになる。
15) Michael Vickery, *Kampuchea : Politics, Economics and Society*, London : Frances Pinter (Publishers) 1986, p. 78.
16) この数字に国防省所属の軍人および内務省所属の警察官は含まれない。詳細につき，四本健二前掲「カンボジアにおける近代的行政機構の発展と行政改革」の付表を参照せよ。
17) 岡島克樹「カンボジアの地方行政システム——その変遷と現況」(『大谷女子大学紀要』第39巻，2005年)。
18) 2002年の選挙結果は，人民党が得票率58.85%で7,703議席 (68.40%) を獲得し，1,598のコミューンで評議会議長職を占め，フンシンペックは，得票率21.09%で2,211議席 (19.63%) を獲得し，10のコミューンで評議会議長職を占め，サム・ランシー党は，得票率16.09%であったにもかかわらず，1,346議席 (11.95%) を獲得したにとどまり，13のコミューンで評議会議長職を占めた。また，2007年の選挙では，人民党が得票率60.82%で7,993議席 (70.40%) を獲得し，1,591のコミューンで評議会議長職を占め，フンシンペックは，得票率5.36%で274議席 (2.41%) に大きく後退し，わずか2つのコミューンで評議会議長職を占め，サム・ランシー党は，得票率25.19%に躍進して2,660議席 (23.43%) へと議席数を倍増し，28のコミューンで評議会議長職を占めた。なお，フンシンペックから分派して2007年の選挙にはじめて登場したノロドム・ラナリット党は，得票率8.11%，議席数425 (3.74%) のいずれでもフンシンペックを上回ったものの，いずれの選挙区でも比較第1党とならなかったためにコミューン評議会議長の座は獲得することができなかった。
19) 大臣会議法律家評議会のホームページ (http://www.bigpond.com.kh/Council_of_Jurists/) を参照せよ。
20) 政府開発援助大綱 (ODA大綱) (1992年6月30日閣議決定，2003年8月29日改正，閣議決定) を参照せよ。

第8章 タ　イ

西澤　希久男

はじめに

　2007年8月19日，タイの歴史上はじめて新憲法を承認するか否かについての国民投票が実施された。著者は，幸運にもこの歴史的な日をバンコクで迎えることができ，国民投票当日の動向を見守っていた。テレビ局は，各局とも特番を組んで，各県の投票状況や開票状況を報道していた。また，バンコクでは，高級ショッピングモールに隣接する公園にテントを張り，投票所を設置するというアンバランスな光景を見ることができた。

　はじめての国民投票の投票率は，57.61％と低調なものであった。国民投票の翌日を休日とし，地方出身者が故郷に帰って投票しやすくし，高投票率を目指したにもかかわらず，投票率は高いものではなかった。その上，賛成票が56.69％しかなく，有権者数の32.66％の賛成しか得ることができなかった。これでは，新憲法が国民の積極的承認を得たということはできないといえる。この結果は，将来，通常選挙の投票率が低迷している日本において国民投票が行われた場合における問題点を考えさせるものである。

　新憲法は，2度とタックシンのような人物を出さないことを目的としており，軍部や官僚の力を強くするために，上院議員の任命制を復活させるなど，先祖返りの様相が見られる。しかし，選挙の結果は，親タックシンの政党である，人民の力党が過半数には及ばなかったが，第1党として勝利した。軍部による介入があったにもかかわらずである。

　いずれにせよ，国民投票により承認を得た新憲法は，2007年8月24日に，公

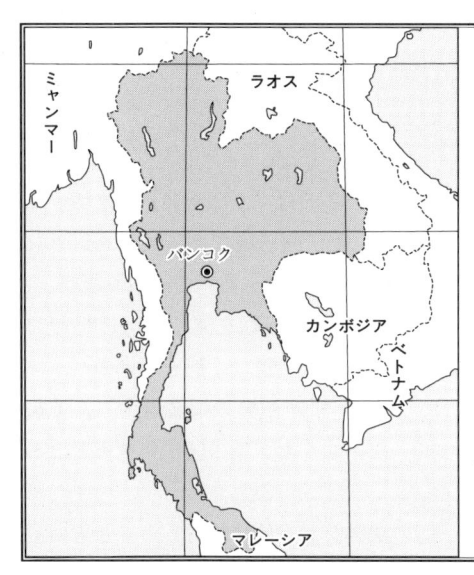

国名：タイ王国
首都：バンコク
人口：6,304万人
民族：大多数がタイ族。その他，華僑，マレー族，山岳少数民族等
宗教：仏教95%，イスラーム教4%
言語：タイ語
現行憲法施行年：2007年
GDP・1人当たりGDP：1,766億ドル・2,750ドル
成人平均識字率：92.6%
平均寿命：69.6歳

布・施行された。はじめての憲法である1932年シャム王国統治憲章から数えて18番目の憲法である。このように，タイでは頻繁に憲法の改廃が行われており，それはタイ法史のひとつの特徴といえる。制定後1度も憲法が改正されていない日本とは対照的である。しかし，日本とタイではまったく異なっているというわけではない。共通している点も存在する。それは，アジアにおいて数少ない欧米列強による植民地化を免れた国であり，また欧米列強と，領事裁判権を承認し，関税自主権を放棄するといった内容を含んだ不平等条約を締結した点である。また，不平等条約を改正するために，西洋法にもとづく法整備を要求されたことも共通している。両国は，不平等条約改正のために法整備を実行するが，その経過は共通点と異質点を有するものであった。共通する経験を有するタイの法制度を知ることは，西洋法のみを比較対象として理解するよりも，よりいっそう深い形で，日本の特徴を見出すことにもつながると思われる。

　そこで，まず以下ではタイの法制度を理解する前提として，タイ法史の概略を述べていく。

1. タイ法の歴史

1) 開国以前のタイ法史

　タイの法の歴史を見る上で，最も重要と思われるのは『三印法典』である。これは1805年にラーマ1世の命を受けて編纂された伝統法典である。これ以外にもいくつかの法典は存在するが，ここでは割愛し，『三印法典』のみ取り扱う。

　アユタヤ王朝の滅亡後，タークシン王がトンブリー王朝を開くが，1782年に現王朝の創始者ラーマ1世により滅ぼされた。ラーマ1世は，都を対岸のバンコクに移し，チャクリ王朝を開いた。彼は，1805年に新法典の編纂を命じ，その結果，ビルマによる侵攻のために散逸していたアユタヤ王朝の諸法典をもととして，1805年に『三印法典』が編纂された。

　ラーマ1世が，当時伝承されていた一切の法典を徹底的に検討しようと思い立つに至るきっかけとなったのは，一下級官吏の離婚をめぐる訴えであったといわれる。

　『三印法典』の前文によれば，妻からの離婚請求について，夫は妻の不義を理由として異議を述べたが，裁判所は「妻，夫を離婚せんと欲すれば，離婚することを得べし」という絶対的離婚権を認めた条文をもとに，妻の請求を認めた[1]。夫の主張が正しければ，不義を働いた有責配偶者からの離婚請求が認められた事件である。この事件を知ったラーマ1世は，判事が依拠した法典を他の2組の写本と照合したが，その内容は一致していた。そこで，国王は法律の内容自体に疑問を抱き，当時伝承されていたすべての法律を再吟味すべく，『三印法典』の編纂が始まった。ここで興味深いのは，妻側からの絶対的離婚権を認めた条文が存在したことである。ラーマ1世自身は，その条文の信憑性を疑ったからこそ『三印法典』の編纂を命じるわけであるが，本当にそのような条文が間違って伝えられた，または改竄されたのかどうかはわからない。逆に，女性の地位が非常に低いと考えられているアユタヤ時代において，そのような条文が存在していたとしたら，考え方を改めるひとつの要素となるかもしれない。

　編纂を開始して1年も経たないうちにできた『三印法典』は，1350年から1805年までの法令，布告を含んでいる。構成は，法典の由来等を記した第1部，宮廷，手続，罰金・償金，民制，軍・地方制，人民の身分制度，訴訟受理，証

拠, 神判, 判事, 上訴, 夫婦, 奴隷, 誘拐, 相続, 金銭債務, 雑則, 争闘, 窃盗, 統治に対する罪, 謀反について定めた第2部, 王令等を掲げた第3部からなる。ここには民事, 刑事両面だけでなく, 行政に関する法令も収録されている。第2部は具体的な事例について規定している部分であるが, そこで条文数が多いのは, 金銭債務と奴隷である。タイの奴隷は金銭貸借の担保としての性格が非常に強いので[2], 奴隷法とあわせれば, 金銭債務に関する法律問題を重要視していたことがよくわかる。

この『三印法典』は, 1935年に完全に廃止されるまで, 改廃を続けながら効力を有した。

2) 開国後のタイ法史

タイは, 1855年にイギリスとの間に通称「ボウリング条約」と呼ばれる友好通商条約を締結した。この条約の内容は, 王室の独占貿易の廃止, 領事裁判権の承認, 関税自主権の放棄が主なものであり, その他の西欧列強との間にも同様の内容で条約を締結している。タイにおいては, 不平等条約の締結はイギリスによる開国圧力の結果ではなく, むしろイギリスとの貿易を通じて経済的利益を享受しようとする意図にもとづくものであった[3]。そのためか, 条約締結当初において, 条約改正への動きは見られなかった。「ボウリング条約」を締結したラーマ4世の時代 (モンクット王, 在位1851～68年) においては, 直接的には国内政治の改革にはつながらず, むしろ伝統的な王権の諸様式を強化する方向の問題意識につながって, 改革が行われていった[4]。

列強との間に不平等条約を締結したラーマ4世の治世には, 国内制度改革はあまり進まなかった。しかし,「近代化の父」と呼ばれ, 現在のタイにおいても人民から尊敬を集めているラーマ5世 (チュラーロンコーン王, 在位1868～1919年) の時代になると, 改革が強力に推進された。チュラーロンコーン王が王位についた当時のタイにおける司法制度の特徴は, 責任の分散といえる[5]。約30の異なる裁判所が, さまざまな省や局に分散し, 裁判管轄が曖昧で, 重なり合っていた。チュラーロンコーン王の最初の試みは, この裁判制度の混乱と不効率をただすことであった。彼は, 1874年に主要4省における未決事件に判決を下すために, 新しい裁判所を設立した[6]。この裁判所は, 犯罪の増加問題を軽減し, 大臣が病気で仕事が完了できない首都省を援助するために作られたものであった

が，これはまた伝統的な裁判所システムへの急進的な挑戦であって，裁判の遅滞，高額化，賄賂をなくすために行われた。

　1882年以降，長老派の有力者の死亡・引退によってチュラーロンコーン王らの改革派の力が増大して改革が進めやすくなったが，同時に改革を進めざるを得ない外的要因もこの時期に発生した。それは，隣の強国ビルマのアラウンパヤー王朝が，イギリスとの戦いにより滅亡したことである。チュラーロンコーン王は，アラウンパヤー王朝の滅亡を深刻に受け止め，フランスに駐在していたヨーロッパ特命全権公使プリッサダーン親王に，ヨーロッパ勢力に対してどのように対処すればよいか率直に意見を述べるように，訓令した。プリッサダーン親王は，自分の他10名と連名して，1885年に「国家体制改革に関する王族および官僚による建白書」を上奏した。この文書において，日本のように歩めばヨーロッパ諸国もタイに対して敬意を払うだろうとし，また世界に通用する法体制を持つことが，国の安全を守ることであるとして，ヨーロッパの近代的な制度にならって，立憲君主制と議会制度の樹立を建白した。同年3月，バンコクにおいても，陸軍の近代化に尽力したチャムーン・ワイウォーラナートによって建白書が出され，そこでは日本の「富国強兵」を見習うことを上奏していた。これら2つの建白書に対して，チュラーロンコーン王は，統一と指導が必要なこの時期に議会制度を導入することは，国家を弱体化させるものであるとし，政治改革は必要としながらも，喫緊の問題として，将来の立法者となるべき適切な人材の必要性を挙げた[7]。1885年の建白書に影響されたのか，同年チュラーロンコーン王は，テーワウォン親王に，ヨーロッパ諸国政府の統治機構を研究，報告することを命じた。同親王は，帰国後，内閣制度の創設を進言したが，すぐには実施されなかった。実際に行政機構の改革が開始されたのは，1892年のことであった。

　この1892年というのは，タイにおいて総合的な改革が開始された年である。行政機構の大改革が行われ，旧来の6局を省に移行させ，かつ新たに6省を加えて，12省体制がとられた。その際に司法省も設置された。そして，同じ布告により，いままで中断していた裁判所諸改革が7つの新しい裁判所の開設によって開始された[8]。この年以降，裁判所の新設・統合が頻繁に行われた。

　植民地化の危機から脱し，また不平等条約改正のためにも，西洋法にもとづく法制度整備は必須であった。不平等条約改正の必要性をタイ政府に深く認識させた問題があった。それが，保護民問題である。

列強は領事裁判権を有しており，その恩恵は，自国民のみならず，植民地化された国および保護国化された国の国民にまで及んでいた。つまり，イギリスならば，イギリス領内の中国人，インド人，ビルマ人，ラオ人であり，フランスの場合は，フランス領内のアンナン人，ラオ人，カンボジア人などであった。保護の原則からいえば，当然，自国，植民地，保護国から来た者だけに限られるこの保護が，政策により拡大されて適用されることとなった。それは，フランスが採用したものであった。イギリスのタイに対する影響力が多大な状況の下で，1896年の英仏宣言により，武力行使が不可能となった。フランスは武力行使以外の方法で影響力を行使する必要があった。そこで考案されたのが，保護民登録の拡大であった。つまり，バンコクに多数居住し，かつ犯罪の多くに関与している中国人を保護民として登録し，タイの司法権が及ばないようにすることにより，治安を悪化させ影響力を増大させようとしたのである。

このような政策下において，フランス領事は裁判において公正な判決を下さなかったために，タイ警察も犯罪者がフランス保護民の場合は，逮捕してもそのまま放免するといった事態が生じた[9]。さらに，問題は治安上だけではすまなかった。裁判を有利にするため，タイ人自身がフランスの保護民として登録するようになった[10]。タイ人の保護民登録は，徴兵などの義務を逃れるためにも利用された[11]。この事態に，国民国家建設を進めるタイ政府は大きな憂慮を抱いた。保護民登録政策は，ドゥフランスが考えたようにタイに対するフランスの圧力の重要な手段となった。

上記のような問題に直面して，タイ政府は領事裁判権の問題性を強く認識し，すでに開始されていた近代法の整備事業の重要性を再認識した。

不平等条約改正のために必要な西洋法にもとづく法典編纂において必要となるのが法律家である。その当時，タイ人法律家は育成されていなかったため，外国人に依存せざるを得なかった。日本の場合と同様である。当初，タイ政府が雇い入れた外国人法律家は，ベルギー人を中心としていた。それは，総務顧問としてタイの改革に従事していたのが，ベルギー人のロランジャックマンであったからである。ロランジャックマンは，ブリュッセル大学教授，内務大臣を務めたこともある国際法学者である。チュラーロンコーン王に，国際法と外交の顧問を探すように命じられたヨーロッパ旅行中のダムロン親王は，帰途エジプトに立ち寄ったときに，エジプト法務長官を務めていたロランジャックマンに会い，総務顧問

として招聘することとなった[12]。ベルギー人であるロランジャックマンに呼ばれ，数多くのベルギー人法律家がタイにやってきて，法律の起草にかかわった。

　ベルギー人の後を担ったのは，フランス人法律家である。フランスは，外国人顧問としてタイ政治に参加し，影響力を行使することと，また保護民問題の解決に大きく関係する法律顧問に人材を送り込むことができれば，争いも緩やかになると考えたからである[13]。そこで1905年，ジョルジュ・パドゥーが立法顧問として雇い入れられた。彼は，刑法典の制定にかかわるのを皮切りに，中華民国の袁世凱の顧問としてタイを離れるまで，タイにおける法典編纂作業の中心を担っていた。そのため，数多くのフランス人法律家が，法典編纂に従事するために，タイを訪れた。

　タイの法整備には，何もベルギー人やフランス人といった欧米人だけがかかわったわけではない。西欧近代法を継受した同じアジアの日本からも法律家が派遣されていた。派遣されていた法律家は政尾藤吉[14]である。現在，日本人法律家がアジア諸国において法整備を支援する事業が活発に行われているが，100年ほど前に同様のことがタイにおいて行われていたことは注目に値する。政尾はアメリカで法学教育を受け，エール大学で博士号を取得後，日本に帰国し，『ジャパンタイムズ』社に勤務していた。彼がタイに派遣されたのは，タイと日本との間の条約締結交渉の際に，両国間で合意がなされたからである。その内容は，日本側に領事裁判権を認めるが，民法，民事訴訟法，刑法，刑事訴訟法，裁判所法が公布，施行されたときは，直ちに領事裁判権を放棄し，またこの法典編纂に日本人法律顧問を派遣して，援助する，というものである[15]。不平等条約に苦しんだ日本が，他のアジアの国に不平等を強いるところに，その当時の日本政府の対アジア観を垣間見ることができる。

　政尾が司法顧問としてタイで働いた際には，2つの役割を有していた。ひとつは裁判官としての役割であり，もうひとつは法律起草者としての役割であった。裁判官としては，1901年に中央控訴院の裁判官となり，その後1905年から1913年までは直訴裁判所の裁判官となった[16]。法律起草者としての仕事は，刑法典の起草により始まった。彼は，1897年に設置された6名の委員からなる法典編纂委員会の委員に就任した。その委員会で作られた第1次草案の起草は，実質的に政尾1人で行った[17]。第1次草案は1898年に立法評議会に提出されたが，一向に討議されなかった。その後，政尾はベルギー人司法顧問とともに，第1次草案

の改正に着手し，日本の改正刑法典やイタリア刑法典を主に参照して，1901年に第2次草案を立法評議会に提出した。第2次草案も，第1次草案と同様に審議されないままであった。その後，タイ・仏間の関係改善の過程で立法顧問としてタイに来たパドゥーが刑法典の起草に従事した。彼は，1905年から刑法典草案の再検討の任務に就いた。彼によれば，政尾らが作成した草案はほぼ完璧であり，充分に検討されていると評価している[18]。彼は，その草案を出発点として再起草，第3次草案を作成し，1908年の刑法典公布へと繋げていった。

　刑法典の制定後，民商法典の制定が重要な課題となった。ここにおいては，フランス人法律家が中心となって，草案の起草を進めた。政尾は修正委員会に所属することとなり，直接に起草を担当することはできなかった。政尾が委員として行った活動のうち，注目を浴びているのは，一夫多妻制の議論である。フランス人法律家による草案では，一夫多妻制が導入されていた。パドゥーにとって，草案の作成は，タイに現存する法の編集，整理，統合に過ぎず，起草作業は「生ける法」を確認および再発見し，近代民法典のフレームに組み込み，論理的整合性を確立することであった[19]。この起草方針の帰結として生まれたのが，一夫多妻制の法定であった。この草案に真っ向から反対したのが，政尾であった。政尾は，事実上の慣習として一夫多妻制が行われるのはやむを得ないが，これを法律上の制度として取り入れることに反対した[20]。この問題は決着がつかず，国王の裁可を仰ぐこととなった。時の国王ラーマ6世（ワチラウット王，在位1910〜25年）は，一夫多妻制か一夫一婦制のどちらかを採用する決断をすることはなく，婚姻登録の法律を制定して，その登録実績からどちらを採用するか決するとした。その後，政尾，パドゥーの両者は，タイを離れることとなり，その決着を見届けることはできなかった。

　その後，婚姻制度の議論が再び盛り上がりを見せたのは，ラーマ7世（プラチャーティポック王，在位1925〜35年）の治世である。1927年に家族登録法草案が枢密院に送られ，枢密院において審議がなされるとともに，新聞紙上でも広く議論が行われた[21]。その議論には，男性だけでなく女性も参加していた。議論に参加している女性は，一夫多妻制がもたらす，男性および社会全体へのよからぬ結果について指摘するだけでなく，女性に対する不利益についても明らかにするように努めていた[22]。だが，20世紀初頭におけるかなりの数のエリート男性は，依然として一夫多妻制を嗜好していた[23]。このような状況下で，プラチャー

ティポック王は、一夫多妻制を法定化するか否かの決断をすべき状況におかれ、彼は内閣の構成員に対して、かかる問題の再検討と意思決定を命じた。1928年10月22日、国王は内閣に対して、一夫一婦制か一夫多妻制のどちらを採用するかについて投票を命じ、6対8で一夫多妻制の採用が決まった[24]。一夫多妻制の原則を盛り込んだ法律（仏暦2473年夫婦法改正法）が、1931年2月20日に公布され、施行日は、翌年1932年4月1日とされた。当該法律では、登録により婚姻が有効となる（第12条）と規定されるとともに、第14条で婚姻の実質的要件が定められている。一夫多妻制に関連する要件としては、同条1項3号が、女性が婚姻中ではないことを婚姻の要件としているところから、一夫多妻制を法定化していることが読み取れる。

しかし、この法律は、家族登録を実施する際の費用が多大であると判断され、施行されることなく廃止された。その後、この問題については、1935年に公布された民商法典第5編において一夫一婦制を採用することにより、決着が図られた。一夫一婦制を採用したタイであるが、婚姻登録の情報が県をまたいで共有されるようなシステムが長い間整備されなかったために、一夫多妻の状況は現実的に生じていた。

不平等条約改正のための法典編纂は、民商法典第6編が1935年10月に施行されたことにより、終了した。法典が完成する前から、条約改正交渉は行われていたが、結局、36年11月5日に14ヶ国に対して条約の終了を通告し、翌年末には完全平等条約締結に成功した[25]。

2. タイの法制度

1）法　源

タイの法源は、憲法（รัฐธรรมนูญ）、法律（พระราชบัญญัติ）、緊急勅令（พระราชกำหนด）、勅令（พระราชกฤษฎีกา）、省令（กฎกระทรวง）、地方自治体による各種条例、および革命政府による布告（ประกาศของคณะปฏิวัติ）である。

さて、外国法の研究をする際に問題となるのは、訳語をどのように決定するかということである。日本に類似する概念、制度がない場合には、訳語を新しく作るか、または外国語をそのまま音読みすることが行われる。まったく同一のものを指し示している場合には、既存のものをそのまま使用すればよい。しかし、問

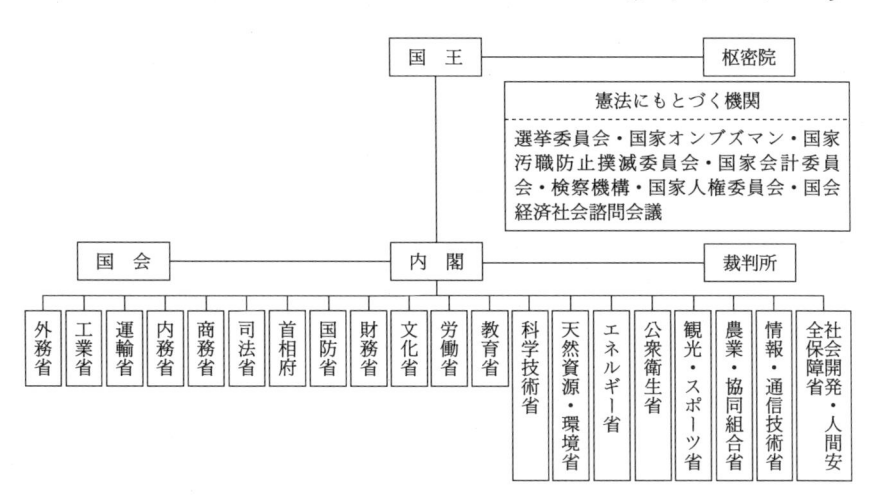

図8-1 タイ王国国家機構図

題なのは，類似する概念があるが，時代背景，制度がことなる中で使用されたものであり，完全に同一といえない場合である。この点についていうと，タイ語のพระราชกำหนด，พระราชกฤษฎีกา がこれにあたると思われる。これまでは，緊急勅令，勅令と訳されるのが常であった。日本人にとって，緊急勅令，勅令というのは，大日本帝国憲法の下で発せられたそれを連想すると思われる。そうであるとすると，天皇主権として構成されていた大日本帝国憲法の制度で使用されていた用語を，国民主権として構成されているタイ憲法で発せられる命令に使用していいものかという疑問が沸いてくる。

　タイ語のพระราชกำหนด，พระราชกฤษฎีกา には，"พระราช" という言葉が双方に含まれている。"พระราช" は，冨田によれば[26]，「国王または王妃の」という意味を持つ。そうだとすると，「勅」の文字をつけた方が，"พระราช" の意味を表すとも思われる。しかし，問題は，通常法律と訳される"พระราชบัญญัติ"にも，やはり"พระราช"が含まれていることである。上記例と統一するならば，「勅法」という表現の方が適切になるかもしれない。

　訳語の選定は非常に困難な作業であるが，ここでは従前通り，緊急勅令，勅令と訳しておきたい。それは，憲法上，発布の権限が国王にあるからである。しかし，上記で説明したように，主権は国民に存し，国王権限とされながらも，内閣の章に規定されているところから見て，国王権限とはいえども，その色彩は非常

に薄いものといわざるを得ない。

さて法源を個別に見ていくと，まず法律は，立法府の議決を経て制定される最も一般的な制定法である。国会での審議は次のように行われる。

法案を提出することができるのは，内閣，20名以上の下院議員，裁判所，憲法に定められる独立機関と1万人以上の有権者による請願が出された場合である（憲法第142条）。下院が先議権を有するので，法案はまず下院で審議される。上院は，定められた期間内に審議を終了させなければならず，期間内に審議を終えない場合には，当該法律案を承認したものとみなされる。上院によって承認された場合は，国王裁可の手続がとられることとなる。否決された場合には下院に差し戻される。

上院による修正がなされた場合，修正案が下院に送付される。下院がその修正案に同意する場合には，国王裁可の手続がとられる。その他の場合には，各議院は当該法律案を審議するための合同委員会を組織する。合同委員会は，審議した法律案を両院に提出する。両議院が合同委員会によって審議された法律案を承認する場合には，国王裁可の手続をとる。いずれかの議院が同意しなかった場合には，当該法律案は保留となる。

保留法案および差戻法案は，下院において再審議される。下院が現有議員の総数の過半数で可決したときは，国会の承認を得たものとみなし，国王裁可の手続がとられる。

緊急勅令は，国家の安全，公共の安全，国家経済の安定または公共災害の防止のために発布される法律と同様の効果を有するものである（憲法第184条）。緊急勅令は，国王に発布権限があるが，そのためには内閣の同意を必要とする（同条2項）。緊急勅令を発布した場合には，次の会期において，内閣は緊急勅令を審議するために遅滞なく国会に対してかかる緊急勅令を提出しなければならない（同条3項）。また，会期中において，租税，課徴金または通貨に関する法律で，国家の利益のために，迅速かつ秘密の検討が要求される場合においても，緊急勅令を発布することができる（憲法第186条1項）。この場合，官報に掲載された日から3日以内に，下院に提出しなければならない（同）。

なお，勅令は，憲法，法律，緊急勅令の規定を実施するために発する命令であり，省令は，法律または緊急勅令の規定を実施するために発する命令である。

注目すべきは，クーデター後に樹立された革命政府による布告（以下革命団布

告と表記）である。「革命団布告」は，1958年のクーデターにより政権を奪取したサリット・タナラットが，憲法の廃止に伴い，立法機関不存在の状況下において現実の統治に対応するために活用した形式である。矢野によれば，「革命団布告」とは，「『革命団』の実力行使によって立憲君主制の一切の制度が廃棄せられたあと，戒厳令施行化の無憲法状態において『革命団』が発する，法律的効力を伴う一連の布告のことである」[27]。「革命団布告」の内容は，憲法の廃棄から，各種法律改正，物価統制などさまざまである。そして，正式な改廃手続が行われない限り，たとえ憲法が施行されたとしても，その効力は維持され続けることとなる。

以上を要するに，原則，憲法を最高法規として，それに反しない限りで，法律，緊急勅令を制定することができる。勅令，省令は，法律等の施行のために制定されるものであるから，当然法律等に反することはできない。しかし前述のように，革命団布告は，憲法の廃止をも行うものであり，特殊例外的なものであるが，最高法規の憲法をも上回るものである。この形式は2006年に発生したクーデター後の政権によっても使用された。

2）2007年憲法

日本の状況と比較した場合，タイ憲法の特徴のひとつは，改廃を繰り返しているところである。1932年の人民党革命の結果制定されたシャム暫定統治憲章以来，最新の2007年タイ王国憲法までその数は18を数える。度重なるクーデターにより，既存の憲法が廃止され，暫定憲法，恒久憲法と制定されるためである。前述のように，1958年以降は，クーデターにより政権を奪取した者は，「革命団布告」という法形式を利用し，かつその法形式が承認されているので，憲法を廃止し，無憲法下において立法活動をすることに躊躇が感じられない。このような歴史を有していては，憲法改正を抑制する気持ちは生まれてこないであろう。実際，近年公布された2007年憲法自体，すでに改正の議論が出ている。

最新の2007年憲法は，2007年8月19日の国民投票により承認され，同月24日に公布された。編別は次の通りである。前文から始まり，第1章総則，第2章国王，第3章タイ国民の権利および自由，第4章タイ国民の義務，第5章国家の基本政策指針，第6章国会，第7章国民参加，第8章金融・財政・予算，第9章内閣，第10章裁判所，第11章憲法にもとづく機関，第12章国家権限

行使の審査，第13章 政治職者および国家高級官僚の道徳，第14章 地方行政，第15章 憲法改正，第16章 経過規定からなる。

　2007年憲法は，その制定の経緯から明らかなように，ひとつの特徴を有している。それは，2度とタックシン元首相のような強大な権力を持った政治家を輩出しないことである。それを実現するために大きく改変されたのは，国会に関する部分である。1997年憲法は，上下院とも選挙により議員を選ぶ方式を採用したが，その選挙結果として生まれた政権がタックシン政権である。また，タイ史上はじめて選挙で2期連続選出されたのも1997年憲法の下であった。この事実が，新憲法における国会のあり方に大きく影響した。それは，各院議員の選出方法の変更に現れている。以下，下院，上院と分けて見ていく。

　まず，下院についてであるが，1997年憲法では小選挙区400人，政党別比例代表100人を選出する制度であったが，2007年憲法では，中選挙区400人（第93，94条），政党別比例代表80人（第93条）の480人となった。政党別比例代表制も，全国1区制から8区制に変更となった（第96条）。中選挙区制を再導入することにより，雪崩を打ったような1党による勝利を防止することが目的と考えられる。また，比例代表制を1区制から8区制に分割したのも，人口の多い東北地域において絶大な人気を誇るタックシン元首相の影響力を減少させるねらいがあると思われる。

　下院議員の被選挙資格は，25歳以上の，出生によるタイ国籍保有者であり，その他，政党所属期間，立候補地との関係など詳細に定められている（憲法第101条）。注目すべきは，1997年憲法で導入された学歴要件が削除されたことである。買収のような選挙違反が蔓延するタイにおいて，選挙違反を減少させるために導入された方策のひとつが，被選挙人の資格要件として，学士号を要求することであった。いってみれば，高学歴であれば，民主主義や選挙の本質を理解して，違反はしないという考えにもとづいている。この要件を導入する際には，学士号を有しない議員から大きな反発があり，最終的には，議員経験者をのぞく新規の立候補者のみに要求するという点で落ち着いた。この規定のため，学歴詐称問題が新たな選挙違反の論点となった。

　次に上院についてであるが，選出方法が1997年憲法と大きく異なることとなった。それは，1997年憲法では，定数200人すべてが選挙により選ばれていたが，定数が150名に削減された上，選挙制と任命制が併用されることとなった

(憲法第 111 条)。選挙で選ばれる議員の数は，各県から 1 名であり，任命される議員の数は前者と同数である。選挙による議員と任命議員を同数とすることにより，選挙によって力を得たタックシンのような人物の力を削ぐ意図があることは明らかである。

任命議員を選出する委員会は，憲法裁判所長官，選挙委員会委員長，国会オンブズマンの長，国家会計委員会委員長，国家人権委員会委員長，最高裁判所判事 1 名，最高行政裁判所判事 1 名の 7 名の委員で構成される（憲法第 113 条）。ここには，1 人も議員が含まれていないところがポイントである。ちなみに，上記の各機関は憲法上独立した機関であり，また委員の選出の際に，候補者名簿を作成する委員会では政治家は過半数を握っておらず，また候補者の承認は上院の権限である。1997 年憲法においても承認は上院の権限であったが，政党色を有する人物が上院議員となっており，中立性という点からは疑わしいものとなっていた。

もうひとつ，選挙で選出される政治家の力を弱めようとする制度として，選挙違反に関する連帯責任が重いことが挙げられる。タイにおいては，候補者の選挙違反は頻繁に見られるが，その選挙違反を行った者が，政党の党首または幹部の場合は，憲法裁判所はかかる違反者の所属政党の解党命令を出すことができる（憲法第 237 条）。これは，クーデター政府が，タイ愛国党を表舞台から消し去るために，タイ愛国党の幹部 115 名の選挙権を剥奪したことと発想が共通している。この選挙権剥奪は，クーデター政府の事後立法にもとづいて，憲法裁判所に相当する憲法委員会が出した判断であり，司法が時の政治状況を超越して法原則にもとづいて判断するのが困難であることを端的に示している。

3）司法制度

タイにおいては，近年司法に対する期待が高まっている。それは，公務員等の汚職問題を処罰する役割を担っているのがひとつの要因と考えられる。また，タックシンの出現により，行政と立法部門の双方の実権を握る人物，政党が現れたため，その行き過ぎを抑制する役割も期待されている。もちろん，上述のように時の政治に翻弄される側面も有しており，手放しで賛同できる状況にあるわけではない。新憲法において役割が増大している司法分野であるが，現在のタイの裁判制度は，4 つの裁判所系列からなる。それは，(1)憲法裁判所，(2)司法裁判

所，(3) 行政裁判所，(4) 軍事裁判所である。この分類は，1997 年憲法から変更がない。

① 憲法裁判所

憲法裁判所は，9 人の裁判官によって構成される（憲法第 204 条 1 項）。その構成は，最高裁判所判事から 3 名，最高行政裁判所判事から 2 名，法律学専門家から 2 名，政治学専門家から 2 名である（同）。有識者の選出は，最高裁判所長官，最高行政裁判所長官，下院議長，下院野党指導者，憲法に定められた独立機関の 1 名の委員長からなる憲法裁判所裁判官選出委員会が行う（憲法第 206 条 1 項 1 号）。委員会により選出された候補者は，上院の承認を経たうえで，国王により任命される（同条 2 号）。任期は 9 年であり，再任は認められない（憲法第 208 条）。2008 年 4 月初旬において，最高裁判事 111 名中約 40 名が，憲法裁判所の裁判官に選出されることを文書で拒絶している[28]。新聞記事には，拒絶の理由が明記されていないが，政党の解党問題など，非常に敏感な対応が求められるうえに，世間の注目を浴びるのは明らかであるので，そのあたりが理由となっているかもしれない。

憲法裁判所の権限については，議員資格の判断（憲法第 91 条），保留法案と新規提出法案の同一性の審査（憲法第 149 条），法案の違憲審査権（憲法第 154 条），緊急勅令の適法性の審査（憲法第 185 条），条約締結の適法性（憲法第 190 条）等である。

② 司法裁判所

次に司法裁判所（図 8-2 参照）であるが，司法裁判所は，憲法または法律で他の裁判所が管轄権を有すると定めている場合を除き，すべての事件を審理し，裁判する権限を有する（憲法第 218 条）。また，憲法または法律に別段の定めがある場合を除いて，三審制を採用している。司法裁判所系列には，通常裁判所と専門裁判所と 2 つの性質の異なる裁判所がある。通常裁判所に属するものとして，最高裁判所，控訴裁判所，初審裁判所がある。専門裁判所に属するものとして，少年家族裁判所，労働裁判所，租税裁判所，知的財産・国際取引裁判所，破産裁判所がある。以下，具体的に各裁判所について見ていく[29]。

ⓐ **通常裁判所** まず通常裁判所についてであるが，終審裁判所として最高裁判所（サーン・ディカー）が，バンコクに設置されている。最高裁判所は，控訴裁判所の判決・命令と専門裁判所の判決・命令に関する上訴管轄権を有してい

《通常裁判所》　　　　　　　《専門裁判所》

```
最高裁判所
 ↑
控訴裁判所
第1～9管区控訴裁判所

初審裁判所
```

バンコク
- 民事裁判所
- 刑事裁判所
- トンブリー民事裁判所
- トンブリー刑事裁判所
- 南バンコク民事裁判所
- 南バンコク刑事裁判所

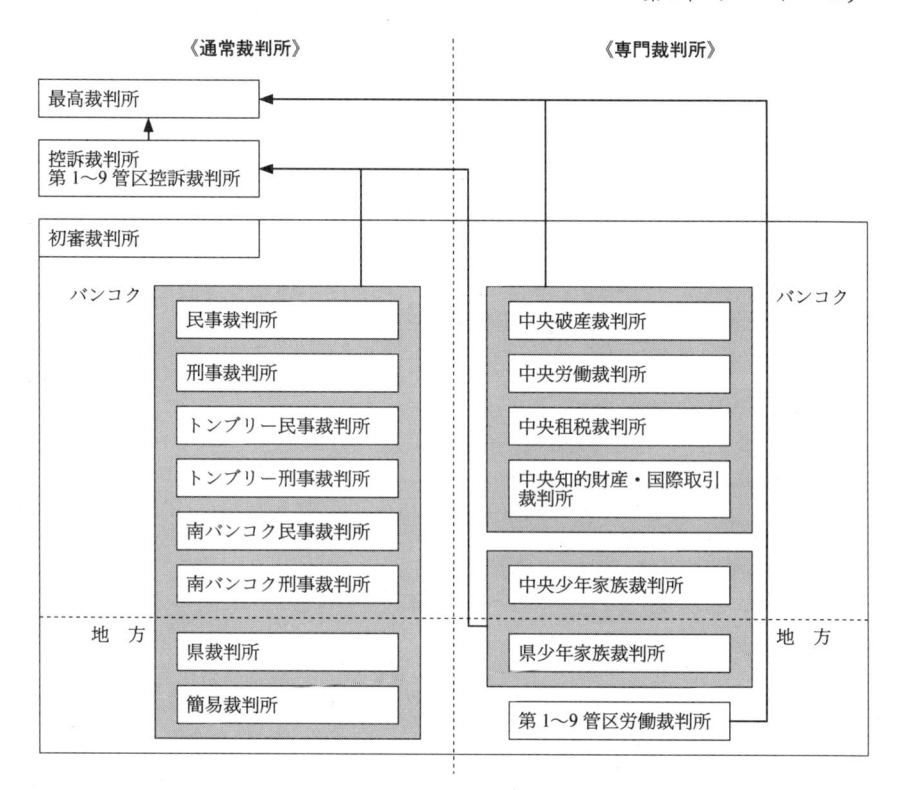

- 中央破産裁判所
- 中央労働裁判所
- 中央租税裁判所
- 中央知的財産・国際取引裁判所
- 中央少年家族裁判所

地方
- 県裁判所
- 簡易裁判所

- 県少年家族裁判所
- 第1～9管区労働裁判所

図8-2　タイ王国司法裁判所機構図

る。ただし，少年家族裁判所については，控訴裁判所に上訴を行う。専門裁判所の上訴を処理するために，少年家族事件部，労働事件部，租税部，知的財産・国際取引事件部，破産事件部が設置されるとともに，首相などの公職にある者が一定の犯罪を行った場合に事件を審理する，政治職在任者刑事事件部もある。

次に控訴裁判所であるが，これは控訴裁判所と管区控訴裁判所からなる（裁判所法第3条）。管区控訴裁判所は，訴訟数の増加に伴う控訴裁判所の負担を軽減するために，1989年に管区控訴裁判所法によって創設された。全国は，9の管区に分けられている。当初は法律の施行にかかわらず，一部しか設置されていなかったが，98年になって9管区すべての管区控訴裁判所が設置された。控訴裁判所は，初審裁判所の判決または命令に対する上訴管轄権を有する（同第22条）。控訴の一般的制限として，民事事件の場合，訴額が5万バーツ以下，刑事

図 8-3　最高裁判所

事件の場合は，懲役 3 年以下または罰金が 6 万バーツ以下のときは，一定の例外を除いて，事実問題について控訴することができない。

次に，初審裁判所であるが，これは第一審管轄権を有する裁判所である。後述する専門裁判所も第一審管轄権を有するので，ここではそれ以外のものを取り扱う。

専門裁判所以外に第一審管轄権を持っているのは，バンコクに設置されている民事裁判所，南バンコク民事裁判所，トンブリー民事裁判所，刑事裁判所，南バンコク刑事裁判所，トンブリー刑事裁判所と，その他の県に設置される県裁判所と簡易裁判所である。この中で，簡易裁判所は，少額の事件および軽微な刑事事件を取り扱う。民事では訴額が 30 万バーツ以下，刑事では最高刑が懲役 3 年以下もしくは罰金が 6 万バーツ以下の事件である。法律上，簡易裁判所は各県に設置されることになっているが，2009 年 6 月現在で，26 ヶ所にとどまっている[30]。簡易裁判所の設置が進まなかったのは，予算上の制約の中で，簡易裁判所を設置する代わりに，県裁判所において簡易裁判所と同様の手続で審理させる方針に変わったからである。

その他の裁判所は，民事および刑事において，下記専門裁判所と簡易裁判所が有する管轄をのぞいた事項のすべてについて管轄を有する。県裁判所は各県に少なくとも 1 ヶ所設置され，人口や訴訟数等を考慮して，ひとつの県に 2 ヶ所以上の県裁判所を設置することができる。現在，バンコクを除いた全国 75 県に 108 ヶ所の県裁判所が設置されている[31]。

ⓑ **専門裁判所**　次に専門裁判所であるが，これらは当該分野の紛争が特別の性質を有することから，当該分野に詳しい裁判官や外部専門家に審理・裁判を行わせるために独立のものとして設置している。また，迅速，公正，適正，効率的

な審理を実現するために，特別な訴訟手続を定めている。

専門裁判所が共通して有する特徴は次の通りである。第1に，少年家族裁判所をのぞいて，専門裁判所の判決・命令に対する上訴は最高裁判所に対して行われる。第2に，専門裁判所が管轄権を有する事件については他の初審裁判所は事件を受理することができない。第3に，裁判官の専門性である。第4に，専門裁判所は当該分野の事件の特殊性に鑑みて，特別の訴訟手続を採用している。

次に5つの専門裁判所を具体的に見ていくが，最初は少年家族裁判所である。文字通り，子供，少年，家族に関係する事件を取り扱う。ちなみに，裁判所設置法である，1991年少年家族裁判所設置および少年家族事件手続法によれば，子供は満7歳超，満14歳未満の者，少年は満14歳超，満18歳未満の者とされている（第4条）。

少年家族裁判所の事項管轄は，(1)子供または少年が犯罪の嫌疑を受けている刑事事件，(2)第61条により移送される事件，(3)家族事件，(4)その他法律により少年家族裁判所の権限と定められる事件である。注目すべきは，合議体の体制である。合議体は，職業裁判官2人と補助裁判官2人で構成される。補助裁判官のうち1名は女性でなければならない。

次に労働裁判所であるが，これは1979年労働裁判所設置および労働条件手続法によって設置された。労働裁判所の管轄事項は，(1)雇用契約または労働条件に関する合意にもとづく権利義務に関する争訟，(2)労働保護法または労使関係法にもとづく権利義務に関する争訟，(3)労働保護法または労働関係法にもとづき裁判所における権利行使が必要な場合，(4)労働保護法にもとづく係官，または労働関係法による労働関係委員会もしくは労働大臣の裁定に対する不服申立事件，(5)労働紛争に付随し，または雇用契約にもとづく勤務に関係して，雇用者と労働者との間の不法行為原因に起因する事件，(6)労働関係法にもとづき内務大臣が労働裁判所に裁定を求める労働紛争である。労働裁判所の合議体は職業裁判官に加えて，使用者側・労働者側それぞれ同数の補助裁判官によって構成される。

次に租税裁判所であるが，これは1985年租税裁判所設置および租税事件手続法により設置された。租税裁判所の管轄事項は，(1)租税法にもとづく係官または委員会の裁定に対する不服事件，(2)租税債務にかかわる国の請求権に関する争訟，(3)租税還付請求に関する争訟，(4)保証人などの約定上の権利義務に関す

る争訟，(5)その他法律で租税裁判所の権限とされる事件である。

　次に知的財産・国際取引裁判所であるが，これは1990年代前半から知的財産の保護が求められたほか，WTO協定発効に伴う国内制度の整備が求められたのを受けての，設置である。知的財産・国際取引裁判所は，1996年知的財産・国際取引裁判所設置および知的財産・国際取引事件手続法にもとづいて設置された。知的財産・国際取引裁判所の管轄事項は，(1)商標，著作権および特許に関する刑事事件，(2)刑法典第271条〜275条に定める犯罪に関する刑事事件，(3)商標，著作権，特許に関する民事事件ならびに技術移転契約または実施許諾契約にもとづく紛争事件，(4)刑法典第271条〜275条に定める犯罪行為に関連する民事事件，(5)国際的な商品もしくは通貨の売買交換または国際的な役務提供，国際運送，保険および他の関係する法律行為に関する民事事件，(6)(5)に定める業務，金銭輸出入，信託およびかかる業務に関係する保険に関連して発せられる信用状に関する民事事件，(7)船舶差押えに関する民事事件，(8)外国からの商品または役務提供のダンピングおよび補助に関する民事事件，(9)集積回路レイアウト，科学的発見，称号，原産地表示，トレード・シークレットおよび植物保護上の紛争に関する民事または刑事事件，(10)法律が知的財産・国際取引裁判所の管轄内にあると定める民事または刑事事件，(11)(3)〜(10)に定める紛争の解決のための仲裁に関する民事事件，である。当該裁判所でも，合議体は，2人以上の職業裁判官と1人の補助裁判官によって構成される。

　この裁判所で審理された事件で，日本人になじみのものがある。それは，ウルトラマンの著作権に関するものである。簡単にいうと，1976年以前のウルトラマンシリーズについて，日本をのぞく世界において，誰が権利を有しているかという紛争である。これは，日本の円谷プロダクションとタイのプロダクションとの間の紛争であるが，訴訟は日本とタイの両方で提起された。興味深いのは，日本の裁判所はタイのプロダクションに権利があると判断し，タイの裁判所は日本のプロダクションに権利があるとする，ねじれ現象が起きたことである。今後，利害調整をどのようにしていくのかが注目される。

　最後に，破産裁判所である。破産の結果は経済全体に影響を及ぼす点で，破産事件は他の民事事件とは異なり，破産法に関する知識・経験を有する裁判官に審理を担当させることによって，審理を迅速かつ公平に行うことができるという理由から破産裁判所が設置された。設置法は，1999年破産裁判所設置および破産

事件手続法である。事項管轄は，破産事件であり，民事事件に限定される。
③ 行政裁判所
　現在，憲法裁判所とともに注目されている裁判所である。それはタイの行政，公務員制度が有する問題を解決する機関であるとの期待の表れであると考えられる。この行政裁判所は，行政機関と私人との間の紛争を解決し，行政機関の不当な行為や活動により被害を受けた私人を救済する制度である。

　この行政裁判所ができるまでは，行政行為についての不服申立ては，法制委員会に存置された不服申立委員会が取り扱った。この委員会の委員には公法学者や退職公務員などが任命され，フランス行政裁判所をモデルとした組織・手続を採用していた。不服申立委員会の審決は首相に対する勧告としての効果しか持たなかったが，行政機関に対する影響力は少なくなかった。

　公法学者や法制委員会により設置が提案されていた行政裁判所であるが，その性格をめぐって対立が起きた。それは，法制委員会の下に設置する案と司法裁判所とする案である。結局，両者から独立した裁判所として1997年に設置された。

　行政裁判所は，最高行政裁判所と初審行政裁判所の二審制を採用している。
④ 軍事裁判所
　最後の軍事裁判所は，軍人による，軍法もしくはその他刑事法に対する違反行為に関する事件または民事訴訟での裁判所侮辱罪に関する事件を管轄とする裁判所である。軍事裁判所は，第一審軍事裁判所，中央軍事裁判所，最高軍事裁判所の3級の裁判所によって構成されており，国防省の監督の下におかれている。

4）法　曹
　法曹三者である，裁判官，検察官，弁護士については，それぞれ独自のリクルートシステムを採用している。しかし，それぞれに共通しているのは，法曹協会員でなければ法曹三者になることができないことである。

　法曹協会員になるためには，法曹協会法律研修所が行う研修を受けなければならない。法曹協会法律研修所に入るためには，タンマサート大学，チュラーロンコーン大学，ラームカムヘーン大学の法学士を有するか，これらと遜色ないと法曹協会法律研修所委員会が認めた大学で法学教育を受けて，卒業していなければならない。現在，研修所に入会が認められているのは，上記3大学も含めて57の大学であり，それにはオーストラリアのメルボルン大学も含まれている。

研修所での研修は2期に分かれており，第1期では，刑法，労働法，税法，憲法，行政法，民商法，知的財産法，国際取引法を学ぶ。第2期では，民事訴訟法，破産法，裁判制度，裁判所法，簡易裁判所および少年・家庭裁判所における手続，刑事訴訟法，証拠法，司法手続における人権，法律文書作成，証拠取調について学ぶ。各期を修了するためには試験に合格しなければならず，両期の試験に合格すると，法曹協会の普通会員の資格を得ることができる。

法曹協会の普通会員となるのを前提として，さらに弁護士として活動するためには，弁護士登録をする必要がある。申請者は，20歳以上の者で，タイ国籍を有するなどの要件を満たしていなければならない。はじめて登録をする場合は，すでに法律実務経験を有している者をのぞいて，弁護士会が開催する研修に参加しなければならない。法律実務経験を有する場合でも，単に弁護士事務所において見習いとして働いている場合には，その期間が1年以上の場合で，かつ弁護士会理事会が指定する試験に合格していない限りは，研修を受ける必要がある[32]。登録は原則として2年間有効であり，2年ごとに更新される。

裁判官になるには，司法裁判所事務局が行う試験に合格しなければならない。試験の種類は，選抜試験，知識試験，特別選抜試験の3種類があり，受験資格がそれぞれ異なっている（司法裁判所司法系公務員法第26～29条）。試験が異なるのは，実務経験と学歴による。3つの試験に共通する資格としては，25歳以上の，出生によるタイ国籍保有者で，法曹協会普通会員であることなどである（第26条）。弁護士とは異なり，帰化によりタイ国籍を取得した者は受験資格を有しない。試験に合格した者は，1年以上のトレーニングを受け，基準を満たした成績を残すことができたら，裁判官として任命される。

検察官になるには，検察官委員会が行う試験に合格しなければならない。裁判官と異なり，試験は1種類しかない。受験資格は，25歳以上の，出生によるタイ国籍保有者で，法曹協会普通会員であることなどである（検察系公務員制度に関する法律第33条）。試験合格者は，検察官委員会が実施する1年以上のトレーニングを受ける。委員会により，適切な知識と能力が備わったと判断されれば，検察官補として採用される。

タイにおいては，裁判官が法曹において最も権威を有すると考えられている。それは，弁護士になるのとでは比べものにならないぐらい，なるのが困難なのがひとつの要因である。その裁判官を志望する者が近年増加している。その要因の

ひとつが，給与の大幅な増加である。優秀な人材をリクルートするためには，単に名誉だけでなく，金銭的な保障も必要であることを端的に表している。

3．タイにおける法学研究・法律情報

1）法学研究機関

　タイの法学教育・研究の中心を担っている大学として，チュラーロンコーン大学法学部とタンマサート大学法学部を挙げることができる。チュラーロンコーン大学は，1917年タイで最初の大学となった伝統と格式ある大学である。バンコクの中心地区である，パトゥムワン地区に広大なキャンパスを有している。中心地区に広大なキャンパスを備えるだけでもある意味贅沢であるが，さらに興味深いのは，キャンパスとその周辺地区の土地所有権をチュラーロンコーン大学が有していることである。そこで，チュラーロンコーン大学は，自ら不動産賃貸事業や不動産開発事業を行っている。たとえば，2007年10月17日の新聞報道によると，チュラーロンコーン大学は，サイアムスクエアに大規模駐車場を含めたホテルを建設するために総額18億バーツの開発事業を開始し，また人気ショッピングセンターのマーブンクローンセンターとの間に，2013年から20年間の土地賃貸借契約を総額約254億バーツで契約した[33]。このように，チュラーロンコーン大学は潤沢な資金を有する特別な大学として存在する。タイでも現在，大学の独立行政法人化が懸案となっており，その第1陣としてチュラーロンコーン大学が法人化することとなったが，他大学がうらやむほどの資金を有しているので，チュラーロンコーン大学は資金面での問題は生じないのではないかと思われる。

　さて，チュラーロンコーン大学における法学教育の開始は，1933年に司法省法律学校を吸収合併する形で設立された法政学部からである。しかし，1934年，新設された法政大学（現在のタンマサート大学）に法政学部は移され，チュラーロンコーン大学における法学教育は一時中止となった。その後，1951年，政治学部の中に法律学科が創設され，法学教育が再開された。独立の学部として法学部が設立されたのは，1972年である。研究・教育の傾向としては，ビジネス法および国際法に力を入れており，留学先は，イギリス，アメリカが多い。

　後者は，その前身が司法省法律学校であり，最も長い法学教育の伝統を有している。司法省法律学校は，1897年に創設された。1933年にいったんチュラーロ

ンコーン大学に吸収されるが，翌年法政大学として再び法学教育が開始された。1949年には，4学部に分割する際に，独立の学部として法学部が設置された。その後1952年に現在の名称であるタンマサート大学に改められた。タンマサート大学は，学生運動の中心地として有名であり，現在でも反政府運動であるとか，政府批判のシンポジウムが開催されることが多い。法学教育の伝統が最も長いタンマサート大学は，研究・教育の傾向としては，公法に力を入れており，留学先もフランスが中心となっている。

　上記の2つがタイにおける法学研究の中心であるといえるが，他の特徴を有する法学部としてラームカムヘーン大学法学部を挙げることができる。ラームカムヘーン大学は，1971年に高等教育機関の不足を解消するために作られた大学であり，高校卒業資格を有していれば入学できる，オープンユニバーシティと呼ばれるものである。学生は講義に出席することも可能であるが，出席できない学生を考慮して，インターネットでの講義も行われている。「放送大学」の形式も採用しており，そのため講義で使用する教科書の作成に力を入れており，非常に充実している。

2) 図書館

　タイにおいて法学文献を収集するためには，まず上記の2つの法学部の図書室に行くことになる。各種法律雑誌を双方とも備えているが，書籍に関していえば，伝統がある分，タンマサート大学に軍配が上がる。

　特筆すべきは，両大学のOPACの充実ぶりである。日本の大学図書館でも，所蔵書籍，雑誌を検索することができるが，両大学のものは，所蔵されている雑誌の記事も検索することができる。そのため，日本にいながら，関心のある分野について，どの雑誌に論文が掲載されているかがわかる。資料収集のために両大学を訪問するときは，事前にOPACで検索していけば，効率的に文献を入手することができる。ちなみに，タイの大学図書館においては，民間のコピーセンターが図書館内で営業しており，通常，文献の複写をする場合には，自分でするのではなく，出入りの業者に依頼することになる。

　その他，法律関係の文献が充実しているのは，法制委員会の図書室である。ここは立法活動の中心であるため，起草資料が数多く残されている。民商法典の起草資料はマイクロフィルムの形式で保管されているが，依然としてタイでも，日

本でもそれを使った本格的な研究はなされていない。近年，タイの研究者も起草資料に注目し，民商法の解釈の際に参考とするようになってきたが，まだまだ研究が始まったばかりといわざるを得ない。その他に，議会図書館も起草資料が揃っている。

3）インターネット上の法律情報

タイの法律情報を収集する上で，インターネットは欠かせない手段になっている。日本国内では，アジア経済研究所，国会図書館，京都大学東南アジア研究所が官報や若干の文献を所蔵している他は，機関としてタイ法の文献や資料を収集しているところはない。そのため，現時点では現地で資料を収集するか，ネット上で収集するかに限定されている。もっとも現地で収集するにしても，前述の通り，事前に大学図書館の OPAC を利用すれば効率的に文献を収集できる。電子情報についても，タイではさまざまな公的，私的機関がホームページで公開している。法律情報という点から見て，有益なもののひとつは，法制委員会のホームページ[34]である。タイの法令が PDF の形式で公開されている。それも現行の改正後のものだけでなく，改正前のものも公開されているので，法律の変遷を研究する上で，非常に便利である。また，司法裁判所のホームページ[35]では，判例の検索が可能となっており，判例研究をする上で欠かすことができない。

その他，各裁判所，省庁が独自のホームページを有しており，そこで情報を提供している。基本的にはタイ語であるが，一部は英語でも情報発信されている。ここで，いちいち各ホームページの URL は記載しないが，かわりにリンク集として，エネルギー省資源政策計画事務室が作成する "Complete Royal Thai Government Web Sites Directory"[36]を挙げておく。名前の通り政府機関のウェブサイトを網羅しており，裁判所，省庁，大学等のホームページを容易に見つけることができる。

おわりに

不平等条約改正のための司法制度整備という共通の経験を有する日本とタイであるが，これまで述べてきたように大きな差異が両国の間に見られる。憲法裁判所といった特別裁判所を有する大陸ヨーロッパ型の裁判所制度をもつタイと，特

別裁判所は禁止され，違憲審査権を最高裁判所が有するアメリカ型の日本との間には明らかな違いが見られる。しかし，タイにおける民商法典の編纂においては，日本法が参照，導入されたことは明らかであり，タイ法の中に日本法が息づいているのも明らかである。日本法との間に，共通点と相違点を有するタイ法は，日本法を見つめ直し，考え直すために適切な鏡と言えるのであろう。タイ法にとって日本法がそうであるように。

注
1) 石井米雄「三印法典について」(『東南アジア研究』第6巻第4号，1969年) 157頁。
2) 西澤希久男「タイ伝統法における奴隷制度が有する担保的機能について」(『国際開発フォーラム』第34号，2007年)。
3) 永井史男「外圧なき開国 (2)――19世紀シャムにおける近代化の開始に関する一考察」(『法学論叢』第136巻第1号，1995年) 58頁。
4) 矢野暢「政治の〈前近代〉と〈近代〉――「チャクリー改革」論」(矢野暢編『講座東南アジア学 七 東南アジアの政治』弘文堂，1994年) 16頁。
5) D. E. Engel, *Law and Kingship in Thailand during the Reign of King Chulalongkorn* (Vols. 9, Michigan Papers on South and Southeast Asia), Ann Arbor: Centre for South and South East Asian Studies, 1975, p. 60.
6) *Ibid.*, p. 63.
7) D. K. Wyatt, *Thailand: A Short History* (2nd ed.), Chianmai: Silkworm Books, 2004, p. 185.
8) *Ibid.,* p. 67.
9) Orathip Tessiri, *Land Holding in Thailand from 1901 to 1932: A Case Study of monthon Krungthep*, MA Thesis, Chulalongkorn University, 1981, p. 58.
10) *Ibid*.
11) 村嶋英治『現代アジアの肖像9 ピブーン――独立タイ王国の立憲革命』岩波書店，1996年，42頁。
12) 石井米雄・吉川利治『日タイ交流六〇〇年史』講談社，153～154頁。
13) 政尾藤吉「暹羅の新刑法に就いて」(『法学協会雑誌』第25巻第11号，1907年) 1628～1629頁。
14) 政尾の経歴，業績については，香川孝三『政尾藤吉伝――法整備支援国際協力の先駆者』(信山社，2002年) が詳しく述べているので，そちらを参照されたい。
15) 飯田順三『日・タイ条約関係の史的展開過程に関する研究』創価大学アジア研究所，1998年，50頁。
16) 香川孝三前掲『政尾藤吉伝』177頁。
17) 政尾藤吉前掲「暹羅の新刑法に就いて」1624～1625頁。

18) 香川孝三前掲『政尾藤吉伝』151 頁。
19) 飯田順三「タイ法の近代化——婚姻法をめぐって」(湯浅道男・小池正行・大塚滋編『法人類学の地平』アジア法叢書第 16 巻，成文堂，1992 年) 181 頁。
20) 香川孝三前掲『政尾藤吉伝』169 頁。
21) P. T. Suwadee, "Polygamy or Monogamy : The Debate on Genger Relations in Thai Society, 1913-1935". *The 13th IAHA Conference, Sophia University, Tokyo, September 5-9*, 1994, p. 13.
22) *Ibid.*, p. 14.
23) *Ibid.*, p. 15.
24) *Ibid.*
25) 村嶋英治前掲『現代アジアの肖像 9 ピブーン』62 頁。
26) 冨田竹二郎編『タイ日大辞典』めこん，1997 年。
27) 矢野暢「タイにおける「革命団布告」の政治的機能——73 年「10 月政変」の背景についての一考察」(『東南アジア研究』第 12 巻第 4 号) 419〜435 頁。
28) *The Nation.* (2008, 4. 3). Retrieved 4. 4, 2008, from The Nation : http://www.nationmultimedia.com/worldhotnews/read.php?newsid = 30069974。
29) 特別に表示した場合を除き，司法裁判所，行政裁判所に関する以下の記述は，今泉慎也「タイの裁判所制度改革の現状と課題」(小林昌之・今泉慎也編『アジア諸国の法制度』日本貿易振興会アジア経済研究所，2002 年) にもとづく。
30) Retrieved 6. 16, 2009, from http://www.coj.go.th/oppb/userfiles/file/NameOfCourt.pdf.。
31) *Ibid.*
32) C. Sathitsuksomboon, *Thailand's Legal System : Requirements, Pracitce, and Ethical Conduct, 2001.* Retrieved 11. 1, 2008, from http://www.tillekeandgibbins.com/Publications/pdf/thailand_legal_system.pdf.。
33) *The Nation.* (2007, 10. 17). Retrieved 10. 17, 2007, from The Nation : http://www.nationmultimedia.com/2007/10/17/business/business_30052712.php.。
34) http://www.krisdika.go.th。
35) http://www.coj.go.jp。
36) http://www.eppo.go.th/link_thaigov.html。

第9章 マレーシア

桑原 尚子

はじめに

　マレーシア連邦は2007年8月31日に独立50周年を迎えた[1]。独立後，4回の緊急事態宣言が下されたものの，戦争，内戦またはクーデターなどは起きなかったという点で，マレーシアは，東南アジア諸国の中では，稀有な，平和と安定を保ってきた国家といえる。1969年の民族暴動を契機に導入された新経済政策（1971～90年，National Economic Policy: NEP），同政策を継承する国家開発政策（National Development Policy: NDP），国家ビジョン政策（National Vision Policy: NVP）の下で，1980年代中頃の経済不況，1997年から1998年のアジア通貨・経済危機に直面しながらも，経済成長を続け，過去50年の間に発展途上国から中進国へとマレーシアは大きく変貌した。マハティール首相（首相在任期間：1981～2003年）が1991年に公表したビジョン2020（Wawasan 2020）は，2020年までに経済面のみならず政治的，社会的，精神的，文化的にも「完全な先進国」となることを提唱している。
　マレーシアと日本の関係は，古くは16世紀まで遡る。イエズス会宣教師フランシスコ・ザビエルは，布教のためにマラッカから日本人の案内で鹿児島へ上陸した。江戸時代の長きに渡る鎖国体制が終わり明治時代に入ると日本人が進出し，ゴム栽培，鉄鉱石の採掘に従事した。1941年12月8日，真珠湾攻撃と同日，日本軍はマレー半島東部コタ・バルに上陸すると瞬く間にマレー半島とボルネオ島を占領し，翌年2月にはイギリス軍が無条件でシンガポールを日本軍へ引き渡した。日本軍は太平洋戦争終結までの約3年半に渡って軍政を敷いた。第2

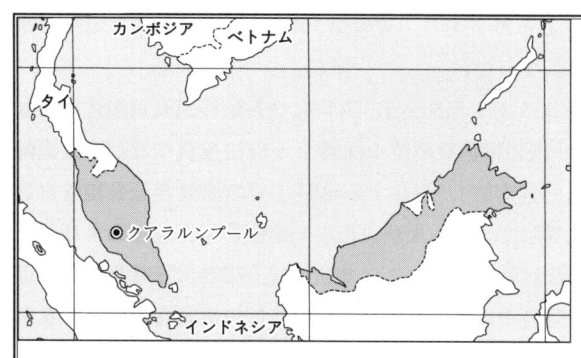

国名：マレーシア
首都：クアラルンプール
人口：2,657万人
民族：マレー系（66%），中国系（約26%），インド系（約8%），その他（1%）
宗教：イスラーム教（連邦の宗教），仏教，儒教，ヒンドゥー教，キリスト教，原住民信仰

言語：マレー語（国語），中国語，タミール語，英語
現行憲法施行年：1957年（最近の改正は2007年）
GDP・1人当たりGDP：1,303億ドル・5,142ドル
成人平均識字率：88.7%
平均寿命：73.7歳

次世界大戦後は，1966年に日本政府がマレーシア第1次5カ年計画（1966-1970年）へ有償資金協力を行ったのを皮切りに経済関係が深まっていく。日本企業の進出は，プラザ合意（1985年）後の円高の進行やマレーシアにおける外資への規制緩和や税制上の優遇措置を定めた投資促進法施行（1986年）を背景に製造業を中心に加速し，その数は2007年には1,442社にのぼった[2]。

マレーシア社会と法を考察する上で重要な要素は，民族と宗教，とりわけ宗教の中でもイスラームである。次にマレーシア社会における民族と宗教について概観する。

1）多民族とブミプトラ優遇

マレーシアが抱えてきた課題のひとつは多様な民族からなる国民の統合であり，国民統合はマレー人を中心とするブミプトラ（「土地の子」の意）を優遇しつつ，経済発展を軸に進められてきた。2000年センサスによれば，全人口2,327万人のうち，マレー人を中心とするブミプトラが65.1%，華人が26%，インド人が7.7%を占めている。マレー人はイスラーム，華人は仏教，道教または儒教，インド人はヒンドゥー教，と各人の宗教はおおむね民族別に大別できる。ただし，華人にはキリスト教徒，インド人にはキリスト教徒，シーク教徒，イスラーム教徒などもいるのに対して，連邦憲法（以下，「連憲」と称す）[3]上，マレー人

はムスリムであることが定められており（連憲第160条），イスラーム以外の宗教を信仰することは想定されていない。

　マレー人優遇は，連憲第153条で保障されている。同条1項は，国王（Yang di-Pertuan Agong）がマレー人の特別な地位を保護する責任を負うとして，同条2項以下で，連邦公務員職，連邦政府が付与する奨学金その他教育上の特権および連邦法が定める許認可に対してマレー人が占める一定割合を，連憲および連邦法律に従って国王が保障しなければならないと規定している[4]。同条改正には下院および上院の総議員の3分の2以上の賛成と，さらには統治者会議の同意を要し（連憲第159条5項），通常の憲法改正よりも厳しい要件が課せられている。

　1969年民族暴動後，マレー人優遇に関する言論をきわめて制限する方向で法改正が行われた。すなわち，マレー人の特別な地位および特権に疑問を呈することが扇動予備罪を構成し（反政府活動取締法〔法律15号〕第3条），かかる事項について議員は免責特権を有しないと憲法改正された（連憲第63条4項）。さらには，表現の自由を保障する連憲第10条に法律の留保が付され，国家の安全または公の秩序を守るために，国会は，マレー人等への優遇に疑問を呈するのを禁じる法律を制定できることとなった（連憲第10条4項）。このように，学術活動も含めマレー人の特別な地位および特権を批判的に討議することが非常に難しくなった。また，1969年の民族暴動後，貧困撲滅および民族間経済格差是正によるマレーシア社会の再編成を目標として導入されたNEPによって，経済活動，教育等の分野で，マレー人を中心とするブミプトラを優遇するクォーター制が導入され，マレー人への優遇措置が強化されることとなった。ブミプトラ優遇政策はNEP終了後もNDP，NVPに引き継がれ現在に至っている。

　特異なのは，米国の黒人への積極的差別是正措置やインドの指定カーストへの積極的差別是正措置とは異なり，マレーシアのクォーター制はマイノリティではなく多数派を優遇している点である。その根拠となる連憲第153条は，特別の保護がなければマレー人は他民族，特に経済的優位にある華人に圧倒されるとの前提にもとづいている[5]。マレー人の特権を憲法で定めることの是非は，憲法制定過程において，市民権および国語と並んで最大の争点であった[6]。イギリス人リードを委員長とする憲法委員会は，マレー人の特権を認めながらも憲法施行から15年後にかかる特権を廃止する方向で見直すよう提案した。しかしながら市民権付与要件の大幅な緩和と引き換えにマレー人の特権を憲法で認めるという政

治的妥協が図られ，憲法第153条が定められるに至ったのである。結果として，その多くが19世紀以降にマレー半島へ移住してきた華人およびインド人またはその子孫は市民権を得る一方，マレー人は憲法第153条の定める特権を保障されることとなった。

　民族の多様性は政党政治へも反映されている。統一マレー国民組織（United Malay National Organization: UMNO），マレーシア華人協会（Malaysian Chinese Association: MCA），マレーシア・インド人会議（Malaysian Indian Congress: MIC）といった主要政党は民族別政党であり，各民族の利益保護を主たる目的として結成されている。独立から1974年まではUMNO，MCA，MICの連立たる連合党，1974年以降はUMNO，MCA，MICなどの民族別政党，サバ州およびサラワク州の地域政党の連立である国民戦線（Barisan National: BN）が政権を担い，UMNO総裁が歴代首相を務める等UMNOが連立与党を主導してきた。

　このような民族を基盤とした政治は，とりわけマレー半島部において，2008年3月8日に行われた下院と州議会（サラワク州除く）の総選挙で深刻な打撃を受けたかに見える。BNは下院選挙で過半数の議席を得たものの，前回選挙より大幅に議席数を減らして1969年人種暴動後の選挙以来維持してきた憲法改正に必要な3分の2の議席を維持できなかった。他方，野党各党は下院および州議会における議席数を大幅に増やし，また，5つの州議会選挙では緩やかな連立を組む野党が勝利を収めた。マレー半島部における獲得下院議席をみると，国民戦線が86議席，野党が80議席と勢力が拮抗する結果となった。このような総選挙の結果は，主要メディアが「津波」と称するほどマレーシア内外に衝撃を与えたのである。

2）イスラーム

　連憲第3条1項は，「イスラームは連邦の宗教である。ただし，その他宗教は連邦において平和と調和のうちに実践されうる」と定めている。本条における「イスラーム」は，「人間行為のすべてを網羅する生活の指針」ではなく，イスラームの「儀式に関する行為」の意義で解釈されている[7]。イスラームが国教であることの意義は，国家儀式をイスラームに則って執り行う義務を課しうることにある[8]。宗教の自由，すなわち信仰告白の自由，宗教実践の自由および布教の自由は保障されている（連憲第11条1項）。ただし，ムスリムへの布教の自由は

イスラームに関する立法専権を有する州または連邦直轄領の場合は連邦の法律で制限されうる。さらに連憲第11条5項は「本条は公の秩序，安寧および道徳に関する一般法に違反する行為を認めるものではない」と定め，宗教実践の自由に制限を課している。

連憲は，イスラーム法を国家法の法源または主たる法源と定めていない。イスラーム法は，イギリス植民地時代より，「特定の人種または宗教，あるいは特定の人種と特定の宗教の両方に所属する集団」[9] に適用されるパーソナルロー（personal law）の地位にとどまる。従って，イスラーム法を国家法の法源または主たる法源と定めるサウジアラビア，イラン等中東諸国のように国家法がイスラーム法に制約されるわけではない。その適用領域は主として家族法に限定され，各州または連邦直轄領の場合は連邦がこれらイスラーム法の立法専権を有する（連憲第9附則第2表）。

国内外におけるイスラーム復興運動の高まりを背景に1980年代はじめから，司法機関の改編，法曹資格の制度化，イスラーム法のさらなる成文化等イスラーム法に関する司法制度および立法整備が進められてきた。さらには，イスラーム法に従って無利息銀行業を営むイスラーム銀行として1983年にバンク・イスラーム・マレーシアが設立されたのを契機に，イスラーム法の金融領域への適用がみられる[10]。

1. マレーシア法の歴史

マレーシアはコモンロー国であり，その法制度の基盤はイギリス植民地または保護領時代に築かれた。ただし，それ以前から適用されていたイスラーム法や慣習法は，現在でも，パーソナルローとしてその適用が認められている。

1）イギリス統治以前

法史上重要なのは，1400年頃マレー半島部マラッカに樹立されたマラッカ王国で編纂された「マラッカ法典」である。15世紀初期にマラッカ王国は，イスラームを受容して同世紀を通じて海上貿易および宗教の要地として栄えた。「マラッカ法典」は，ヒンドゥーを含む慣習法の影響を受けつつイスラーム法の中でもシャーフィイー法学派の学説に依拠して編纂されたものであり，それは1595

年「パハン法典」，1605年「クダー法典」，1789年「ジョホール法典」，1878年「ペラ法典」などの後世の法典編纂を促したと指摘されている[11]。

マラッカ王国は1511年にポルトガルに征服され，ポルトガルの支配は1641年まで続いた。ポルトガルに続き，1641年から1795年までオランダがマラッカを支配した。しかしながらポルトガル法およびオランダ法は，現在のマレーシア法制度にほとんど継受されていないと評されている[12]。

2）イギリス植民地時代

イギリスはペナン割譲を契機にマレー半島へ本格的に進出してきた。当時のマレー半島はマレー人の王国が複数存在していたものの，マレー半島全体を統一する政体は存在していなかった。イギリスの支配形態は(1)海峡植民地，(2)マレー諸州，(3)ボルネオ島では異なり，イギリス法継受の程度や態様も一様ではなかった。

① 海峡植民地（シンガポール，マラッカ，ペナン）

17世紀に始まるイギリスのアジア進出において重要な役割を果たしたのは東インド会社である。18世紀になると徐々にイギリスはこの地域の商業において支配的な地位を占めるようになっていった。1786年には東インド会社の命を受けたフランシス・ライトがクダーのスルタンと交渉の末，イギリス国王ジョージ3世の名の下に，ペナン島の正式領有を獲得した。これにより，ペナン島は東インド会社の支配下に入ることとなった。当時シャムの脅威にさらされていたクダーのスルタンは，東インド会社によるペナン島領有と引き換えにイギリスによる外敵からの保護を期待していたが，期待した保護もペナン島領有の充分な補償金もイギリスから得られなかった。そこで1791年3月，クダーのスルタン軍はペナン島を攻撃したが失敗に終わり，翌月，今度はイギリス軍がクダーを攻撃しペナン島に対するクダーからの脅威を取り除くことに成功した。結局，同年5月にクダーと締結した条約によってイギリスのペナン島領有が確認された。1819年，東インド会社役員スタンフォード・ラッフルズが，リアウ・ジョホールの宰相と条約を締結しイギリスはシンガポールを獲得した。1824年の英蘭条約によってマラッカがオランダからイギリスへ割譲されると，1826年には，シンガポール，マラッカおよびペナンからなる海峡植民地が形成された。海峡植民地は1867年4月1日にイギリス本国植民地省へ移管されるまで，インド総督府管轄

下に置かれ英領インドを構成した。

　海峡植民地では，1807年，1826年，1855年にそれぞれ発布された司法勅許状にもとづいてイギリス法適用および裁判所設置が漸進的に行われた。第1回司法勅許状（1807年）は，1807年時点で効力を有していたイギリス法を現地の事情に適する限りにおいてペナンへ導入すると解釈された。イギリス法適用を現地の事情に適する限りにおいて認めるという原則は，第2回司法勅許状（1826年）によってシンガポールおよびマラッカへも適用されることとなった。

　これら司法勅許状にもとづいて裁判所が設置されたものの，法律専門家たる裁判官はペナン常駐のレコーダ（Recorder）1名だけであり，人口増加や商業活動発展にともなう訴訟増加に対応できなくなっていった。そこで，第3回司法勅許状（1855年）にもとづいて裁判所が再編成されることとなった。すなわち，新たなレコーダがシンガポールに任命されて海峡植民地のレコーダが2名に増加し，ペナンだけでなくシンガポールにも裁判所が設置されたのである。さらに，インド総督府から植民地省への海峡植民地移管を契機に裁判所再編成を含む司法制度整備が進み，従来の裁判所に代わって海峡植民地最高裁判所が設置され（1868年），同裁判所は首席裁判官，裁判官および2名の平裁判官の計4名から構成されるようになった（1873年）。また，イギリス司法職員が法務総裁および法務次長の要職に任命された。

　イギリス法は，イギリスおよび英領インドの制定法を通じても継受された。また，海峡植民地の植民地省への移管後設立された立法参事会（Legislative Council）の立法を通じてもイギリス法が継受された。これら立法には，インド刑法をモデルとした1871年刑法や1872年インド証拠法を移植した1893年証拠法などが含まれる。

② マレー諸王国

　マレー人統治者（スルタン）を擁する9つのマレー諸王国に対するイギリス支配は，1874年のパンコール条約締結以降本格化した。ペラのスルタンとの間で締結された同条約は統治者の主権を認める一方で，「マレー人の宗教および慣習を除くすべての事項」について助言するイギリス人理事官（Resident）配置を定めるものであった。その後，スランゴール，ヌグリ・スンビラン，パハンも理事官制度を受け入れ，イギリス保護領となった。理事官の権限は「助言」に限定されていたが，実際のところ，立法および政策策定を主導，かつ政府を運営し，そ

の権限は「助言」を遥かに越えていた。実際には,理事官を通じたイギリスの間接統治が行われていた。かようなイギリス間接統治につき,イギリス人植民地官僚スウェッテンハムは「当地に受容されている慣習と伝統を重んじ,我々の支援に対する地元民の共感と利益を取り付け,かつ良い統治と啓蒙政策の利点を地元民へ教授する」と評している[13]。1896年には,スランゴール,ヌグリ・スンビラン,パハンおよびペラからなるマレー連合州がクアラルンプールを首都に結成された。

　さて,マレー連合州を構成しなかったマレー諸王国はマレー非連合州と称され,クダー,クランタン,トレンガヌおよびプルリスは1909年イギリス・シャム協定締結によってイギリス保護領となりイギリス人顧問官（Advisor）を受け入れた。これにより,マレー連合州と同じく統治者の主権が承認される一方で,「マレー人の宗教および慣習を除くすべての事項」に関しては顧問官へ実質的に権限が委譲された。ジョホールも1914年に他のマレー非連合州と同じく顧問官を受け入れ,イギリス人司法顧問官も任命した。

　マレー連合州およびマレー非連合州におけるイギリス法継受は,マレー連合州へのイギリス法適用を定めた民事法（1937年),マレー非連合州へのイギリス法適用を定めた民事法（拡大）条例（1951年）の制定前は,判例法または立法を通じたものであった。なお,両法令はマラヤ連邦（1948年結成）に適用された民事法条令（1956年）によって廃止され,さらに本条令は民事法（1956年,1972年改訂）と改正されて現在イギリス法適用の根拠となっている。マレー連合州およびマレー非連合州はイギリスの植民地ではなかったため,理論的には,ムスリムにはイスラーム法,ムスリム以外の地元民にはそのパーソナルロー,イギリス臣民にはイギリス法が,適用されるべき法であった。しかしながら,司法関係者のほとんどはイギリス法教育を受けていたため,裁判ではイギリス法を適用する傾向があったといわれている。マレー連合州では刑事訴訟法（1902年),刑法（1905年）など英領インドの法律をモデルとした立法を通じて,イギリス法が継受された。

　③ ボルネオ島

　マレー半島部に比べ,イギリスのボルネオ島への介入は遅れた。19世紀後半にスールー（現フィリピン,スールー諸島）と北ボルネオ（現サバ州）間航路がオーストラリア・中国間貿易ルート上重要となり,他のヨーロッパ列強の支配下

に入るのを防ぐ必要が生じたことから，イギリスは北ボルネオへの介入を開始することとなった。イギリス商人デントとオーストラリア香港総領事フォンバーベックがブルネイ王国とスールーの各スルタンから北ボルネオの租借権を得た後，1881年にイギリスはデントの北ボルネオ会社設立を支援し，同社に対して王室特許状を付与したのである。同特許状は，イギリス国王が域外的裁判権を有することを定めていたが，北ボルネオ会社に対して広範な統治権を与えるものだった。北ボルネオ会社による司法運営は以下で述べる初期ブルック王朝と比べてフォーマルであり，それは制定法を通じてインド，海峡植民地およびマレー諸州の法を継受することで強化されたと指摘されている[14]。

サラワクは，英国人ジェームズ・ブルックが同地の反乱鎮圧に貢献したことへの報酬として，1841年にブルネイ王国スルタンからその領土の一部を割譲されたのを契機に誕生した。その後100年に渡ってブルック一族は，白人王朝としてサラワクを支配した。初期の司法運営はインフォーマルであり，ブルックにとって身近なイギリス司法制度と現地の慣習とが混在していたといわれている[15]。正式なイギリス法継受は，王令による修正がなく，かつ現地の慣習に適合する限りにおいてイギリス法が適用されることを定めたサラワク条令（1928年）に始まった。

北ボルネオおよびサラワクはブルネイとともに1888年にイギリスの保護領となり，海峡植民地総督が総領事を務めることとなった。太平洋戦争終結の翌年に，北ボルネオおよびサラワクはイギリスの直轄植民地となり，1963年には初代首相ラーマンの提示したマレーシア連邦構想をマレー半島諸州より広範な州権限や特別の地位を獲得するのと引き換えに受け入れ，シンガポールとともにマレーシア連邦へ加わった。

イギリス法が正式に継受されたのは，サラワクではサラワク条令の制定された1928年，北ボルネオでは民事法条令の制定された1938年であった。しかしながら，両条令制定以前に，家族法を中心とする現地住民の法適用を認めながらもイギリス法の準則が立法および判例を通じてすでに導入されていた[16]。

2．マレーシアの法制度

マレーシアは，英国植民地時代にイギリス法を継受し，イスラーム法等固有の

法をパーソナルローとして一部維持しつつも，その法制度の基盤はイギリス法にある。

1）統治機構

マレーシアは立憲君主制，議院内閣制を採用し，その統治機構の原型はイギリスに倣っている。ただしマレーシアは国会優位でなく憲法優位の原理に依っており，この点で，マレーシアの国会の形態および権限は同じくコモンロー法系に属するオーストラリアやインドの国会に類するとされている[17]。

① 国王，統治者

国王のほか，イギリス植民地時代においてマレー連合州およびマレー非連合州

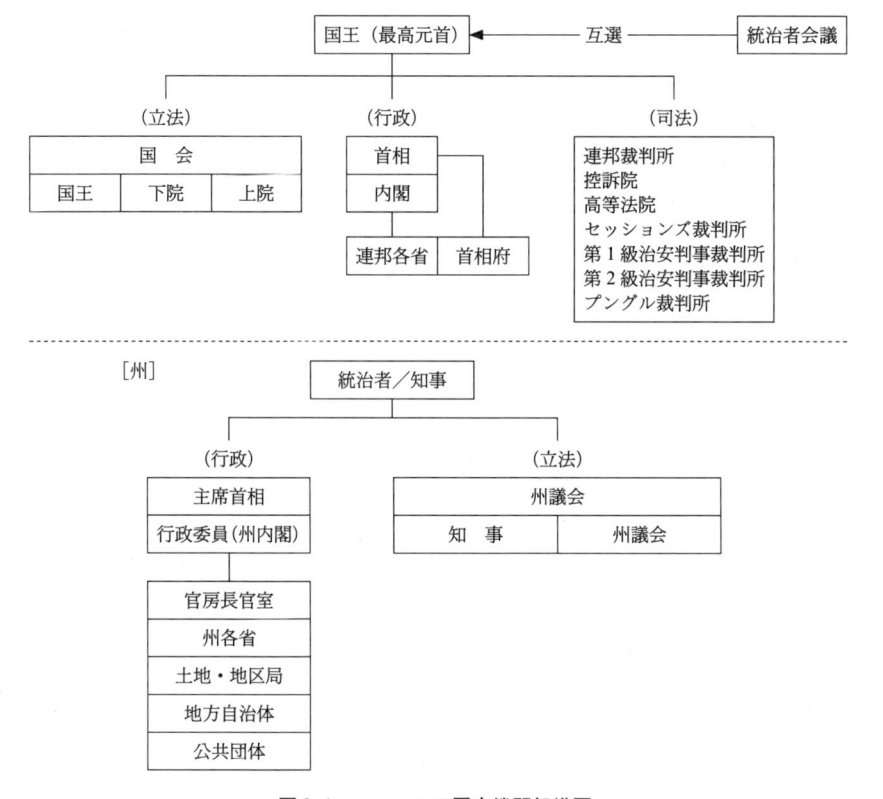

図9-1 マレーシア国家機関組織図

を構成した9つの州に統治者（Ruler）がおり，統治者は各州においてイスラームの長を務め（連憲第3条2項）[18]，統治者の権能は州憲法で定められている。なお，国王および統治者の免責特権は1993年憲法改正（改正法律848号）で廃止された（「特別裁判所」の項参照）。

マレーシアにおける立憲君主制の特徴は，国王は統治者の中から互選される点にある（連憲第3附則第1章）。国王は統治者会議で選出され，その任期は5年である（連憲第32条3項）。

国王は最高元首であり（連憲第32条1項），その権能には国軍最高司令官（連憲第41条），恩赦（連憲第42条），首相その他の大臣の任命（連憲第43条1，2項），一部上院議員の任命（連憲第45条），国会の召集，停会および解散（連憲第55条1，2項），法律案の裁可（連憲第66条4項），上位裁判所裁判官の任命（連憲第122B条1項），非常事態の布告（連憲第150条1，2項）等が含まれる。ただし，これら権能の多くは首相または大臣等の助言に従って行使することが憲法上定められており，国王の権能のほとんどは名目的なものに過ぎない。

② **統治者会議**（Conference of Rulers, Majlis Raja-Raja）

統治者会議の原型は，イギリス植民地時代のマレー連合州において開催されていた統治者の会合に求められるという[19]。現在の統治者会議は，統治者および知事（統治者を擁しない州）から構成されている（連憲第38条1項，第5附則1項）。

統治者会議は限定された行政および立法に関する権能を有する。行政に関する権能には，国王とその配偶者，統治者とその配偶者に対する恩赦の決定（連憲第38条2項e），連邦首相または州首相の助言にもとづく国政に関する問題の思料（連憲第38条2項，3項），マレー人およびサバ州・サラワク州先住民の特権を定めた連憲第153条にもとづく政策変更についての事前の諮問（連憲第38条5項）がある。立法に関する権能に関して，州境を変更する法律および統治者の特権，地位等に直接影響を与える法律を制定する場合には，統治者会議の同意を要する（連憲第2条，第38条，第5条）。その他統治者会議の権能には，国王および副王の選出（連憲第38条2項a），連邦における宗教上の行為，行事または儀式への同意または不同意（連憲同条2項c），国王に対する訴訟を扱う特別裁判所構成員の任命（同条2項d）がある。

③ 立法府

連邦の立法権は，国王，上院（Dewan Negara）および下院（Dewan Rakyat）により構成される国会に帰属する（連憲第44条）。

国王は国会を形式的に構成するにとどまり，その権限も非常に限定されている。国王の国会への出席は開会日などに限定され，国王による国会の召集，停会および解散は内閣の助言にもとづいて行われる（連憲第40条1項，第55条1，2項）。

上院は，各州議会から2名ずつ選出される26名の選出議員と内閣の助言にもとづいて国王が任命する44名の任命議員から構成される（同法第45条1項）。上院議員の任期は3年であり，下院議員と異なり，解散はない（連憲第45条3項）。下院の定数は222名であり，小選挙区制の普通選挙で選出される（連憲第46条，第116条2項）。任期は5年である。

国会は2院制であるが，憲法改正を除く法律は上院の可決がなくとも制定が可能（連憲第68条），首相が下院議員から任命される（連憲第43条2項(a)），下院のみが内閣不信任決議権を有する，という点で下院の権限が上院よりも優越している。また，財政法案を除く法律案先議権を両院が有するにもかかわらず，実際のところ政府発議の法律案は下院が先議し，また重要な討議も下院が行っていると指摘されている[20]。

連憲は，イギリスの権利章典に由来する国会の特権を定めている。「議院またはこれに付属する委員会の議事の有効性は，いずれの裁判所においても疑問に付されることはない」（連憲第63条1項）。「何人も，議院またはこれに付属する委員会の議事に参加して行った発言または投票に関しては，いかなる裁判所の訴追も受けない」（連憲第63条2項）。しかしながら，議院における言論の自由を保障する連憲第63条2項は，1969年民族暴動を契機とする1971年憲法改正で制約を課せられることとなった。すなわち，いわゆるマレー人の特権等「敏感問題」に疑問を呈することを禁ずる法律または反政府活動取締法上の罪で起訴された者には，議院における言論の自由は保障されない（連憲第63条4項）と改正された。連憲第63条4項の合憲性が争点のひとつとなったマーク・コディング対検察（Mark Koding v. Public Prosecutor）事件において連邦裁判所は，1969年5月3日民族暴動という特殊な事情に応じて同条同項が導入されたとして，議院における言論の自由の制限を合憲とした[21]。

④ 司法府——司法権の独立の危機

連邦裁判所は制限付きながら司法審査権を有し，法律の合憲性を審査する（連憲第4条，第128条1項(a)）。これとは別に，裁判所法第1附則および高等法院規則第53条にもとづいて上位裁判所は行政府の行為に対する司法審査権を有し，人身保護令状（habeas corpus），移送令状（certiorari），禁止令状（prohibition）その他大権令状を発して当該行政行為を無効とし，または救済することができる。

1988年憲法改正前は，連憲第121条において，連邦の司法権は上位裁判所および連邦法が定める下位裁判所に帰属することが定められていた。しかしながら，1988年憲法改正（改正法律704号）によって，裁判所は連邦法が定める裁判権および権能を行使する旨が定められるにとどまり（連憲第121条1項，1B項，2項），憲法条文から司法権の帰属に関する文言が削除された[22]。

司法権の独立を保障するために連憲は，裁判官任命前の各上位裁判所長への諮問（122B上），弾劾裁判所を通じた裁判官の罷免（第125条3-5，9項），裁判官報酬（同条6，7項），裁判官の行状に関する国会討議の制限（第126条）を定めている。しかしながら，行政権強化を行ったマハティール政権の下で司法権の独立を脅かす次の事件が発生し，現在にまで至る司法に対する国民の不信を招いた。

上述の連憲改正が行われた1988年は，1985年のイギリス枢密院司法委員会への上訴廃止以来高まっていた司法府と政府との間の緊張が最高潮に達した年であった。その背景として，同枢密院司法委員会への上訴廃止から最高裁判所判事罷免（1988年）までの時期に人権および法の支配にとって重要な判決が下され，これらの一部は行政府敗訴の判決であったことを指摘できる。マハティール首相は司法府に対する不満ないし批判を演説等の中でたびたび表明していた。このような状況下で，UMNO役員選挙をめぐる訴えが最高裁判所に上訴され，1988年6月13日に審理が予定されることとなっていた[23]。

度重なるマハティール首相による司法府批判に対して，サレー最高裁判所長官（1984～88年）は司法府と行政府との間の緊張関係解消の仲介を国王へ依頼した。しかし国王はそれを受け入れることなく，マハティール首相の助言に従って連憲第125条にもとづく弾劾裁判所（以下では，第1次弾劾裁判所と称す）を設置し，1988年5月26日付でサレー最高裁判所長官を停職としたのである。サ

レー最高裁判所長官は，違憲を理由として第1次弾劾裁判所の審理停止を高等法院へ求めたが，高等法院は同請求の審理延期を決定した。同日，サレー最高裁判所長官は，第1次弾劾裁判所の審理停止を最高裁判所へ訴えた。最高裁判所はサレー最高裁判所長官による請求を認め弾劾裁判停止の命令を下したが，同命令を下した最高裁判所の5名の判事も停職となり，彼らに対する弾劾裁判所（以下では，第2次弾劾裁判所と称す）が別に設置されるという異例の事態に陥った。結局，1988年8月と10月に最高裁判所長官および2名の最高裁判所判事が第1次，第2次弾劾裁判所の勧告に従ってそれぞれ罷免されることで，司法府と政府間の緊張関係解消が図られた。他方，最高裁判所長官が罷免された同日にUMNO選挙事件が最高裁判所で審理され，翌日，全員一致で訴えが棄却された。同最高裁判所判決によって，マハティール首相をはじめとするUMNO執行部の地位が確かなものとなったのである[24]。

⑤ 行政府

基本的にはウエストミンスター型議院内閣制を採用しており，実質的に，行政権は内閣に帰属している。連憲第39条は「連邦の行政権能は国王に属し，連邦法の規定および連憲第2附則に従って，国王，内閣または内閣に権能を付与された大臣がこれを行使する。ただし，議会が法律で別の者に行政機能を認めるのを妨げない」と定め，連憲第40条1項は，連憲で別段の定めのない限り，国王が，内閣の助言または内閣の一般権能にもとづく大臣の助言に従って，連憲および連邦法が定める権能を行使しなければならないと規定している。従って，連憲第39条および第40条1項は，「国王は名目上の行政府の長に過ぎず，首相および内閣が実際の行政府であることを保障している」[25]といえる。

内閣を主宰する首相は下院議員であり，国王が下院議員の過半数の信任を得る見込みのある者を任命する（連憲第43条2項a）。大臣は，首相の助言にもとづいて国王がこれを任命する（連憲同条同項）。国王は下院解散権を有するが（連憲第55条2項），かかる権能は内閣または内閣の一般的権限のもとに行動する一大臣の助言に従って行使されねばならない（連憲第40条1項）。ただし，国王は議会解散要請に対する同意を保留できる（連憲第40条2項b）。首相が下院議員の過半数の信任を失い，かつ国王が同首相の要請にもかかわらず国会を解散しない場合，首相は内閣の辞表を提出しなければならない（連憲第43条4項）。

2) 司法制度の概要

マレーシアには連邦と州の裁判所がある。連邦の裁判所は，一般的管轄権のある上位裁判所と，管轄権に事物または訴額の制限を課す下位裁判所からなる。州の裁判所には，シャリーア裁判所と先住民裁判所（サバ州およびサラワク州のみに設置）がある。このほか，国王および統治者の民事および刑事事件を扱う特別裁判所の設置が随時認められている。また，消費者苦情審判所などの行政審判所も設置されている。

① 上位裁判所

上位裁判所は憲法にもとづいて設置されており，その判決は先例拘束性を有する。上位裁判所は，高等法院，控訴院，連邦裁判所からなり，連邦裁判所が終審の裁判所である。1985年1月1日にイギリス枢密院司法委員会への上訴が全面的に廃止されるまでは，枢密院司法委員会が終審の裁判所であった。各上位裁判所の構成，裁判権等は連憲のほか裁判所法（法律91号）で定められ，各裁判所の訴訟手続は，それぞれ高等法院規則，控訴院規則，連邦裁判所規則に規定されている。

② 下位裁判所

下位裁判所は，プングル裁判所（州政府が任命する行政単位ムキムの長たるプングルが主宰する裁判所，マレー半島部のみ設置），第1級および第2級治安判事

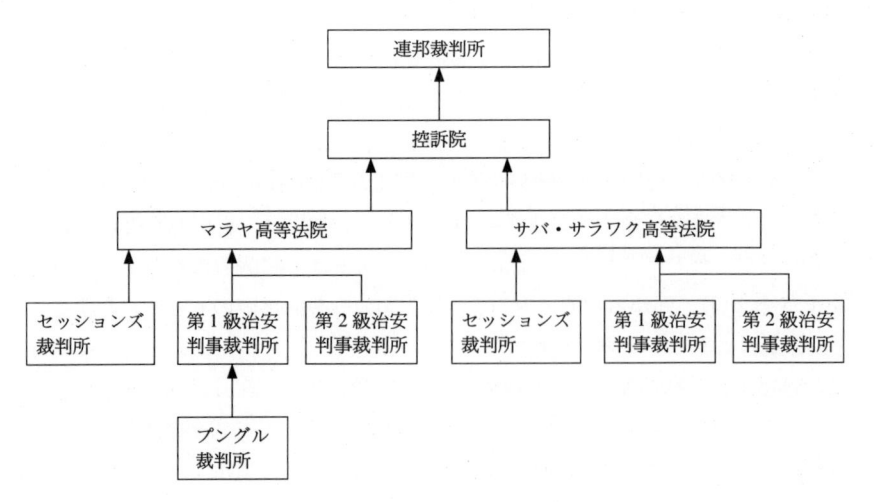

図9-2　マレーシア連邦の裁判所

図 9-3　マラヤ高等法院（手前の建物）

裁判所，セッションズ裁判所からなる。各下位裁判所の構成，裁判権等を定めるのは，下位裁判所法（法律 92 号）である。下位裁判所規則が下位裁判所の訴訟手続を定めている。

③ 特別裁判所——国王および統治者の免責特権剥奪と特別裁判所設置

1993 年憲法改正によって，国王および統治者の免責特権が剥奪された。同憲法改正の直接の契機は，ジョホール州統治者が起こした殴打事件である。政府主導の憲法改正に対して，国王および統治者は抵抗したものの，最終的には世論の後押しもあって国王の免責特権を剥奪する憲法改正が行われた。同憲法改正の結果，国王および州法の民事および刑事事件を扱う特別裁判所の設置が随時認められるようになった（連憲第 182 条）。

④ シャリーア裁判所（イスラーム法裁判所）

各州および連邦直轄領には，それぞれシャリーア裁判所が設置されている。たとえば，連邦直轄領では，シャリーア下位裁判所，シャリーア高等法院およびシャリーア控訴院からなる三審制を採用している。

国内に統一したシャリーア裁判所はなく，各州のシャリーア裁判所が終審の裁判所となる。1988 年憲法改正によって，シャリーア裁判所の管轄権が及ぶ事項に対して通常裁判所は一切の管轄権を有しないこととなった（連憲第 121 条 1A

項)。ただし同憲法改正によってシャリーア裁判所と通常裁判所の管轄権をめぐる争いが解消されたわけでは決してない。初期の判例においては，州法（連邦直轄領の場合は連邦法）において連憲第9附則第2表の列挙する州の立法専権事項につきシャリーア裁判所が管轄権を有すると定められている場合に限って，同裁判所が管轄権を有すると解釈されていた[26]。換言すれば，州法でシャリーア裁判所が管轄権を有することを定めていない事項に対しては，通常裁判所が管轄権を有すると解釈される。しかしながら，その後の連邦裁判所判決で，州法で明示していなくともシャリーア裁判所の管轄権を類推できることが判示され[27]，最近の判決はほぼこれに従っている。

⑤ 先住民裁判所（サバ州，サラワク州のみ）

先住民裁判所は，連憲第9附則2Aリストおよび州法において先住民の慣習法適用が認められている事項につき管轄権を有する。先住民裁判所は主に家族法に関する事項につき裁判権を有するが，全当事者がムスリムである事件に限って裁判権をもつシャリーア裁判所とは異なり，先住民裁判所は，先住民でない者に対してもその管轄権を行使しうる[28]。

先住民裁判所判決に対する上訴を高等法院へ提起することは認められていない[29]。ただし，高等法院が先住民裁判所に対して監督的管轄権を行使して移送令状を出すことは妨げられない[30]。

⑥ 行政審判所

労働審判所，消費者苦情審判所，住宅購入者不服審判所などが設置されている。

3) 法源一覧

マレーシア法は，連憲を最高法規として連邦および州の法令，州憲法，判例，イギリス法，慣習法並びにイスラーム法から成る。

① 法　令

連邦の法令は，連邦議会が制定する法律（Act）および委任立法である従位立法（subsidiary legislation）からなる。法律および従位立法は官報への登載をもって公布され，施行日の定めのない法律は官報に登載された翌日から施行される。従位立法は官報への登載をもって公布され，施行日の定めのない従位立法は官報に登載された公布日から施行される（解釈法[31]第86条1項）。各州は州議会の制

定する法律（Enactment，ただしサラワク州ではOrdinance）のほか従位立法を定める。

解釈法第3条によれば，従位立法とは「法律（Act, Enactment, Ordinance）その他法源にもとづいて定められた勅令（proclamation），規則（rule），規程（regulation），命令（order），通告（notification），細則（by-laws）その他立法上の効果を有するもの」である。従位立法は，法律の委任の範囲を超えていないかどうかにつき，権限踰越（ultra vires）の法理による司法審査に服する。

② 判　例

マレーシアは先例法理（*stare decisis*）に立ち，ある事件の判決における準則が，重要な事実（material fact）を同じくする同種の事件に適用される。先例拘束性を有するのは上位裁判所判決であり，下位裁判所判決には先例拘束はなくその判決は上位裁判所の先例に従って下される。各上位裁判所は，原則として，上級審および自らの判例に拘束されることとなる。

終審裁判所たる連邦裁判所は，イギリス貴族院と同じく，「先例変更が正しいとみなされる場合」は先例変更ができるとされ，先例が誤っている，判然としない，不正である，あるいは現況にそぐわないとき，先例変更は正しいとみなされる[32]。また，連邦裁判所の先例が矛盾する場合は，後に下された先例に従う[33]。なお，イギリスにおいて1966年に出された厳格な先例法理の廃止を示した実務慣行に関する声明（Practice Statement〔Judicial Statement〕1966）はマレーシア連邦裁判所を拘束するものではないが，実務上は従われており，連邦裁判所が「自らの先例を変更する権限は（イギリスと同じく――引用者挿入）控えめに行使」される[34]。

控訴院は上級審たる連邦裁判所および自らの先例に拘束される。自らの先例に拘束されることに対しては，イギリス控訴院と同じく，控訴院における先例法理の適用除外に関して判示したヤング対ブリストル・エアロプレイン（Young v. Bristol Aeroplane）判決の準則が適用される。すなわち，先例が不注意に（*per incuriam*）下された場合，控訴院は同先例に従わなくともよい[35]。また，控訴院の先例が競合する場合，控訴院はいずれの先例に従うか選択できる。さらには，控訴院の先例が明白あるいは暗に上級審に覆された場合，控訴院は同先例に従わなくともよいとされる[36]。

高等法院も上級審および自らの先例に拘束される。ただし，同等の司法権と地

位を持つ2つの高等法院──マラヤ高等法院とサバ・サラワク高等法院──の間に先例拘束力はない[37]。

さて，現在の終審裁判所は連邦裁判所であるが，1985年1月1日のイギリス枢密院司法委員会への上訴廃止までは同司法委員会が，同司法委員会への上訴廃止から1995年に連邦裁判所が設置されるまでは最高裁判所が終審の裁判所であった。同司法委員会への上訴廃止前は，マレーシアからの上訴に対する同司法委員会判決に加えて，その他コモンロー諸国からの上訴に対して下された同司法委員会判決において論点となった法律の条文がマレーシアと同じである，または類似している場合は当該判決に先例拘束性が認められていた[38]。同司法委員会への上訴廃止後，マレーシアの上位裁判所は同司法委員会の先例を変更しうるとされている[39]。注意すべきは，終審裁判所たる最高裁判所（1985～94年）および連邦裁判所（1994年以降）だけでなく，控訴院が同司法委員会判決を変更している点である[40]。なお，コモンロー諸国の判決は説得的法源にとどまり，マレーシアの裁判で参照されるなど，その判断の基礎となることはあるが，先例拘束性を有するものではない[41]。

③ イギリス法

マレー半島部，サバ州およびサラワク州では効力を有するイギリス法が異なる。原則として，マレー半島部においては1956年4月7日にイングランドで効力を有していたコモンローおよびエクイティの準則，サバ州とサラワク州ではそれぞれ1951年4月7日，1949年12月12日にイングランドで効力を有していたコモンロー，エクイティの準則および一般法律がそれぞれ効力を有する（民事法〔法律67号〕第3条1項）。ただし，イギリス法がある事件に適用されるためには，マレーシアに当該事件に適用される制定法がなく，かつ当該イギリス法がマレーシアの事情に適していなければならない。

商取引に関しては，より広範なイギリス法適用が認められている。すなわち，商取引に関する事件に対して，ペナン州およびマラッカ州を除くマレー半島部においては1956年4月7日に効力を有していたイングランド法，ペナン州，マラッカ州，サバ州およびサラワク州においては事件を審理する時点で効力を有しているイングランド法の適用が認められている（民事法第5条1，2項）。このようにイギリスの直轄植民地であったペナン州，マラッカ州，サバ州およびサラワク州と間接統治されていた州では適用されるイギリス法が異なる。しかしなが

ら，実際のところ，マレーシアの裁判官がコモンローに従う際に民事法第5条1項および2項に言及することはほとんどなく，土地管轄に関係なくイングランドの先例に従う傾向があると指摘されている[42]。

④ 慣習法

主たる慣習法は，マレー慣習法，サバ州およびサラワク州先住民の慣習法である。華人の慣習法およびインド人の慣習法は婚姻・離婚法（LRA）（法律164号）が1981年に施行されて以降，その法的意義をほとんど失った。

マレー慣習法は母系制のアダット・プルパテ（adapt perpateh）と家父長的なアダット・テメンゴン（adapt temenggong）に分類され，アダット・プルパテは，ヌグリ・スンビラン州とマラッカ州ナニンに居住するインドネシアのスマトラ島から移住したミナンカバウ人の子孫の間で，土地所有，相続，首長等選出といった事項につき適用されている。また，夫婦共有財産（harta sepencarian）等マレー慣習法の一部は，イスラーム法に包摂されている。サバ州およびサラワク州先住民は多様な種族から構成され，統一した慣習法は存在しない。元来これら慣習法は不文法であるが，イバン族慣習法に関する命令（1993年）やビダヤ族慣習法に関する命令（1994年）のように成文化されているものもある[43]。

⑤ イスラーム法——連邦直轄領を例として

連邦直轄領シャリーア裁判所の裁判規範には，イスラーム法に関する法令，イスラーム法施行法（1993年法律505号）第34条にもとづいて公布されたファトワー（fatwa：法的意見），クルアーン（コーラン），スンナ，マレーシアにおけるムスリムの大多数が属するシャーフィイー法学派を中心とするイスラーム法の学説が含まれる。イスラームに関する法令の多くは網羅的にイスラーム法を成文化したものではなく，「……については『シャリーアの法規則』に従う」と規定してイスラーム法の学説，クルアーン，ハディースへの参照を求めている。

4）立法手続

原則として，上院および下院が法律案提出権を有し，法律案は両院において投票議員の過半数の賛成をもって可決されたのち国王の裁可を経て法律となる（連憲第66, 67条）。国王には両院を通過した法律案を拒否する権限はない。すなわち，両院を通過した法律案が国王へ提出された後，国王は30日以内にこれを裁可せねばならない（連憲第66条3項）。たとえ30日以内に国王が裁可しなくと

も，当該法律案は30日の期限終了とともに法律となる（連憲第66条4項）。

立法手続は連憲および議院規則に定められ，英国国会の立法手続を基本としている。議員立法も政府提案立法も認められているもののほとんどの法律は政府提案立法であり，また，法律案の多くは下院で先議される。

政府提案立法において，内閣の指示にもとづいて法律案を準備するのは，法務総裁室の法案起草部である。政府提案立法の場合，法律案はその主務大臣によっていずれかの議院へ提出される。国会で法律案が通過するには，上院および下院においてそれぞれ3回の読会を経なければならない。第1読会では，法律案の略称が読み上げられるにとどまる。第2読会において，主務大臣が法律案の一般原則を説明し，議院では一般原則が討議される。投票議員の過半数または総議員の3分の2以上が法律案に賛成すると，法律案は委員会へ送付される。委員会では法律案が詳細に討議される。第3読会では，討議は一般原則に限られ，実質的な修正はできない。投票議員の過半数または総議員の3分の2以上が法律案に賛成すると，法律案は他方の院へ送付される[44]。

5）法整備支援の現状

マレーシアは法整備支援の被支援国ではなく，むしろ，支援する側となりつつある。たとえば，民間ベースであるがクアラルンプール仲裁センター（Kuala Lumpur Regional Centre for Arbitration）ではカンボジア，ベトナムに対して仲裁研修を行った実績がある。

3．マレーシア法研究に関する情報

本節では法令および判例へアクセスするための情報を記すが，紙幅の都合上，紙媒体に関して法令集は官報のみ，判例は判例集のみに限定した。官報以外の法令集，判例検索補助資料，法律雑誌等については桑原尚子「マレーシア」（北村一郎編『アクセスガイド外国法』東京大学出版会，2005年）を参照されたい。

1）法令集

連邦の法律，従位立法および法律案を登載した官報は以下のような構成になっている。なお，法令の正文はマレー語であるが英語でも表記することになってい

る。

(1) **Acts Supplement（Tambahan Akta）1963〜** 　連邦議会の法律を登載する。1969年以降の法律および改正法は，それぞれ制定順にAct 1, Act 2... およびAct A 1, Act A 2... と一連の番号が付され別々にまとめられている。なお1963年から1968年まではAct 1 of 1964（1964年法律第1号）のように年ごとに法律番号が付されていた。

(2) **Legislative Supplement（Tambahan Perundangan）1963〜** 　従位立法のうち勅令，規則，規程，命令，通告および細則を登載したものがTambahan Perundangan 'A'（略称P. U.(A)），人事，商標登記および各種通知を登載したものがTambahan Perundangan 'B'（略称P. U.(B)）に，それぞれP. U.(A) 1, P. U.(A) 2..., またはP. U.(B) 1, P. U.(B) 2... と年ごとに番号が付されてまとめられている。

(3) **Bills Supplement（Tambahan Rang Undang-Undang）1963〜** 　法律案を登載する。

官報以外の法令集には，六法全書的な法令集として，加除式の各州の法令は州の官報に収められ，マレー半島諸州の法律，従位立法および法律案を登載した官報は以下のような構成になっている。

(4) **Enactment Supplement** 　各州議会が制定した法律（Enactment）。年ごとに順にNo. 1 of 2003... と順に番号を付す。

(5) **Legislative Supplement** 　各州の従位立法。年ごとにP. U. 1, P. U. 2... と番号を付す。

(6) **Bill Supplement** 　各州の法律案。

サバ州の官報のうち法令および法律案を登載したものは下記の通りである。

(7) **First Supplement** 　州議会の制定した法律（Enactment）。

(8) **Second Supplement** 　従位立法。

(9) **Third Supplement** 　法律案。

サラワク州の官報のうち法令および法律案を登載したものは下記の通りである。

(10) **Part I** 　州議会の制定した法律（Ordinance）。

(11) **Part II** 従位立法。
(12) **Part III** 法律案。

2）判例集

判例は公開され，主たる判例集は下記の通りである。引用方法は，たとえば [2003] 1 MLJ 100 のように〔判例集の発行年〕巻　略号　開始頁である。

(13) **Malayan Law Journal**〔略号 **MLJ**〕, **1932〜**　上位裁判所の判決を収録。日本国内の大学および研究機関にも所蔵されている。

(14) **Malaysian Current Law Journal**〔略号 **CLJ**〕, **1981〜**　上位裁判所の判決を収録。

(15) **All Malaysian Reports**〔略号 **AMR**〕, **1992〜**　上位裁判所の判決を収録。

通常裁判所以外の判例集としては下記のものがある。

(16) **Industrial Law Reports**〔略号 **ILR**〕, **1983〜**　労働審判所の裁定を収録。

(17) **Jurnal Hukum**〔略号 **JH**〕, **1980〜**　シャリーア裁判所判決および論文収録。マレー語。

(18) **Shariah Law Reports, 2004〜**　シャリーア裁判所判決，イスラーム法に関する通常裁判所判決，論文，ファトワー，他国のシャリーア裁判所判決等収録。マラヤン・ロー・ジャーナル（Malayan Law Journal）社が年4回刊行。

(19) **Cases on Native Customary Law in Sabah**〔略号 **Lee Hun Hoe's Cases (Sabah)**〕先住民裁判所判決について1973年にサバ州政府が刊行した数少ない判例集。

法令および判例を登載する電子媒体には次のものがある。

(20) **Lexis-Nexis（http://www.lexis.com）**　会員制。
(21) **PNMB LawNet（http://www.lawnet.com.my）**　会員制。

3）当該国と外国の主要研究機関

マレーシアにおける主要研究機関はマラヤ大学法学部（Universiti Malaya: University of Malaya），マレーシア国立大学法学部（Universiti Kebangsaan Malaysia: Malaysian National University），マレーシア・イスラーム国際大学法学部（Universiti Islam Antarabangsa Malaysia: International Islamic University

Malaysia）である。イスラーム法については，イスラーム国際大学，マラヤ大学イスラーム学科といった大学のほかに，政府系のイスラーム理解研究所（Institut Kefaham an Islam Malaysia: IKIM）が積極的に研究活動を行っている。

マレーシア法のみを研究対象とする外国研究機関はない。東南アジアまたはアジアという枠組みからマレーシア法を研究の射程に入れている主要研究機関には，ロンドン大学東洋アフリカ研究学院がある。

おわりに

多民族・多宗教国家マレーシアはその多様性を，国家成立の歴史的経緯を根拠としたマレー人を中心とする構図の中で，とりわけ1969年民族暴動以降は表現の自由を制限して，維持してきた。かかる多様性はイスラーム法や慣習法等の法源，シャリーア裁判所や先住民裁判所といった通常裁判所と別系統の裁判所設置に反映されている。とはいえ，マレーシア法制度の基盤をなすのは英国コモンローである。

日本におけるマレーシア法研究には未開拓の分野が多く，経済発展と法，宗教の自由，イギリス法その他コモンロー諸国との比較研究等さまざまな切り口から研究が可能である。とりわけ，湾岸石油産出国を除くムスリム諸国の中で経済発展に成功した数少ない国家であること，相対的に平和を享受してきた多民族・多宗教国家であることに着目すると，法整備支援におけるひとつのモデルを提供しうる。電子情報化が進みインターネットを通じて法令，判例，行政機関・司法機関・議院等に関する情報を入手することができ，図書購入ができるなど資料収集面での研究環境は整ってきている。とはいうものの，やはり，近代と伝統，さまざまな文化が交錯する現地の空気を吸うことで紙上からは読み取れない現場の法に対する理解が深まるだろう。

注
1) 1957年8月31日にマレー半島の11州から成るマラヤ連邦がイギリスより独立し，1963年にシンガポール，ボルネオ島に位置するサバ州とサラワク州が加わりマラヤ連邦からマレーシア連邦へ国名が変更された（シンガポールは1965年に脱退）。
2) 日系企業数については，http://www.jetro.go.jp/biz/world/asia/my/を参照。日本・

マレーシア関係の歴史については，明石陽至「日本との交流」（綾部恒雄・石井米雄編『もっと知りたいマレーシア』第2版，弘文堂，1994年）257〜284頁を参照。
3）連邦憲法の邦訳として竹下秀邦解説・訳「マレーシア」（萩野芳夫・畑博行・畑中和夫編『アジア憲法集』明石書店，2004年）がある。
4）民族暴動後，1971年憲法改正法（改正法律30号）によってマレーシア連憲153条が定める優先割り当ての対象にサバ州・サラワク州の先住民も含まれることとなった。
5) KC Vhrah, Peter SW Ling and Philip TN Koh, "The 5th edition of Sheridan & Groves : The Constitution of Malaysia", *Malayan Law Journal,* 2004, pp. 661, 662.
6) Andrew Harding, "Law, Government and the Constitution in Malaysia". *Malayan Law Journal*, 1996, p. 35.
7) Che Omar bin Che Soh v. Public Prosecutor [1988] 2 MLJ 55.
8) Vhrah et al., op. cit., "The 5th edition of Sheridon & Groves", p. 32.
9) M. B. Hooker, *The Personal Laws of Malaysia : an introduction*, Kuala Lumpur ; New York : Oxford University Press, 1976, p. i.
10) マレーシアのイスラーム銀行については，桑原尚子「金融制度へのイスラーム法の導入――バンク・イスラーム・マレーシアを事例として」（『アジア経済』第39巻第5号，1998年），中川利香「開発戦略とイスラーム金融の融合の試み――イスラーム銀行を中心に」（鳥居高編『マハティール政権下のマレーシア――「イスラーム先進国」をめざした22年』アジア経済研究所，2006年）を参照されたい。
11) Sharifah Suhana Ahmad, *Malaysian Legal System*, 2nd editio, Kelana Jaya, Selangor Darul Ehsan : LexisNexis, 2007, p. 5.
12) Wu Min Aun, *The Malaysian Legal System*, 3rd edition, Petaling Jaya, Selangor Darul Ehsan : Longman, 2005, p. 11.
13) Barbara Watson Andaya and Leonard Y. Andaya, *A History of Malaysia*, second edition, Basingstoke : Palgrave, 2001, p. 174.
14) M. B. Hooker, "Native Law in Sabah and Sarawak", Negeri Sabah, *Native Court and Customary Law of Sabah*, 1993, p. 9.
15) Wu Min Aun, *op. cit., The Malaysian Legal System*, p. 34.
16) 以上の法史については，大村泰樹「マレーシアの憲法制度」（作本直行編『アジア諸国の憲法制度』アジア経済研究所，1997年），木原浩之「マレーシアにおけるイギリス法継受――『一九五六年（一九七二年改正）民事法』の検討を中心に」（『亜細亜法学』第41巻第1号，2006年），安田信之『東南アジア法』日本評論社，2000年，Ahmad Ibrahim and Ahilemah Joned, *The Malaysian Legal System*, 2nd edition, Kuala Lumpur : Dewan Bahasa dan Pustaka, 1995, Roland St. John Braddell, *The Laws of the Straits Settlements : A Commentary*, Kuala Lumpur ; New York : Oxford University Press, 1982, M. B. Hooker, *A Concise Legal History of South-East Asia*, Oxford : Clarendon Press, 1978, Hooker, *op. cit., The Personal Laws of Malaysia*, Hooker, op.

cit., "Native Law in Sabah and Sarawak", Rau & Kumar, *General Principles of the Malaysian Legal System,* Petaling Jaya, Selangor Darul Ehsan: International Law Book Services, N/A, Sharifah Suhana, *op. cit., Malaysian Legal System,* Wan Arfah Hamzah and Ramy Bulan, *An Introduction to the Malaysian Legal System,* Shah Alam, Selangor Darul Ehsan: Penerbit Fajar Bakti 2003, pp. 10-21, 101-111, Wu Min Aun, *op. cit., The Malaysian Legal System,* を参照。

17) Harding, op. cit., "Law, Government and the Constitution in Malaysia", p. 82.
18) 統治者を擁しないマラッカ州、ペナン州、サバ州、サラワク州および連邦直轄領におけるイスラームの長は国王が務める（連憲第3条3、4項）。
19) Harding, op. cit., "Law, Government and the Constitution in Malaysia", p. 72.
20) Harding, op. cit., "Law, Government and the Constitution in Malaysia", p. 82.
21) Mark Koding v. Public Prosecutor [1982] 2 MLJ 120.
22) 同憲法改正は後述の司法府と行政府の対立の産物であり、行政府の決定を司法審査によって覆す裁判所を行き過ぎとみなした行政府の主導で行われた。「司法権の帰属」の文言が削除されたものの、その効果に関する判例も学説も確立していない。同改正の効果についての学説として、Harding, op. cit., "Law, Government and the Constitution in Malaysia", pp. 133-136, Wu Min Aun, *op. cit., The Malaysian Legal System,* pp. 69-71。
23) 同役員選挙では僅差でマハティール首相が党総裁選に勝利したが、マハティール首相の対立候補ラザレーを支持する11名のUMNO党員は、団体法にもとづく団体登録をしていない一部UMNO支部で投票があったことを理由に、同党首選挙無効と役員選挙のやり直しを求める訴えを提起したのである。1988年2月4日、第一審の高等法院は、団体法に違反したUMNO自体が違法な団体であるが故に、同党役員選挙は無効であり、前回UMNO役員選挙で選出された者が役員である、と判決した（Mohamed Noor bin Othman v. Mohamed Yusof Jaafar [1988] 2 MLJ 129）。原告上訴。
24) 1988年の司法危機については、H. P. Lee, *Constitutional Conflicts in Contemporary Malaysia,* Kuala Lumpur: Oxford University Press, 1995, pp. 43-85, Harding, op. cit., "Law, Government and the Constitution in Malaysia", pp. 142-148 を参照。罷免後にサレー最高裁判所元長官がロンドン大学で行った講演を収録したものとして Tun Salleh Abas, *The Role of the Independent Judicialy,* Percetakan A-Z Sdn.Bhd. 1989 がある。
25) Harding, op. cit., "Law, Government and the Constitution in Malaysia", p. 107.
26) Mohd Habibulah bin Mahmood v. Faridah bte Dato' Taib, [1992] 2 MLJ 793.
27) Soon Singh a/l Bikar Singh v. PERKIM (Kedah) & Anor. [1999] 1 MLJ 489.
28) サバ州およびサラワク州先住民裁判所の裁判権がおよぶ事項は、サバ州先住民裁判所法（サバ州法律1992年）6条およびサラワク州先住民裁判所法（サラワク州法律1992年9号）5条にそれぞれ定められている。
29) Ongkong anak Salleh v. David Panggau Sandin & Anor [1983] 1 MLJ 419.

30) Haji Laugan Tarki bin Mohd Noor v. Mahkamah Anak Negri Penampang [1988] 2 MLJ 85.
31) Interpretation Acts 1948 and 1967（Act 388）（第 1 章は 1967 年 5 月 18 日施行。第 2 章は 1948 年 1 月 31 日施行。第 3 章は 1967 年 9 月 30 日施行)。
32) Dalip Bhagwan Singh v. Public Prosecutor [1998] 1 MLJ 1.
33) Dalip Bhagwan Singh v. Public Prosecutor [1998] 1 MLJ 14.
34) Dalip Bhagwan Singh v. Public Prosecutor [1998] 1 MLJ 14.
35) Dalip Bhagwan Singh v. Public Prosecutor 判決において連邦裁判所は，イギリスの Morelle v. Wakeling 判決（[1955] 2 QB 279）に従って，不注意で下された判決とは，「相矛盾する制定法の規定または裁判所に対して拘束力を有する法源を無視して，あるいは失念して下された判決」をいうと述べた。Dalip Bhagwan Singh v. Public Prosecutor [1998] 1 MLJ 13。
36) 以上の控訴院の先例拘束性について，Dalip Bhagwan Singh v. Public Prosecutor [1998] 1 MLJ 12, 13。
37) Sundralingam v. Ramanathan Chettiar [1967] 2 MLJ 211.
38) Wan Arfah Hamzah and Ramy Bulan, *op. cit., An Introduction to the Malaysian Legal System*, pp. 73, 74, Wu Min Aun, *op. cit., The Malaysian Legal System*, p. 158.
39) Sharifah Suhanah, *op. cit., Malaysian Legal System*, p. 151.
40) Syarikat Kenderaan Melayu Kelentan Bhd v. Transport Workers' Union, [1995] 2 MLJ 317.
41) マレーシアにおけるコモンロー諸国の判決の拘束力に関しては，Sharifah Suhanah, *op. cit., Malaysian Legal System*, pp. 155, 156, Wan Arfah and Ramy, *op. cit., An Introduction to the Malaysian Legal System*, pp. 96, 97, Wu Min Aun, *op. cit., The Malaysian Legal System*, pp. 169-171 を参照。
42) Sharifah Suhanah, *op. cit., Malaysian Legal System*, p. 188.
43) 以上の慣習法については，Sharifah Suhanah, *op. cit., Malaysian Legal System*, pp. 27-38, Wu Min Aun, *op. cit., The Malaysian Legal System*, pp. 218- 227 を参照。
44) 以上の立法手続については Sharifah Suhanah, *op. cit., Malaysian Legal System*, p. 112, Harding, op. cit., "Law, Government and the Constitution in Malaysia", p. 86, Wan Arfah and Ramy, *op. cit., An Introduction to the Malaysian Legal System*, pp. 44-48 を参照。

第10章　ラオス

瀬戸　裕之

はじめに

　ラオス人民民主共和国（以下，ラオス）は，東南アジアの大陸部に位置する内陸国である。国民1人当たり国内総生産は678ドルであり[1]，国連の中で最貧国として位置づけられている。また，ラオス政府の分類によれば，国内に49の民族を有する多民族国家であり，多数派民族であるラーオ族は全人口の54％を占めるに過ぎない[2]。多くの少数民族は山岳地帯に居住し，彼らの生活向上がラオスにおける貧困解決の課題のひとつとなっている[3]。

　ラオスには，かつてラーンサーン王国という統一王国が存在したが，1889年にフランスの植民地に編入される以前に3つの王国（ルアンパバーン，ビエンチャン，チャンパーサック）に分裂し，隣国のシャム（タイ）に従属していた。その後，ベトナムと同様に仏領インドシナ連邦に編入され，フランスの植民地となった。1945年1月以降の日本軍の進駐を経て，1946年にはフランスが再植民地化し，1949年にフランス連邦の下でラオス王国として独立した。しかし，ベトナムの影響を受けた革命勢力（パテート・ラーオ）が王国政府に抵抗し，国内で内戦が行われ，1975年12月に，ベトナム戦争終結の影響を受けて，革命勢力を指導してきたラオス人民革命党が，ラオス人民民主共和国を建国した[4]。

　ラオスの政治体制は，1975年から現在まで，ラオス人民革命党を政治制度の中核とする社会主義型の一党支配体制である。ラオス人民革命党は，ベトナム共産党と同じく，1930年に結党したインドシナ共産党に起源を有し，1955年にラオス人民党（現在のラオス人民革命党の前身）を結党して以降も，ベトナムから

国名	ラオス人民民主共和国
首都	ビエンチャン
人口	562万人
民族	ラーオ族（54.6%）他，計49民族
宗教	仏教（66.8%），キリスト教（1.5%），その他（精霊信仰など）
言語	ラーオ語（公用語），その他の少数民族言語
現行憲法施行年	1991年（2003年改正）
GDP・1人当たりGDP	39億8,400万ドル・678ドル
成人平均識字率	68.7%
平均寿命	56.68歳

技術・軍事に関する支援を得て革命運動を行い，現在の政権を樹立した。そのため，ラオス革命史を研究したブラウンとザスロフ（MacAlister Brown & Joseph. J. Zasloff）は，ラオスの共産主義者を，「見習の革命家たち（Apprentice Revolutionaries）」と表現している[5]。また，ラオスの法制度についても，アジア法研究者から，ベトナムの影響を強く受けていることが指摘されてきた[6]。

しかし，2003年の憲法改正以降の司法制度改革では，ベトナムと異なった改革もみられ，現在のラオスの法制度を理解する上では，従来のようなベトナムの法制度からの類推という視点のみでは不充分であり，ラオス法自体を専門に研究を行う必要性が高まっている。これまで，ラオス法およびラオスの司法制度は，ほとんど紹介されてこなかったため，本章ではラオスの司法制度の概要を解説することに重点を置くことにしたい[7]。

1．ラオスの法制史の概略

1）植民地以前の法

ラオスの主要民族であるラーオ族は，貝葉（バイラーン）および折畳式の手写本の形で仏教の経典，古典文学および伝承説話を伝え，寺院に保存してきたが，その中に伝統的な政治，法律および社会規範に関する記述が含まれていた。ガオシヴァン（Mayoury Ngaosyvathn）は，年代記である「クーン・ブロム物語」の中に，ラオスで最初の統一王国を建国したファーグム王以前の法が，クーン・ブロムの遺言という形式で含まれ，仏教の教義よりも精霊信仰の影響が強い古代法

が存在していたことを指摘した[8]。吉川の研究によれば，仏教受容後における16世紀のラオス古代法は，仏教の法に照らしながら俗界の諸々の係争を裁くことを表明しており，法の理念が仏教教義に依拠していた。裁判については，国王の下に土侯が各地を統治し，領域内の直接の裁判官となっていた。刑罰は，カン・カー・コー（Khan kha kho），カン・マイ（Khan mai）およびカン・ペーン（Khan paeng）の3つの罰金刑から構成し，社会的な身分および地位によって金額が異なっていた。また，支払能力がない場合には禁固刑が下される場合もあった。かつては，奴隷が存在し，血縁によって奴隷になる者のほかに，債務返済が不可能な場合に奴隷になることがあった。奴隷は主人の財産および所有物とみなされ，金銭と同様に，所有，売買および賃貸の対象になっていた。所有については，土地に関する規定よりも動産（牛，水牛など家畜）に関する規定が多く，その背景として，当時は無主地が多く，土地所有に関する紛争が少なかったためであると推定されている。相続については，支配者の場合は長兄相続を重視し，その他は，親孝行の度合によって相続の割合を判断していた[9]。

2）フランス植民地期

フランスは，1893年10月3日に調印したフランス・シャム条約によって，ラオスに対するフランスの保護権をタイに承認させ，1899年に保護国として仏領インドシナ連邦に編入した。統治機構は，ルアンパバーン王国が国内10の県のひとつに編入され，王を中心とする統治機構が残されたが，それ以外の地域（県）は，ビエンチャンに駐在する理事長官が直接に統治した[10]。

福井によれば，インドシナでは，フランス人および一般外国人（白人，日本人）にはフランス国内法を適用し，原住民にはその地域の原住民法を適用する二元主義を採用していたため，ルアンパバーン王国および理事長官の直轄地の原住民には，原住民法を適用した。しかし，原住民法の法源の大部分が慣習であったため，フランスは法典整備を行い，1908年に刑法，民法および（民・商・刑事）訴訟法を公布した。その後，よりラオスの慣習に即した法典を編纂すべきであるという要求が高まり，1922年に裁判所組織法，刑法，刑事訴訟法，民商事法および民商事訴訟法の改正法を公布した。ラオス現地住民の間の事件についてはラオス原住民裁判所の管轄に置かれ，それ以外はフランス裁判所の管轄に属していた[11]。

フーカー（M. B. Hooker）によれば，フランス植民地時代の民法は，ラオスの法概念をできるだけ維持する一方，従来の奴隷制度を廃止し，刑法では，体罰刑の禁止および民事責任と刑事責任の分離を行った。また，手続法の制定によって，管轄権の紛争を避けることを試みた。裁判所制度は，1908年の制度では，村レベルに村長の下に村裁判委員会を置き，訴訟金額3ピアストル以下の紛争を管轄させ，区レベルでは区裁判委員会を設置し，訴訟金額6ピアストル以下の紛争を管轄させていた。郡レベルでは，郡長裁判所を設置し，上訴裁判所として，県レベルにフランス人弁務官とラオス人補佐官によって構成する県裁判所を設置し，県裁判所の判決に対する破毀審裁判所として，ビエンチャンに理事長官とラオス人職員による最高裁判所を設置していた。1922年の司法改革によって，郡裁判所を始審裁判所とし，県裁判所を上訴審裁判所とし，最高裁判所を上訴・破毀審最高裁判所とする制度に変更し，始審裁判所の管轄権は，50ピアストル以下の訴訟金額の民事事件および5ピアストルの罰金刑以下の刑事事件のみとし，それ以上の事件は，上訴審裁判所の管轄とした[12]。

3）ラオス王国政府の司法制度

第2次世界大戦後，ラオスを再植民地化したフランスは，1946年に，ルアンパバーン王国との間で，立憲君主制および内政自治の承認を定めた暫定協定を締結し，憲法起草を準備して，1947年5月11日にラオスではじめての憲法であるラオス王国憲法を公布した[13]。

王国憲法によれば，仏教は国教であり，国王が最高の保護者となると定めていた。国王は国家元首であり神聖かつ不可侵であると定め，総理大臣を指名し，国民議会を招集・解散し，外国との条約に署名および批准し，並びに国軍の最高指揮官となる権限を有していた。国王の下には，国王の任命および国民議会の指名による議員からなる枢密院を置き，国王に対して政府および国民議会の活動に関する意見を上奏する権限を有していた。立法機関としては，国民議会を置き，議員は任期4年で，県を選挙区とする直接選挙で選出した。行政機関は，国王が任命する総理大臣を首班とし，議会の承認により成立する大臣会議を設置していた。地方行政は，県，郡，区および村から構成し，県に県知事，郡に郡長を置いていた。区レベルは，農村部に区を設置し，都市部には市を設置していた。村長は，村での投票により候補者を選出し，県知事が任命した[14]。

司法機関は，最高裁判所，高等裁判所，県裁判所および簡易裁判所により構成されていた。簡易裁判所は郡レベルに設置され，民事事件および軽微な刑事事件の調停を行い，軽犯罪に属する刑事事件および親族間の係争などの民事事件を管轄する第一審裁判所であった。県裁判所は傷害以上の刑事事件および郡レベルに属さない民事事件を管轄する第一審裁判所となるほか，簡易裁判所を第一審裁判所とする事件の控訴審裁判所であった。高等裁判所は簡易裁判所および県裁判所で扱った事件の控訴審裁判所であり，全国で，ビエンチャンとパークセーの2ヶ所に設置されていた。最高裁判所は，高等裁判所の判決に対する破毀審裁判所であり，法律適用についてのみ審理し，自判せずに高等裁判所に事件を差し戻して審理を行わせていた。

村レベルでの喧嘩，侮辱，離婚および財産をめぐる紛争については，慣習に従って，村長または区の職員が紛争の調停を行って解決し，村および区において紛争当事者間で合意に至らなかった場合および殺人などの重罪事件の場合のみ，簡易裁判所または県裁判所へ事件を提訴していた。そのため，市民の大多数の紛争は，司法機関に依らずに解決されていたとされる[15]。

4) 現体制の成立から1991年憲法制定までの司法制度

1975年12月2日に，革命勢力側であるラオス愛国戦線は，全国人民代表大会を招集し，国王の退位および王国政府による法制度の廃止を宣言した。その後，1989年に法整備が開始されるまでの10年以上，ラオスでは憲法および法律が制定されず，その間は，党の決定および政府の命令によって行政を行っていた[16]。

裁判所については，1975年の全国人民代表大会において司法省を設置したが，裁判所は設置せず，代わりに司法省内の裁判局，県レベルの司法局，郡レベルの司法課が，裁判所の役割を果たしていた。裁判制度は二審制であり，司法課が第一審裁判所となった訴訟事件は県司法局が破毀審裁判所となり，県司法局が第一審裁判所となった事件は，司法省裁判局が破毀審裁判所となっていた。郡レベルの法廷は，郡司法課長が裁判長となり，2名の人民参審員から構成していた。県レベルの法廷では，第一審法廷は，県司法局次長を裁判長とし，2名の人民参審員から構成し，破毀審法廷は，県司法局長を裁判長とし，裁判官2名および人民参審員2名から構成していた[17]。その後，1982年8月15日に最高人民裁判所を設置したが，1982年から1984年までは，司法副大臣，1984年から1989年まで

は，司法大臣が最高人民裁判所長官を兼任していた。

当時，実際に裁判が行われたのは刑事事件のみであり，民事事件については調停によって紛争を解決していた。また，民法，刑法および各訴訟法が制定されていなかったため，裁判官は，「被疑者の逮捕，捜査および裁判に関する首相令第53号」のみに準拠してすべての裁判を行っていたと説明されている[18]。

5) 1991年憲法体制における司法制度

ラオスでは，1986年の第4回党大会において市場経済原理の導入を中心とする改革路線（Nēo thāng pīan pāēng mai）を採択し，社会主義的法制度および憲法の制定を準備することを決定した。そして，1989年に選出された第2期最高人民議会に憲法起草委員会を設置し，ソビエト連邦への留学から帰国したラオス人法律家を中心に，最高人民議会に駐在するベトナム人法律顧問の支援を得ながら憲法起草作業を行った。そして，1991年8月15日に，現体制下ではじめての憲法（以下，1991年憲法）を公布した。

司法制度については，憲法に先行して1989年に人民裁判所法（以下，旧人民裁判所法）を制定し，当初は人民参審員制度を設けていたが，1991年憲法を制定した後に人民裁判所法を一部改正し，人民参審員制度を廃止した。旧人民裁判所法によれば，1991年憲法体制下での裁判所組織は，最高人民裁判所，地方人民裁判所および軍事裁判所によって構成し，地方人民裁判所は，県人民裁判所および郡人民裁判所から構成していた。最高人民裁判所長官は，国会常務委員会の提案に従い国会が選出および罷免し，最高人民裁判所副長官および裁判官は，最高人民裁判所長官の提案に従い国会常務委員会が任免すると定めていた。地方人民裁判所の所長および裁判官は，政府の提案に従い国会常務委員会が任免すると定め，司法省が，地方人民裁判所所長および裁判官の任免を国会常務委員会に提案する権限を有するなど，地方人民裁判所の人事面の司法行政権を有していた。

裁判制度は，第一審裁判所と破毀審裁判所から構成される二審制であり，郡人民裁判所が第一審裁判所となった訴訟事件について県人民裁判所が破毀審裁判所となり，県人民裁判所が第一審裁判所となった事件について最高人民裁判所が破毀審裁判所となっていた。また，重大事件については，最高人民裁判所が第一審裁判所となり，第一審のみで結審することができた。そのほかに，刑事訴訟法および民事訴訟法によれば，人民裁判所の確定判決および裁定に著しい法律違反が

ある場合，または事件の実情と適合していないと判断する場合に，人民検事総長または県人民検事長による異議申立てにもとづいて，郡人民裁判所の判決に対しては県人民裁判所長委員会が再審し，県人民裁判所の判決に対しては最高人民裁判所各専門部が再審し，そして最高人民裁判所の判決に対しては最高人民裁判所長官委員会が再審を行う，監督審制度を設けていた[19]。

1991年憲法体制の司法制度をベトナムの司法制度と比較すると，裁判官の任命過程および人民参審員制度の廃止を除き，ベトナムの制度に類似していたといえる[20]。

6) 2003年以降の司法制度改革

ラオスは，1997年に東南アジア諸国連合（ASEAN）に加盟し，2008年にアセアン自由貿易地域（AFTA）に加盟した。また，2010年に世界貿易機関（WTO）へ加盟することを目指して準備を行っている。ラオスは，経済統合の枠組みに参加するため，1998年から憲法改正を検討し，2003年1月に憲法改正委員会を任命して憲法改正のための起草作業を行い，2003年5月6日，第5期国会第3回会議において，1991年憲法の改正憲法（以下，憲法）を採択した。改正点の多くは経済政策の領域に集中し，経済社会体制の章では，工業化＝近代化を促進してラオスの経済発展を加速するという目標と，外国投資の奨励と保護，人的資源開発の重視，並びに知的財産権の保護を定めた[21]。

また，憲法改正に伴って司法制度の改革が行われた。主要な改革点は，第1に，地方人民裁判所の司法行政権に関する変更である。2003年に制定された改正人民裁判所法（以下，改正人民裁判所法）では，最高人民裁判所がすべての裁判所の司法行政権を有することが定められ，県人民裁判所および郡人民裁判所など地方人民裁判所の人事決定権，並びに裁判官および裁判所職員に対する研修を行う権限を有することになった。このように司法行政権が，司法省から最高人民裁判所に移管されたことによって，従来，別々に行われてきた最高人民裁判所と地方人民裁判所の職員採用および昇進が統一して行われ，地方裁判所での職務経験を経た裁判官が最高人民裁判所に勤務する可能性が高まり，裁判官の任免および懲戒が人民裁判所の内部で行われ，行政機関による裁判官人事への干渉を排除できるため，司法の自律性の確保に向けた改善として評価できる[22]。

第2に，裁判審級制度について改革を行い，改正人民裁判所法では，従来，裁

判を長引かせ，判決の執行を困難にする原因となっていた監督審制度を廃止し，裁判所の確定判決は，いかなる場合においても変更することができないとする規定を新たに設けた。また，以前のように多くの訴訟事件が最高人民裁判所に上訴され，最高人民裁判所での事件の処理が滞ることがないように，新たに控訴審裁判所として高等裁判所を設置し，裁判審級制度を，第一審，控訴審および破毀審より構成すると定め，事実審については控訴審までで，最高人民裁判所で行われる破毀審では法律審のみを扱うように変更した。これらの裁判制度の改革は，裁判を迅速にし，判決の執行を確実にするための改革であると評価できる[23]。

　ラオスの司法制度改革を，2001年以降のベトナムの司法制度改革と比較すると[24]，地方人民裁判所の司法行政権が司法省から最高人民裁判所に移管するなど，ベトナムの改革との類似点がみられる一方，ベトナムは現在も監督審制度を維持しているため，ラオスの改革の独自性がみられる。

2．国家組織・司法関係機関の概要

1）国家組織

　憲法にもとづきラオスの国家組織を概観すると，ラオス人民革命党は，政治制度の指導的中枢であると定め，党の指導的原理が憲法上に規定されている。また，国会およびすべての国家組織は，民主集中制（民主主義的中央集権制）の原則に従って組織され活動すると定めている。

　国家組織の編成は，旧ソ連と同様に，立法権，行政権および司法権の間で三権分立の原則は採用せず，法令上，国会に権限が集中する権力統合の原則を採用している。そのため，国会は立法機関であるほかに，執行（行政）機関，人民裁判所および人民検察庁の活動を監督する権限を有する。また，裁判所に法律の解釈権を認めず，国会の常務機関である国会常務委員会が，憲法および法律の解釈権を有する。国会の任期は5年であり，国会議員選挙法によれば，国会議員は，県を選挙区とし，村を投票単位として直接選挙によって選出すると定めている。

　ラオスの国家元首は国家主席であり，国会出席議員の3分の2以上の賛成票を得ることにより，国会が選出する。国家主席は，憲法および法律を公布し，国家主席令および国家主席布告を公布する権限を有する。また，首相および政府の構成員（国会の承認にもとづく），最高人民裁判所副長官（最高人民裁判所長官の推

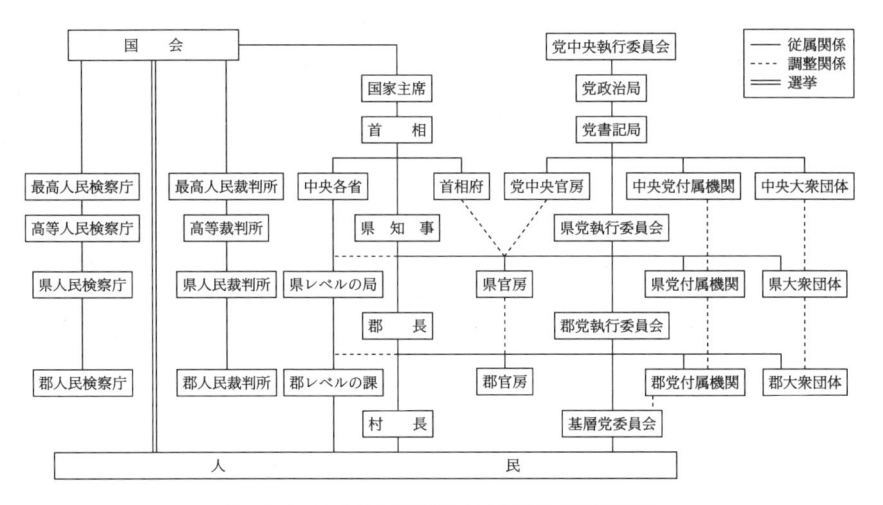

図 10-1　ラオスの政治制度および党の組織構成

出所）首相府行政局の資料（"Department of Public Administration and Civil Service 1996"）をもとに筆者が加筆作成。

薦にもとづく），県知事および中央直轄市長（首相の提案にもとづく）を任免し，人民武装勢力の最高司令官となる権限を有する。行政機関である政府は，首相，副首相，各省大臣および省と同格の機関の長により構成し，首相は，副大臣，副県知事，中央直轄市副市長を任免する権限を有する。

　地方行政法によれば，ラオスの地方行政は，県および中央直轄市からなる県レベル，郡および市からなる郡レベル，各村からなる村レベルの3つのレベルによって構成されている。各レベルには，行政首長として，県に県知事，中央直轄市に中央直轄市長，郡に郡長，市に市長，並びに村に村長を置く。県知事および中央直轄市長は，国家主席が任免し（首相の提案にもとづく），郡長および市長は，首相が任免し（県知事の提案にもとづく），村長は，村の会議によって選出し，郡長が認証する。ラオスの地方行政の特徴は，地方議会がなく，中央の任命による地方行政首長が地方行政を担当する中央集権的な地方行政制度を有している点，並びに県党委員会書記が県知事を兼任し，地方レベルにおいて党機関と行政機関が明確に分離していない点である[25]。

2）人民裁判所

　憲法によれば，人民裁判所は，最高人民裁判所，高等裁判所，県人民裁判所

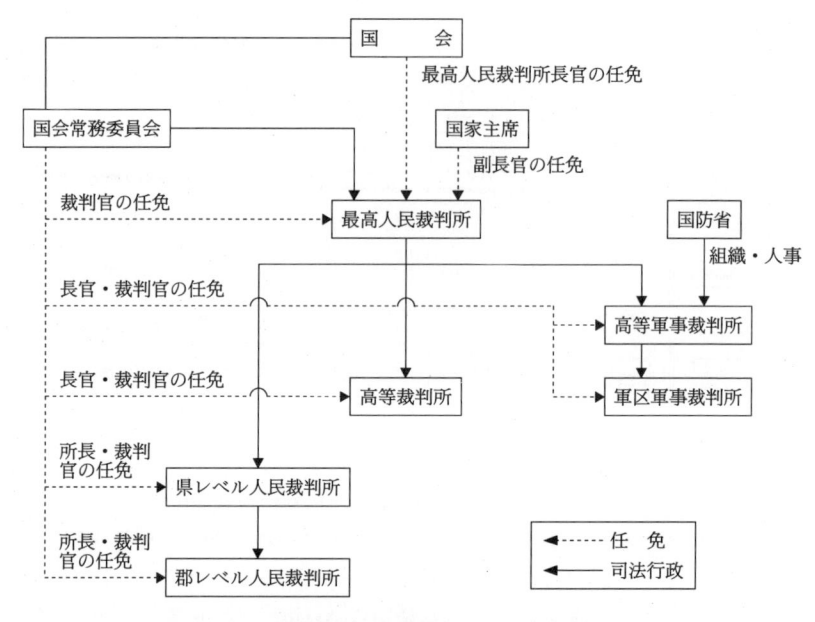

図 10-2 人民裁判所の組織構成（2006 年 9 月）

```
                          国　会
                    │      │
                    │      │最高人民裁判所長官の任免
   国会常務委員会      │      │
        │            │   国家主席
        │            │      │副長官の任免
  裁判官の任免         │      │
        └─────→ 最高人民裁判所                国防省
                          │                    │組織・人事
  長官・裁判官の任免        │                    │
        └─────────→ 高等軍事裁判所
                          │                    ↑
                          ↓                    │
  長官・裁判官の任免      高等裁判所          軍区軍事裁判所
        └─────────→
                          │
  所長・裁判                ↓
  官の任免              県レベル人民裁判所        ◀----- 任　免
        └─────→                              ◀───── 司法行政
  所長・裁判                │
  官の任免                  ↓
        └─────→ 郡レベル人民裁判所
```

出所）改正人民裁判所法および 2006 年 9 月の現地調査にもとづく。

（中央直轄市人民裁判所），郡人民裁判所（市人民裁判所）および軍事裁判所により構成されている[26]。

　人民裁判所法によれば，最高人民裁判所は，高等裁判所および県人民裁判所の控訴審判決に対する破毀審裁判所，並びにすべての裁判所の確定判決に対する再審裁判所である他に，下級裁判所の裁判について指導する権限を有し，地方人民裁判所および軍事裁判所の裁判に対して，法律適合性および統一性を指導し検査する権限，並びに審理において考慮すべき判例を指導する権限を有している。また，高等裁判所以下の裁判所に関する司法行政権を有し，裁判官，書記官および職員の養成を指導し，裁判所の業務実施を検査し，並びに裁判所統計を作成する権限を有する。最高人民裁判所は刑事部，民事部，商事部，家事部および少年部の 5 つの専門部を有する。

　高等裁判所は，県（中央直轄市）人民裁判所の第一審判決に対する控訴審裁判所であり，全国に，北部（ルアンパバーン），中部（ビエンチャン），南部（パークセー）の 3 ヶ所に設置し，刑事部，民事部，商事部，家事部および少年部の 5

図 10-3　最高人民裁判所

つの専門部を有している。

　県（中央直轄市）人民裁判所は，郡（市）人民裁判所の管轄に属さない事件の第一審裁判所である。また，郡（市）人民裁判所で行われた第一審判決に対する控訴審裁判所となる権限を有する。全国の各県に1ヶ所設置しており，刑事部，民事部，商事部，家事部および少年部の5つの専門部を有している。

　郡（市）人民裁判所は，訴訟当事者に対する和解の勧告および調停を主な職務とし，訴訟金額が，2,000万キープを超えない民事訴訟，夫婦の共有財産，債務，または子に関する紛争を伴わない夫婦関係に関する訴訟，養育費請求に関する訴訟，認知，法的無能力者，失踪，死亡の宣告に関する係争などの民事訴訟，並びに刑法第22条に定める軽犯罪に関する刑事事件に対する第一審裁判所である[27]。2008年12月時点で，全国140の郡に103ヶ所設置されている[28]。郡人民裁判所は各専門部を有しない。

　憲法によれば，最高人民裁判所長官は，国家主席の提案に従い国会が選出または罷免し，最高人民裁判所副長官は，最高人民裁判所長官の提案に従い国家主席が任命する。また，最高人民裁判所裁判官以下のすべての裁判官は，最高人民裁判所長官の提案に従い国会常務委員会が任免する。人民裁判所法は，裁判官の資格要件として，25歳以上のラオス市民であり，堅固な政治的信念を有し，祖国の全体的利益に対して忠誠心を有し，倫理感を有し，法学教育または法学訓練を受けた人物という条件を定めている。政治的信念の内容は明記されていないが，党に対する忠誠および党の路線の理解であると考えられる。

3）人民検察庁

憲法によれば，人民検察庁は国会に直接従属し，国会は，人民検察庁の活動を監督する権限を有しており，人民検事総長は，国会（または国会常務委員会）に対して人民検察庁の組織および活動について報告しなければならない。

人民検察庁法によれば，人民検察庁は，公訴権を行使する権限を有する他に，中央省庁，ラオス建国戦線，大衆団体，地方行政機関，企業および市民が法令を正確かつ統一的に遵守するように監督する権限（一般監督権）を有する。

人民検察庁は，最高人民検察庁，高等人民検察庁，県人民検察庁，中央直轄市人民検察庁，郡人民検察庁かつ軍事検察庁から構成し，高等人民検察庁は，北部（ルアンパバーン），中部（ビエンチャン）および南部（パークセー）の3ヶ所に設置し，県（中央直轄市）人民検察庁は各県に1ヶ所設置し，郡人民検察庁は，2009年3月時点で，全国140の郡のすべてに設置されている[29]。

憲法によれば，人民検事総長は，国家主席の提案に従い国会が任免し，人民次長検事は，人民検事総長の提案に従い国家主席が任免し，高等人民検事長以下の検察官および軍事検察官は，人民検事総長が任免する。人民検察官の資格要件は，25歳以上のラオス市民であり，強固な政治的信念を有し，国民全体の利益に対して忠実であり，倫理を守り，法学教育または法学訓練を受けたことがある人物と定めている。

4）弁護士

ラオスの弁護士は，司法省の管理下に置かれている。現在，弁護士法を起草中であるが，2009年3月時点では，まだ制定されていない。首相令によれば，司法大臣は，弁護士会執行委員会の提案にもとづき弁護士を任免し，活動許可書を発行する権限を有する。弁護士の資格要件は，ラオス市民であり，国および人民の利益に対する清廉な精神を有し，倫理感を有し，高等法学教育もしくは中級法律教育，または5年以上の司法実務経験を有し，公務員でないことである[30]。

2009年3月において，弁護士会は，執行委員会，弁護士検査委員会，各小委員会，事務局を有し，首都ビエンチャン市内に9つの組，並びにチャンパーサック県，サヴァンナケート県，カムムアン県，ルアンパバーン県，ウドムサイ県，シエンクアーン県，ビエンチャン県に支部が設置されている。全国の弁護士の数は，92名だが，高齢者，障害を持つ人も含まれ，実際に活動できるのは75名で

ある。弁護士の弁護費用は，依頼人と弁護士の間での合意，または裁判所が選任した場合は裁判所の決定に従う。その他に，2007年6月に，無料法律扶助事務所が開設され，貧困で機会に恵まれない人の人権にかかわる事件の裁判での弁護および法律相談の活動を行っている。

ラオスの弁護士が抱える問題は，第1に，司法関係機関の中で，弁護士の活動に対する理解が低いことである。法律では被疑者の取調段階でも弁護士が参加できると定められているが実際には参加できず，被疑者に接見することができず，人民裁判所および人民検察庁に被告人の事件記録の閲覧を求めても許可されない場合がある。そのため，弁護士は，被告人の権利を充分に擁護することができない。第2に，法廷での被告人の弁護人および訴訟代理人が，弁護士に限定されていないため，親族または被告人に関係する機関の代表が弁護人または訴訟代理人を務めることがある。そのため，被告人および訴訟当事者は必ずしも弁護士を必要とせず，弁護士の重要性が認識されない原因となっている。

3．裁判制度の概要

1）司法機関の裁判制度

人民裁判所法によれば，ラオスの裁判審級制度は，第一審，控訴審および破毀審からなる三審制である。郡（市）人民裁判所が第一審裁判所となった事件については，県（中央直轄市）人民裁判所が控訴審裁判所となり，最高人民裁判所が破毀審裁判所となる。また，県人民裁判所が第一審裁判所となった事件については，高等裁判所が控訴審裁判所となり，最高人民裁判所が破毀審裁判所となる。事件の事実認定についての審理を行うのは，第一審および控訴審までであり，破毀審では，事件への法律の適用のみ審理を行う。刑事訴訟法および民事訴訟法によれば，破毀審裁判所は，控訴審での法律の適用が不適切であると判断した場合に，自判もしくは控訴審判決を破棄して差し戻すことができる。

人民裁判所法によれば，裁判は，3名の裁判官からなる合議体により審理および裁判を行う。法廷の公開については，事件の関係者である場合に，裁判所から許可を得て傍聴することができる。しかし，最高人民裁判所においては対審が行われず，傍聴は認められていない。

現在の裁判制度の問題点は，第1に，憲法には裁判官の独立が保障されている

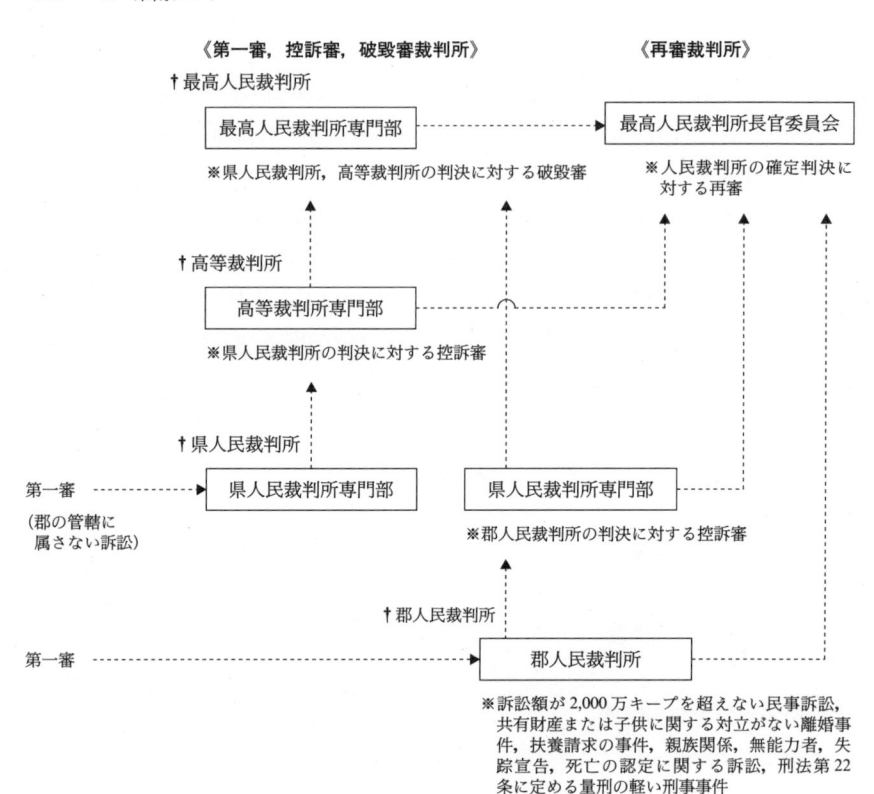

図10-4 ラオスの裁判制度

《第一審，控訴審，破毀審裁判所》

† 最高人民裁判所
- 最高人民裁判所専門部
  ※県人民裁判所，高等裁判所の判決に対する破毀審

† 高等裁判所
- 高等裁判所専門部
  ※県人民裁判所の判決に対する控訴審

† 県人民裁判所
- 県人民裁判所専門部（第一審：郡の管轄に属さない訴訟）
- 県人民裁判所専門部
  ※郡人民裁判所の判決に対する控訴審

† 郡人民裁判所
- 郡人民裁判所（第一審）
  ※訴訟額が2,000万キープを超えない民事訴訟，共有財産または子供に関する対立がない離婚事件，扶養請求の事件，親族関係，無能力者，失踪宣告，死亡の認定に関する訴訟，刑法第22条に定める量刑の軽い刑事事件

《再審裁判所》

- 最高人民裁判所長官委員会
  ※人民裁判所の確定判決に対する再審

出所）改正人民裁判所法にもとづき筆者作成。

が，実際には，事件を担当する裁判官が調査を行った後，法廷を開く前に，審理および裁判の方針について裁判所内で事前に協議（予審）し，裁判所長から指導を受ける。また，審理が困難な事件，重大事件，汚職事件など政治指導者に関係する事件の場合は，裁判を行う前に，最高人民裁判所および高等裁判所の場合は，検討会議（司法省，人民検察庁および治安省の長によって構成）に事件を提起し，県レベル人民裁判所の場合は，県知事または副知事に対して報告して，事前に審理および裁判の方針に関する指導を受けている。そのため，裁判官の職権行使の独立は存在していない[31]。

第2に，2003年の人民裁判所法の改正によって，郡人民裁判所の管轄権限が従来よりも縮小されたため，多くの事件が県人民裁判所に提訴され，事件の処理

が滞っている。改正以前の郡人民裁判所は，3ヶ月から2年の禁固刑に相当する刑事事件の裁判，並びに民事事件については，土地，遺産，夫婦の共有財産に関する紛争についても管轄権を有していたが，改正後は，刑事事件は中傷および近親者間の事件に限定され，民事事件は土地に関する多くの訴訟，夫婦の共有財産および子供の養育費に関する紛争が郡人民裁判所の管轄外となったため，実際には，郡人民裁判所では，ほとんど裁判を行っていない。そのため，現在，郡人民裁判所の権限を強化するための法律改正が検討されはじめている。

2）経済紛争解決センター

　裁判所以外の経済紛争解決の手段としては，経済紛争解決センターによる調停および仲裁の制度を設けている。経済紛争解決センターは，外国からの投資および国内投資を促進するために，1995年に司法省内に設立された。

　経済紛争解決法によれば，経済紛争解決センターは，紛争当事者が契約の中で，経済紛争解決センターにおいて紛争を解決することを定めていた場合に提訴を受理し，紛争当事者の話し合いにより，調停または仲裁による解決を選択する。調停の場合は，紛争当事者が，登録されている委員から調停委員を選出し，委員が調停を行う。合意に至らなかった場合は，紛争当事者は，仲裁による解決または裁判所に提訴することができる。仲裁の場合は，紛争当事者が委員を選出し，委員会が証拠を採取した後15日以内に裁定を下す。いずれの場合も，紛争当事者は，調停の合意または裁定から15日以内に，合意または裁定に従って実施しなければならず，当事者は，一方が実施しない場合に，人民裁判所に対して，合意および裁定の執行命令の交付を求めることができる。同法によれば，調停委員および仲裁委員の資格要件は，法律分野の知識能力を有し（証明書が必要），5年以上の実務経験を有することである。

　2008年10月の時点で，経済紛争解決センターは司法省に1ヶ所設置されているほか，ウドムサイ県，ルアンパバーン県，サヴァンナケート県，チャムパーサック県に支所が置かれ，全国で260名の調停委員が登録している。2007年9月から2008年9月までの1年間に，全国で106件の紛争を新規に受理し，47件の調停が合意に至った[32]。センターで実際に利用されているのは調停制度のみであり，仲裁制度はほとんど利用されていない。かつては，ラオスの企業が外国企業と契約するときに，外国で仲裁を行うと約定していることがあったが，現在

は，ラオスの外国投資法の規定で，ラオスの法律に従って解決することを定めているため，国内で調停が行われるようになっている。

3）村紛争調停組

ラオスでは，村における紛争を村長が調停を行って解決する習慣が伝統的に行われ，1990年以降も，民事事件の多くは，裁判所ではなく村長または村の委員会によって解決されていた[33]。しかし，1997年以降は，司法大臣通達に従い，全国各村に村紛争調停組を設置して，村レベルの紛争解決のために利用する政策が実施されている。

2007年の司法大臣通達によれば[34]，村紛争調停組は，組長1名，副組長2名のほか3〜5名で，村建国戦線，村行政機関，村女性同盟，村革命青年同盟，村の功労者・少数民族，村治安担当の代表から構成し，村長の推薦に従い，村の会議での合意を経て選出し，郡司法課の承認を経て郡長が認証する。任期は4年である。村紛争調停組長の資格要件は，村の中で最も影響力を持ち，党の路線および国家の法律を理解する者と定められ，法学教育は条件とされていない。2008年12月の時点で，全国9,001の村のうち，8,043の村に村紛争調停組が設置されている[35]。

村紛争調停組は，債務，財産，家族関係（離婚を除く），村の土地利用などの民事紛争，並びに親族間の軽症または後遺症が残らない傷害事件，名誉毀損，窃盗，親族の財産に対する損害など軽微な刑事事件について調停を行う権限を有する。村紛争調停組は，申立てから7日以内に調停を開始し，合意に至らなかった場合は，村グループ担当委員会および郡司法課においてさらに調停が試みられ[36]，それでも両者の合意に至らない場合に，紛争当事者に人民裁判所に提訴するように助言を行う。

制度の長所は，村レベルで紛争が解決されるため，裁判所に提訴される事件の件数を減らすことができ，紛争当事者にとっても裁判に比べて訴訟費用が少なく，短期間で解決できる点である。欠点は，村紛争調停組のメンバーは法律家ではなく，県司法局と郡司法課が主催する研修（1日）を受けるのみであり，管轄権を超えて離婚を認めてしまう，あるいは，法定利率よりも高い利率での負債の返済を認めてしまう，といった問題がある[37]。

4）判例集の有無と公開状況

2003 年に改正された人民裁判所法は，新たに判例について規定しているが，現状では，最高人民裁判所の判決をもって判例とすることは，まだ行われていない。現在実施されているのは，地方人民裁判所が事件の審理および裁判を行うに際しての指針を，最高人民裁判所が指導通達として公布するのみである。しかし，最高人民裁判所では，将来，人民裁判所の判決を選抜した判例集を出版し，配布し，販売することが計画されている。

裁判所の判決の公開については，未確定の判決は，訴訟当事者および事件の担当裁判官のみが閲覧できる。確定判決は，事件を担当していない裁判官も閲覧することができる。執行された判決は，外部の人も閲覧することができるとされている。また，将来的に，確定判決を各裁判所に配布し，資料室に保存することが計画されている。

5）法源一覧

「法規範作成に関する国家主席令第 2 号（2003 年 10 月 20 日）」によれば，ラオスの法規範文書として，次の 9 つの文書を定めている。

(1) 憲法，(2) 法律，(3) 国会決議，(4) 国会常務委員会の決議および通達，(5) 国家主席令および国家主席布告，(6) 政府の決議および政令，(7) 首相令，首相決定，首相訓令および通達，(8) 大臣，省と同格の機関の長，政府に従属する機関の長，各省官房長，各省局長，最高人民裁判所長官，最高人民検察庁，県知事，中央直轄市長，特別区長，郡長および市長による通達，命令，訓令および通知，(9) 村の規則。

これらの法規範文書のうち，国家主席令は，法律に次ぐ法規範であり，国会常務委員会の提案に従い国家主席が公布する。国家主席布告は，法律の公布，恩赦，賞与および任免などの特定の効力を有し，政府または関係機関による提案に従い，国家主席が公布する。政令および首相令は，公務員規則に関する政令，各省の設置規則に関する政令など一般的な効力を有するものと，職員の任免を公布するための首相令など特定の効力を有するものがある。通達は，上級の機関の法規範を適用しおよび実施するための一般的効力を有する法規である。命令は，計画，法律，国家主席布告および規則を実施するための一般的な効力を有する法規である。訓令は，経済社会開発計画および国家予算計画，法律，規則などの施行

のための方法および過程について定める法規である。通知は，関係機関に通知させるための文書である。村の規則は，上級機関の公布した命令，指導，通達を実施するために村が定める法規である。

6）立法手続

憲法によれば，立法発議権を有する機関および者は，次のとおりである。

(1) 国家主席，(2) 国会常務委員会，(3) 政府，(4) 最高人民裁判所，(5) 最高人民検察庁，(6) 中央レベルのラオス建国戦線および大衆団体。

2009年3月までに，80の法律が制定されているが，そのほとんどが，政府提案による立法である。そのため，政府提案の場合を事例に，立法手続をみることにしたい。

「法規範作成に関する国家主席令第2号」によれば，立法手続は，次のとおりである。

(1) 関係省庁が，省内の部局において法案の起草を行った後に，政府に対して提出する。
(2) 政府が，閣議の日から15日以前に，閣議参加者に対して法案を送付して準備する。政府閣議において，起草した省庁が法案を説明する。
(3) 政府が，国会の会期から60日以前に，国会常務委員会に法案を提出する。
(4) 国会常務委員会は，法律委員会または関係する委員会に法案を送付し，憲法および既存の法律との適合性について審査を行わせる。
(5) 法案が，多くの部局に関係する，または人民の権利に関係していると判断した時は，国会常務委員会は，法案について人民から意見を聴取する。
(6) 国会常務委員会で承認された後に，国会の会議に提出する。会議では，法律委員長または起草した省庁の代表者が，法案について説明する。
(7) 国会の会議で採択をされた後，法案を国家主席に送付し，国家主席は，国会での採択から30日以内に公布しなければならない。その期間内において，国家主席は，国会に法案を差し戻して再審議を求める権限を有する。国会が元の法案を再度採択した場合は，国家主席は15日以内に公布しなければならない。

ラオスの立法手続の特徴として，次の点が指摘できる。

第1に，ラオスでは，各省庁を支援している外国の援助団体または外国人専門

家が，支援している省庁を通じて法律の制定または改正を提案する場合がある。外国の援助機関および専門家は，起草のためのセミナーを開催し，外国での研修に職員を送ることで支援を行うほか，援助機関がモデル法を有している場合には，参考として提供する場合がある。

　第2に，立法過程では，司法省が重要な役割を果たしている。かつては，各省庁が法案を直接に政府に提出していたが，法案の内容が不充分で，再検討になることが多かったため，「法規範作成に関する国家主席令第2号」では，各省庁は，草案を起草した後に司法省に法案を提出し，司法省法制局が，法律用語，並びに憲法および既存の法律との適合性を審査することが定められた。

　第3に，各省庁が法案の起草を行う際に，一部の熟練法律専門家を招いて事前に意見を求めることが慣行として行われ，彼らが起草に重要な役割を果たしている[38]。理由は，各省庁に法律を理解できる人材が少ないため，各省庁が外国人専門家と協力して法案を起草した際に，熟練法律専門家に既存の法律との適合性および施行の可能性を審査してもらう必要があり，また，彼らは，司法省および国会の現職の幹部であるため，法案が司法省および国会に提出されたときに，法案の審査を迅速に行うことができるためである。

　第4に，立法過程においては，党上層部の承認が必要である。政府の会議において法案を検討した後に，法案を党政治局の会議に提出し，承認を得てから国会に提出する。しかし，首相は政治局員であり，各省の大臣は党中央執行委員であるため，実質的な議論は政府の会議で行われ，党政治局の会議は，党上層部による承認の意味が大きいと考えられる。

7）法令集にアクセスする基本状況

　法令集の出版および販売は，司法省法律宣伝普及局が担当し，政府機関への法令集の配布および単行法令冊子の販売を行っている[39]。官報については，2008年1月より，2ヶ月に1冊，ラオス語で出版され，法律および施行法令が収録されている。法律の英語訳は，国連開発計画（UNDP）による国会支援プロジェクトによって翻訳された，いくつかの法律の英語訳を，在ラオス日本大使館のホームページから入手することができる[40]。

4. 法学教育と法整備支援

1) 法学教育および法曹養成

　現在，法学教育機関として，ラオス国立大学法政治学部，国立チャンパーサック大学法政治学部，並びに司法省付属の法科大学が存在する。ラオス国立大学法政治学部は，1986年に現体制下ではじめて設置された法学教育機関である司法省付属中級法律学校（3年制）を起源とし，1992年に5年制の高等法律学校に格上げされ，1997年にラオス国立大学の一学部として統合された[41]。現在，法学科，政治学科，国際関係学科およびビジネス法学科の4つの学科から構成し，修士課程は，2009年3月に開設された。しかし，博士課程は，まだ設置されていない。学生は，1年次に基礎教養科目，2年次から法政治学部の共通科目，3年次および4年次に各学科の専門科目を履修する。5年次に各省庁および司法機関で2ヶ月のインターンシップを行った後に，卒業論文を提出する[42]。法学科の卒業生は，裁判所，検察庁，弁護士会など司法関係機関に就職する者が多く，政治学科の卒業生は，各省庁および県庁に就職し，国際関係学科の卒業生は，外務省および国際機関に就職している。

　国立チャンパーサック大学法政治学部は，2006年に設置された。現在，法学科と政治学科から構成され，3年制の高等法学教育と5年制の法学士教育を行っている。

　司法省付属法科大学は，2003年にサヴァンナケートに設置が行われて以降，ルアンパバーンおよびビエンチャン市に設置された。当初は，中等法律学校（3年制）であったが，2006年から5年間のコースを設置し，法科大学への格上げを行った。司法省が法科大学を設置した理由は，郡レベルの司法関係機関の中に，法律を学んだ職員が不足しており，地方出身でラオス国立大学法政治学部に入学できない学生に法学教育の機会を与えるためである。学科は，刑法学科と民法学科を設置し，2009年3月の時点で，法学士号のカリキュラムを，教育省高等教育局に申請中であった。卒業生は，裁判所，検察庁および弁護士として勤務している。

　ラオスの法曹養成では統一司法試験制度がなく，各機関ごとに職員の採用を行った後に，機関内で研修を行っている[43]。裁判官の場合は，新卒の学生が裁判

所に採用されると裁判官補に任命されて勤務し，能力を認められた場合に，最高人民裁判所付属の裁判官研修所において3ヶ月の研修を受けた後に，裁判官に任命される。検察官の場合は，新卒の学生が人民検察庁に採用された後，2ヶ月間の研修を受けて捜査官として勤務し，能力を認められた場合に検察官に任命する。弁護士の場合は，弁護士会が候補者を選抜した後に，6ヶ月の理論研修および支部での現場実習を行い，弁護士会執行委員会が審査を行って合格した後に，司法省が任命する。

2）法整備支援の現状と課題

現体制下での西側諸国による対ラオス法整備支援は，1991年に国連開発計画（UNDP），1992年にスウェーデン国際開発協力庁（Sida）が支援を開始したことを契機としている[44]。

世界銀行は，ラオスに対する構造調整融資の条件のひとつとして法整備をラオス政府に義務づけ，UNDPが司法省を対象機関として立法支援を行った。しかし，ラオス政府側の法律起草者が，外国人専門家の提案する法案を分析するのに時間がかかるという問題が生じたため，UNDPは1995年以降，ラオス政府自身が立法優先順位を決定する方法を採用し，司法省の職員に対する起草技術の向上支援に加えて，国会に対する法案審査能力向上の支援を行った[45]。2000年以降は，国会に対する立法手続改善支援，司法省に対する法案起草過程の改善支援，最高人民裁判所に対する地方裁判官の研修およびケースブック作成支援，最高人民検察庁に対する検察官研修カリキュラムの改善支援，外務省に対する国際条約に関する研修実施，弁護士会に対する海外の弁護士会活動の視察支援など，対象機関を拡大して支援を行った[46]。現在は，司法省を対象に，司法関係分野の2020年までの発展基本計画（マスタープラン）の策定支援，弁護士会に対する組織強化および研修，並びに国会の立法能力強化支援を行っている。

Sidaは，1992年から1996年まで，司法省，ビエンチャン法律学校（現在のラオス国立大学法政治学部）および弁護士会を支援した。特に，司法省に対しては，ラオス語，フランス語および英語による官報出版を支援した。1996年から2000年には，ビエンチャン市人民裁判所をモデルとして，裁判手続改善のための支援を行った。2000年以降は，ラオス国立大学法政治学部に対する法学教育支援に重点を移し，スウェーデンのウメオ大学との協定にもとづいて，教員を専

門家として派遣し，2000年から2003年までは，教員の英語研修，海外研修および図書館整備を支援し，2003年から2008年11月までは，大学教育方法の改善および大学事務の向上のための支援を行っている[47]。

日本による支援は，1997年に名古屋大学総長および法学部教員がラオス司法省およびラオス国立大学法政治学部を訪問した際に，立法および司法研修に関する支援要請を受け，国際協力機構（JICA）中部研修所と協力して，日本でのラオス人法律家の研修を開始したことを契機としている。その後，JICAが本格的支援のための予備調査を行ったが，ラオス政府は，環境法，観光法など個別法の立法支援を望み，日本側は民事訴訟法および商法など基礎法分野の整備が重要であると考えていたため意見が合わず，ラオスに対しては立法支援よりも法律家の能力形成支援に重点を置くことになった。2001年以降，法務省法務総合研究所国際協力部（ICD）の教官がプロジェクト形成のために派遣され，2003年5月から2007年12月まで，司法省に対する民法教科書および企業法注釈書の作成支援，最高人民裁判所に対する判決起案マニュアルの作成支援，並びに最高人民検察庁に対する検察実務マニュアルの作成支援を行った[48]。

これまでのラオスに対する法整備支援の問題点は，世界銀行およびUNDPの立法支援の場合は，ラオスの経済社会の実情を考慮せずにモデル法の一方的な押し付けが行われ，また個別法を乱立させたために，各法律間の整合性の問題を生じさせたと指摘されている[49]。Sidaによる官報出版支援の場合は，優秀な翻訳家を確保できず，司法省が独自に法令集の出版・普及を行っていたため，支援の終了と共に官報の出版事業が停止してしまった。裁判手続改善支援では，Sidaの提案した手続をラオス側が受け入れることができず，結局，実施されなかった。UNDPの支援では，支援対象機関の間での調整がうまくいかず，裁判官研修について司法省と最高人民裁判所の2つの機関が作成したカリキュラムが競合するという問題が生じた。また，ラオス政府機関には英語が堪能な職員が少ないため，UNDPのプロジェクト担当者がJICAのプロジェクトも担当するなど，現地職員への負担が生じていた[50]。

おわりに

ラオスの法制度は，仏教の影響を受けた古代法，フランス植民地時代の近代的

法制度の導入，1975年以降のソ連およびベトナムからの社会主義法制度の導入，1990年以降の国際機関，日本およびヨーロッパ諸国の法整備支援による市場経済化のための法制度の導入と，常に，外国の法制度の影響を受けて大きく変化してきた。そして，1990年代後半に開始された司法制度改革では，次のような特徴を指摘できる。

　第1に，2003年の憲法改正による司法制度改革は，ベトナムにおける司法制度改革と異なり，監督審制度を廃止するなど，社会主義型あるいはベトナムの司法制度の影響のみでは分析できない現象が生じている。この背景には，1990年代以降に，国連機関および日本・ヨーロッパ各国によって行われている法整備支援の影響があり，ラオス政府にとって，多くの国のモデルを比較し，制度を選択する機会が増加しているといえる。

　第2に，現在のラオスの司法制度改革は，ラオス政府がWTOに加盟し，海外からの直接投資を誘致するための条件整備として行っているという性格を有する。そのため，経済紛争調停制度の整備および知的財産法の立法など，国際的基準に適合することを目指している。その一方で，村紛争調停組の設置にみられるように，ラオスで伝統的に行われてきた紛争処理メカニズムを再活用しようとする動きがみられる。この背景には，市場経済化の進展に伴う犯罪の増加および社会変動が，ラオスの一党支配体制に影響を与えないように国内の治安を維持したいという，党指導部の意図があると考えられる。そのため，ラオスの法整備は，グローバル・スタンダードに収斂する方向のみではない点に留意すべきである。

　最後に，今後のラオス法研究の課題は，第1に，ラオスの法制度の形成過程を考察するために，ラオスの法制史に関する調査・研究が必要である。第2に，現在のラオスの法整備を考察するため，実定法について，ベトナム，旧ソビエト連邦，フランスをはじめ，周辺の東南アジア諸国，さらには日本の法制度との比較研究が求められる。第3に，現在の市場経済化が，ラオスの人々の法的紛争解決にどのような影響を与えているかについて，法社会学的調査を行い，今後の法整備の課題を分析することが必要であろう。

注
1）外務省ウェブサイト・各国情勢（http://www.mofa.go.jp/mofaj/area/laos/data.html，2009年8月10日現在）。

2) Lao P. D. R., "Khana-sīnam samlūāt Phonla-mēūang thua-pathēt, Phon Kānsamlūāt phonla-mēūang lae thī-yū-āsai 2005" (国勢調査結果 2005 年), Vientiane: Khana-sī-nam samlūāt Phonla-mēūang thua-pathēt, 2005, pp. 15, 16.
3) 天川直子「現代ラオスの課題」(天川直子・山田紀彦編『ラオス 一党支配体制下の市場経済化』アジア経済研究所, 2005 年) 18～20 頁。
4) ラオス現代史の概要について, 菊池陽子「現代の歴史」(ラオス文化研究所編『ラオス概説』めこん, 2003 年) 149～170 頁を参照のこと。
5) MacAlister Brown & Joseph J. Zasloff, *Apprentice Revolutionaries: The Communist Movement in Laos, 1930-1985*, California: Hoover Institution Press, 1986.
6) 鮎京正訓「第三世界――近代立憲主義とラオス, ベトナム, カンボジアの憲法像」(樋口陽一編『講座憲法学 別冊――戦後憲法・憲法学と内外の環境』日本評論社, 1995 年) 129～130 頁, 安田信之『東南アジア法』日本評論社, 2000 年, 279 頁。
7) 本章で述べる情報は, 法令については本文中に準拠法を示し, 文献にもとづく場合は注に出典を示した。それ以外の記述は, 筆者が, 2007 年 2 月, 8 月, 9 月および 2009 年 3 月に, ラオス司法関係機関において行った聞き取り調査により得た情報にもとづく。また, ラオス語の表記は, アメリカ合衆国議会図書館 (ALA-LC) 翻字法をもとに, 修正を加えて用いている。
8) Mayoury Ngaosyvathn, "An Introduction to the Laws of Khun Borom: An Early Prototype of the Organisation of T'ai Society and Life", in Andrew Huxley (ed.), *Thai Law: Buddhist Law; Essays on the Legal History of Thailand, Laos and Burma*, Bangkok: White Orchid Press, 1996, pp. 73-80.
9) 吉川利治「東北タイ及びラオスの古代法」(『国立民族学博物館研究報告』第 8 巻第 1 号, 1983 年) 51～72 頁。
10) 桜井由躬雄・石澤良昭『東南アジア現代史 3 ヴェトナム・カンボジア・ラオス』山川出版社, 1991 年, 65～66, 79～80 頁。
11) 福井勇二郎「佛印法制の複雑性」(『法律時報』第 16 巻第 10 号, 1942 年) 17～18, 20～21 頁。
12) M. B. Hooker, *A Concise Legal History of South-east Asia*, London: Clarendon Press, 1978, pp. 161-166. フランス植民地時代におけるラオスの司法制度について, 工富工『仏領印度支那における司法制度』司法研究報告書第 32 号の 2, 1943 年, 219～228 頁を参照のこと。
13) 桜井由躬雄・石澤良昭前掲『東南アジア現代史 3 ヴェトナム・カンボジア・ラオス』375, 376 頁。
14) 衆議院法制局訳「ラオス王国憲法」(衆議院法制局他編『和訳各国憲法集』60, 1957 年) にもとづく。
15) Joseph J. Westermeyer, "Traditional and Constitutional Law: A Study of Change in Laos", *Asian Survey*, Vol. 11, No. 6, 1971, pp. 563-565.

16) 瀬戸裕之「ラオス人民民主共和国」(萩野芳夫・畑博行・畑中和夫編『アジア憲法資料集 第2版』明石書店, 2007年) 346～347頁。
17) 「被疑者の逮捕, 捜査および裁判に関する首相令第53号 (1978年10月15日)」にもとづく。
18) 瀬戸裕之「2003年憲法改正によるラオスの司法制度改革——裁判所制度の変更を中心に」(杉浦一孝編『法整備支援と司法改革』〔科学研究費特定領域研究「アジア法整備支援」報告書第7巻〕2007年) 33～34頁。
19) 同上, 34～36頁。1991年憲法体制下での法制度について, 安田信之前掲『東南アジア法』273～285頁, 並びに榊原和夫・山下輝年『ラオス法制度概要』(法務総合研究所総務企画部, 2001年) を参照のこと。
20) 2000年までのベトナムの司法制度について, 武藤司朗「司法制度」(白石昌也編『ベトナムの国家機構』明石書店, 2000年) 117～152頁を参考とした。
21) 瀬戸裕之前掲「ラオス人民民主共和国」323, 344頁。
22) 瀬戸裕之前掲「2003年憲法改正によるラオスの司法制度改革」44～46頁。また, 従来設置されていた刑事部および民事部に加えて, 経済紛争を担当する商事部, 家庭および少年に関する事件を担当する家事部および少年部を設置した。同上, 46～48頁。
23) 同上, 39～40頁。
24) 飯孝行「ベトナムの司法改革——ドイモイ政策以降を中心に」(杉浦一孝編『法整備支援と司法改革』〔科学研究費特定領域研究「アジア法整備支援」報告書第7巻〕2007年) 107, 118, 121～122頁。
25) ラオスの地方行政について, 瀬戸裕之「ラオス1991年憲法体制における県党・行政制度に関する一考察——ヴィエンチャン県を事例に」(『国際開発研究フォーラム』第28号, 2005年) 181～199頁を参照のこと。
26) 軍事裁判所は, 人民裁判所制度の一部であり, 軍事行動中または駐屯地における刑事事件に対する裁判を行う権限を有する。軍事裁判所は, 高等軍事裁判所と軍区軍事裁判所によって構成し, 高等軍事裁判所長は, 最高人民裁判所副長官の1名が兼任する。
27) 刑法第22条に定める軽犯罪とは, 親族間における軽症, または後遺症が残らない傷害事件, 死者に対する中傷および名誉毀損, 親族の財産に対する損害, 住居侵入, 並びに個人のプライバシーの侵害である。
28) Lao P. D. R., Sān Pasāson sūng-sut, "Sathiti Sān pasāson mēuang tua pathēt pacham pī 2008 (vantī 10, thanvā, 2008)", (2008年度全国郡人民裁判所統計, 2008年12月10日).
29) Lao P. D. R., Ongkān ai-nyakān pasāson sūng-sut, "Tā-talāng sanglūām Tamnāēng-ngān khŏng phanak-ngān-latthakŏng Ongkān ai-nyakān pasāson thua pathēt pacham (ngūāt IV) sok-pī 2007-2008", (2007-2008年度〔第四四半期〕全国人民検察庁職員・公務員官位統計).
30) 「弁護士会の組織および活動に関する首相令第64号 (1996年2月21日)」にもとづ

く。

31）ラオスの裁判官の職権行使に対する党および地方行政機関による干渉の問題については，瀬戸裕之前掲「2003年憲法改正によるラオスの司法制度改革」72～85頁を参照のこと。

32）Lao P. D. R., Samnak-ngān kāēkai khō-khat-nyāēng thāng dān sēttakit, "Bot-salup kān-khēūānvai vīāk-ngān pacham pī 2007-2008 lae phāēn-kān damnōēn vīāk-ngān pī 2008-2009（vanthī 8, dēūān tulā, pī 2008）"（2007-2008年度経済紛争解決センター業務活動総括および2008-2009年度業務実施計画書〔2008年10月8日〕）.

33）Marcus Radetzki, "From Communism to Capitalism in Laos", *Asian Survey*, Vol. 34, No. 9, 1994, pp. 804, 805.

34）「村紛争調停組の設置および活動に関する司法大臣通達第02号」（2007年3月19日）にもとづく。

35）Lao P. D. R., Kasūāng Nyu-ti-tham, Kom-khumkhōng-labop-nyu-ti-tham, Phanāēk-khumkhōng chattang nyu-ti-thanm thōngthin, "Sa-thiti Nūāi kaikīa khō-kat-nyāēng khan bān pacham pī 2008（van-thī1, dēūān thanvā, pī 2008）",（2008年度村紛争調停組統計，2008年12月1日）.

36）村グループは行政単位ではなく，郡党委員および郡レベルの各部局の職員により構成する担当委員会が，複数の村から構成する村グループでの政治組織建設，経済開発および治安維持を促進・監督する制度である。

37）司法省は，村内で紛争を解決し，裁判所に提訴される事件がなくなった村を，「訴訟事件の無い村」として認定し，表彰する運動を行っている。そのため，一部の村では表彰を得るために，村内で発生した事件のもみ消しを行ってしまっている事例がみられた。

38）熟練法律専門家とは，現職の国会法律委員会委員長，国会法律委員会副委員長，人民次長検事，司法省副大臣，司法省官房長，司法省法制局長の6名である。これら熟練の法律家は，全員がソ連に留学した経験を有し，うち3名は，王国政府時代にフランスの法律について教育を受けた経験を有する。

39）法令集および単行法令は，司法省内で販売される以外に，ビエンチャン市内の書店でも販売されている。

40）http://www.la.emb-japan.go.jp/jp/laos/laolaws.htm（2009年3月5日現在）。

41）瀬戸裕之「ラオスにおける法学教育」（『ICD NEWS』第4号，2002年）34～35頁。

42）国際関係学科の学生は，2ヶ国の外国語が必修であり，4年次に外務省でインターンシップを行う。優秀な学生は，フランスから奨学金を得て，フランスで研修を受ける。

43）現在，司法省に付属している法律司法業務研修所は，弁護士，郡司法課職員，公証人，判決執行官に対する短期研修のみを実施している。

44）ラオスに対する法整備支援については，金子由芳『ラオス経済関連法制の現状と協力の焦点』（国際協力事業団研究員報告，2001年），工藤恭裕・山下輝年・榊原一夫「ラ

オス法制度の概要」(『ICD NEWS』第3号, 2002年) 5〜97頁, 瀬戸裕之「ラオスにおける法整備支援——現状と課題」(鮎京正訓編『開発援助としてのアジア法整備支援』〔科学研究費特定領域研究「アジア法整備支援」報告書第1巻〕2006年) 75〜111頁を参照のこと。

45) United Nations Development Programme, *Assessment of the Lao Legal Framework*, Vientiane: UNDP, 1997, pp. 18, 28-29.
46) 2000年以降のUNDPの法整備支援については, United Nations Development Programme, *Evaluation of the Implementation of the Rule of Law in the Lao PDR, 1997-2003; Lesson and Challenges*, UNDP, 2004, 並びに瀬戸裕之前掲「ラオスにおける法整備支援」80〜83頁を参照のこと。
47) 瀬戸裕之前掲「ラオスにおける法整備支援」83〜84頁。Sida の支援は, 2009年10月に終了し, 国連地域間犯罪研究所 (UNICRI) が支援を継承する予定である。
48) JICA の法整備支援の成果については, 法務省法務総合研究所国際協力部報『ICD NEWS』(第30号, 2007年) 4〜112頁, 並びに, 同 (第33号, 2007年) 7〜88頁に所収の, 「ラオス法制度整備プロジェクト」特集を参照のこと。現在, JICA および ICD を中心に, 2010年から「ラオス法律人材育成強化プロジェクト」を新たに実施することが検討されている。
49) 金子由芳前掲『ラオス経済関連法制の現状と協力の焦点』5頁。
50) 瀬戸裕之前掲「ラオスにおける法整備支援」91〜95頁。

第11章　ミャンマー

牧野　絵美

はじめに

　ミャンマー連邦（以下ミャンマー）[1]は，東南アジアの最西端に位置し，国境を中華人民共和国，ラオス，タイ，バングラデシュ，インドと接しており，日本の約1.8倍の面積を有している。人口は5,737万人（2008年5月現在）であり，政府公式分類によると，135の民族により構成されている。
　かつては，パガン王朝，コンバウン王朝などが栄えたが，1886年イギリス領インドに併合されて，その1州として統治された。1937年にビルマ統治法が施行されると，インドから分離されイギリス連邦内の自治領となった。1948年に「ビルマ連邦」としてイギリスからの独立を果たしたミャンマーは，議会制民主主義にもとづいて三権分立の原理にもとづく統治を行ってきた。しかし，1962年のネ・ウィン将軍によるクーデターにより，国軍が政治の表舞台に登場すると，ネ・ウィン政権の下にビルマ社会主義計画党を組織し，表面上の文民政府を結成した。ビルマ社会主義計画党による一党独裁支配は，ミャンマーに権威主義体制をもたらし，三権分立や司法の独立の概念を否定した。
　1988年の民主化運動の激化に伴い，治安回復を名目に国軍が政権を奪取し，国家法秩序回復評議会（State Law and Order Restoration Council：SLORC）が権力を掌握した。政権樹立当初から複数政党制による総選挙および政権移譲を公約してきた軍政だが，1990年の総選挙での大敗を受けて政権移譲を拒み，選挙結果を無視した別の制憲議会を設置した。1997年，最高意思決定機関であるSLORCが突如解散し，国家平和開発評議会（State Peace and Development Coun-

第 11 章　ミャンマー

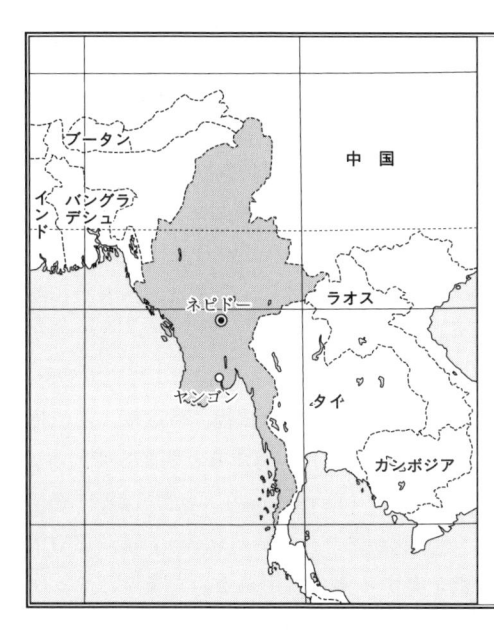

国名：ミャンマー連邦
首都：ネピドー
人口：5,737 万人
民族：ビルマ族（約 70%），その他多くの少数民族
宗教：仏教（90%），キリスト教，イスラーム教等
言語：ミャンマー語
現行憲法施行年：1974 年（1988 年に停止，2008 年新憲法案承認）
GDP・1 人当たり GDP：137 億ドル・359 ドル
成人平均識字率：89.9%
平均寿命：60.8 歳

cil：SPDC）が設立された。1993 年以降断続的に制憲議会が開かれてきたが，2008 年 5 月，憲法草案の賛否を問う国民投票が実施され，92.48% の賛成により承認された。

　本章では，現在のミャンマーの統治機構について司法制度を中心に紹介し，さらに新憲法における統治機構を概説する。ミャンマー法は，資料の入手の困難さのために，国内外でもあまり研究がなされていないが，可能なかぎりでミャンマー法研究のための情報を紹介する。

1．ミャンマーの統治機構と国軍

1）SLORC の成立と国軍の位置づけ

　1988 年 9 月，民主化運動が活発化するなか，治安回復を名目に武力で全権掌握に乗り出した国軍が政権を握り，26 年間続いたネ・ウィン率いる「ビルマ式社会主義」体制が崩壊した。国軍は，複数政党制による総選挙によって新政権が成立するまでの暫定政権として，19 名の国軍指導部をメンバーとする国家法秩序回復評議会（SLORC）を結成した。同年 9 月 18 日，SLORC は，1988 年布告

第2号を発布し,「ビルマ式社会主義」を謳った1974年憲法に定められたすべての機関,すなわち,人民議会,国家評議会,閣僚評議会,人民司法評議会,人民検察評議会,人民監察評議会,各州・管区・町・区の行政評議会を廃止した。SLORCによって1974年憲法を直接的に停止するとは明言されていないが,上に記した国家の中枢を担う機関の廃止は,憲法の停止と同等ととらえることができ,実際多くの学者は,1974年憲法は停止しているとみている。1997年11月,9年間にわたって政権を担ってきたSLORCが突如解散し,現在は,国家平和開発評議会 (SPDC) が政権を担っている。

現在,同政権の統治機構は,1990年7月27日に出された布告第1号 (SLORC Proclamation No. 1/90) にもとづいている。同布告は,立法権,行政権,司法権のすべてをSLORC（現在はそれを引き継いだSPDC）が有すると明記している。

ミャンマーでは,国軍のことを「タッマドー (Thatmadaw)」と言うが,「タッ (Thatma)」には「大きな集まり」という意味があり,「ドー (daw)」は,王や僧侶などの高位の者を意味し,また敬意を表する場合に用いる。つまり,タッマドーは,「高位の者の集まり」という意味であり,単なる軍隊ではないとの意味合いが含まれている。したがって,国軍は,自らを単なる軍隊としての存在ではなく,政治的な役割をも担う組織であると認識している。

2) 司法制度

現在のミャンマーの司法制度は,2000年6月に公布された「裁判所法 (Judiciary Act, 2000：以下2000年裁判所法)」にもとづいている。裁判所の構成は,最高裁判所 (Supreme Court),州・管区裁判所 (State/Divisional Courts),郡裁判所 (District Courts),町裁判所 (Township Courts),そして少年裁判所 (Juvenile Courts),地方自治裁判所 (Courts to Try Municipal Offences),交通事故裁判所 (Courts to Try Traffics Offences) といった特別裁判所 (Separate Courts for Special Laws) である[2]。

ミャンマーは,三審制度を採用しており,原則3回まで審理を受けられる。最高裁判所は,ミャンマーにおける唯一かつ最高の裁判所であり,首都であるネピドー,ミャンマー最大の都市ヤンゴン,第2の都市マンダレーに設置されている。2009年3月現在,ネピドーでは,長官1名,副長官1名,ヤンゴンでは,副長官1名,判事5名,マンダレーでは,副長官1名,判事5名から構成され,

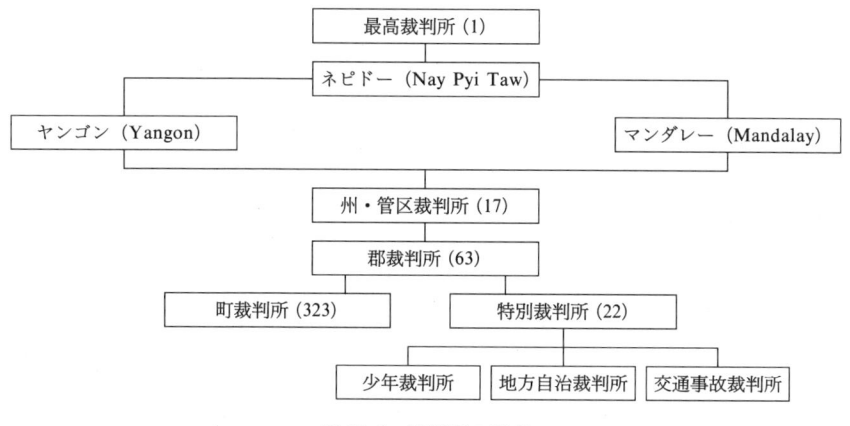

```
                    ┌─────────────────┐
                    │  最高裁判所 (1)   │
                    ├─────────────────┤
                    │ ネピドー (Nay Pyi Taw) │
                    └─────────────────┘
    ┌──────────────────┐         ┌──────────────────┐
    │ ヤンゴン (Yangon) │         │ マンダレー (Mandalay)│
    └──────────────────┘         └──────────────────┘
                    ┌─────────────────┐
                    │ 州・管区裁判所 (17) │
                    └─────────────────┘
                    ┌─────────────────┐
                    │  郡裁判所 (63)   │
                    └─────────────────┘
         ┌──────────────┐   ┌──────────────┐
         │ 町裁判所 (323) │  │ 特別裁判所 (22)│
         └──────────────┘   └──────────────┘
                  ┌──────────┬──────────────┬──────────────┐
                  │ 少年裁判所 │ 地方自治裁判所 │ 交通事故裁判所 │
                  └──────────┴──────────────┴──────────────┘
```

図 11-1 裁判所の構成

注) ( ) 内は裁判所の数。

すべて SPDC に任命される[3]。下級裁判所の裁判官は，最高裁判所が任命する。

ミャンマーにおいては，基本的には単独審であり，最高裁判所においてのみ重大な法律事件の場合は，2名または3名の裁判官による合議制となる。下級裁判所では事実認定を，最高裁判所では法律適用の審理を行う。海事に関する事件についてのみ，最高裁判所が第一審となる。

3) 立 法

上述の1990年布告第1号の通り，SLORC 改め SPDC が立法権を握っているため，現在ミャンマーには正式な立法機関が存在せず，SPDC が法令を発布している。また同布告には，SPDC の発布した法，通告 (notification)，布告 (declaration)，および命令 (order) は，法律と同じ効力があると明記されている。法律起草に関しては，別途「法務総裁府法 (The Attorney General Law, 2001)」に規定してある。第1に，関係省庁が起草を行い，その草案を法務総裁府に送る。その後，担当省庁の大臣らと詳細を議論し，法務総裁府は，政府の政策，国状，現存する他の法律や条約との矛盾がないかを確認し，閣議に上程される。閣議での承認を得た後，SPDC により公布される。したがって，法律の公布には，SPDC が大きな権限を有している。

図 11-2　最高裁判所ヤンゴン支部

2．法学教育と法曹養成

1）法学教育

　高等教育機関による法学教育が始まったのはイギリス植民地下の 1878 年であり，英語による教育が実施されていた。現在のヤンゴン大学は，1920 年，ヤンゴン大学法の発布にもとづいて設立され，6 つの学部のひとつとして法学部が設置された。ヤンゴン大学法学部では，1964 年までは，2 年間の定時制の教育を修了した者に対して法学士を付与していた。大学教育法が制定された翌年の 1965 年には，法学部は再編され，5 年間の全日制のプログラムとなった。大学院教育に関しては，1973 年より修士課程，1999 年より博士課程を開講している。1988 年の学生による民主化デモにより，国軍当局は 1992 年まで大学を閉鎖，さらに 1997 年から 2000 年にかけて 3 年以上にわたり再び大学を閉鎖し，その後もキャンパスが郊外に移転させられるなど，教育の空洞化が続いている。
　2009 年 3 月現在，18 の大学で法学教育が実施されているが，ヤンゴン大学およびマンダレー大学の 2 大学のみ街の中心地に位置し，同 2 大学では，学部教育は実施されておらず，大学院教育しか実施されていない。2000 年以降，ミャン

マー国内において法学部は4年制となり，学部教育は郊外で実施されている。カリキュラムおよびシラバスは，ヤンゴン大学法学教育評議会（Board of Legal Studies, Yangon University）が決定しており，ミャンマー国内のすべての大学で同一である。

2）法務官

　ミャンマーにおける法曹は，法務官（Law Officer），司法官（Judicial Officer），弁護士に区分される。

　法務官は，法務総裁府（Attorney General）の下に置かれているが，法務総裁府は，①法令審査・起草部（Law Scrutiny and Drafting Department），②法令助言部（Legal Opinion Department），③検察部（Prosecution Department），④総務部（Administration Department）の4部から構成される。法務総裁府の主な役割は，政府機関からの要請にもとづき，法律または条約に関する助言を行うこと，また刑事事件の際に国家を代表することなど，イギリスの法務総裁とその役割は類似している。また，法令の起草および翻訳の機能も有している。法務官となるためには，法学士またはそれと同等の学位が必要となり，筆記試験（民法，刑法，民事訴訟法，刑事訴訟法，証拠法，特別法，一般知識，英語，ミャンマー語）および面接試験に合格する必要がある。募集は，定期的に行われるのではなく，空席に応じて実施される。法務官に限らず公務員として任官された者は，すべて公務員選抜研修委員会（Civil Service Selection and Training Board）管轄の中央公務員研修所（Central Institute of Public Service）で，3ヶ月半の研修を受ける。同研修所では，経営学，政治学，経済学，社会学，法律学，軍事科学に至るまで，多岐にわたる内容の研修を行っている。3ヶ月半の研修が終わると，2ヶ月間の法務官独自の研修が行われる。2003年現在，法務総裁府には，事務局長（Director General）1名，事務次官（Deputy Director General）1名，局長（Director）6名，次長（Deputy Director）30名，法務官1,568名，事務官1,184名の全2,790名のスタッフが勤務している[4]。

3）司法官

　司法官は，最高裁判所によって選任される。ミャンマー国籍を有し，法学士またはそれと同等の学位を有し，人格に優れた者のみが応募することができる。空

席が生じると，募集が行われる。試験は，筆記試験および面接であり，筆記試験の内容は，法学知識（民法，刑法，民事訴訟法，刑事訴訟法，証拠法，裁判マニュアル等），一般教養，および言語（英語・ミャンマー語）である。司法官の任期，解任，報酬に関する規定は2000年裁判所法には規定はなく，軍事政権の裁量によって行われている。

　試験に合格すると，法務官同様，他の公務員とともに中央公務員研修所での3ヶ月半の研修を受け，その後最高裁判所管轄の司法研修所（Judicial Training Center）で3ヶ月の研修を受ける。訓練の内容は，①裁判技術（Bench Skills），②法律知識（Legal Knowledge），③司法行政（Judicial Administration），④倫理・品行（Ethics and Conduct）であり，講師は最高裁判所によって選任され，それぞれ民事，刑事，行政および論理学を教授する。また，現職の裁判官に対しては，実務訓練講座も開かれている。訓練の形態は，講師による講義，判例研究，および討議である。司法官の数は，2004年8月現在，1,208名である[5]。

4）弁護士

　弁護士は，法廷弁護士（Advocate of the Supreme Court）と上級司法書士（Higher Grade Pleader）の2つに分けられる。まず，法学士取得後，1年間法廷弁護士の下での訓練期間を経て，最高裁判所に申請すると上級司法書士の資格が与えられる。その後，上級司法書士を3年間経験すると，最高裁判所より法廷弁護士の資格が与えられる。2009年現在，ミャンマー国内では，約2万5,000人の弁護士が活動している[6]。法曹評議会（Bar Council）は，弁護士の登録，懲戒など弁護士の身分に関する業務等を行う機関であるが，法務総裁，法務副総裁，最高裁判所判事1名（最高裁判所長官が任命），弁護士6名（最高裁判所が任命），最高裁判所事務局長，法務総裁府事務局長によって構成される。

3．ミャンマー法研究に関する情報

1）法　令

　ミャンマーは，1826年，1852年，1885年の3度にわたる英緬戦争の結果，漸次英国植民地に併合されていった。1885年，コンバウン王朝が崩壊し，ミャンマーは，イギリス領インドに併合され，ミャンマー全土はインド総督の下に置か

れた。ミャンマーがインドの1州として統治されていた際には、インドの議会で制定された法(「インド法典」)が適用されていた。「インド法典」は、基本的にイギリスの判例法とエクイティを法典化したものであった。現在でも、これらのインド法典の中には効力を有しているものがある。

　1897年、インド総督は、ミャンマーを自治州とし、副総督が統治することとなった。そして、立法府が設置され、その構成員の大部分は、イギリス人とインド人が占めた。それ以降、インド法ではなく、ミャンマー法が作られることとなった。1930年代に入ると、民族独立闘争の動きが激化し、1935年、イギリスはインドからの分離を認め、「ビルマ統治法(The Government of Burma Act)」を制定、1937年に施行された。このビルマ統治法は、ミャンマーにおける最初の憲法と解されており、これにより初めて独自の立法機関を持つこととなった。これ以降、この立法府が発布した法のみがミャンマー国内で効力があり、インド議会で制定された法は、ミャンマーには適用されなくなった。

　1942年から1945年にかけての第2次世界大戦においては、ミャンマーは日本の占領下におかれたが、1945年3月、再びイギリスによる統治が始まると、「ビルマ統治法」によって統治された[7]。

　ミャンマーの法令を参照する際に重要なものとして、「ビルマ法典(Burma Code)」がある。同法典は、イギリス植民地時代に英領インドで形成されたインド法典を含む1954年12月31日時点で施行されている法令を集約したものであり、全13巻から構成される[8]。ただし、1942年から1945年の日本占領下で発布された法令については、同法典には含まれていない。また、1947年憲法も同法典には含まれていない。刑法典、刑事訴訟法典を含む第8巻に関しては、1979年に再版されたため情報が更新されている。同法典はすでに絶版となっており、入手するのは非常に困難である上に、現存のビルマ法典の保存状態は極めて悪い。日本国内では、京都大学東南アジア研究所、東京大学東洋文化研究所、名古屋大学法政国際教育協力研究センターをはじめ、いくつかの大学が全巻所蔵している。

　1954年以降に制定された法は、編年型で法務総裁府より法令集が発行されている。英語版の "Myanmar Law" も発行されているが、通告(notification)、布告(declaration)、命令(order)、規則(rule)などはミャンマー語版にしか掲載されていない。法の改正および廃止箇所は、1997年法務総裁府発行の "The

表 11-1 時代ごとのミャンマー法令制定数

時代区分	施行	廃止	改正	現行
植民地時代（〜1954年）	435	221	—	214
議会制民主主義時代（1954〜1962年）	334	163	115	56
革命評議会時代（1962〜1974年）	182	72	32	78
社会主義時代（1974〜1988年）	125	34	25	66
SLORC時代（1988〜1997年）	139	9	42	88
SPDC時代（1997〜2009年6月）	86	0	36	50

注）U Than Maung, "Counting Myanmar Acts and Laws", in Supreme Court of Union on Myanmar, *Judicial Journal of Supreme Court*, December 2003 をもとに，ミャンマー法関係者より情報入手．

Index of Myanmar Laws and Their Amendments" で参照する必要がある。ビルマ法典に掲載されている法令については巻ごとに，1954年以降に施行された法律については，法令番号順に掲載されている。1997年以降の改廃については，法律家が各自で調べている状況であり，外国人が現行法を入手するのが困難な状況である。

　独立までは，インドおよびミャンマーの法令は英語で制定されていた。独立後の1962年までは，英語で書かれた法令の改正の場合を除いて，主要な法令はミャンマー語で制定された。1962年以降は，すべての法令はミャンマー語で制定され，必要に応じて法務総裁府が英語に翻訳している。

　現在，新しい法律が公布されると，国営新聞である『ミラー』（*Mirror*）や『ニュー・ライト・オブ・ミャンマー』（*New Light of Myanmar*）に掲載される。ただし，予算に関する法案は掲載されない。また，官報も約1週間に1回発行されているが，政府関係者しか入手できない。

2）判　例

　判例集は，年刊で最高裁判所から発行される。判例抽出を行う機関が最高裁判所であるため，政治事件は公開されることはない。現在のところ，下級裁判所は判例を発行しておらず，これらの裁判所の判例は入手できない。ミャンマー国内において規制されているマスメディアは，重要な訴訟についてすら掲載することはない。判例法の性格だが，植民地化の過程で英国法を導入したが，家族法分野では，「ビルマ法典」を中心とした制定法やダマタッ等の成文慣習法が一時的な法源として用いられている。現在は，判例自体を独自の法源として用いることは

ない。

判例集の名称は, Indian Law Report (1923～1937年), Rangoon Law Report (1937～1942, 1946～1947年), Burma Law Report (1948～1988年), Myanmar Law Report (1989～現在) というように, 時代とともに変化している。

3) 伝統法

英国統治以前には, ヤーザッタ (国王判決), ダマタッ (慣習法), ピャットン (司法判例集) が重要な法源として用いられていた。伝統法の研究に関しては, 奥平龍二『ビルマ法制史研究入門──伝統法の歴史的役割』(日本図書刊行会, 2002年) がある。同書は, ビルマ伝統法が「マヌ法典」をはじめとするインド古代法からどの程度影響を受けたかに始まり, ダマタッの構造的役割を分析している。王朝時代のミャンマーでは, 民事事件においては主としてダマタッを法源として裁判が行われていた。ヤーザッタは, 国王の勅令が納められており, ダマタッは, 仏教徒ビルマ人の土地, 家族等に関する伝統的な慣習を集めた社会法典であり, 著名な僧侶や学者によって編纂された。ピャットンは, 国王や裁判官によって下された判決を集めたものである[9]。しかし, ダマタッは, 農業立国の法としては有効であったが, イギリス支配による経済的変化により, 国際的商業活動に対応できる性質のものではなくなった。ダマタッにみられる判例の多くは, 現代ミャンマー社会の実情にそぐわなくなっているが, 遺産, 相続, 婚姻, 離婚などいわゆる民事に関する内容については, 今日でも判決の最終的な拠り所として, その存在価値が高い[10]。

4) ミャンマー法に関する文献

日本におけるミャンマー法研究は, 伝統法の分野を除いてほぼ皆無に近い。ミャンマー国内においては, マスメディアの統制も厳しく, 新聞, 雑誌, 書籍は検閲を受け, 自由な言論が制約されており, 資料の入手が非常に困難である。

ここでは, ミャンマー法に関する主要な文献を紹介する。法務総裁, 最高裁判所長官, 大統領を歴任したマウン・マウン (Maung Maung) が多くの著作を残している。(1) **Maung Maung, *Burma in the Family of Nations*, Amsterdam: Djambatan, 1956** は, ユトレヒト大学での博士論文として執筆されたものであり, 1950年代までの外交関係や1947年憲法の発展について書かれている。(2)

Maung Maung, *Burma's constitution 2nd ed.*, The Hague: Martinus Nijhoff, 1961 は，1947年憲法の起草過程から憲法の内容を解説，また(3) **Maung Maung, Law and Custom in Burma and the Burmese Family**, The Hague: Martinus Nijhoff, 1963 は，ビルマ慣習法とイギリス法の影響について紹介している。1974年憲法については，(4) **Albert D. Moscotti, *Burma's Constitution and Elections of 1974*,** Singapore: Institute of Southeast Asian Studies, 1977 がある。近年の文献では，著名な法学者であり法務総裁を歴任したフラ・アウン (Hla Aung) のこれまでの論文を集めた(5) **Hla Aung, *Law and Justice in Myanmar*,** Yangon: Tun Foundation Bank Literary Committee, 2008 がある。

ミャンマー国内で発行されている法学雑誌は，法務総裁府発行の(6) ***Law Journal*** (年2回発行)，最高裁判所発行の(7) ***Judicial Journal*** (年刊)，ヤンゴン大学発行の(8) ***Yangon University Law Journal*** (年刊) があり，ミャンマー語と英語の論文が掲載されている。

法学雑誌ではないが，公務員選抜研修委員会発行の(9) ***Journal of Civil Service*** (年2回発行) にも法学論文が掲載されることがある。ウェブ上でも公開しており，http://www.csstb.gov.mm/Publications/ から閲覧が可能である。

インターネット上の情報としては，Online Burma/Myanmar Library (www.burmalibrary.org/) があり，さまざまな分野の研究論文，会議録，報告書を分野別に掲載したオンライン・データベースである。また，民主化をめざしてタイを拠点に活動する亡命法律家による Burma Lawyers Council (ビルマ法律家協会) (http://www.blc-burma.org/) は，1988年以降に制定された法律の一部をアーカイブとして掲載している。同協会は，*Legal Journal on Burma* (英文) という雑誌を発行しており，ウェブ上で公開している。

5) 公文書

公文書についてだが，1948年の独立後，公文書保管に関しては，かなりの期間放置されていた。公文書館の設立は，1972年に革命評議会政権によって，計画財務省の下に，政府の出版物のみを対象とする図書室として国立公文書局 (National Archives Department) が設立された。1990年9月には，国立公文書館法 (The National Records and Archives Law) が制定され，1993～94年度にヤンゴンのダゴン地区の現在の建物が完成した。国立公文書館が所蔵する対象文書

は，政府刊行物，行政文書であり，植民地時代以降を主要な対象としている。しかし，多くの資料は，第2次世界大戦の際に焼却されたり，破壊消失してしまった。国立公文書館は設立後1994年まで非公開とされ一般の利用は不可能であった。1994年になり，独立以前の文書の外部公開を開始し，2001年に外国人研究者も利用が可能となった[11]。

4．新憲法における統治構造

1）新憲法と国民投票

現軍事政権による政治目標の一番大きなものは，新しい憲法の起草であった。1988年のSLORC設置後，複数政党制による総選挙および選挙後の政権移譲を約束してきた。1990年5月に総選挙が実施され，アウン・サン・スーチー率いる民主化勢力の国民民主連盟（National League for Democracy：NLD）が圧勝した。しかし，軍事政権は新憲法の草案作成が緊急の課題として選挙結果を受け入れず，選挙で当選した議員とは別の軍政が選んだ議員で構成される制憲議会を設立した。1993年以降制憲議会で新憲法の起草が断続的に続いてきたが，2008年5月10日，新憲法の是非を問う国民投票が実施された。国民投票実施直前にミャンマーを襲ったサイクロン・ナルギスの被害を受け，一部地域では投票が延期された。5月26日，軍事政権より，投票率98.2％，92.48％の賛成により新憲法案が承認されたと発表された。しかし，当局関係者が住民に代わって賛成票を投じる，配布された投票用紙にすでに賛成の印が入っている，サイクロン被災者への支援は賛成投票と引き換えだと脅す，新憲法に反対する勢力は，逮捕され，投獄されるなど，公正な環境下での選挙が実施されていない等の指摘がある[12]。

2）1947年憲法と1974年憲法

独立後のミャンマーは，「ビルマ連邦憲法（以下1947年憲法）」および「ビルマ連邦社会主義共和国憲法（以下1974年憲法）」の2つの憲法を有した。1947年1月，イギリスとの交渉の末ビルマは独立を果たしたのだが，独立の直前の1947年9月に1947年憲法が制定された。1947年憲法の下では，議会制民主主義にもとづく統治を行ってきた。同憲法は，直接「社会主義」に言及する文言は存在しないが，一般的には，社会主義的な性格を持つ憲法だと解釈されている[13]。

1947年憲法の下，司法の独立の理念にもとづく司法制度を確立してきたミャンマーだが，1962年のネ・ウィン将軍によるクーデターにより，国軍が表舞台に登場して以降，国軍による権威主義体制を強化してきた。1974年1月，社会主義社会の建設を国家目標と定めた1974年憲法が制定された。ビルマ社会主義計画党が唯一の政党であり，党員から人民裁判官が選出され，人民裁判所制度が導入された。1974年憲法の特色については，門田孝「ミャンマー連邦」（萩野芳夫他編『アジア憲法集』明石書店，2004年）を参照されたい。

3）大統領制の導入

新憲法案は，第1章 国家の基本理念，第2章 国家構造，第3章 国家元首，第4章 立法，第5章 行政，第6章 司法，第7章 国軍，第8章 市民権・基本的権利と義務，第9章 選挙，第10章 政党，第11章 非常事態，第12章 憲法改正，第13章 国旗・国章・国家および首都，第14章 移行規定，第15章 総規，の全15章，457条から構成される。新憲法案では，連邦制を採用し，大統領を国家元首としている。大統領は，全国代表，州・地域代表，軍代表の3グループが各々1名ずつ候補者を選出し，連邦議会がその3名の中から大統領を選任する（第60条）。上記のように，大統領選出に関して国軍の関与を容認するとともに，大統領の資格要件として，軍事に精通していること（第59条(d)）が明記されており，軍出身者が大統領となる可能性が極めて高い。また，配偶者や子が外国籍で，外国と深い関係にある者を排除しており（第59条(e)），民主化運動の指導者であるアウン・サン・スーチーは，英国人の配偶者がいたため，自動的に大統領候補者から排除される。大統領の任期は5年で，連続2期まで認められている（第61条）。大統領は連邦議会議員，公務員であってはならず（第62条），また政党に属している場合は，政治的活動は禁じられる（第64条）。大統領の解任は，一方の議院の4分の1以上の賛成により成立する（第71条）。連邦議会の4分の1が軍人議員であるため，国軍の意に沿わない大統領は排除される。

4）立　法

連邦議会（Pyidaungsu Hluttaw）は，人民院（Pyithu Hluttaw）と民族院（Amyotha Hluttaw）の2院から構成される（第74条）。法律案は，両院で可決し

た際に法律となる（第95条(a)）。両院で異なる議決をした法律案は，連邦議会で審議し，議決する（第95条(b)）。

　法律案の提出権は，各省庁，法務総裁府，最高裁判所といった連邦レベルの機関が有する（第100条）。法律案は，連邦議会に提出される前に，両議院の法案委員会（Bill Committee）で審議される（第102条）。連邦議会で可決された法律案は，14日以内に大統領が署名をし，公布される（第105条(a)）。予算案に関しては，大統領または大統領によって任命された者のみが連邦政府を代表して提出する。

　人民院は，定員を最大440名とし，その4分の1である110名までを国軍最高司令官の任命による軍人議員が占め，330名は選挙によって選出される（第109条）。民族院は，定員を最大224名とし，人民院と同様にその4分の1である56名は，国軍最高司令官に任命される。残りの168名は，7つの地方（Region）および7つの州（State）より各12名ずつ選出する（第141条）。人民院の本会議は，総選挙後90日以内に開催される（第123条）。人民院および民族院の任期はともに5年である（第119条，第151条）。

5）行　政

　連邦政府は，大統領，副大統領，国務大臣，法務総裁によって構成される（第200条）。大統領は，連邦議会の承認を受けて国務大臣を任命する（第202条）が，国防大臣，内務大臣および国境地域大臣は，国軍最高司令官によって指名され，上記3大臣のほかに軍人を大臣に任命したい場合は，国軍最高司令官と協議する（第232条）。任命された国務大臣が公務員であった場合，その職を辞する必要があるが，軍人であった場合はその限りではない（第232条(j)(i)・(ii)）。国務大臣の任期は，大統領と同じである（第235条）。大統領は，必要に応じて，連邦議会議長に対して緊急および特別議会を召集するよう命ずることができる（第211条）。また，大統領は，国防安全保障評議会（National Defense and Security Council）と連携して武力行使をする権限を有するが，連邦議会の承認が必要である（第213条）。なお，国防安全保障評議会は，大統領，副大統領2名，人民院議長，民族院議長，国軍最高司令官，国軍副最高司令官，国防大臣，外務大臣，内務大臣，国境地域大臣によって構成される（第201条）。

6）司 法

　新憲法草案における裁判所の構成は，連邦最高裁判所（Supreme Court of the Union），地方高等裁判所（High Courts of the Regions），州高等裁判所（High Courts of the States），自治州裁判所（Courts of the Self-Administered Divisions），自治区裁判所（Courts of the Self-Administered Zones），地区裁判所（District Courts），町裁判所（Township Courts），ならびに憲法または法にもとづいて設置される軍事裁判所（Courts-Martial）および連邦憲法裁判所（Constitutional Tribunal of the Union）である[14]（第293条）。

　最高裁判所裁判官の数は，長官を含め，7～11名とする（第299条）。最高裁判所長官の任命についてであるが，大統領によって指名され，連邦議会で承認された者を最高裁判所長官として任命する（第293条）。この規定は，1947年憲法の連邦裁判所長官の任命に非常に類似している。1947年憲法第140条第1項は，「連邦裁判所長官は，大統領が総理大臣と協議し，かつ議会両院の合同会議の承認を経て，その署名と捺印のある辞令をもってこれを任命する」としている。しかし，1947年憲法における大統領は名目上の国家元首に過ぎず，実際に最高裁判所長官を推薦するのは議会であった。それに対し，新憲法草案では，議会の承認を経て最高裁判所長官を任命するのは，大統領である。さらに，議会は，憲法によって規定された最高裁判所長官の地位の資格を満たさないことを明確に証明できない限り，大統領によって指名された最高裁判所長官を拒否する権利はない（第299条(c)(ii)）。しかも，その最高裁判所長官の地位の資格を満たさないことの証明が「明確な証明」にあたるかを決定するのも大統領である。そして，連邦議会によって拒否された場合，大統領は，新たな候補者を提示する権利を有している（第299条(c)(iii)）。したがって，文言上は，連邦議会の承認を規定しているが，実際には最高裁判所長官の候補者を選任する権限を唯一有しているのは大統領のみであり，連邦議会すらそれを拒否することはできない。

　大統領は，最高裁判所長官と協議の上，最高裁判所判事指名者名簿を作成し，連邦議会での承認を経て最高裁判所判事を任命する（第299条(d)(i)）。しかし，最高裁判所長官と同様，連邦議会は憲法で規定されている要件を満たしていないと明確に証明できる場合のみ，拒否できる（第299条(d)(ii)）。

　さらに，大統領は，最高裁判所長官および最高裁判所判事に対し，大統領の指示に従わなかった場合，憲法の規定に違反した場合，違反行為および不適格と宣

告された場合，辞任および解任を指示できるとし（第302条），大統領に強大な権限を与えている。大統領が最高裁判所長官または最高裁判所裁判官を解任する場合，大統領は，連邦議会に提起する。提起を受けた連邦議会は，調査委員会を設立し，調査を行う。同委員会は，両院から同数の議員を選出する。その後，議会で3分の2の賛成が得られれば解任できる（第302条(b)）。新憲法には，同委員会の構成員について，どのように選任するかについての，また人数等の詳細な規定はない。したがって，国軍推薦の議員が同委員会の構成員として選任される可能性はおおいにある。最高裁判所長官および判事は，50歳以上70歳以下であり（第301条），70歳を定年としている（第303条）。

　新憲法で特に注目すべき点は，憲法裁判所の設置である。大統領，連邦議会議長，人民院議長，民族院議長，最高裁判所長官，連邦選挙委員会議長は，直接憲法裁判所に法令の解釈を求めることができる（第325条）。憲法裁判所長官および判事は，連邦議会の承認を経て，大統領によって任命される（第327条）。

　また，非常事態が生じた場合には，国軍最高司令官が権力を掌握する権限を与えている。この規定は，将来的な国軍によるクーデターを事前に憲法上承認するためのものである。憲法改正のためには，連邦議会で75％以上の賛成が必要であり（第436条），連邦議会の25％が軍人議員である以上，憲法改正は事実上困難である。

　新憲法草案では，立法，行政，司法に国軍が直接関与できるような制度となっている。軍事政権は，政権掌握以降，その暫定的性格を強調してきたが，新憲法制定は，表面上の民政移管に過ぎず，国軍の国政関与について正統性を得るために行うものである。

おわりに

　ミャンマーの法制度は，古くはインドのマヌ法典に起源を持ち，仏教と融合して伝統法が発展した。イギリスによる植民地化政策によりイギリス法や，インドの1州として統治された時代もありインドから法典を多く移入した。そして社会主義政権樹立により，イギリス法系の法の移入を完全に停止した。現在は，国軍による統治の下，市場経済への移行に伴い，社会主義政権で制定された法令の多くが改廃されている。

1988年に国軍がクーデターで政権を奪取し，支配を開始してから20年以上が経過したが，現在，ミャンマーは新憲法施行という新たな局面を迎えようとしている。政権樹立当初から複数政党制による総選挙および政権移譲を公約してきた軍政だが，1990年の総選挙での大敗を受けて，政権移譲を拒み，選挙結果を無視した別の制憲議会を設置した。その制憲議会で作成された新憲法案が国民投票において承認され，2010年に施行，総選挙が実施される予定である。今回の新憲法制定も表面上の民政移管に過ぎず，国軍の政治への介入の正統性を得るために行うものであり，引き続き軍政主導で立法・司法・行政が進められていくであろう。

注

1) 1989年，ミャンマー政府は，国名の英語名をBurmaからMyanmarに変更した。英語名の変更にともない，日本政府も呼称を「ミャンマー」へと変更した。ミャンマー政府の説明によると，Burmaは，ビルマ族のみを指し，Myanmarはビルマ国民を構成するすべての民族の総称としてのビルマ人を意味するとしている。しかし，両者の語源は民族名のひとつである「ムランマー」であり，後者に付加的な意味づけをしているだけである。本章では，「ミャンマー」と表記するが，政治的意図はない。

2) 現在，ミャンマーには7つの州（State）が存在し，また，州以外の地域は7つの管区（Division）に分けられる。これらの14の州および管区が，1次的な行政区画である。ミャンマー本州とも呼ばれる管区には，中心都市の名称を，また州にはその州の多数民族の名称がつけられている。その下に，64の郡（District），さらに各郡のもとに324の町（Township）が置かれている。この町が，さらに村（Village Tract）や区（Ward）といった単位に細分されている。平和開発評議会は，州・管区，郡，村・区の各レベルに設置されている。

3) 2000年裁判所法によると，最高裁判所裁判官は，長官1名，副長官3名および7名以上12名以下の裁判官で構成される。

4) 2003年8月，法務総裁府訪問時に入手した法務総裁府パンフレットより。

5) 2004年8月に最高裁判所にて情報入手。

6) 2009年5月，ミャンマー法関係者より情報入手。

7) U Kyaw Sein, "Brief Legal History of Myanmar", in Supreme Court of Union of Myanmar, *Judicial Journal of Supreme Court*, June 1999, U Than Maung, "Where to find Myanmar Laws", in Supreme Court of Union of Myanmar, *Judicial Journal of Supreme Court*, May 2003, U Than Maung, "Counting Myanmar Acts and Laws", in Supreme Court of Union of Myanmar, *Judicial Journal of Supreme Court*, December 2003.

8) 第1巻（総則，国際関係，憲法），第2巻（防衛），第3巻（財政・歳入），第4巻（一般行政），第5巻（一般行政〔続き〕），第6巻（地方自治），第7巻（通信・運輸），第8巻（刑法），第9巻（不法行為，契約，保険，代理，法人），第10巻（土地，登記，財産移転，公有地分配・土地収用，動産，無体動産，知的財産権），第11巻（私法，相続，破産，仲裁，特別救済，法実務家）第12巻（民事訴訟，証拠），第13巻（特別区・州）を収録。
9) 奥平龍二「19世紀ビルマの英国植民地化過程における伝統法体系の変容に関する一考察」(『東南アジア研究』第23巻第2号，1985年)。
10) 奥平龍二『ビルマ法制史研究入門——伝統法の歴史的役割』日本図書刊行会，2002年。
11) 斎藤照子「ビルマ・アーカイブズ小史——経蔵から公文書館へ」(『歴史学研究』第789号，2004年) 参照。
12) ビルマ情報ネットワーク (http://www.burmainfo.org/politics/referendum-govt-pressures 200805.html) より。
13) 佐久間平喜『ビルマ（ミャンマー）現代政治史［増補版］』勁草書房，1993年，60〜62頁，根本敬「ビルマの独立——日本占領期からウー・ヌ時代まで」池端雪浦他編『岩波講座 東南アジア史8 国民国家形成の時代』岩波書店，2002年，193〜194頁。
14) 新憲法下の行政区分は，現政権下と同様，7つの州（State）と7つの地方（Region）に分けられる。これらの14の州および地方が，1次的な行政区画であり，その下に，郡（District），さらに各郡のもとに市（City）や町（Township）が置かれ，さらにこの町の下が村（Village Tract）や区（Ward）といった単位に細分されている。さらに，新憲法下では，自治州（Self-administered divisions），自治区（Courts of the self-administered zones）が置かれることとなる。

III 南アジア

第12章 インド

浅野 宜之

はじめに

「アジアの法について研究しようとする場合に，まずインド法にとりかかるべきだ」[1]と，故内田力蔵氏は述べている。その理由として，アジアの中でも近代的法制度が早い段階で導入され，展開されてきた中で形作られてきた，「英印法」とも呼ばれるものが，この地域において重要な役割を果たしていることによるとされているのである。もちろん，アジアは多様であり，一概にインド法のみがアジア諸国の法制の中で突出したものということは適当ではないかもしれないが，後述するさまざまな影響を周辺諸国に及ぼしていることは，無視できないことであろう。

さて，インド法というとき，2つのものが想定される。ひとつは古代の宗教法あるいは宗教的倫理ともいえるもので，いわゆる印度学の範疇でインド法と呼ばれるものである。これに対し，イギリスによる植民地統治期に導入された，近代的法制度にもとづく現行の法をインド法と呼ぶこともある。前者は，比較法学の概説書などでは「ヒンドゥー法」と記述されたりもするものであるが[2]，現代インドでは，家族法などにその痕跡を残すのみである。それでは，後者の近代的法制度を，いかなる視点からみることができようか。

インドに近代的法制が導入されたのは，19世紀のことであり，たとえば最初のインド刑法典が制定されたのは1860年のことである。独立国家として，議会において制定されたか，あるいは植民地統治機関が制定したかの違いはあるが，日本の旧刑法制定が1880年であることを考えると，近代法制が敷かれた歴史と

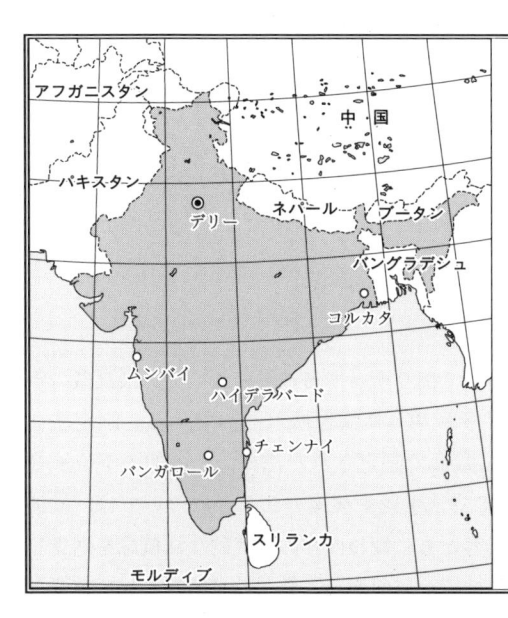

国名：インド
首都：デリー
人口：10億2,702万人
民族：インド・アーリヤ族，ドラビダ族，モンゴロイド族等
宗教：ヒンドゥー教徒80.5%，イスラーム教徒13.4%，キリスト教徒2.3%，シク教徒1.9%，仏教徒0.8%，ジャイナ教徒0.4%
言語：ヒンディー語（連邦公用語），他21言語が州の言語として公認されている
現行憲法施行年：1950年（改正多数）
GDP・1人当たりGDP：8,057億ドル・736ドル
成人平均識字率：61.0%
平均寿命：63.7歳

しては，インドと日本とで大きな違いがないといえる。おおよそ150年程度とはいえ，その歴史を詳細に追いながらインド法の全体像を明らかにすることは紙幅の都合上不可能であるので，ここでは原則として1947年の独立以降に焦点をあて，インド法制の概要を述べたい。

なお，1990年代から始まった経済改革の流れの中で，経済法，知的財産法など詳述すべき法分野は多々存在するのであるが，本章はインド法制の基本情報を記述しながら，主にインド憲法と司法の流れの紹介に解説の重点を置いている。これらの法分野については，近年発刊されている諸論文を参照いただきたい。

1．インドの司法制度の展開

2007年4月，インド各地の高等裁判所長官らが集まるミーティングに首相マンモハン・シンが出席した際に述べた，「司法積極主義と司法の行き過ぎは紙一重である（the dividing line between judicial activism and judicial overreach is a thin one）」という発言が注目を集めた。この発言は特に後進階層に対する留保の問題等に関して，司法部と立法・行政部との間で意見の対立が見られることを如実に

示しているものとして、新聞などで報道されたものであった。しかし、実際にはこれは発言の一部に焦点が当てられたのみで、全体の文脈の中では三権が調和的に働くことを強調しており、司法に対して特別に批判的な発言をしたものではなかった。しかし、メディアでの発言の取り上げられ方にみられるように、司法府が立法府、行政府に対して強い姿勢を保ち、あるいは積極的に働きかける姿勢がみられることは事実である。

1）インドにおける法と法源

　強い姿勢をもつ司法が、裁判において拠り所とする法源について、最高裁の年次報告書は第1に制定法、第2に判例、第3に慣習法と述べている。制定法には、連邦議会で制定された法律、州議会で制定された法律、その他の下位法令（政令など）が挙げられる。制定法の立法手続や検索方法などについては、後述する。制定法は、その形式および内容ともに概ね西洋の近代的な法概念を継受したものということができるが、植民地統治以前から宗教が社会慣習として重要な位置を占めており、この影響は現代にも残っている。すなわち、家族法の分野では、宗教にもとづいて多元的な法制度が設けられているのである。たとえば、ヒンドゥー教徒については、ヒンドゥー婚姻法、ヒンドゥー離婚法、ヒンドゥー養子および養育法、ヒンドゥー相続法などがあり、イスラーム教徒についてはイスラーム婚姻法などがあるほか、ムスリム女性（離婚の権利）保護法といった法律も存在する。

　なお、ヒンドゥー教やイスラーム教以外では、キリスト教徒婚姻法、パールシー（拝火教）婚姻法などが宗教別の法律として挙げられる。こうした宗教別の婚姻法の適用を受けない者は、特別婚姻法（Special Marriage Act）にもとづく婚姻を行うことになる。隣国パキスタンのように、宗教法廷（パキスタンではシャリーア裁判所が設置されている）が置かれているわけではなく、これらの法令にもとづきつつ、通常の裁判所が管轄権をもつ。

　判例の重要性は、イギリスの統治による近代法制の導入と関連している。後述するように、インドにおける法の動態について、最も大きな役割を果たしているのは裁判所であるといって過言ではない。新聞を見ても、何かしら裁判にかかわる記事が毎日掲載されており、司法の動きが社会の中で注目を集める事例も比較的多いといえよう。インド法研究を行うにあたっては、いかにこの判例を読んで

いくかが大事になる。

慣習法については，制定法や判例ほどに重要性が高いわけではないが，たとえば商慣習などが裁判において取り上げられることがある。また，北東部諸州（ミゾラム州，トリプラ州など）における行政に関連して，慣習法について言及されることがある。

2）インドへの近代的法制度・司法制度の導入

英領インドは，現在のインドのみならず，パキスタンおよびバングラデシュの領土を含む大きな地域であった。ただしその全領域をイギリスが直接支配していたわけではなく，藩王（マハーラージャ）に支配を認めていた地域が多く存在していた。インドおよびパキスタンに分離独立したのが1947年8月のことである。このとき，多くの藩王国はインドまたはパキスタンのいずれかへの併合を決めたが，カシミール藩王国のように，その併合先の問題でインド・パキスタン間の戦争へと発展した地域も存在するなど，イギリスからの独立がその後のインドの政体に大きな影響を及ぼしたことは，周知の事実である。

こうして1947年の独立はインドの統治体制に大きな変革をもたらしたが，その法制および司法制度は，イギリス統治期にすでにその基礎が導入されていた。まず，インドにおける近代的司法制度の導入は，イギリス東インド会社への特許状の付与により，1726年にボンベイ，カルカッタおよびマドラスの各管区都市における司法行政に変化が起きたことがその始まりとされる。この後，1773年の規制法によって東インド会社に対するイギリス政府の監督が強まるなか，カルカッタのフォート・ウィリアムズに最高法院（Supreme Court of Judicature）が設置された。この最高法院は，ベンガル（ビハール，オリッサを含む）における，国王の管轄事項にかかわる犯罪や，連合会社の事務に直接または間接に引き起こされる行為等について審理を行うことができるものとされていた。最高法院の下位には中央民事裁判所（Sadal Diwani Adalat）と中央刑事裁判所（Sadal Nizamat Adalat）とが設置され，それぞれ審理を行っていた。

前述の最高法院は，1800年にはマドラスに，1823年にボンベイに設置された（いずれも勅許の発布年）。1833年にはイギリスの枢密院に司法委員会が設置され，このときイギリスの海外植民地からの上訴を受理する常設委員会が置かれることとなった。

1833年の特許状法にもとづき，法律評議員および法律委員会が設置されることとなり，マコーレー卿を長とする第1次法律委員会が設置された。この後法律委員会は第4次まで設置され，刑法典，刑事訴訟法典，証拠法，契約法などの法典化作業が進められた。その著書『古代法（Ancient Law）』で有名なヘンリー・メイン（Sir Henry Maine）も法律評議員の一員として，法律委員会のメンバーに加わり，法典化を推進した。

1861年にはインド高等法院法が制定され，既設の最高法院（および中央民事裁判所など）が廃止されて，高等法院が設置されることとなった。これらの高等法院は，民事，刑事，海事，婚姻などに関する管轄権を有するものとされていた。その後，司法制度は幾度かの改革を経たが，独立前の最後の大きな改革が，1935年インド統治法（Government of India Act, 1935）にもとづく制度の設置である。

1935年インド統治法は，インド独立後の政治体制についてこれを基礎づけた法である。インド統治法第200条は，連邦裁判所（The Federal Court）をデリーに設置することを定めており，州間での紛争について第一審管轄権を有するほか，高等裁判所の判決，命令などに関する上訴管轄権を有することが規定されていた（同第204, 205条）。また，連邦裁判所の判決については，枢密院のそれとともに，先例拘束性が認められていた。このように，管轄権をはじめとするさまざまな権限，機能の側面から見て，現在の最高裁判所の原型が形作られたということができる。ただし，イギリスの枢密院への上訴は存続しており，連邦裁判所が完全な終審裁判所という位置づけにはならなかった。

さまざまな改革がなされながら展開してきたインドの裁判所制度であるが，独立直前には裁判官の多くをインド人が占めるようになっており，こうした状況が独立後の裁判所制度をイギリス統治期から継続したものにする要因となったとされている[3]。そしてその後，1950年に施行された憲法の制定過程において，裁判所制度改革は進められ，現在にいたっている。

3）インドにおける裁判所

憲法制定過程における，裁判所制度の改革の結果，独立前の制度との大きな違いがいくつか生まれている。たとえば，全インドにおける裁判所機構の統一，司法権の独立，違憲審査権の賦与，基本権侵害に対する法的救済の保障などである。ただし，後述するように裁判所機構は日本に比べて複雑であるので，紙幅の

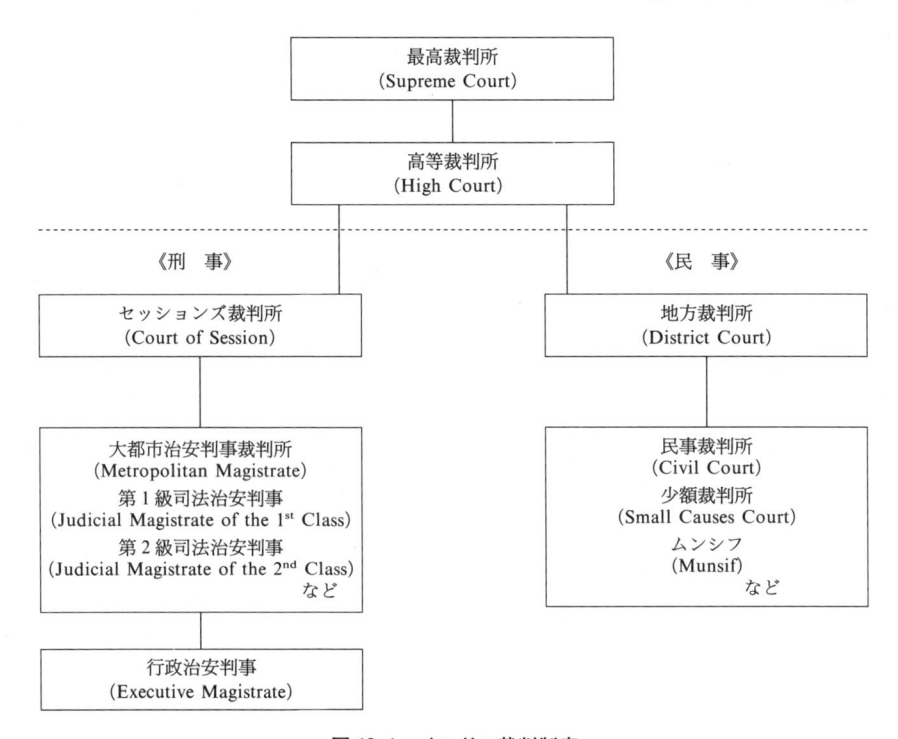

```
                    ┌─────────────────┐
                    │   最高裁判所      │
                    │ (Supreme Court) │
                    └────────┬────────┘
                             │
                    ┌────────┴────────┐
                    │   高等裁判所      │
                    │  (High Court)   │
                    └────────┬────────┘
         ┌───────────────────┴───────────────────┐
       《刑　事》                                《民　事》
   ┌──────────────┐                      ┌──────────────┐
   │ セッションズ裁 │                      │  地方裁判所   │
   │    判所      │                      │(District Court)│
   │(Court of Session)│                  └──────────────┘
   └──────┬───────┘                              │
   ┌──────┴───────────┐                  ┌──────┴───────────┐
   │ 大都市治安判事裁判所 │                  │   民事裁判所      │
   │(Metropolitan Magistrate)│              │  (Civil Court)  │
   │ 第1級司法治安判事  │                  │   少額裁判所      │
   │(Judicial Magistrate of the 1st Class)│ │(Small Causes Court)│
   │ 第2級司法治安判事  │                  │    ムンシフ       │
   │(Judicial Magistrate of the 2nd Class)│ │    (Munsif)     │
   │       など       │                  │      など        │
   └──────┬───────────┘                  └──────────────────┘
   ┌──────┴───────┐
   │  行政治安判事  │
   │(Executive Magistrate)│
   └──────────────┘
```

図 12-1　インドの裁判制度

注）点線以下の裁判所については，州ごとに制度が異なる。

許す限りで概観したい[4]。

① 裁判所制度

　インドは連邦国家であるが，裁判所制度は一元的であり，最高裁判所を頂点とする階層構造を設けている。ただし，高等裁判所よりも下位の裁判所については州の管轄事項であり，その構造には少なからず州ごとに違いがある。また，民事裁判を扱う裁判所と刑事裁判を扱う裁判所とが，下位裁判所においては制度上分けられていること，行政，租税などの特別な事例を扱う審判所（Tribunal）が設けられていることなども特徴となっている。

② 最高裁判所

　インド裁判所機構の頂点に立つ裁判所で，デリーに設置されている（図12-2）。最高裁判所の管轄権については，憲法上次のように規定されている。インド政府と州との間の紛争や州間紛争（憲法第131条），民事，刑事訴訟における高

図 12-2　最高裁判所

等裁判所からの上告裁判権（同第 132〜134A 条），特別許可による上告審（同第 136 条）などである。また，同第 32 条にもとづく権利保護のための令状発給権もまた，重要な権限である。最高裁判所は裁判所侮辱罪の処罰権を含む記録裁判所としての権限を有していることも特徴である（同第 129 条）。

　最高裁判所の裁判官は，最高裁判所長官を含めて現在 25 名である。最高裁判所裁判官の任命は大統領が行うが，その際に最高裁判所長官との協議がなされなければならない。最高裁判所裁判官に任命されるには，高等裁判所での 5 年以上の裁判官経験，高等裁判所での 10 年以上の弁護士経験などが必要とされる。実際，2005 年度版の最高裁判所年次報告書に掲載されている裁判官のうち，1 名を除いてすべてが高等裁判所長官（代理を含む）を経験している。

　③ 高等裁判所

　現在インド全土に 21 の高等裁判所が設置されている。州の数と比べて少ないのは，東北部など，複数の州（または連邦直轄領）を管轄する高等裁判所が存在するからである。なお，逆にアラーハーバード，ボンベイ，マディヤ・プラデーシュなどの高等裁判所は，支部を設けている（州と高等裁判所の領域的管轄との対応に関しては，表 12-1 を参照されたい）。高等裁判所の中には，独立以前からの美しい建物をそのまま利用しているところがある。それらの建物をみると，司

表 12-1　インドにおける高等裁判所一覧

番号	州	高裁名（所在地）	高裁支部	高裁設置年	州都
1	ウッタル・プラデーシュ	アラーハーバード	ラクナウ	1866	ラクナウ
2	ビハール	パトナ		1916	パトナ
3	西ベンガル	コルカタ（カルカッタ）	ポート・ブレア（巡回支部）	1862	コルカタ
4	ジャールカンド	ジャールカンド（ランチー）		2000	ランチー
5	オリッサ	オリッサ（カタック）		1948	ブバネーシュワル
6	チャッティスガル	ライプール		2000	ライプール
7	マディヤ・プラデーシュ	マディヤ・プラデーシュ（ジャバルプール）	グワリオール インドール	1956	ボーパール
8	ウッタラカンド	ウッタラカンド（ナイニータル）		2000	デーラドゥーン
9	ヒマーチャル・プラデーシュ	ヒマーチャル・プラデーシュ（シムラー）		1971	シムラー
10	ジャンムー・カシミール	ジャンムー・カシミール（ジャンムー、スリナガル）		1928	スリナガル
11	パンジャーブ	パンジャーブ&ハリヤナ（チャンディガル）		1966	チャンディーガル
12	ハリヤナ				チャンディーガル
13	ラージャスターン	ラージャスターン（ジョードプル）	ジャイプル	1949	ジャイプル
14	グジャラート	グジャラート（アーメダバード）		1960	ガンディーナガル
15	マハーラーシュトラ	ボンベイ	ゴア（パナジ）	1862	ムンバイ
16	ゴア				パナジ
17	アッサム	ガウハティ	インパール コヒマ アイゾウル シロン アガルタラ	1948	ディスプール
18	アルナーチャル・プラデーシュ				イタナガル
19	ナガランド				コヒマ
20	マニプル				インパール
21	ミゾラム				アイゾウル
22	トリプラ				アガルタラ
23	メガラヤ				シロン
24	シッキム	シッキム（ガントク）		1975	ガントク
25	アーンドラ・プラデーシュ	アーンドラ・プラデーシュ（ハイデラバード）		1954	ハイデラバード
26	カルナータカ	カルナータカ（バンガロール）		1884	バンガロール
27	タミル・ナードゥ	マドラス（チェンナイ）		1862	チェンナイ
28	ケーララ	ケーララ（コチ）		1958	トリヴァナンタプラム
29	デリー	デリー		1966	

注）連邦直轄領：ポンディチェリ（マドラス高裁管轄），ダドラおよびナガル・ハーヴェリ（ボンベイ高裁管轄）ダマンおよびディウ（ボンベイ高裁管轄），チャンディーガル（パンジャーブ・ハリヤナ高裁管轄）ラクシャディープ（ケーララ高裁管轄）を除く。

図 12-3　コルカタ（カルカッタ）高等裁判所

法の権威の高さが改めて感じられる（図 12-3 参照）。

　高等裁判所の管轄権は，独立前からのものを継承している（憲法第 225 条）。また，最高裁判所と同様，令状発給権が賦与されている（同第 226 条）。なお，高等裁判所もまた記録裁判所としての位置づけを与えられている（同第 215 条）。

④ 下級裁判所

　全土において統一的な高等裁判所の機構と異なり，下級裁判所については複雑な制度となっている。特に，刑事訴訟を扱う裁判所と民事訴訟を扱う裁判所とが，形式上は別のものとされているため，構造を複雑なものにしているのである。下級裁判所の管轄権については，1973 年刑事訴訟法などの法令に定めがある。たとえば，刑事訴訟を扱う下級裁判所については，刑事訴訟法では，セッションズ裁判所（Court of Session），第 1 級司法治安判事（Judicial Magistrate of the 1st Class）裁判所および大都市治安判事（Metropolitan Magistrate）裁判所，第 2 級司法治安判事（Judicial Magistrate of the 2nd Class）裁判所，また第 1 級司法治安判事または大都市治安判事の中から高等裁判所により任命される首席司法治安判事（Chief Judicial Magistrate）または首席大都市治安判事がそれぞれ構成する裁判所，さらには特殊な事例において設置される特別司法治安判事（Special Judicial Magistrate）などについて定めがある。民事訴訟法では民事訴訟を扱う下

級裁判所として，地方裁判所（District Court）のほか，民事裁判所（Civil Court）や，ムンシフ（Munsif），また，少額裁判所などが規定されている。もっとも，実際には刑事訴訟を扱うセッションズ判事と民事訴訟を扱う地裁判事とが，同一の人物であることが多いといわれる。また，下級裁判所は州が管轄することとなっているため，州によってその名称や構造に違いがみられる[5]。

2．インド憲法と司法

1）インド憲法の制定

現行インド憲法は，1950年1月26日に施行された（現在，この日は独立記念日として祝日になっている）。憲法草案の起草委員長は，初代司法大臣となるB. R. アンベードカルであった。後に提出された草案にもとづいて，制憲議会（Constituent Assembly）において討議が重ねられた。制憲議会での議事録等は下院事務局から Lok Sabha Secretariat, *Constituent Assembly Debates* として刊行されており，また憲法制定に当たっての資料などは，*Framing of India's Constitution*（『インド憲法の制定』，ユニバーサル・ロー・パブリッシング〔Universal Law Publishing〕により，改訂版が近年刊行された）に多く収められていて，大変有用である。この憲法は当初全395条から成っていたが，これまでにさらに40条以上の条文が追加されている。その多くは，1993年に追加された農村部および都市部の地方自治組織に関する規定である。また，本則とともに12の附則が設けられている。この附則には，中央および州の立法管轄事項，公用語などが規定されている。

インド憲法の特徴は，中央のみならず州の統治機構についても詳細に規定しているがゆえに多くの条文数を設けていること，基本的権利について規定した章とともに，裁判によって強制され得ない「国家政策の指導原則」の章を設けていること，下院議員や公務への就職などについて，指定カースト（いわゆるアウトカーストとして，カーストの枠外におかれる人々のグループ。全人口の16.2%）や指定部族（いわゆる少数民族として指定されているもの。全人口の約8%）等への留保（優先枠）を設けることを定めていること，大統領が州の直接統治を行いうるという条文を設けていることなどが挙げられる。また，州の統治機構の規定や時限規定を設けていることにより，その修正を図るため，制定後60年の間に94

回にわたる改正を行っていることもその特徴として挙げられよう。

2）インド憲法と司法の展開

インド憲法の動態は，司法の動きと密接に関連している。逆にいえば，司法の動きをみることが，インド憲法の動きを知ることにつながるということになる。

① インド憲法第1次改正

インド憲法のはじめての改正は，施行1年後の1951年6月のことである。この改正は憲法のいくつかの条文を改正し，また新設するものであった。新設された条文には，第15条4項や，第31A条，同B条がある。第15条4項は，第15条において定める差別禁止規定等にかかわらず，社会的・教育的後進階層や指定カースト，指定部族のための特別規定を設けることは妨げられないという，例外規定である。これは，マドラス州政府 vs. チャンパカム・ドライラージャン判決[6]において最高裁が，マドラス州政府の発した特定の後進階層に対して医科および工科大学に入学枠を設けるという政令を無効としたことによる。

第31A条および同B条は，財産に関する規定である[7]。これらの規定は，ザミンダール制度などの独立以前からの土地保有制度を廃止し，農地を民衆へと配分するために，農地改革を行うための諸立法を有効なものとするためのものであった。

教育機会を設けることにしても，あるいは農地改革を行うことにしても，これらは憲法第4編に定める「国家政策の指導原則」の内容を具現化するものといえるが，裁判所は基本権を優位におき，あくまでも「国家政策の指導原則」は基本権規定を補完するものという姿勢を保ったため，平等権や財産権を重要視し，いわゆる社会改革立法などが無効とされる結果につながっていた。そうした事態に対応するために憲法第1次改正が行われたのである。いわば，司法府と立法府との間のせめぎあいが，独立後間もない頃からはじまっていたということになる。

その後，ゴーラク・ナート事件判決[8]（1967年）を通じて，最高裁は基本権の重要性を宣言している。すなわち，国はいかなる基本権を侵害，剥奪する法律も制定できないということを示したのである。さらに最高裁は銀行会社（収用・営業譲渡）法の無効判決[9]（1970年），藩王（マハーラージャ）の特権を廃止する大統領令の無効判決[10]（1971年）を出した。会議派政権は，これらに対抗し，憲法第24次改正および第25次改正を行った。これらの改正を通じて，議会がいか

なる憲法の規定も改正できるように条文等を変更するなどしたのである。こうした司法と政府や議会との対立の中で、ケーサヴァナンダ・バーラティ判決[11]という、インド憲法史上最も重要な判決のひとつが出される。

② 憲法の基本構造

ケーサヴァナンダ・バーラティ判決は、ケーララ州における土地改革立法の有効性が問われた令状訴訟の判決である。この判決で13名の判事が憲法第24次改正を有効と認めた上で、これにより改正された第368条にもとづき、議会は基本権規定を含む憲法の改正が可能であると判示した。ただし、7名の裁判官は前述のゴーラク・ナート判決を覆したものの、第368条にもとづく憲法改正の範囲外に基本権規定を置いた。すなわち、これらの裁判官は、基本構造を侵害するような憲法改正は認められないとしているのである。その後のいくつかの重要な判例でも、憲法の基本構造は憲法改正によっても変更され得ないという考えが繰り返し現れてくる。ただし、何が憲法の基本構造なのかという点については統一されていないのが実際のところである。ケーサヴァナンダ・バーラティ判決では、憲法の優越、共和的・民主的構造、政教分離、三権分立、連邦制、福祉国家、基本的権利などが挙げられていた。その後の判例に現れたものもこれらと大きな違いはないが、これらに裁判所の独立や自由で公正な選挙などが加えられるなどしている。

いかなる事象がインド憲法の基本構造であるかについては意見の分かれるところであるうえ、この考えに賛意を示す裁判官の数からいっても圧倒的に主流をなす考えとはいえない部分もある。しかし、後に述べる高等教育機関への留保の問題においても、この憲法の基本構造との関係で留保問題を検討する意見が出されていることを一例として、インド憲法の動態を考える上で、見逃すことのできない議論であることは確かである。

③ 非常事態宣言と憲法第42次改正

司法と議会・政府とが対立した構図が残る中、1970年代半ばには、インド現代政治史において最も強権的な政治が進められた時期を迎えた。元来インドは、「世界最大の民主主義国家」と呼ばれる国である。これは、10億を超える人口を持つ巨大な国家であるとともに、クーデターなどが起きず、すべて選挙によって政権交代が行われてきたことをふまえていわれることである。しかし、そうしたインドの現代政治史の中で、強権的な政治が進められたのが、1975年6月、イ

ンディラ・ガンディー政権下において布告され，実行された非常事態宣言時代である。当時インディラ・ガンディー首相（初代首相ネルーの娘，ちなみにその長男ラジーヴ・ガンディーも後に首相となり，母と同様，暗殺されている）が集権的な政治体制を構築していこうとするのに対して，批判的な勢力が政治家のみならず国民の中にもみられるようになっていた。こうした状況の中で1971年の連邦下院議員選挙におけるインディラ・ガンディーの選挙違反について，アラーハーバード高裁で一部につき有罪判決が出されるなどした上，さらにグジャラート州での州議会選挙において敗れたインディラ・ガンディーは，主要な政党指導者の逮捕，基本権規定の停止，検閲制の実施などを行い，大統領による非常事態宣言が出された。そして，これらの動きがインド憲法改正史において最も徹底的なものといえる第42次改正へとつながる。

憲法第42次改正の特徴を数点挙げると，基本権規定の制限，首相の権限強化，そして司法部の権限の制限にあるということができる[12]。特に，連邦法に関しては最高裁のみに違法審査権が付与されたこと，違憲判決については，その要件が厳格化されたこと，高裁の権限に制限が加えられたことなど，政府と対立してきた司法部の力を削ごうとするものであった。1980年に国民会議派が敗れた後，この改正によって改められた多くの規定を元に戻す憲法改正がなされたが，憲法前文などは第42次改正によるものが現在まで残っており，現憲法に与えた影響は決して小さなものではないといえよう。

④ クリシュナ・アイヤールとバグワティ

1970年代は，政治史の中で司法の働きが大きくクローズアップされた時期であるということができるが，この時期に最高裁裁判官に着任した2人の裁判官が，後にインド現代法史において，重要な役割を果たすこととなった。その2人とは，クリシュナ・アイヤール（V. R. Krishna Iyer）とバグワティ（P. N. Bhagwati）である。

クリシュナ・アイヤールは現在のケーララ州生まれで，弁護士を皮切りに，共産党のナンブーディーリパド政権の下では州法務・内務・灌漑・電力大臣に任命された。その際，監獄での受刑者の待遇改善などに尽力した。1968年にはケーララ高裁判事に着任し，その後インド法律委員会委員に就任している。最高裁判事への任命は1973年で，1980年の退官までその職にあった。最高裁判事任官の際，インド弁護士会の有力者であるソリ・ソラブジー（Soli Sorabjee）はその任

命に反対の意を表したが，後にその意見は誤りであったと自ら述べている。これは，任官当時クリシュナ・アイヤールがインディラ・ガンディー寄りの立場をとるものとみられていたのに対し，実際には決してそうではなかったことと関係している。

　バグワティはグジャラート州出身で，クリシュナ・アイヤール同様，高裁判事を経て1973年に最高裁判事に任命された。彼は法律扶助活動にも積極的に従事し，1980年の法律扶助委員会設置に際しても委員長の職に就き，重要な役割を果たしている。その後1986年まで最高裁判事を務めたが，1985年からの約1年間は最高裁長官の任に当たっている。

　彼らは最高裁判事を退官後もそれぞれ活躍し，クリシュナ・アイヤールは現在でも社会問題に関するさまざまな論考を発表し，バグワティは国連人権委員会委員を務めている。しかし何よりも，彼ら2人の名前は，次項に述べる公益訴訟の誕生・発展において主要な役割を果たしたことで，歴史に刻まれたといえよう。

⑤ **公益訴訟の展開**

　公益訴訟（PIL: Public Interest Litigation）は，インド法制において最も特徴的なものとして，取り上げられることの多い訴訟形式である。これは憲法第32条，第226条などに定められた令状請求訴訟にその根拠をおくもので，形式的な特徴としては，当事者適格の緩和，申立て方法における要件の緩和，そして裁判所の職権による訴訟指揮，訴訟終結方法などにみられるとされる。

　当事者適格の緩和とは，権利侵害を受けた者に代わって第三者が訴訟を提起できるというもので，直接的に訴えの利益がない者であっても，公益のために訴訟の提起ができるとみなされるものである。申立て方法については，いわゆる「書簡による管轄」が認められる。これは，裁判官に宛てた書簡によっても訴訟の提起が認められうるというものである。裁判所の職権による訴訟指揮とは，裁判所が調査委員会を設置し，これに社会学的調査などを行わせ，審理においてその結果を採用するというものである。訴訟終結方法については，政府等に対して中間的命令を発してその執行状況を継続的に監視する方法をとるという方式をとることが目立つことや，当事者のみならず第三者にも効力の及ぶような命令が出される場合があることなどが挙げられる。

　公益訴訟の始まりにおいて重要な判決が，1976年のボンベイ労働者組合事件[13]である。この訴訟は，賞与の不払いに対して組合が不服申立てを行ったも

のであるが，その論点のひとつが，労働者個人ではなく，労働組合がこうした訴訟の提起を行いうるのかどうか，であった。この点についてクリシュナ・アイヤールは，「我々の法廷は，洗練された当事者というよりも農村の貧困者，都市部の見捨てられた人々，弱者層のことを取り扱うものである」と述べ，公益に資するときには当事者適格を緩和し，審理を推進すべきことを示したのである。

また，デリーの中央監獄において刑務官が収監者に対して暴行を加えているという告発の書簡にもとづいて公益訴訟の提起が認められたティハール監獄事件[14]が，その後の書簡による管轄という方式につながっているといわれる。その後，バグワティ判事のもとに送られた書簡にもとづいて訴訟の提起が認められた事件で，アジア大会の競技場建設現場における労働者の待遇問題を取り扱った「アジア大会事件」[15]や，法的には廃止されているはずの，いわゆる債務労働者の待遇について取り上げられた「隷属的労働者解放戦線事件」[16]などが挙げられる。

公益訴訟の基礎を築いたのがクリシュナ・アイヤールだとすれば，それを整え，発展させたのがバグワティだということができる。彼は最高裁に公益訴訟の担当部署を置くなど，制度的整備を進めた。

1988年には公益訴訟のガイドラインが整備され，次に挙げる10項目にかかわる事態のみが公益訴訟として提起できることとなった。その10項目とは，(1)隷属的労働，(2)児童，(3)最低賃金不払い，労働者からの搾取など，(4)監獄における待遇，迅速な司法，(5)警察による違法行為，嫌がらせ，(6)女性に対する権利侵害，(7)指定カースト，指定部族または経済的に後進的な人々が受けた嫌がらせ等に対する不服申立て，(8)環境汚染，生態系の破壊，麻薬問題，文化財の保護，森林その他公的に重要な事項，(9)暴動の被害者からの申立て，(10)家族年金，である。

公益訴訟は，アメリカにおけるシビル・アクションなどと類似しているという意見もみられ，これに対してたとえば法哲学者のウペンドラ・バクシ（Upendra Baxi）は，インドにおける公益訴訟の特徴は貧しい人々，権利の侵害を受けていても司法による救済へのアクセスが困難な人々に代わって第三者が，司法による権利侵害への救済を目的に訴訟を提起する点にあるとして，「社会活動訴訟（Social Action Litigation）」と呼んでいた。しかし，上記の項目の(8)にあるように，環境汚染や政治的対立の問題などが公益訴訟として提起されるようになり，元来の「貧しい人々や社会的に疎外されている人々の権利保障を，公益に適うも

のとして当事者以外の者が訴訟を提起する」という側面が拡散しつつあるともいえよう。

公益訴訟の展開例のもうひとつが，近隣諸国への波及である。パキスタン，バングラデシュでも，同様に公益訴訟と呼ばれる訴訟がみられる。それぞれ社会情勢や政治状況が異なるため，すべての面でまったく同じとはいえないが，公益訴訟の意義や展開について検討するとき，これらの国々も視野に入れることが必要になるであろう[17]。

⑥ 留保と憲法改正

留保（reservation）とは，すでに述べたように指定カーストや指定部族への連邦下院議員や州議員，公務への就職などに際して優先枠を設ける措置のことである。こうした措置は本来憲法制定から25年間の時限的な措置の予定であったが，憲法改正を重ねて，現在まで延長され続けている。さらに，1992年の憲法第73次および第74次改正により，地方議会等において女性にも留保がなされることとなった。実際に，数字の上では村議会議員の3分の1を女性が占めることとなっている。

こうした留保制度は，歴史的背景により経済的，社会的に「後進的な」人々に対して，いわば「補償的に」行われるものとされたが，先に述べた第1次憲法改正により，さらに「社会的・教育的後進階層」にも留保が行われうることとなった。しかし，この「社会的・教育的後進階層」とは何を基準に定めるのかが問題として残った。この問題について，1955年の第1次後進階層委員会報告では2,399のカーストが「その他の後進諸階層（OBC：Other Backward Classes）」になるとされた。さらに，1980年の第2次後進階層委員会（通称マンダル委員会）は3,743のカーストがOBCに入るとし，これは全人口の52％を占めるが，全体の留保枠を考慮して，公務に関しては27％をOBCに留保すべきとの勧告を行った。この勧告にもとづき留保措置を示した政府の覚書に対して起こされた令状訴訟の判決（マンダル事件判決）でも，この意見が認められるところとなっている。

マンダル事件判決以降も留保にかかわる訴訟が提起され，あるいはこれに対応する憲法改正も進められた。たとえば，マンダル事件判決では公務での昇進は留保の対象外と判示されたことから，これを可能にするために憲法に新たな規定を設けている（第77次改正）。さらに，2006年施行の憲法第93次改正では，OBC

に対して高等教育機関への入学に際して留保枠を設けうることを定めた規定が盛り込まれることになった。こうした動きに対しては,あまりに多くの留保枠を設けることが教育の質の低下につながる,あるいは留保対象外の学生に対する逆差別となるということから反対運動が起こされた。これに対して政府は,この問題に関する監視委員会を設置し,その報告にもとづいて「2006年連邦教育機関（入学の留保）法」を制定した。この法律は,2007年度の学期から,指定カーストに15%,指定部族に7.5%,OBCに27%の留保を行うことなどを定めている。なお,これらの憲法改正や2006年留保法について憲法違反であるとの訴えが提起されたが,退けられている[18]。インド社会の複雑さを示す留保問題は,現在のインド法のテーマとして,最重要課題のひとつとなっているといえよう。

3）司法の課題とADR

インドの司法に関して,大きな問題のひとつが訴訟の滞留である。2007年末の段階で,高裁レベルで,民事訴訟については約370万件が,刑事訴訟についても約70万件が,すなわち合計で約430万件が係属中であり,最高裁でも,約4万7千件が係属中となっている。このような訴訟の滞留は,憲法の定める「迅速な裁判」を受ける権利を侵害しているものといわれ,この問題の解決のために制度的な改革が必要であるという意見もみられる。そうした解決策のひとつとして挙げられるのが「ロク・アダーラト（Lok Adalat：民衆法廷）」と呼ばれるもので,法律サービス機関法（Legal Services Authority Act, 1987）を根拠法としており,また,各州はこの法令にもとづいてそれぞれ規則等を制定し,これを開催している。ロク・アダーラトは,裁判所とは異なり,退職した裁判官やソーシャルワーカーなどがこのメンバーに入っている。法廷での審理とは異なり,最終的に示談または和解によって紛争を解決することが目標となっている。扱われる内容はさまざまで,補償金問題（交通事故関係など）,消費者問題,家事紛争,土地問題などが挙げられる。実際に交通事故の被害者が,裁判所において被害にもとづいて民事訴訟を起こしても,なかなか判決までには至らなかったのが,ロク・アダーラトに持ち込んだとたんに示談がまとまったというケースがあるという。

人権侵害に関して,訴訟を通じてその救済を図るほかに国家人権委員会（National Human Rights Commission）への申立てを行うという手段も設けられている。この組織は,1993年人権（保護）法にもとづいて設置されたもので,最

高裁長官であった者が委員長の職に就き，その他の委員を含め5名で構成される。その機能は，公務員による人権侵害に対する審問および調査，人権問題に関する調査および勧告，そして人権問題に関する広報活動である。人権問題に関する申立ては2004〜2005年度で72,700件にものぼり，これに拘禁中の死亡問題も含めた受理件数は74,400件にもなる。このすべての申立てを取り上げるわけではないが，こうした受理件数の多さは，とりもなおさず人権委員会が人権侵害事例に対する救済機関として受け入れられていることを示していよう。

3．立　法

1）立法機関と立法手続

　インドは連邦国家であり，主に中央（連邦）の議会と州議会とが立法権限をもつことになる（地方自治組織である，パンチャーヤトや都市自治体も条例の制定権限を持つが，ここでは省略する）。連邦議会と州議会の立法管轄は，憲法第7附則に定められており，第1表（連邦管轄事項）には，国防，外交，原子力，鉄道，郵便，通貨，最高裁・高裁の設置，関税などが挙げられており，第2表（州管轄事項）には，治安，地方政府，公衆衛生，酒類，農・漁業，土地・水などが挙げられている。連邦議会と州議会との共同管轄事項は第3表に掲げられており，刑事手続，婚姻・離婚，森林，経済・社会計画，労働などがこの中に含まれている。したがって，第2表や第3表に掲げられた事項について，インドの制定法を調べるには，州法も視野に入れて検討することが必要になる場合がある。

　なお，前述のパンチャーヤトや都市自治体の管轄については，憲法第11附則および第12附則にそれぞれ列挙されている。

　中央の議会は，上院と下院とに分かれている。下院（Lok Sabha）は2004年時点で議員数545名，一部を除きほとんどが小選挙区制にて選出される。各州の被選出議員の数については憲法第81条において，州からは530名を超えない数，連邦直轄領からは20名を超えない数を選出することが定められている。これに対し上院（Rajya Sabha）では，議員の多くは直接選挙によって選出されるのではなく，州議会によって選出されるほか，大統領が任命する学識経験者などの議員が12名置かれることが定められている。2004年時点で上院議員は245名である（250名を超えないこととされる）。

州議会は，人口の多い一部の州では州下院と州上院の両院が設置されているが，ほとんどの州では州下院の一院のみが設置されている。州とはいえ最も人口の多いウッタル・プラデーシュ州では，その人口は1億人を超え，ほぼ日本と同じである。

農村部の地方自治制度であるパンチャーヤトおよび都市部の自治制度については，それぞれ憲法第73次改正および第74次改正によって，これに関連する規定が憲法に設けられた。この規定で注目すべきものとしては，パンチャーヤト制度を例にとれば，村民のうち選挙権を持つ者全員で構成する村民総会を設置したこと，インド全土について県─中間─村の3層構造（州によっては2層構造）を統一的なものとしたこと，議員の直接選挙による選出を明示したこと，議席などについては，指定カーストや指定部族には人口比に応じて，また，女性には3分の1を留保すること，任期を5年と明示し，選挙の定期的実施を求めたこと，地域開発等に関連して権限を有することなどが挙げられる。

中央での立法過程は，次の通りである。まず，法案が議会に提出される。これは，上院・下院のいずれでもよい。法案提出者は大臣または議員であり，前者の場合は政府法案（Government Bill），後者の場合は議員法案（Private Member's Bill）と呼ばれる。法案の提出許可が議院により得られれば，法案が提出されたということになる。この際，反対動議があれば，その説明をする機会が与えられることもある。議会に法案が提出されたら，官報（Gazette）に掲載される。続いて，法案は常任委員会に送られ，その方針と規定内容について検討がなされ，報告書が作成される。常任委員会には議会の運営委員会（Business Advisory Committee）や，各省関係の常任委員会がある。後者にはたとえば，商務（Commerce），内務（Home Affairs），人的資源開発（Human Resource Development），外務（Foreign Affairs），財務（Finance），鉄道（Railway），産業（Industry）等が挙げられる。常任委員会からの報告書が提出された後，議会での審議に入る。第1段階として，法案の全体的な方針について審議が行われる。ただし，法案が常任委員会ではなく上下院の両院合同委員会に送付された場合は，条項ごとの審議を行うことができるとされている。第2段階では，逐条審議が行われ，最終的に賛否を投票により決定するということになる。なお，法案が議会において通過するには出席し，投票した議員の過半数による賛成が必要とされている。ただし，憲法改正法案の場合は，全議員の過半数かつ，出席し，投票した議員の3分の2以上の賛成

が必要とされている。なお,前述の法案とは異なり,税の賦課または廃止,あるいは統合基金からの歳出にかかわる事項を定める,いわゆる財政法案（Money Bill）については,下院にのみ提出が可能で,上院は,下院で財政法案が通過した場合これを改正することはできないとされている。なお,上院は修正勧告をすることはできるが,上院が当該法案を受理してから14日以内に行わねばならず,また,この修正勧告にも拘束力はないということで,下院の優越がみられる。

　議会を通過した法案は,最終的に大統領の同意（署名）を得て法律となる。なお,連邦議会での議事録は下院のものは第11期（1996年5月以降）からの,上院のものは第189会期（2000年）からがそれぞれのウェブページで公開されているので,法案の審議経過について,近年のものであればある程度,日本にいながらにして知ることができる。

2）法律委員会およびその他の政府委員会

　独立以前に法律委員会という組織が設置され,法典化を推進する重要な役割を果たしたことはすでに述べた通りであるが,独立後も法律委員会が設置され,変化し続ける社会において法律の検討と更新を進め,報告書を提出してきている。第1次法律委員会は1955年に初代法務総裁（Attorney General）のシータルヴァド（M. C. Setalvad）が委員長となって設置された。この委員会は,1958年に,司法制度に関する包括的な報告書を提出したことで知られる（第14次報告）。現在は第18次法律委員会が設置（2006年）されており,委員長は元最高裁判事のラクシュマナン（Dr. Justice A. R. Lakshmanan）である。今次の委員会について,その検討内容および活動の中では,以下のような事項が挙げられるとして,不要または非合理的となり速やかに廃止しうる法律や,経済自由化の中で改正を必要とする法律の確定,そのほか改正を必要とする法律や立法についての勧告,貧困層に影響を与える法律の検討,公正さを保ちつつも迅速かつ経済的な紛争の解決手段,手続の簡素化などがウェブページに記載されている。近年実際に提出された報告書のテーマをみると,児童婚禁止法,ヒンドゥー相続法,裁判外紛争処理手続,迅速な司法,下位裁判所における裁判費用など,さまざまなテーマが取り上げられていることが分かる。このように,法律委員会の報告書を通じて,インドにおける法制度改革の状況を把握することができる。なお,報告書をはじめとする法律委員会の情報全般については,同委員会のウェブページから情報を得る

ことができる[19]。

　なお，2000年に設置され，憲法にかかわる状況について検討を行い，報告書を提出した憲法改革検討委員会（National Commission to Review the Working of the Constitution ; NCRWC）のような独立した政府委員会や，さまざまな常設の政府委員会などが提出する報告などにより，その後の立法政策に影響を受けることもある。常設の政府委員会としては，女性委員会，マイノリティ委員会，後進階層委員会，マイノリティ教育機関委員会，指定カースト委員会および指定部族委員会などがある。

4．法曹と法曹養成制度

　インドでは，独立に当たって先駆的な役割を果たした者や，政治家のなかに，法律家が多く含まれている。独立の父といわれるガンディー（M. K. Gandhi）や初代首相のジャワーハルラール・ネルー（Jawaharlal Nehru）らはイギリスで法曹教育を受けた法律家であったし，2009年現在でも内務大臣を務めたチダンバラムなど有力な政治家には法律家出身の者が多い。そこで，現在の法曹養成システムについて概観しておきたい。

　法曹の養成は，法科大学や大学の法学部などで行われている。以前は総合大学の法学部（例：デリー大学法学部，バナーラス・ヒンドゥー大学法学部など）が法曹養成においては主要な地位を占めていたが，近年では各地に開校された独立の法科大学が，法学教育において重要な役割を担いつつある。そのトップにあるのがカルナータカ州バンガロールにあるインド法科大学（National Law School of India University : NLSまたはNLSIU）であり，このほか，アーンドラ・プラデーシュ州ハイデラバード近郊にある法科学アカデミー（National Academy of Legal Sciences and Research : NALSAR）や，西ベンガル州コルカタにある，西ベンガル法科大学（West Bengal National University of Juridical Sciences : NUJS）などがトップクラスの法科大学として挙げられる。また，2008年にはデリーにも法科大学（National Law School University Delhi）が開校された。インドの高等教育機関では，前述のインド工科大学やインド経営学大学などが有名であるが，ここに挙げた法科大学は，これらの有名な教育機関と肩を並べうるものとして，優秀な学生が集まるようになってきているという。また，近隣諸国やアフリカ地

域などから,留学生も来ている[20]。

　これらの法科大学の学生は多くの場合5年間の LL. B.（法学士）コースを卒業し,弁護士会への登録資格を得ることとなる。なお,LL. M.（法学修士）や Ph. D.（博士）のコースを持つ大学も多いが,これらの大学院教育プログラムに入る学生は,決して多くない。研究を継続する者は,アメリカ,イギリスなど海外にその場を求めるケースが多いようである。

5．インド法研究に向けて

1）資料・判例へのアクセス

　インド法の研究において最も重要な資料は,判例集である。前述の通りインド法においては判例が法源として重要な位置を占めており,判例にあたることが研究を進めるに当たっても重要な作業になるからである。さまざまな判例集があるなかでも AIR（All India Reporter）と SCC（Supreme Court Cases）は,最も頻繁に引用されるものである[21]。このほかに,多くの州高裁の判例が,民間の出版社よりそれぞれ発行されている[22]。しかし,AIR と SCC の両方が継続的に受け入れられている大学図書館は 2007 年現在日本にはなく,AIR のみにしても,アジア経済研究所図書館など数館が継続的に受け入れを行っている程度である[23]。こうした資料入手の困難さは,日本におけるアジア法研究（東アジアを除く）環境の厳しさを如実に物語るものである。ただし,IT 技術の進歩はインド法研究に恩恵を与えている。それは,さまざまなウェブサイトの充実に現れている。

　インド法研究にとって,最も有用なウェブサイトのひとつが,インド最高裁判所のホームページ[24]である。これは,年々内容が充実されてきている。このホームページのなかで,インド法研究者にとって特に重要なのは,「JUDIS」と呼ばれる判例検索のページと,「Indiacode」と呼ばれる制定法を掲載したページである。

　判例検索のページでは,最高裁判所の判例のほか,多くの高等裁判所（2009年5月現在で支部を入れて18ヶ所分）,6ヶ所の県裁判所そして中央行政審判所（Central Administrative Tribunal）の判決をみることができる。

　最高裁の判決についてみれば,公的なものである SCR（Supreme Court Reports）に掲載されている判例が,ウェブ上で公開されている。そして,最高

裁の判例検索では，原告・被告名，判事名，ケース番号，法令名，判決日などから検索をすることができる。

　高等裁判所については，このJUDISシステムではコルカタやカルナータカなどいくつかの大きな高等裁判所の判例を検索することができない（ただし，カルナータカ高裁は独自のホームページで判例検索ができるようにしている。IT産業の中心地バンガロールにあるだけに，あえて自らのホームページで検索ができるようにしているというところであろうか。もっとも，検索の方法自体はJUDISと大きく変わらない）ほか，使い勝手の面で最高裁のものには及ばないところがある。

　また，判例の検索については，近年民間のデータベース業者がインターネットを通じて提供するものがある。たとえば，manupatra.com や indlaw.com などは，有料の講読会員になる必要があるが，重要な判例の情報などをメール配信により受け取ることができ，便利である。

2）制定法を調べる

　制定法を調べるに当たっては，最も手軽なのが前述の「Indiacode」である。このウェブサイトには，最高裁のウェブサイトなどからリンクがはられている。検索についていえば，1836年以降に制定された連邦法が，「タイトル」「法律番号」「西暦」「目的」「法文」および「フリーテキスト」をキーワードとして，探すことができる。なお，議会を通過した西暦年と法律番号に記載される年とでは違いがでる場合があるので，注意が必要である。なお，各州政府の官報に，連邦法が掲載され，それがウェブ上に載ることもあるので，これらをもとに法文を調べることも可能である。

3）研究機関・研究書（判例集を除く）

　インドにおける法律研究の機関として，まずインド法律研究所（Indian Law Institute）を挙げることができる。研究機関であると同時に大学と同様の教育機関でもあり，修士・博士課程や，行政法，サイバー法，知的財産法，人権法などのP. G. ディプロマコースも設置している。上述の法科大学に付置されている研究所もあるが，それらの多くは規模も小さく，研究活動を進めるにも限界があるのが実情である。ただし，政治・ガバナンスとの関係で法律も研究分野に含めている機関はあり，たとえば地方分権について研究を進めている社会科学研究所

(Institute of Social Sciences: 民間) や，国立農村開発研究所 (National Institute of Rural Development) などが挙げられる。

インド法研究に当たって，役立つ書籍としては，まず前述のインド法律研究所が毎年刊行している *Annual Survey of Indian Law* が挙げられる。これはさまざまな法分野について専門家が1年の流れ，重要な判例の解説などを執筆しているものである。2005年度版では，以下の23項目が取り上げられている——すなわち，行政法，仲裁法，会社法，抵触法，憲法，消費者保護法，刑法，刑事手続，所得税法，教育法，選挙法，環境法，親族・相続法，ヒンドゥー法，間接税法（関税など），知的財産法，労働法，商法，財産法，公益訴訟（PIL），不法行為法，中央における立法，民事手続である。したがってこれらの事項について現状を把握するには，有用であろう。また，2006年に第2版が出版された，同研究所編集の *Indian Law System* もインド法の全体像を知るのに適している。

このほかに，同研究所では *Journal of Indian Law Institute* というジャーナルも発行している。また，AIR や SCC などの判例集にもジャーナル編があり，決して長編は多くないが，重要な論文が掲載されていることがある。また，分野別のジャーナルも存在し，たとえば1960年から刊行され続けている *The Indian Journal of International Law* が有名である。

インド法研究については，それぞれの分野において多くの著作が刊行されており，それらにあたることも必要になってくる。たとえば，憲法の分野でいえば，

(1) H. M. Sheervai, *Constitutional Law of Indias 4th edition*, Bombay: Tripathi, 1991-1996.
(2) D. D. Basu, *Shorter Constitution of India 13th edition*, Nagpur: Wadhwa, 2001.
(3) V. N. Shukla, (Mahendra P. Singh revised), *Constitution of India 11th edition*, Lucknow: Eastern Book, 2008.

などが主要なものとして挙げられる。また，P. M. バクシ（Bakshi）による，*The Constitution of India 9th edition*, Delhi: Delhi Universal Law Publishing, 2009 がある。これは憲法の原文および憲法改正法の規定を掲載したコンパクトな書籍で，頻繁に新版が発行される。

インド法研究に当たっては，上記のように各種法律のコンメンタールを参照す

ることが多いのだが，もちろん研究書や論文集も存在する。たとえば，

(4) **Upendra Baxi,** *The Future of Human Rights, second edition*, **New Delhi : Oxford University Press, 2006.**
(5) **S. P. Sathe,** *Judicial Activism in India*, **New Delhi : Oxford University Press, 2002.**
(6) **S. K. Verma and Kusum (eds.),** *Fifty Years of the Supreme Court of India*, **New Delhi : Oxford University Press, 2000.**

などが挙げられる。

また，裁判官などによる著作集，回顧録なども法の動態を知る上で参考になる。

海外の研究者も，インド法について重要な著作を残している。ここでは，2名の著名な法学者による基本図書を紹介しておこう。それは，グレンヴィル・オースティン（Granville Austin）による，

(7) ***The Indian Constitution : Cornerstone of a Nation*, New Delhi : Oxford University Press, 1966.**
(8) ***Working a Democratic Constitution : The Indian Experience*, New Delhi : Oxford University Press, 1999.**

マーク・ギャランター（Marc Galanter）による，

(9) ***Competing Equalities : Law and Backward Classes in India*, New Delhi : Oxford University Press, 1984.**
(10) ***Law and Society in Modern India*, New Delhi : Oxford University Press, 1989.**

である。

法律関係の書籍に関しては，オックスフォード・ユニバーシティ・プレス (Oxford University Press) やセージ (Sage) のような海外資本の出版社もあるが，ワドワ (Wadhwa, ナーグプル)，ユニバーサル・ブック (Universal Book Pub., デリー)，トリーパティ (Tripathi, ムンバイ)，アジア・ロー・ハウス (Asia Law House, ハイデラバード)，デリー・ロー・ハウス (Delhi Law House, デリー)，

イースタン・ブック・カンパニー（Eastern Book Company, ラクナウ）など数多くの出版社があり，それぞれが活発な出版活動を行っている。また，州レベルの法令に関する書籍については，それぞれの州にある出版社が解説書などを刊行していることがある。こうした地方の出版物については，高等裁判所等の近くに書店があることが多いため（例外もある：チェンナイ，バンガロールなど），そうした書店において直接関連する出版物を購入すると良い。

判例集については先に述べたが，ダイジェスト版として有用なのが，Surendra Malik (ed.), *Supreme Court Yearly Digest* (Lucknow : Eastern Book Company) である。これは前年に出された最高裁の判決のうち主要なものをダイジェストにしたものである。また，公益訴訟のケース概要を集めたものとして，

(11) S. Ahuja, *People, Law and Justice : Casebook on Public Interest Litigation*, New Delhi : Orient Longman, 1997.

(12) J. Kapur, *Supreme Court on Public Interest Litigation*, New Delhi : LIPS Publications, 1998-.

がある。

邦文での資料について，憲法に関しては『インド憲法の基本問題』をはじめとするアジア経済研究所発行の書籍があるほか，下記に挙げるような専門的著作がいくつか存在する。

(13) 孝忠延夫『インド憲法とマイノリティ』法律文化社，2006年。

(14) 孝忠延夫・浅野宜之『インドの憲法』関西大学出版会，2006年。

このほかPILをはじめとする，インド憲法の動態を紹介・検討したものとしては，

(15) 安田信之『アジアの法と社会』三省堂，1986年。

(16) 稲正樹『インド憲法の研究』信山社，1993年。

などが挙げられ，また，その他の法分野を扱ったものとしては，

(17) 香川孝三『インドの労使関係と法』成文堂，1986年。

(18) 鈴木教司『インド刑事訴訟法典』青葉図書，1993年。

などがある。このほか，論文などでは知的財産法関係（WTO 加盟との関係などで重要な論点が出されている），人権関係，家族法関係，あるいは国際法関係のものなどがある。また，1960 年代に故内田力蔵氏を中心にインド近代法制史に関して研究が進められていた。こうした著作も研究に有用である。

6. 法整備と司法改革

　インドにおいて大きな経済・社会体制の変化をもたらしたものは，1991 年に始まる経済自由化の流れである。この経済自由化に伴って，法制度改革の必要も主張されている。その内容としては，立法面での整備として，古く，非機能的な法令の改革や，法令相互の調整・統合，行政法面での整備としては規則や命令などの下位法令の整備・改革，そして司法面での整備としては，先に述べたような裁判の滞留の問題や裁判外紛争解決手法の整備が挙げられている。これらは，経済改革に伴って海外からの投資を呼び込むにあたっても重要な事項であり，経済自由化と法整備とがセットになって重要視されていることを示している。また，国連開発計画との共同作業で，「正義へのアクセス」をより可能にするためのデータベース化が進められている。これは，何らかの紛争が起こった際に，いかなる機関に申立てを行うことができるのかを，ウェブ上で検索することができるようにされたデータベースである。すべての州・県について情報が整備されている状況ではないため，不充分なところはあるが，IT による情報収集の可能性が高まる中で，有用な情報源になるであろう。

　インドは，国連機関との共同作業や，あるいはオーストラリアなどの英米法諸国の機関との協働により，制度整備を進めてきている。同時に，南アフリカ共和国など新興国における法整備においては専門家を派遣するなど，第三世界諸国での法整備支援事業を進めている面もある。いわゆる「南南協力」の一例ということができるかもしれないが，インドが持つ，長い法制度発展の歴史にもとづいた，特筆すべき仕事であるといえよう。

おわりに

　本章では，インドの法制度の一面を，特に司法と憲法の動きに焦点を合わせて

概観した。インド司法は，独立当初の社会改革立法に対するいわば保守的な姿勢であっても，あるいは 1970 年代後半以降の後進階層の正義へのアクセスを重視した姿勢であっても，いずれにしても司法部としての独立性を重視した司法積極主義のなかで動いてきたということができよう。しかし，ときに司法としての管轄を踏み越えているという見方をする者からすれば，それは「司法の行き過ぎ」というように映るのであろう。このように，インドは法制度にかかわる諸機関が，比較的独立して，積極的に動いている国である。そのような国の法を研究することは，司法のあり方を考えていく上でも，意義のあることであろう。

しかも，インド法研究は，研究材料の宝庫である。「憲法の基本構造」といった議論や「留保制度の設定」さらには経済自由化の中で，「競争法」「知的財産」というような実定法学の側面からみても，または司法の動き（統治機構の中では比較的清廉であると評価を受けている機関でもある。もっとも，まったくスキャンダルがないわけではないが）という点からいえば法社会学の観点からみても，あるいは北東部諸州における慣習法の問題というように法人類学の領域からも，さらにはインドのような複雑で多様性に満ちた国における「正義」や「平等」とは何なのか，という法哲学の側面からみても，テーマに困ることはない。

しかも，資料の宝庫である。他のアジア諸国に比べても，資料の豊富さにかけてはひけをとらない上，ウェブ上で得られる資料の多さは随一のものである。むしろ資料が多すぎて情報の整理に困るようになったのには，時代を反映しているといえよう。

ただし，インド法を研究しようとする上ではインドを理解しようとする姿勢は不可欠である。インドを訪れ，インドの空気と人にふれ，インド法研究を志す人が増えることを願ってやまない。

注

1) 内田力蔵「我が国におけるインド法研究の現状と課題」（『内田力蔵著作集 第 3 巻 法思想』信山社，2006 年〔初出は『比較法研究』1968 年〕）288 頁。
2) たとえば，千葉正士『世界の法思想入門』講談社学術文庫，2007 年，R. David and Brerley, *Major Legal Systems in the World Today* (English Version, 2nd ed.), New York: Free Press, 1978 を参照のこと。
3) 山崎利男「インドの裁判所制度」（大内穂編『インド憲法の基本問題』アジア経済研究所，1978 年）を参照のこと。

4) インドの司法制度の全体的構造については山崎利男前掲「インドの裁判所制度」や Indian Law Institute, *Judicial System and Reforms in Asian Countries : The Case of India*, Chiba : Institute of Developing Economies, 2001 を参照のこと。
5) なお、下級裁判所については安田信之「インドの下位裁判所——裁判官の任命・昇任を中心にして(I)～(Ⅲ)」(『アジア経済』第18巻第5, 8, 9号, 1977年) を参照のこと。
6) *State of Madras vs. Champakam Dorairajan*, AIR 1951 SC 226.
7) 元来の第31条は資産の強制収用に関する規定であったが、これは1979年の憲法第44次改正によって削除されている。
8) *Golak Nath vs. State of Punjab*, AIR 1967 SC 1643.
9) *R. C. Cooper vs. Union of India*, AIR 1970 SC 564.
10) *Madhav Rao Scindia vs. Union of India*, AIR 1971 SC 530.
11) *Kesavananda Bharati vs. State of Kerala*, AIR 1973 SC 1461.
12) 第42次改正については、稲正樹『インド憲法の研究』(信山社、1993年) が詳しい。
13) *Mumbai Kamgar Sabha, Bombay vs. Abdulbhai Faizullabhai & others*, AIR 1976 SC 1455.
14) *Sunil Batra vs. Delhi Administration*, AIR 1980 SC 1579.
15) *People's Union for Democratic Rights vs. Union of India*, AIR 1982 SC 1473.
16) *Bandhua Mukti Morcha vs. Union of India*, AIR 1984 SC 802.
17) バングラデシュにおける公益訴訟については、佐藤創「バングラデシュにおける公益訴訟の展開——インド公益訴訟との比較」(『アジア経済』第48巻第3号, 2007年) を参照のこと。また、パキスタンについては、Menski Warner, *Public Interest Litigation in Pakistan*, Karachi : Pakistan Law House, 2000 がある。
18) *Ashoka Kumar Thakur vs. Union of India and others*, 2008 (6) SCC 1. なお、留保に関する議会での議論についてまとめたものとして、R. Dhavan, *Reserved ! How Parliament Debated Reservations 1995-2007*, New Delhi : Rupa, 2008 がある。
19) http://www.lawcommissionofindia.nic.in/。
20) インドにおける法学教育について、浅野宜之「インドにおける法学教育」(『聖母女学院短期大学研究紀要』第34集, 2005年) を参照。
21) たとえば、前掲注6は、AIR の1951年版のうち、最高裁の巻の226頁から記載され始めていることを示している。
22) アラーハーバード高裁 (ウッタル・プラデーシュ州) の *Allahabad Law Review*, カルカッタ高裁の *Calcutta Law Reports* などが挙げられる。その他のものについては、浅野宜之「インド法・パキスタン法」(北村一郎編『アクセスガイド外国法』東京大学出版会、2004年) を参照のこと。
23) 国立国会図書館関西館でも、2007年から受け入れが開始された。ただし雑誌形態での受け入れのため、判例の途中で記載が終わっているケースがあり、注意が必要であ

る。
24) http://www.supremecourtofindia.nic.in/。

第13章　パキスタン

浅野　宜之

はじめに

　本章では，パキスタン法について隣国インドの法制度との類似点，相違点に焦点を当てつつ概観したい。パキスタンは，南アジアにおいてはインドに次ぐ大国であり，1947年にイギリスの植民地統治から，インドとともに独立した国家である。したがってその法制度はインドと同様イギリスから受け継いだ面が大きいが，同時にイスラーム法の影響がより強く表れる点にインドとの違いがみられる。

　1947年8月にインドと分離独立したパキスタンは，独立当初イギリス統治期に制定された1935年インド統治法（Government of India Act, 1935）にもとづく統治をおこなった。その後，1956年パキスタン憲法が東パキスタン（現バングラデシュ）と西パキスタン（現パキスタン）との連邦制を基礎として制定され，その後1962年憲法，1973年憲法が制定されて現在にいたる。この間，1958年，1969年，1977年，1999年と最近では2007年には戒厳令あるいは非常事態宣言が布告され，いくども憲法の機能が停止されるなどしている。すなわち，パキスタンの独立後の政治史は，民政と軍政とが交互に執り行われ，憲法停止と改正が繰り返されてきた歴史であったということができる。この点は，独立後1度もクーデターが起きなかったインドとの大きな違いとして，指摘されるところである。

　上に述べたようなパキスタン政治の流れについては，これまで多くの紹介がなされてきている[1]が，法制度についての紹介は決して充分とはいえない。紙幅の

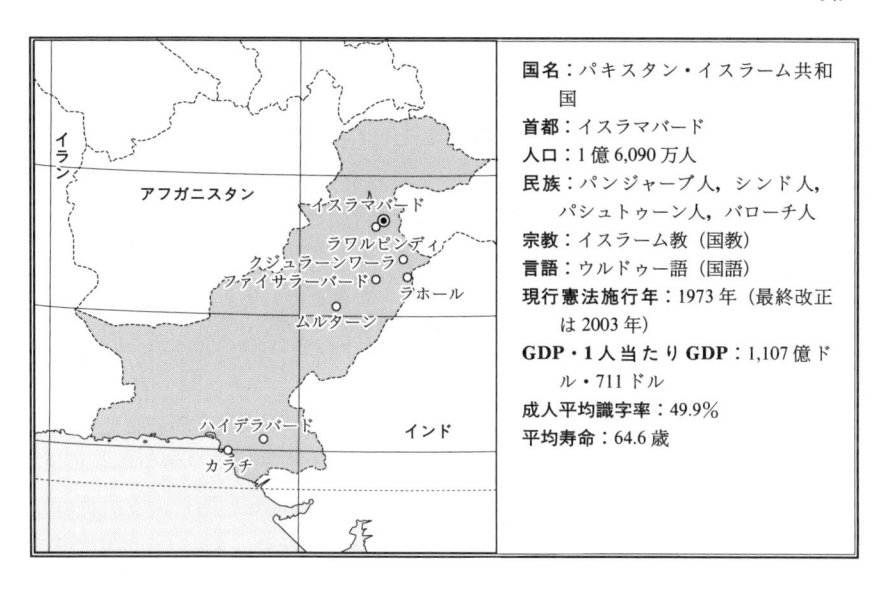

国名：パキスタン・イスラーム共和国
首都：イスラマバード
人口：1億6,090万人
民族：パンジャーブ人，シンド人，パシュトゥーン人，バローチ人
宗教：イスラーム教（国教）
言語：ウルドゥー語（国語）
現行憲法施行年：1973年（最終改正は2003年）
GDP・1人当たりGDP：1,107億ドル・711ドル
成人平均識字率：49.9%
平均寿命：64.6歳

限りもあり，詳説はできないが，憲法および司法制度を中心に，隣国インドとの違いに焦点を当ててみていきたい。

1. 1973年パキスタン憲法

　現行のパキスタン憲法は，1973年に制定されたものである。その特徴は，まず前文において頻繁にみられることば，すなわち「民主主義」と「イスラーム」の尊重にあるということができる。たとえば「民主主義の原則，自由，平等，寛容，および社会正義は，イスラームによって宣言されたものとして完全に遵守されなければならない」とし，「パキスタンは社会正義であるイスラームの諸原則にもとづく民主国家たれ」という初代大統領ムハンマド・アリ・ジンナーの宣言に忠実であるべきことを示している。

　パキスタンは連邦国家であり，インドと同様，連邦と州の両方に関してその統治機構について定めている。なお，連邦を構成する州の数はインドに比べて少なく，バローチスターン州，北西辺境州，パンジャーブ州，スィンド州のほか，イスラマバード首都地域，連邦直轄部族地域（Federally Administered Tribal Area）がある。また，インドとの国境線画定をめぐって長年争いの元となっているカ

シュミール地域については，実効支配している領域についてアーザード・ジャンムー・カシュミールと呼んでいる。なお，連邦制とはいえ，州において憲法にもとづく統治がなされえなくなった場合において，大統領は自ら，または州知事に命じて州政府の機能を執行することができることとされている（第234条）。この点はインドともほぼ同じである（インド憲法第356条）。異なる点は，インドの場合は大統領による直接統治のみが第1項に定められているのに対し，パキスタンの場合は州知事に命じて統治させることもできる点にある。

　また，大統領と首相の双方が設けられている点についても，インドと同じである。パキスタンにおいて国家元首は大統領であり，ムスリムでなければならない。大統領は，上下両院の議員および州議会議員からなる選挙人団により選出される。なお，1999年のクーデターにより政権を握ったムシャラフ陸軍参謀長は，まず最高行政官の地位に就き，続いて2000年5月の最高裁判所による決定にもとづいて，改めて大統領の職に就いた（憲法第41条。なお，ムシャラフ大統領就任にいたる手続きについても，同条7項に規定が設けられている）。総理大臣が長となる国民会議は，大統領が職務を遂行するに当たって，大統領を補佐し，助言を行うこととされている。

　連邦の議会は，上院と下院の二院制である。下院については議員定数が342名で，うち10名は非ムスリムに留保されている。これに対し，上院は100名の議員から構成され，各州14名ずつの代表のほか，各州から4名ずつの女性や4名ずつのウラマーを含むテクノクラートなどが選出される。これらの州からの代表は，州議員により選出される。下院については，大統領は総理大臣の助言により解散しうる。なお，インドと同様に，州議会や州政府についても憲法に規定を置いている（第106条～第140A条）。インド憲法では，連邦の立法管轄事項表，州の立法管轄事項表，そして共同管轄事項表が附則に設けられているが，パキスタン憲法の場合は，連邦の立法管轄事項表および共同管轄事項表のみが第4附則に定められている点で違いがみられる。

　人権規定に関しては，基本権規定と政策の原則規定との両方を規定している点で，インド憲法（「基本権」と「国家政策の指導原則」）と類似している。ただし，基本権規定については，インド憲法では平等権や信教の自由，表現の自由などのほかに積極的差別是正措置（アファーマティブ・アクション）を可能とするような規定が設けられている。これは，指定カーストや指定部族などの社会的弱者に

対して公務への雇用について留保枠を設けるなどの措置を指したものであるが，これに対し，パキスタン憲法では，連邦議会の議席について，女性に一部の議席が留保される制度があるものの，基本権規定の中にはこれにかかわる規定として女性や児童の保護については特別規定を設けることを可能にしている規定が置かれているのみであるという点で違いがみられる。

「政策の原則」規定に関しても，インド憲法との違いがある。たとえば，インド憲法では一般原則を除けば労働者の権利保護にかかわる規定，国民の生活レベル向上にかかわる規定，そしてその他の規定に分類することができるが，パキスタン憲法における「政策の原則」規定で特徴的なのは，宗教（イスラーム）にかかわる規定が設けられていることである。すなわち，第31条では「イスラーム的生活様式」として，「パキスタンのムスリムが，個人としてもまたは集団としても，イスラームの基本的諸原則および基本的諸観念にもとづいて自らの生活を秩序づけ，クルアーンおよびスンナにもとづいて人生の意味を理解することができるような便宜が図られなければならない」と第1項で規定しているほか，クルアーン等の教育のため，アラビア語の学習やクルアーンの刊行に努めなければならないこと，イスラーム道徳規準の統一化を図ること，などが第2項で定められている。また，国際平和を促進するという規定もインド憲法をはじめとしてよくみられる条文であるが，パキスタン憲法第40条の中に「イスラーム国家間の友愛の関係を維持・強化すること」などが明示されていることは特徴のひとつといえよう。これと関連して，憲法第9編は「イスラームに関する規定」として5ヶ条の規定を設けているが，その内容については後述する。

2．司法の位置づけ

先に述べた通り，パキスタンはイギリス法の体系を受け継いでおり，そのためインドと同様，統治機構の中にあって比較的独立性を保ってきたのが司法部であるということができる。その裁判所制度もまた，インドと類似している点が多いが，通常裁判所の他にイスラーム法にかかわる裁判を扱うシャリーア裁判所が存在する点に特徴がある。また，そのほかにもさまざまな特別裁判所や審判所が設けられている。まずは，通常裁判所の制度をみていこう。

パキスタンにおける司法（通常裁判所）制度は，図13-1の通りである。最高

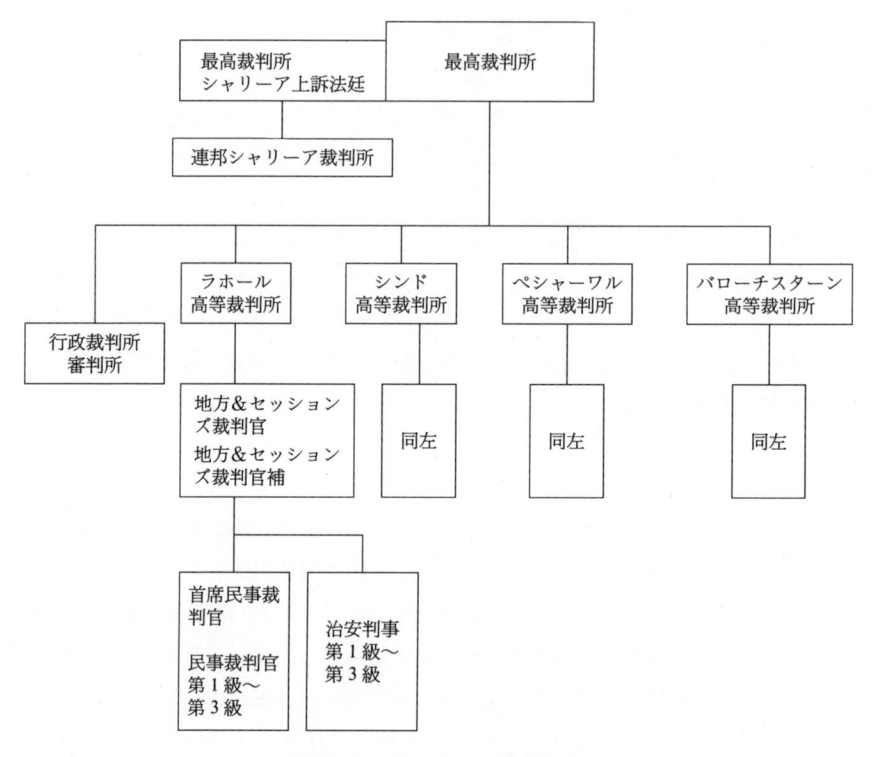

図 13-1　パキスタンの裁判制度

注) シンド，ペシャーワル，バローチスターンにおける下級裁判所は，パンジャーブ州（ラホール）と同じ（筆者作成）。

裁を頂点に，国内に4つの高等裁判所が設置されている。高等裁判所の下には，地方裁判所およびセッションズ裁判所が設置されている。民事と刑事とで裁判所を分けるのは，隣国インドと同じ形式である。さらにその下位には，民事裁判所および治安判事が置かれている。この治安判事（Judicial Magistrate）という職は，インドにも同様のものがある。ただし，インドにおいては下位裁判所については州によってそのシステムが異なっているのに対し，パキスタンでは制度の統一性が高い。

1) 最高裁判所 [2]

最高裁判所は首都イスラマバードに置かれ，最高裁長官（Chief Justice of Pa-

第13章　パキスタン　349

図 13-2　最高裁判所
出所）http://www.supremecourt.gov.pk/web/subsites/scp50/introduction.asp。

kistan）のほかに 2009 年 6 月現在 29 名の裁判官で構成されている。なお，29 名もの多数になったのはムシャラフ元大統領による裁判官の罷免およびその後の復職がなされたことが理由であるが，独立当初は最高裁長官のみ，あるいは長官以外の裁判官は 2 名のみ，といった時代もあった。

　ところで，インド最高裁には女性裁判官が（決して多くはないものの）任命されているが，パキスタンの場合はすべてが男性である。2004 年度の年次報告書によれば，過去の最高裁裁判官はすべて男性である。この点でも，インドとパキスタンとの違いがみられて興味深い。

　最高裁の管轄は憲法によれば主に次の通りである。

① 固有の裁判管轄権
　2 つまたはそれ以上の州政府間の争訟（憲法第 184 条 1 項）。
　第 2 編第 1 章に定める基本的権利の行使に関して，公共のために重要な問題が含まれると思料されるとき（同 3 項）。
② 上訴管轄権
　高裁の判決，決定，命令などの上訴を審理する（憲法第 185 条）。
　連邦シャリーア裁判所における判決に対する上訴（憲法第 203F 条）。

③ 勧告的裁判管轄権

　大統領は，公共のために重要であると認められる法律上の問題について最高裁に意見を求めることができる（憲法第 186 条）。

　インド憲法において最高裁および高裁に付与されている令状管轄権は，パキスタン憲法でも規定が設けられている。ただし最高裁に関しては，その管轄権は「公共のために重要な問題」を取り上げるときに限定されている点で，インドと表現が異なっている。これに対して，後に述べる高等裁判所のもつ令状管轄権については，インドと同様広くとられている。

　最高裁の年次報告書によると，部族会議（ジルガ）によって死刑が言い渡された男女 2 人について，最高裁が職権により調査を命じた事例がある。これは，お互いの合意によって婚姻した夫婦が，部族の名誉を傷つけたとして捕らえられ，殺害されたという事件で，当時の警察等の対応について最高裁は現地の地方裁判所裁判官等に調査を命じている。このような事例も含め，最高裁の判例を検討することで，パキスタン社会の実情や問題を明らかにすることができるのは，他国と同様である。なお，最高裁の建物は，丹下健三事務所の設計になる。

2）高等裁判所

　高等裁判所はそれぞれ，パンジャーブ州（ラホール），シンド州（カラチ），北西辺境州（ペシャーワル），バローチスターン州（クエッタ）に設置されている。これらの高等裁判所は，最高裁判所と同様に令状管轄権をもっており，これがパキスタンにおける公益訴訟の基礎となっている。たとえば，公益訴訟を多数提起している弁護士について，その訴訟の内容をみてみると，多くが憲法第 199 条（高等裁判所の管轄権）にもとづく令状請求訴訟として提起されている。

　ちなみに，パキスタンにおける公益訴訟の発展は，インドのそれにやや遅れ，1980 年代から始まったとされている。その嚆矢となったのはベナジル・ブットー判決であるとされている。これは，選挙に参加することのできる政党について，要件を厳格化した 1962 年政党法の改正は，憲法違反であるとして提訴したもので，最高裁は当該法改正を違憲と判じたという事例である。その後，司法部は，国民の司法へのアクセス拡大を，公益訴訟を通じて行うべきであるとの認識を示しているといわれ，また，インドと同様，環境問題への関与にも公益訴訟を

活用する事例がみられるとされる[3]。

3）連邦シャリーア裁判所 [4]

連邦シャリーア裁判所（Federal Shariat Court）については，憲法第203A条から第203J条においてその設置，権限や管轄権などが規定されている。この裁判所は長官を含む8名のイスラーム裁判官により構成され，そのうちの3名以内についてはウラマー（イスラーム法学者）でなければならない。連邦シャリーア裁判所は，法律または法律の規定がイスラームの命令に抵触していないかどうかを判断することをその権限としており，また，後述するフドゥード（Hudood）令の執行にかかわる刑事事件の判決について，記録を検査することができるとされている。この裁判所の判決については，最高裁判所に上訴することができるほか，高等裁判所および下位裁判所を拘束することが定められている。

近年の連邦シャリーア裁判所の判例のなかで注目されるものとしては，市民権法の規定がイスラームの教えに反しているとして，無効とされた例（Suo Moto No. I/K of 2006, PLD 2008 FSC 1）がある。これは，外国籍の女性がパキスタン国籍の男性と婚姻した場合にパキスタンの市民権を取得できたのに対し，外国籍の男性がパキスタン国籍の女性と婚姻してもパキスタンの市民権を取得できなかった，市民権法第10条の規定が差別的であり，憲法第2A条（実体規定の一部を形成する目標決議）および第25条（性別にもとづく差別の禁止）に反していると宣言し，法の改正を要請したものである。

4）その他の特別裁判所など

通常裁判所のほかに，さまざまな裁判所や審判所が設置されている。公務員の汚職や職務違反などについて迅速な手続を進めることを目的に設置された，説明責任法廷（Accountability Court）や債務不履行者からの銀行融資の迅速な回収を目的とする銀行裁判所（Banking Court），関税，消費税および売上税上訴審判所（Customs, Exercise and Sales Tax Appellate Tribunal），薬事裁判所（Drug Court），環境保護審判所（Environmental Protection Tribunal），連邦公務員の待遇等にかかわる連邦公務審判所（Federal Service Tribunal），等が挙げられる。ただし，所得税上訴審判所（Income Tax Appellate Tribunal）のように，ほとんどのポストが補充されていない審判所もまた存在する。実際にどれだけのケースを取り扱

い，通常裁判所の負担の軽減に役立っているかは不明な部分が大きい。

5）司法の課題

　司法の課題として最も大きなものは，インドと共通するものであるが，訴訟の滞留が挙げられよう。2004 年度に最高裁において判決が出されたのが 9,938 件である。この数だけをみると多数のケースが処理されているようにみえるが，実際には前年度からの繰り越し件数が 20,031 件，さらにこの年度に新たに提起された訴訟が 17,521 件もあり，訴訟の処理が充分に進んでいないことが分かる。最高裁の報告書では訴訟提起が増加した理由として人口の増加と商業活動の活発化を挙げているが，何が理由として最も大きなものなのか，社会の動きの中で検討していくことが必要になろう。

　もうひとつの司法の課題は，その独立性であろう。インドにおいては歴史的にみても司法の独立性は高く，多くの違憲判決をもって立法府・行政府の動きにストップをかけることがしばしば行われた。パキスタン司法も，先述のように「公益訴訟」と呼ばれる訴訟形態をインドと同様にもち，政策等に対して積極的に働きかけることがあるものの，ときには司法への政府による介入がみられるなど，独立性の面ではインドと比べ制約を受けている印象がもたれる。とはいえ，後に述べるように司法の存在が政権にとってまったく無視することはできないものであることにはかわりない。

　なお，本章執筆時点においてはまだ実現されていないが，憲法裁判所を設置しようとする動きがみられる。これは 2006 年に故ベナジル・ブットーとシャリフとの間で合意に至り，ムシャラフ政権以後の統治にかかわる改革の方向性について定めた「民主主義憲章（the Charter of Democracy）」に記載されている事項のひとつである。同憲章によれば，連邦憲法裁判所は憲法問題を含む訴訟を取り扱うもので，最高裁判所および高等裁判所は，通常の民事，刑事裁判を扱うことになるとされている。

6）司法と政治

　2007 年 3 月，当時のムシャラフ大統領は，チョードリ最高裁長官を停職処分とする旨の発表を行った。チョードリは，最高裁長官就任以降，さまざまな事例においてムシャラフ政権と対立的な姿勢をみせてきた。ムシャラフ大統領として

は，自身が出馬した大統領選挙実施前に，再選を阻害する要因を取り除こうとしたものと考えられる。しかし，こうした措置が，法曹界やひいては世間一般からの批判を招き，反ムシャラフの動きが強まる一因となった。

　2009年2月には，最高裁の決定によりナワーズ・シャリフ元首相，その弟でパンジャーブ州首相両名が公職への立候補資格が認められず，パンジャーブ州については前述の憲法第234条にもとづいて州知事による統治が行われることとなった。これを指示したのが2007年に暗殺されたベナジル・ブットー元首相の夫であるザルダーリ大統領である。ムシャラフ政権に対抗するという点では共通した利害関係にあったシャリフらとザルダーリであったが，それぞれの属する政党の対立が，司法の決定をきっかけに明らかになったものといえる。なお，この最高裁の決定は，チョードリ最高裁長官の復職が決定し，知事による統治の停止したのちに取り消されているが，いずれにしても司法が政局の動きに密接に関連することがあるというパキスタンの（あるいは南アジアの）状況をよく示している例といえよう[5]。

3．イスラーム法

　パキスタンはイスラームを国教としており，その関係で法制度のさまざまな場面でイスラーム法が顔をみせている。隣国インドでも，婚姻などに関する法律にはイスラームにもとづくものが存在する（イスラーム婚姻法，イスラーム離婚法など）ものの，その他の分野については政教分離の原則の下，イスラームの影が法令には見受けられないのに対し，パキスタンはその国名を「パキスタン・イスラーム共和国」としているところからも分かるように，さまざまな法令にイスラームの影響をみて取ることができる。

　まず，1973年憲法でも，イスラームに関する規定が設けられている。第227条では，すべての現行法はクルアーンおよびスンナに定められるイスラームの命令に従ってもたらされるとし，いかなる法律もこの命令に反して制定されることがないことを規定している。また，イスラーム評議会が設置されることが定められている。この組織は，イスラーム教徒がクルアーンおよびスンナに定められるイスラームの原理にもとづく生活を可能とし，奨励する方途について連邦議会および州議会に勧告を行うほか，法律がイスラームの命令に一致するか否かについ

て助言を行ったり，現行法をイスラームの命令に適合するものにする方法について勧告を行ったりすることなどが機能として規定されている（第230条）。

刑法典でも，イスラームにかかわる条文が設けられている。特に，1986年の改正により，イスラームに対して軽蔑的な発言をするなどの行為について，これを罰する規定が強化されている。具体的には，クルアーンあるいは預言者ムハンマドやカリフに対しての軽蔑的発言を犯罪とし，場合によっては無期懲役や死刑をも科せられるものと規定している（パキスタン刑法第295B〜295C条，298A条など）。また，「アフマディーヤ」と呼ばれる教団の信徒が，自らの信仰を「イスラーム」と呼び，あるいは自らを「ムスリム」と称することなども刑罰の対象とされている（同第298B〜298C条）。また，殺人や傷害などの犯罪に対して，場合によっては被害者あるいは遺族からのキサース（Qisa：同態報復）の要請にもとづいて処罰することが定められていたり，ディヤ（Diyat：賠償金）を支払うことを定めていたりしており，イスラーム法の影響が強くみられる。

刑法との関係では，2006年に改正されたフドゥード令も重要である。アラビア語では「ハッド（hadd）」と称される，神の権利に対する罪としてクルアーンで定められている犯罪のうち，姦通罪について規定した法令である。しかし，これが強姦の場合にも適用され（強姦であることを立証するためには4名のムスリム男性が目撃者として証言しなければならないとされているが，実際にはそれだけの目撃証人を集めることは不可能であった），女性に不利に働いていたということから，フドゥード令や刑法の改正が提案されたものである。この改正については賛否両論に分かれて激しい議論がなされたが，最終的に改正が認められた。なお，連邦シャリーア裁判所の年次報告書に掲載された主な判例の多くは，フドゥード令に関する事例にかかわるものである。

もちろん，インドと同様に家族法の分野においてはムスリムに対してイスラーム法が適用されている。パキスタンにおける主要な成文化された家族法としては，1961年ムスリム家族法，1965年西パキスタン家族裁判所法などがある。またムスリム法が実体法として適用される。婚姻，離婚などについてみてみると，複婚（男性は，同時に扶養することができる場合に限り4名までの女性と婚姻できる）やマフル（婚資：ムスリム婚成立の要件として，夫が妻に付与または付与することを約する財産），タラーク離婚（夫が妻に対して一方的に婚姻解消することができるもので，「タラーク〔離婚する〕」と宣言することからこのように記述される。

3回宣言された場合に離婚は確定される）などの，イスラーム法にもとづく婚姻，離婚制度がみられる。

なお，パキスタンにはムスリム以外にキリスト教徒やヒンドゥー教徒がいるが，キリスト教徒の場合は1872年キリスト教徒婚姻法が適用されており，また，ヒンドゥー教徒の場合は慣習法によっているとされる。

2009年2月，イスラーム原理主義集団とパキスタン政府との間で停戦合意がなされたが，北西辺境州スワート渓谷周辺地域において，イスラーム法を適用することを条件としたものであったことが報道された。パキスタンにおけるイスラーム法の重みが，隣国インドとでは大きく異なることがこの事例からもうかがい知れる。

4．パキスタン法研究に向けて

パキスタン法については，日本国内では資料が決して多くなく，研究には困難が伴う。しかし，近年の対テロ対策におけるパキスタンの役割を考えてみても，パキスタンの国家制度，あるいは社会制度を知ることの必要性は失われることはないであろう。

パキスタン法についての日本語文献として，

(1) 新井信之訳「パキスタン・イスラーム共和国憲法」（『アジア憲法集 [第2版]』明石書店，2007年）
(2) ファハルン・ニーサ・コーカー「パキスタン家族法 (1)〜(3)完」（伊藤弘子訳・小川富之監修，『戸籍時報』第635〜637号，2008〜09年）

が新しい。しかし，これらはごく限られた分野にとどまるもので，それ以外の法分野については，英語文献等に当たらざるをえない。比較的新しく，入手しやすいものとしては，

(3) **J. Razzaqque, *Public Interest Environmental Litigation in India, Pakistan and Bangladesh*, Hegue: Kluwer Law International, 2004.**
(4) **W. Menski, *Public Interest Litigation in Pakistan*, Karachi: Pakistan Law House 2000.**

などがある。また，

(5) **Z. Sheikh, *The Constitution of the Islamic Republic of Pakistan, 1973 with Manual of Election Laws*, Karachi : Pakistan Law House, 2002** のようにパキスタン国内で発行されている概説書もあるが，日本では入手が困難な場合もある。

資料として最新のものがみつけられるものに，各種のウェブサイトがある。たとえば，パキスタン最高裁のウェブサイト (http://www.supremecourt.gov.pk/) からは，最高裁の概要や最高裁判事のごく簡単な略歴，統計資料，近年の主要な判例，プレスリリースの内容，また，年次報告書（最新のものではないが，参考にはなる）などをみることができる。その他の裁判所でもウェブサイトを開設しているところがあり，いずれも参考になる。たとえば，連邦シャリーア裁判所 (http://www.shariatcourt.gov.pk/)，ラホール高裁 (http://www.lhc.gov.pk/)，ペシャーワル高裁 (http://www.peshawarhighcourt.gov.pk/)，シンド高裁のサイト (http://www.sindhhighcourt.gov.pk/) などがある。

また，パキスタン法律委員会のウェブサイト (http://www.ljcp.gov.pk/) も参考になるもののひとつである。これは，最高裁長官を長とし，その他に高裁長官や法務総裁，司法大臣などから構成される委員会で，法令の見直しや法典化，司法行政の改革などについて検討することを目的としている組織である。そのウェブサイトからは国家司法政策 (National Judicial Policy) や「正義へのアクセス発展基金」などについての説明や文書をみることができ，また，委員会が作成したさまざまなレポートもみられる。このほかに，司法省のウェブサイト (http://www.pakistan.gov.pk/ministries/index.jsp?MinID=16) も参考になる。

パキスタン法研究において欠かせないのが，判例の検討である。パキスタンにおいて最も利用されている判例集が，The All Pakistan Legal Decisions (PLD) である。たとえば，「PLD 2002 SC1」となっていれば，PLD の 2002 年版，最高裁部分の1頁目から始まる判例であるということを示している。PLD では，最高裁の他，各高裁の判例，あるいはその年度に制定された法令などが掲載されている。なお，法令のタイトル等については，先述のパキスタン法律委員会のウェブサイトからたどることも可能である。

おわりに

　本章で概観したとおり，パキスタンの近代法制度は，隣国インドと同様イギリスから継受した部分が基礎となっており，そのことは判決においてインドの判例が参照されることがあるなど，インドとの法制面でのつながりが端々にみられることにも現れている。しかし，イスラーム法の影響がより強くみられること，また，憲政上も大統領制の下で国家運営をなしていることで，インドの議院内閣制にもとづく統治システムとは異なっていることなど，国の根源的な部分での違いも見受けられる。インドと並んで南アジア地域においては重要な地位を占める国であるパキスタンについては，今回取り上げた憲法制度や司法制度以外にも注目すべき法制度上の事項は多く存在する。インドをはじめ南アジア諸国，あるいはムスリムの多く居住する国々の法制度との比較の視点を持ちつつ，パキスタンの法制度を検討，紹介することは，有意義な作業となろう。

注

1) パキスタン社会や政治の流れについては，アジア経済研究所発行の『アジア動向年報』や山中一郎編『パキスタンにおける政治と権力——統治エリートについての考察』アジア経済研究所，1992年，黒崎卓・子島進・山根聡編『現代パキスタン分析——民族・国民・国家』岩波書店，2004年，内藤雅雄・中村平治編『南アジアの歴史——複合的社会の歴史と文化』有斐閣，2006年，などを参照のこと。
2) 最高裁判所2004年度年次報告書を参考にした。なお，当該報告書は最高裁ウェブサイト (http://www.supremecourt.gov.pk/) からダウンロードできる。
3) 詳細については，J. Razzaqque, *Public Interest Environmental Litigation in India, Pakistan and Bangladesh*, Hague : Kluwer Law International, 2004, W. Menski, *Public Interest Litigation in Pakistan*, Karachi : Pakistan Law House, 2000 を参照のこと。
4) 連邦シャリーア裁判所2007年度年次報告書を参照した。
5) 2009年に出された国家司法政策においては，司法が政治に過度にかかわるべきではないことを明示してある。なお，2009年7月に最高裁は，2007年のムシャラフによる非常事態宣言を違憲とし，この宣言下で就任した裁判官は，その職を離れるよう命令を出している。これにより最高裁の判事数も大きく変わることが予想される。

第14章　バングラデシュ

佐藤　創

はじめに

　バングラデシュは1971年にパキスタンから独立して誕生した新しい国である。周知のとおり，インド亜大陸の東端に位置し，モンスーン気候，ガンジス川下流のデルタ地帯にあたるベンガル地方の東半分を占める。人口はおよそ1億4,000万人，そのうちベンガル語を母語とする国民がおよそ99%，ムスリムが90%である[1]。

　さて，法制度という観点からバングラデシュをみると，英領インド時代にその大枠が形成され，イギリス法を継受したコモンロー系の国である[2]。イギリスのコモンローは，英領インドでは少なからず成文法化され，インドやパキスタン，バングラデシュではいまなお現行法として存在している法律も少なくない。実際，19世紀末までには，婚姻や相続，宗教などに関する法分野を除いて，成文法化されたコモンローは実体法と訴訟法のあらゆる領域に及んでいたのであり，その歴史的な蓄積の上にバングラデシュの法制度や法曹社会は展開している[3]。

　これら英領インド時代から存在する法律は無条件に継承されたわけではなく，インドにおいてもパキスタンにおいても新たに制定されたそれぞれの憲法の条文に合致するかぎりにおいて有効であるとされた。このことは，さらにパキスタンから独立したバングラデシュにおいても同様である（憲法第149条）。たとえば，契約法（The Contract Act, 1872），民事訴訟法典（The Code of Civil Procedure, 1908），刑事訴訟法典（The Code of Criminal Procedure, 1898）などの重要な法律は，改正は経ているものの，いまなお現行法である。

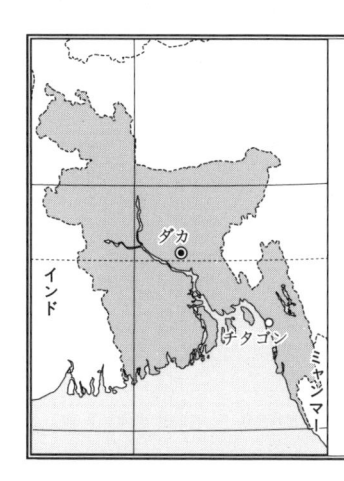

国名：バングラデシュ人民共和国
首都：ダカ
人口：1億 4,049万人
民族：ベンガル人が大部分
宗教：イスラーム教徒 89.7%，ヒンドゥー教徒 9.2%，仏教徒 0.7%，キリスト教徒 0.3%
言語：ベンガル語
現行憲法施行年：1972年（1982年～1986年停止，改正多数）
GDP・1人当たり GDP：600億ドル・423ドル
成人平均識字率：47.5%
平均寿命：63.1歳

　もちろん，バングラデシュ独立以降に制定された法も多岐にわたる。2003年12月時点では，1,101の法律があり，そのうち430が独立以前からのもので，671が独立以後制定だという[4]。とりわけ，独立後の混乱期，2度の軍事政権，その後の民主化と，混迷する国内政治を反映して，公法領域では建国当時に企図された統治機構の仕組みや国家としての方向性に変更が加えられてきた[5]。本章では，そうしたバングラデシュ独自の展開に留意しながら，バングラデシュの法制度を概観する。

1．憲法と法源について

　1972年制定のバングラデシュ憲法は，法の支配の実現を目指し，また議院内閣制を採用するものであった。しかし，ほどなく憲法改正によりこの制度の基礎は弱められ，さらに1975年から16年間は軍政下にあって，戒厳令時代あるいは大統領に権限の集中した独裁支配的な時代であった。この軍政が民主化運動により一応の終焉を迎え，象徴的な大統領を元首とする議院内閣制度が再確立したのは，1991年の第12次憲法改正によってである。2008年12月時点の国家組織図を掲げる（図14-1，なお，司法については後掲）。ただし，政党政治はいまなお混乱をきわめて選挙の公正さを害する問題が頻発しており，2007年1月に予定されていた総選挙は，およそ2年間の非常事態を経て，ようやく2008年12月に

```
                                    ┌─────────┐   ┌──────────┐
                                    │  大統領  ├───┤  大統領府 │
                                    └────┬────┘   └──────────┘
                                         │        ┌──────────┐
                                    ┌────┴────┐   │    軍    │
                                    │  首 相  ├───┴──────────┘
┌──────────┐               ┌────────┴────────┐
│  国 会   │               │                 │
│  一院制  │        ┌──────┴─────┐    ┌──────┴─────┐
│ 議席300  │        │   首相府   │    │   内 閣    │
│(+女性留保│        └────────────┘    └────────────┘
│ 議席45)  │
└──────────┘
```

法務・司法・議会問題省	国防省
人事省	地方政府・農村開発・協同組合省	特別市自治体
農業省	保健・家族福祉省	一般市自治体
水資源省	工業省	県
労働・雇用省	初等・大衆教育省	ウポジラ（群）
外務省	郵政・電気通信省	ユニオン評議会
教育省	計画省
財務省	商業省
科学・情報・通信技術省	土地省
運輸省	社会福祉省
環境・森林省	宗教問題省
漁業・畜産省	女性・児童問題省
食糧・災害対策省	青年・スポーツ省
繊維・ジュート省	在外居住者福利厚生・在外雇用省
情報省	電力・エネルギー・鉱物資源省
民間航空・観光省	文化省
内務省	住宅・公共事業省
船舶省	チタゴン丘陵問題省
	独立戦争問題省

図14-1 バングラデシュ国家機構図

出所）アジア経済研究所『アジア動向年報2008』（アジア経済研究所，2008年），およびバングラデシュ政府ウェブサイトを参照した。

実施された。本節では,まず1972年に制定された原憲法の特徴と法源について検討しよう。

1) 1972年憲法の制定と特徴

東パキスタンの自治要求を武力で弾圧しようとしたパキスタン政府の動きに対し,1971年3月26日にバングラデシュ人民共和国の独立宣言が行われたとされる。翌4月の独立布告 (the Proclamation of Independence) のなかで憲法制定議会 (Constitutional Assembly) の設置が謳われた。翌年1972年3月に公布されたバングラデシュ憲法制定議会に関する令 (The Constitutional Assembly of Bangladesh Order) により,同議会の具体的な権限や構成が定められた[6]。憲法制定議会は最終的に403人から構成され,うち400人は独立運動の中心となったムジブル・ラーマン (M. Rahman) 首相の率いるアワミ連盟 (Awami League) に所属していた。憲法制定議会は憲法草案を11月に可決し,12月16日に憲法は公布された。

公布された成文憲法は硬性であり,その改正には他の法律よりも厳しい要件が課されている[7]。憲法は前文と153の条項,および4つの附則からなり,憲法に反する法は無効であると憲法の最高法規性も明示的に規定された(第7条2項)。基本権(第III部第26〜47条)を保障し,最高裁判所にこれを擁護する役割を与えた(第102条)。また,権利ではないものの立法政策や法解釈の際に指針となる,インド憲法の国家政策の指導原則[8]と類似した国家政策の基本原則(第II部第8〜25条)をおき,ナショナリズム,民主制,社会主義,非宗教主義(セキュラリズム)という4つの原則を謳った。非宗教主義がここに盛り込まれた背景には,独立戦争時にパキスタン側がイスラームの危機を訴えて独立運動を鎮圧しようとし,またイスラーム諸団体がバングラデシュ独立運動支持者に対するテロを行うなどしたという経緯があり,国家政策の基本原則には非宗教主義のみならず政教分離を担保することを趣旨とする規定も盛り込まれていた(第12条)。

統治機構の特徴としては,単一国家 (Unitary State) とされ(第1条),国民議会については一院制を採用した(第65条)。国家元首たる大統領は,首相の助言にしたがってその権限を行使し(第48条),内閣は連帯して議会に責任を負うとされ(第55条3項),大統領は議会の過半数の支持のある議員を首相に任命する(第56条3項)など,議院内閣制のエッセンスが明確に定められていた。司法部

については，最高裁判所（最高裁）の司法審査権を規定し，裁判官の独立性についても，上位裁判所の裁判官は最高裁長官と協議の上で大統領が任命するなど，司法の独立性に配慮した規定となっていた（第95条，第96条）。

後述するように，主な問題点は，下位裁判所のうち，刑事事件を扱う治安判事について，行政からの分離に関する文言が曖昧であり，事実としても分離されなかったこと，行政審判所（administrative tribunal）（第117条，第102条）について，行政事件を司法審査から完全に除外する道を設けていたこと[9]，国民をベンガル人（第6条）と呼ぶと規定していることが少数民族との関係で問題を引き起こしたこと，所属政党の変更を禁止し党議拘束を憲法にて定めていること（第70条），女性への留保議席を設けていたこと（第65条3項）である。こうした規定を包含していたものの，法の支配と議院内閣制の確立を目指し，また，パキスタン時代の圧政に苦しんだ経験を反映して，政府による予防拘禁や非常事態宣言，基本権停止を許していない民主的な憲法であった[10]。

2) 法源について

この憲法によって法源の階層構造が明確になった。法源としては，憲法が最高法規であり，議会制定法（Act）がこれに次ぎ，限定された条件において大統領令（Ordinance）が制定法と同じ効力を持つ。これらの委任があれば行政立法（Rule, Regulation, Order など）が可能となる。なお，すでに触れたとおり，独立以前の法令も憲法に反しない限りで有効とされた。上位裁判所である最高裁（高裁部および上訴部）の判決は先例として下位の法廷を拘束し，上訴部の判決は高裁部をも拘束する。これらの法源のほかには慣習がある。しかし，以下でみていくように，戒厳令下ではこのような法の階層性は崩れ，また戒厳令解除後も戒厳令下で発布されたさまざまな布告は憲法改正で正当化され，令（Ordinance, Order）という名称を持つにもかかわらず議会制定法（Act）と同じ効力を持って現在有効なものもあるので注意を要する。

なお，婚姻や離婚などを司るイスラーム法とヒンドゥー法などは，当該人の信仰にもとづき属人的に適用される。立法化されている範囲ではそれに従う。たとえばムスリム家族諸法に関する令（The Muslim Family Laws Ordinance, 1961），ヒンドゥー寡婦再婚法（The Hindu Widows Remarriage Act, 1856）などがある。立法化されていない領域も広くあり，婚姻や離婚などについて訴訟が生じた場合

には家庭裁判所に関する令（The Family Courts Ordinance, 1985）にもとづき基本的に家庭裁判所の管轄となるが，依拠すべき規範として，宗教的な法典と地域的な慣習との優先関係が問題となりうる。

2．バングラデシュ社会の変容と法

憲法はその後，現在まで14度の改正を経た（表14-1）。この憲法改正の経緯を知ることは，政治，経済，社会，宗教など多くの側面において，現在の法の仕組みや役割，問題点を理解するために不可欠である。そこで，主な改正について以下で検討する。

1）ムジブル・ラーマン政権による第2次および第4次憲法改正

1973年の第2次憲法改正は，予防拘禁（第33条）や非常事態（第IXA部），

表14-1　憲法改正の概要

	年　月	改正の概要
第1次改正	1973年7月	1971年の独立戦争の間に生じた各種犯罪に対する訴追を可能にするため
第2次改正	1973年9月	非常事態に関する規定，基本権の停止，予防拘禁を盛り込むため
第3次改正	1974年11月	バングラデシュ・インド間国境に関する条約に効力を与えるため
第4次改正	1975年1月	一党独裁制度を導入
第5次改正	1979年4月	軍事政権によるすべての布告を正当化するため
第6次改正	1981年7月	大統領選挙において副大統領の立候補を可能にするため
第7次改正	1986年11月	軍事政権によるすべての布告を正当化するため
第8次改正	1988年6月	最高裁高裁部を地方にも6ヶ所設けるため，またイスラームを国教とするため
第9次改正	1989年7月	大統領と副大統領を同時に直接選挙するため
第10次改正	1990年6月	女性のために留保された国民議会の30議席に関する規定の有効期間を10年延長するため
第11次改正	1991年8月	アフマド最高裁判事の副大統領任命と，彼の大統領代行としてのすべての活動，さらに最高裁判事へその後復職することを正当化
第12次改正	1991年9月	議院内閣制度の再確立のため
第13次改正	1996年3月	非政党暫定政府に関する規定を導入するため
第14次改正	2004年5月	女性のために留保された国民議会の45議席に関する規定の挿入と最高裁判事などの定年延長のため

基本権の停止（第26条3項，第142条3項）を導入した重要な改正である。これらの規定は1935年インド統治法や1962年パキスタン憲法に存在し，イギリス政府やパキスタン政府が政府への反対者を弾圧するためにたびたび利用したものであった。アワミ連盟の長年の活動はパキスタン1962年憲法に盛り込まれたこうした規定の廃止を大きな目標にしていた。しかし，憲法公布後わずか9ヶ月で，これらの規定が挿入されることになったのである。

1975年の第4次憲法改正は，議院内閣制を変更した重要な改正である。独立は果たしたものの食糧不足や失業などの問題は深刻であり，政治的にも社会的にも不安定な状況が続き，1974年12月に非常事態が宣言され，基本権が停止された。政府は反政府勢力の活動を抑止し，また悪化する経済状況を違法な経済活動者を逮捕して改善するためと説明した。しかし，同時に，一党独裁制度を可能にする条件を整えるという狙いもあったとみられ，1975年1月に憲法第4次改正法案が提出され，即日可決された。

改正の主なポイントは4つにまとめることができる。第1に，議院内閣制度にかえて大統領制度を導入し，閣僚も国民議会の内外から大統領がいわば恣意的に任命することを可能とし，大統領自体，議会での秘密投票により選挙される仕組みから，国民の直接選挙による任命となった。ただし特別条項によりムジブル・ラーマンは首相から選挙なくしてそのまま大統領になった。さらに，大統領の任期は2期までとの規定を削除し，大統領に対する弾劾・罷免の要件を厳しくし（第53条，54条），さらに，大統領の法律拒否権を停止的な拒否権から絶対的な拒否権に変更した（第80条）[11]。

第2に，国民議会の機能を弱めるため，議会の開催日程が極端に短くなる仕組みに改正し，また議員への政党による拘束を強めた（第70条）[12]。議会の各種委員会の設置は会期の初日の会合で任命するように定められていたが（第76条），この会期のはじめに，という文言を削除し，委員会の機能をも弱めた。

第3に，最高裁の基本権擁護機能と司法の独立性を奪った。具体的には，普通裁判所からは独立した憲法裁判所の設立を可能とし（第44条），最高裁の判事任命につき大統領に裁量的権限を与え（第95条），裁判官の弾劾に関する権限を議会から大統領に移したのである（第96条）。下位裁判所の判事の任命についても最高裁の推薦や最高裁との協議という要件を削除し，最高裁の権限だった任期や昇進を，大統領の権限に移した（第115条，第116条）。

第4に，一党政治体制を導入した（第VIA部117A条）。既存の政党の解散と国家政党の形成を大統領の手に委ね，官僚や軍人も政党員になれることにした。さらにこの国家政党に入らなければ議員資格を失うと改正した。この規定にしたがって，1975年2月24日に農民・労働者アワミ連盟（BAKSAL）という国家政党が形成され，また新聞も4紙のみとされ，政府がすべて所有することになった。結果として，野党も存在せず，表現の自由も大きく制限されるところとなった[13]。

2）ジヤウル・ラーマン政権による第5次憲法改正

1979年の第5次改正は，第4次改正の行き過ぎをただす側面が強いものの，宗教色を強める側面もあった。またアワミ連盟ではなく，ジヤウル・ラーマン（Z. Rahman）率いる官製政党のバングラデシュ民族主義者党（Bangladesh Nationalist Party: BNP）政権が行ったものである。1975年8月にムジブル・ラーマン大統領は暗殺され，同日より1979年4月までバングラデシュは戒厳令下にあった。憲法は有効であったが戒厳令の下におかれた。この間，一党独裁制度の廃止など第4次改正を原憲法に戻す憲法改正が戒厳令政府の布告によりいくつか行われていた。第2回の国民議会総選挙が1979年に行われ，BNPがおよそ3分の2の議席を獲得し，憲法改正法案を成立させ，戒厳令下の改正はすべて有効であり裁判でも争えないとした。

第4次改正で著しく損なわれた議院内閣制および法の支配を回復する改正は以下のものである。(1)一党独裁体制の廃止，(2)司法の独立の（部分的）回復，(3)高裁部の基本権保護機能の回復，(4)大統領の絶対的な法律拒否権の廃止，(5)憲法改正のレファレンダムに関する規定の挿入（第142条），(6)閣僚の5分の4を議会から任命と変更（第58条），(7)議会の過半数の支持を得た議会の議員を首相に任命するとの規定を再導入。

他方で，国家政策の基本原則を修正し，非宗教主義および社会主義という原則を修正する改正も行われた。市民の呼称をベンガル人からバングラデシュ人に変更し（第6条），宗教的な言葉を前文の前に挿入するとともに，非宗教主義の原則を削除し全能のアラーへの信頼と忠誠に置き換え（第8条），宗教の政治へのかかわりを禁じる規定も削除した（第12条）。また，社会主義あるいは産業国有化路線を変更するため，社会主義とは経済的社会的正義を意味すると改正した

（第8条）。これらの2つの原則の後退はすでにアワミ連盟政権末期からはじまっており，経済自由化とイスラーム勢力復活という動きは憲法に反映されるに至った。

そのほか，大統領の権限を強める改正も含まれ，国民議会の国際関係に関する権限を削る趣旨の国際条約の手続に関する規定（第145A条）や，議会による承認を必要としない大統領の公費支出権限（第92A条）を挿入した。また，ジヤウル・ラーマン率いる政党の議席確保のため女性留保議席を15から30へ拡大し，この留保議席の存続機関を5年間延長した。また，大統領の罷免に関する規定も第4次改正のままほぼ不可能なものであり，大統領独裁の色合いをまだ強く残した改正であった。

3）エルシャド政権による第7次，第8次，第10次憲法改正

1980年5月にジヤウル・ラーマン大統領が暗殺され，翌年11月に大統領選挙が実施された。大統領代行を務めていたサッタル（A. Sattar）副大統領が当選したものの，1982年3月にエルシャド（H. M. Ershad）によるクーデターが起こり，戒厳令が宣言され，議会は解散，憲法は停止，政治活動は禁止された。戒厳令長官エルシャドはほどなくして大統領を兼ね，国民党（Jatiya Party：JP）という軍人主導の官製政党を結成して選挙を実施して勝利し，第3次議会を1986年11月に招集した。この議会により戒厳令が解除されるとともに，第7次憲法改正が可決され，戒厳令の間に行われたさまざまな布告や大統領令は適法であり裁判で争うことはできないとされた[14]。

1988年の第8次憲法改正には，エルシャドがイスラーム教色を強めることによって政治的な支持を集めようとした側面がある。国家言語の名称（第3条）を英語にもとづくベンガリーという文言からベンガル語のバングラに，また，ダッカを原語の発音に近い表記に改める（第5条）などの改正のほか，とりわけ重要な改正は，ほかの宗教も認めつつも，イスラーム教を国教としたことである（第2A条）。これによりもともとの憲法において国家政策の基本原則に掲げられていた非宗教主義という原則は完全に失われた。また，最高裁高裁部を地方にも6ヶ所設置するという改正も行われた（第100条，第107条）。なお，後述するように，この高裁部の地方設置については，合憲性が法廷において争われ，1989年に重要な判決が下されている。

第10次憲法改正は1990年6月に成立した。女性の留保議席について，1972年の原憲法では15議席で10年間の期限付き制度と定められていたものが，前述した憲法第5次改正により30議席で15年に延長されていた。したがって，1987年に失効し，1988年からの第4次国民議会では留保議席が存在しなかったが，エルシャドは多分に政治的目的からこの留保議席を復活するために憲法改正を実施し，1991年4月の第5次国民議会から10年の間女性留保議席が存在することになった。

3．現在の憲法と法令へのアクセスについて

1）議員内閣制の再確立——第12次憲法改正

1980年代後半から，大統領に権限の集中した制度に反対し，民主化を求める運動が高まり，ついに1990年11月に，エルシャドはアーメド（S. Ahmed）最高裁長官を副大統領に任命し，大統領代行職を委ねる形を整えた上で辞任した。12月に議会は解散，1991年2月に第5回総選挙が実施され，ジヤウル・ラーマン夫人のカレダ・ジア（Khaleda Zia）率いるBNPを中心とする連立内閣が形成された。議院内閣制を再確立する第12次憲法改正法案が1991年9月に成立した。この第12次憲法改正で，大統領は名目的な元首に戻り，執行権の行使についてはほぼすべて首相の助言が必要となり，大統領の弾劾および罷免についても要件が緩和された。さらに，内閣の議会に対する連帯責任，議会の会期，国際条約に関する議会によるチェックなど，おおむね制定当初の議院内閣制度が復活した。

制定当初の憲法と異なる点は，議会外からの閣僚の任命について要件をやや緩めたことや，内閣が議会の過半数の支持を失ったときの処理について，内閣総辞職か大統領に議会の解散を助言する，という2つの選択肢のほかに，他の議員も議会の過半数の支持をえない場合に大統領は解散を宣言するという形で大統領に解散権行使につき幅を与えたことである。また，議員の政党による拘束はむしろ強められた（第70条）。ある政党のなかに反対グループをつくることを禁止（2項）し，また無所属で当選した議員が政党に入れば第70条の規定に服する（3項）と新たに規定された。

2) 非政党暫定政府制度の導入──第13次，第14次憲法改正

　さらに1996年の第13次憲法改正により非政党暫定政府（Non-Party Care-Taker Government：選挙管理内閣）という制度が導入された。これは選挙の中立公正さを担保するため，選挙期間中のみ政権を担当する内閣を設けるものである。補欠選挙において与党BNPがエルシャド政権と同じように不公正な手段を展開したために，1994年12月に野党147人が辞任し，非政党暫定政府制度導入を求める大衆運動を全国的に激しく展開した。これを受けて，1995年11月に政府は第5次国民議会を解散し1996年2月に選挙を実施したものの，野党は選挙をボイコットした。選挙は強行実施されたものの，第6次国民議会と政府に対する反対運動がさらに高まり，BNPは非政党暫定政府を設ける憲法改正法案を3月に提出し，成立をみたあと，議会は解散された。ハビブル・ラーマン（H. Rahman）前最高裁長官が暫定政府の首席顧問（Chief Advisor）になった。

　非政党暫定政府は11人の顧問（Advisor）からなり，いかなる政党にも所属していないこと，選挙に立候補しないことなどが資格要件である。首席顧問は原則として前最高裁長官が任命され，基本的に首席顧問は首相，顧問は大臣と同じ権限を持つが，任期は3ヶ月であり内閣のルーティン事務のみをこなし，原則として政策決定をしてはならない（第IV部IIA章〔第58B〜E条〕）。つまり公正な選挙，政権党の選挙に対する権限濫用，解散権の抑止という効果をねらった仕組みである。その後，この改正に則り選挙は実施され，第7次国民議会（1996年〜）ではアワミ連盟，第8次国民議会（2001年〜）ではBNPが政権を担当した。この改正の問題点のひとつは，暫定政府は大統領に対して連帯責任を負うとされ（第58B条），また大統領は首席顧問の助言に従って行動する必要はないとされている点である（第58E条）。つまり，こうした規定に鑑みれば，首席顧問は首相と同じ権限を持つとはいえず，大統領に服属し，この暫定政府の期間，大統領は大きな裁量を手にすることになる[15]。

　第14次憲法改正は，2004年5月であり，野党が国民議会の審議をボイコットするなかで可決，発効した。その改正内容の第1は，女性留保議席の復活であり，今回は45議席とされた。また，その選挙方法は，以前と同様に，国民による直接選挙ではなく，国民議会議員による間接選挙とされ，与党に有利な方法である。また，いくつかの公的ポストに関する定年の延長が行われた。とりわけ最高裁判事の定年が65歳から67歳に延長された点は，2006年10月にBNP政権

の任期終了とともに予定される次の国民議会総選挙時に，アワミ連盟に近いと思われる人物が前最高裁長官として非政党暫定政府首席顧問に就任しないようにするという政治的意図があったとみられ，実際に，2006年末の段階になったところ，首席顧問の中立性をめぐる攻防で，選挙は実施できなかったのである。

3）続く政党政治の混迷と憲法上の問題点

　議院内閣制度は再確立したものの，その機能は満足とはほど遠い状況にある。問題のひとつは，とりわけ1995年のBNP政権打倒運動より，議会や選挙のボイコット，国民を広く巻き込んだハルタル（ジェネラル・ストライキ）を政党がきわめて頻繁に駆使して，政治運動を繰り広げる慣行が定着してしまったことにある。そのことが国民議会や地方議会の機能を弱めるのみならず，行政機能や経済，さらには司法部の活動をも危険にさらしている。また，政党政治の混乱は議員や行政の汚職腐敗問題と相乗的な関係にあり，汚職摘発や人事に関する前政権関係者への報復的な措置の応酬といった慣行も，政治的な混乱を深めている。さらに，イスラーム過激派による爆弾テロが2005年以降頻繁に起こっており，当時BNPと連立与党を組んでいたイスラーム協会との関係が報道されたことも記憶に新しい。ここでは，関連する憲法上ないし法制度上の問題点を整理しておこう。

　第1に，選挙について。非政党暫定政府という仕組みは概して歓迎されているものの，政権与党が選挙を公正に実施できないという大前提がここにはある。選挙管理委員会も非政党暫定政府とは別にあり，この委員会の独立性は憲法上保障されているが，制度上・法律レベルでは事実上独立していない。実際，非政党暫定政府のみならず選挙管理委員会の人選をめぐっても激しい政争が反復して繰り広げられている。たとえば，2007年には首席顧問に前最高裁判事を任命しようとしたところ，与党BNPに近いことが問題となり，そこで大統領が首席顧問を兼ねたところBNPの意図を汲む行動を繰り返して他の顧問と対立し，野党側の激しい批判を招いて首席顧問を辞任した。かくして，予定された総選挙が実施できなかったばかりか，非常事態の布告をせざるをえない状況になった。さらに，有権者名簿を新たに作成するか前回の名簿を改定するかをめぐる訴訟が提起され，裁判闘争を有利に進めるために，BNPは強引なやり方で選挙管理委員会委員を任命したりもした。こうした経緯により，選挙管理委員会の公正性の一般的

な信頼はさらに損なわれている。また，国民議会総選挙以外の地方選挙の実施に関する公正性の問題もまた深刻である。

第2に，第2次憲法改正で導入された予防拘禁の規定もそのまま残って頻繁に用いられており，政党政治の展開に暗い影を落としている。予防拘禁は，裁判所の課す刑罰ではなく，また裁判所の令状のいる未決勾留でもない。予防拘禁は裁判なく行政が行うもので，目的も懲罰ではなく危険回避，公共の安全確保にある。1818年にイギリスが英領インドに持ち込んだ制度であり，前述したようにパキスタン時代の経験からバングラデシュでは制定当初の憲法には含まれていなかった。この第2次憲法改正後，予防拘禁の手続や要件などを具体的に定める特別権限法（The Special Powers Act, 1974）が制定されているが，同法には3つの著しい特徴がある。第1に，初期の拘束期間が，インド，パキスタンではそれぞれ2ヶ月，3ヶ月なのに対し，バングラデシュは6ヶ月であり，最長でもインドは2年，パキスタンは8ヶ月という定めがあるのに対し，バングラデシュの予防拘禁には期間の定めがない。第2に，アメリカなどでは非常事態宣言下でのみ予防拘禁は可能であるのに対し，バングラデシュではインドと同様にいつでも予防拘禁することが可能である。第3に，非拘束者の権利や外へのコミュニケーションがインドやパキスタンの同種の立法に比較しても不充分にしか保障されていない。

BNPもアワミ連盟も，同法の廃止を野党である間には強く求めるが，政権与党になると，テロリズムと戦い，政府を運営するために不可欠だと立場を豹変させ，政治的な武器として利用する例が現在も続いている。さらに，アワミ連盟政権は2000年に公共治安法（The Public Safety Act, 2000）を制定した。これは暴行や略奪など9種の犯罪に対する刑を定め，かつ，90日以内という迅速な裁判を実施する特別法廷を設置するものである。この特別法廷に対する司法的な監督は狭く，BNP政権に変わって同法は廃止されたものの，類似の治安妨害（迅速裁判）法（The Law and Order Disruption Crimes〔Summary Trial〕Act, 2002）が2002年に2年の時限立法で制定されるなど，引き続き与党の強権的な手段を用いる傾向は断たれていない。2004年にも，野党アワミ連盟のハルタル戦術に対してBNP政権が予防拘禁で応じてアワミ連盟活動家を1万人以上逮捕したと報道されている。政党政治の混乱が治安を悪化させて，こうした治安改善の名目を持つ立法を維持しあるいは新たに出現させ，このことがまた政党政治の混乱を深め治

安を悪化させる，という悪循環から抜け出す道はなかなかみえてこないのが現状である。

　第3に，立法権限の問題がある。立法権限を持つ機関は，基本的に，300名の議員からなる一院制国民議会であり，議員は小選挙区（選挙区ごとに代表1名）の直接選挙により選出され，任期は5年である。法案が議会で可決された場合には大統領の同意により，議会制定法（Act of Parliament）となる。しかし，大統領にも令（Ordinance）という形で立法権限がある。大統領令の公布については，現在では，議会が会期外のとき，緊急の場合のみ認められ，次の議会で承認されねばならないなど，いくつかの制限が設けられている。しかし，イギリス植民地支配時代のインド統治法（The Government of India Act, 1935）に盛り込まれたオルディナンスという仕組み[16]が，長年にわたった軍政時代における国民議会の弱体化と相俟って，執行部による立法を根付かせてしまった。そのことは，議会で成立した法のうち大統領令（戒厳令政府の各種布告や令を含む）としてもともとは公布されたものの占める比重の大きさからうかがい知れる[17]。大統領は名目的な元首と現在ではされているもの，実際には，当然ながら任命時の与党が基本的に選ぶことができるので，こうした大統領令の仕組みを残していることは議論の余地があるだろう[18]。さらに，政権与党の議会軽視と野党の議会審議ボイコットが常態化しており，議会の正常化も重要な課題である。また，国民議会の各種委員会についても第4次憲法改正でその機能を弱められたままであり，また実際にも多くの委員会が充分に機能していないと報道されている。

　第4に，議員の党議拘束を憲法で定めていることにも議論がある。第70条に定められた議員の表決行為を政党が拘束する仕組みは憲法改正のたびに，一貫して強化されてきた。同条によれば，所属政党の変更を禁止し，所属政党に反対して投票することも禁止しており，違反した場合は議員資格を喪失する。党議拘束自体は自由委任の原理（選挙母体などに縛られず自らの考えで全国の代表として議員が行動する原理）と政党制度の妥協点として広くみられる制度であるが，所属政党変更の自由を憲法のなかで否認していることにバングラデシュの特徴がある。この制度はバングラデシュのような開発途上国では議員の利己的行動を防ぐために必要だという議論もある[19]。実際に，インドでも連邦下院・州下院で党籍変更が1960年代後半に大きな問題となり，1985年の第52次憲法改正により憲法において脱党を禁止した[20]。しかし，このような仕組みは両刃の剣であり，議

員の議院内における表現の自由や投票の自由を犠牲にするならば，民主制の基礎を失わせ，また，内閣と国民議会のチェック・アンド・バランスを制度上弱めるという側面もあり，バングラデシュの場合，この仕組みは国民議会の機能を弱める一因となっているとの指摘もある[21]。なお，議会が執行部を監督する手段としてオンブズマンを用いる仕組みも当初の憲法からあり（第77条），法律（The Ombudsman Act, 1980）も存在するが，いまだ設置されていない。

第5に，非常事態についても問題を残している。非常事態の規定も1935年インド統治法（第102条）に起源がある。前述したように，バングラデシュでは，パキスタン時代の経験から当初の憲法には非常事態を規定していなかったが，9ヶ月後の第2次憲法改正により挿入され，実際に現在まで非常事態は5回宣言されている[22]。憲法は非常事態を宣言するケースを3つ規定している。戦争あるいは外部からの侵略，または国内の騒動である。そして，実際に非常事態が宣言されたのはすべて国内の騒動を事由としていた。インドは，この点，1979年の第44次憲法改正で「国内の騒動」を「武装反乱（armed rebellion）」に改正し，この非常事態の宣言の余地を狭めた。またインドでは1ヶ月以内に議会で承認されない場合には1ヶ月経過した時点で失効し，承認された場合にも非常事態期間は，効力継続を承認する決議を議会が行えば延長可能であるものの，そのような決議がない限り6ヶ月経過した時点で失効する（インド憲法第352条）。これに対して，バングラデシュでは非常事態は宣言後4ヶ月間も議会の承認なしでよく，また承認されればその期限に関する定めはない。さらにバングラデシュでは基本権も部分的に自動的に停止するのに対し，インドは非常事態が宣言されたとしても基本権の停止は自動的ではない。このようにバングラデシュの非常事態に関する規定には，問題点が多い。

最後に，女性の留保議席について触れておこう。この議席は一般の300議席に追加して時限的に存在し，基本的に与党側が推薦する形で選出されてきた。そして2001年からの第8次国民議会ではこの留保議席は存在しなかったものの，次の総選挙後に組織される第9次国民議会では第14次憲法改正により45議席ある。この制度をめぐっては，一方で留保議席が政治的に利用されてきたという問題があり，他方で一般議席における女性の比率が極端にまだ低いという問題が現在もある。バングラデシュにおける女性の地位の低さをめぐるジェンダーの問題は重要であり，今後も注意の必要な点である。なお，議院内閣制復活以後の首相

は女性が務めている。BNP を率いて首相を務めたカレダ・ジアはジヤウル・ラーマンの夫人であり，アワミ連盟を率いて再び 2009 年 1 月から首相に就任したシェイク・ハシナ (Sheikh Hasina Wajed) はムジブル・ラーマンの長女である。

4) 法令へのアクセス

本節を締めくくるにあたり，憲法や制定法などバングラデシュの法令へのアクセス情報を掲げておこう。

1 次資料としては，官報として，(1) **The Bangladesh Gazette Extraordinary**，また，当該年に制定された法律は，判例集でもある (2) **The Dhaka Law Reporters (DLR)** に掲載されている。さらに 1977 年時点までのバングラデシュの法律は，以下の 3 点の公的資料に掲載されている。(3) **The Bangladesh Code (1977)**, (4) **The Pakistan Code (1966)**, (5) **The Bengal Code (1939)**。

煩雑な法令へのアクセスには，バングラデシュ最大の法律扶助 NGO である BLAST (Bangladesh Legal Aid and Services Trust) が出版した下記の文献が便利である。2002 年現在で（すでに破棄されたものも含めて）すべての法令が一覧できる。ただし，これはあくまでも存在する（した）法令の一覧であって，条文まで書いてあるわけではない。条文をみるには，上述の官報や DLR の該当頁が記載されており，そちらを参照することになる。(6) **Borhan Uddin Khan & Quazi Mahfujul Hoque Supan**, *Encyclopedic Compendium of the Laws of Bangladesh*, Dhaka : BLAST, 2002.

4．司法制度と法学教育について

1) 司法積極主義と司法制度の問題点

すでに触れたように，基本権を擁護し，法の支配を確立するために，当初の憲法では，司法部，とりわけ上位裁判所の独立性とその権限は充分に保障されていたものの，第 4 次憲法改正により，司法の権限は著しく弱められた。ひとたび損なわれた司法部の独立性はおおむね第 5 次憲法改正により再確立したものの，軍政が続き司法部の基本権擁護者としての活動の余地は限られていた。そのような司法部の判決が脚光をあびたのは，第 2 次戒厳令が終了した後，民主化運動の機

運が高まりつつあった1980年代後半であり，立法部の憲法改正権限に制限を加える第8次憲法改正事件判決によってである[23]。本判決は，憲法の基本構造は立法部といえども改正することはできないという原則を示したもので，最高裁高裁部を地方にも6ヶ所設置するとの憲法改正を違憲としたのである。もちろん，最高裁高裁部を地方に設置すること自体の是非は賛否両論あるとしても，重要なことは，最高裁がエルシャド政権に否を突きつけたことであり，憲法の基本構造として憲法の最高法規性や基本権，司法審査などの規定を挙げ，執行部・立法部による法の支配の破壊を強く牽制したことにある。その後，現在まで，上位裁判所において，刑事司法行政，環境，消費者問題など社会の公益にかかわる問題を争う公益訴訟が展開しており，基本権の擁護に関して上位裁判所は重要な役割を果たしている[24]。

しかし，同時に，選挙関連の訴訟や首相暗殺事件の取り扱いをめぐって，上位裁判所は，政党政治の混乱に深く巻き込まれ，政党支持者のデモ攻撃を受けたりもし，さらには予防拘禁をめぐる政府との対立など，その活動は強い政治的な圧力を受けていることも確かなことである。また，イスラームの教えに抵触するとされるような判決や決定を行った判事や裁判所への過激派のテロなども近年では起こっている。さらに，非政党暫定政府の首席顧問には前最高裁長官が任命されるなど，上位裁判所の裁判官という地位は現実の政治に制度的にも実際にも深くかかわるものとなっている。

ここでは，司法制度の主な問題点を2点整理しておこう。

第1に，上位裁判所の判事の任命につき，最高裁長官の助言という要件が削除されたままであり，大統領の裁量的な任命事項となっている。また第98条に特別裁判官（additional judge）という規定があり，これも大統領の裁量的な任命事項となっている。実際，1994年，2001年と政府が多数の特別裁判官を任命して最高裁を影響下におこうとする政争に使われたケースがある。

第2に，下位裁判所の独立性には問題がある。司法機能の行使において裁判官は独立して行うと規定されているものの（第116A条），その任命は第4次憲法改正において大統領に移されたままであり（第115条），裁判官の訓練や昇進についても同じく第4次憲法改正において最高裁から大統領の権限に移され，現在では最高裁と協議して大統領が行うことになっている。なお，長年の懸案だった刑事事件の原審となる治安判事については近年改革が実現した。英領インド時代

からこの治安判事は司法と行政兼務であり，人事省や内務省など行政機関の監督に服する仕組みであった。また治安判事には法学教育の充分なバックグラウンドもなく，腐敗も多いと指摘されてきた。憲法には「司法機能を行使する治安判事」（第115，第116条）とあり，起草者は国家政策の基本原則の章のなかで司法の行政からの分離を謳い（第22条），また1976年には法律委員会が治安判事制度に関する改革案を提出した。インドでは1973年，パキスタンでは1974年に治安判事の行政からの分離が実施された。バングラデシュでも，選挙のたびにBNPもアワミ連盟も治安判事の行政からの分離を公約してきた。1995年に提起されたマスダー・フセイン（Masdar Hossain）事件では多数の司法官が治安判事の行政からの分離を訴え，最高裁上訴部は1999年に下した判決で，下位裁判所の裁判官の独立を実質的に担保する措置を政府に対して命じた[25]。2007年11月に，非政党暫定政府は，ついに，司法機能を行使する治安判事を執行部から分離した。

2）司法制度の概要

図14-2に2008年12月現在の司法制度の概要を示す。最高裁高裁部は，民事・刑事事件の上訴管轄権を民事・刑事訴訟法典などによって与えられており，基本権に関する令状請求などの憲法事件や会社法事件については原審管轄権を持つ。高裁部は下位の法廷すべてに対して監督統制する権限を持ち，高裁部の判決は下位裁判所を先例として拘束する。上訴部は，高裁部の判決や決定に対する上訴を審理する。また大統領に対する憲法解釈の問題などにつき助言管轄権も持つ。上訴部の判決は高裁部および下位の法廷すべてを先例として拘束する。

下位裁判所については，訴訟の内容や訴額，地域に応じてどの裁判所に原審として係属するかは異なり，それに応じて上訴の仕組みも異なる。民事については判事補裁判所の上に地方判事裁判所があり，刑事については治安判事裁判所の上にセッションズ判事裁判所があるという仕組みである。地方判事とセッションズ判事は兼任である。

その他にも多数の裁判所ないし審判所がある。行政審判所は憲法に規定されているが，その問題点はすでに記した。その他にも，議会制定法ないし大統領令で設けられたものとしては，関税，租税，労働事件などに関する常設の裁判所，審判所（Tribunal）ないし委員会（Committee）がそれぞれあり，上訴の仕組みも

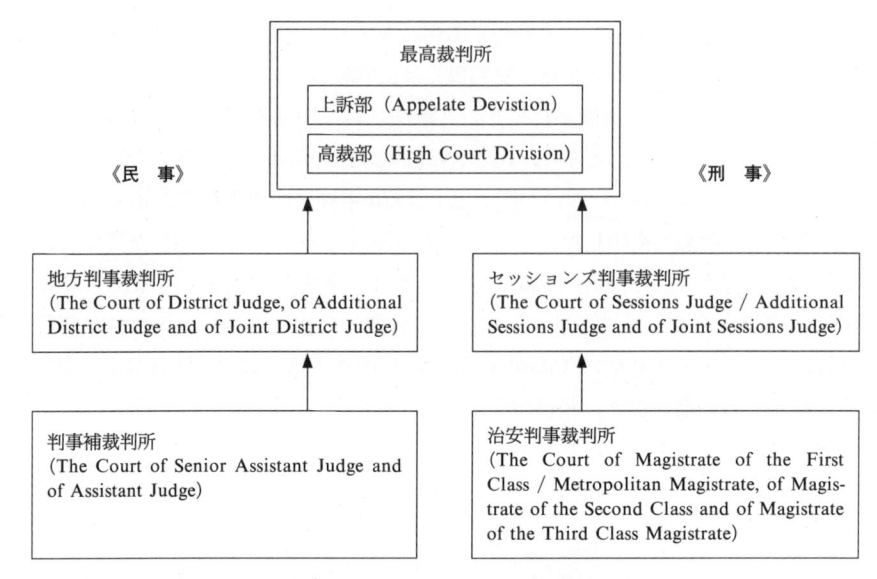

```
                    ┌─────────────────────────────┐
                    │         最高裁判所           │
                    │  上訴部（Appelate Devistion）│
                    │  高裁部（High Court Division）│
                    └─────────────────────────────┘
                       ↑                      ↑
   《民　事》                                        《刑　事》

┌─────────────────────────────────┐   ┌─────────────────────────────────┐
│        地方判事裁判所            │   │      セッションズ判事裁判所       │
│ (The Court of District Judge, of │   │ (The Court of Sessions Judge / │
│  Additional District Judge and   │   │  Additional Sessions Judge and │
│  of Joint District Judge)        │   │  of Joint Sessions Judge)      │
└─────────────────────────────────┘   └─────────────────────────────────┘
                ↑                                      ↑
┌─────────────────────────────────┐   ┌─────────────────────────────────┐
│         判事補裁判所             │   │        治安判事裁判所            │
│ (The Court of Senior Assistant  │   │ (The Court of Magistrate of the │
│  Judge and of Assistant Judge)  │   │  First Class / Metropolitan     │
│                                 │   │  Magistrate, of Magistrate of   │
│                                 │   │  the Second Class and of        │
│                                 │   │  Magistrate of the Third Class  │
│                                 │   │  Magistrate)                    │
└─────────────────────────────────┘   └─────────────────────────────────┘
```

図14-2　バングラデシュの司法制度

注）治安判事は刑事のみに管轄権を有する。判事補は民事のみに管轄権を有する。地方判事とセッションズ判事は兼任である。特別市（Metropolitan）とはダカおよびチタゴンである。
出所）Supreme Court of Bangladesh, *Annual Report on the Judiciary 2007*, Dhaka : Supreme Court of Bangladesh, 2008 をもとに筆者作成。

それぞれの根拠法で定められ，それらの判決や決定は最高裁高裁部の司法審査に服する。また，婚姻などについて管轄権を持つ家族裁判所，農村の軽微な民事刑事について管轄権を持つ村落裁判所（Village Court）など特別の裁判所については，最高裁高裁部の監督権に服する。近年では，民事については代替的紛争解決制度（ADR）も進められる方向にあり，2003年に民事訴訟法典を改正し，仲裁や調停について利用しやすいように改正を加えている。

　上位裁判所は，憲法により記録裁判所とされ（第108条），最高裁（高裁部および上訴部）判決は公開されている。なお権威のある判例集として，Bangladesh Legal Decisions（BLD），Dhaka Law Reports（DLR）がある。

3）法学教育など

　このような司法制度を支える法曹や法学教育は，イギリスの制度を継受したインドやパキスタンと類似している。ダカ大学やチタゴン大学などの国立大学，そ

図 14-3　最高裁判所
出所）http://www.supremecourt.gov.bd/photogallery.php。

の他の私立大学に，法学学士，修士，博士のコースがある。バングラデシュ法律実務家および法曹評議会に関する令（The Bangladesh Legal Practitioners and Bar Council Order, 1972）が法曹実務家として開業する資格を定めている。法曹実務家として活動するには弁護士にならねばならず，弁護士になるには，国籍や年齢の制限のほかに，バングラデシュ法曹評議会（Bar Council）の指定する大学において法学学士の資格を取得していること，同評議会の実施する試験に合格すること，などが要件となっている。

　主要な研究機関や教育機関などを掲げておく。Bangladesh Institute of Law and International Affairs（BILIA）は1972年に設立された法律分野唯一のシンクタンクであり，法制度の調査研究および裁判官のトレーニングなどを行っている。また，*Bangladesh Journal of Law* というジャーナルを発行している（年2巻）。Dhaka University, Department of Law（ダカ大学法学部）は *Journal of the Faculty of Law* を発行している（年刊）。Bangladesh Legal Aid and Services Trust（BLAST）はバングラデシュ最大の法律扶助活動NGOである。Ain o Salish Kendra（ASK，法および仲裁センター）は女性差別，児童労働など，人権の観点から法律扶助につき活発に活動している団体である。Bangladesh Enterprise Institute（BEI）も活発に活動している企業団体であり，法律関係の啓蒙活

動やロビーイングもしている。Bangladesh Environmental Lawyers Association (BELA) は環境保護のために活発に活動している法律家の団体であり，環境訴訟を最高裁に持ち込んだ草分け的な存在でもある。

5. 経済法改革について

昨今では，とりわけ経済分野の国際化に応じて法改革が進んでおり，この領域においては，バングラデシュ経済が援助に多くを依存してきたこともあり，国際機関などの経済的・人的な援助を得ているケースはもちろんある[26]。

すでに触れたように独立後に政権の座にあったアワミ連盟は社会主義化を強く打ち出して国家政策の基本原則のひとつとして憲法に規定し，事実1973/74年度からの第1次5ヶ年計画を柱に，金融・保険，通信，エネルギー，水道，製造業の主要な部分を国有化するとともに民間投資に対する厳しい制限を課し，経済分野においては規制色の濃い法体系が確立されていた[27]。しかし，1970年代後半に政権を担当したジヤウル・ラーマンによる軍政は，産業の国有化路線を変更し，さらにIMFや世銀が融資の条件として経済自由化・構造調整を迫ったこととも相俟って，社会主義という原則自体にも憲法改正を加え，1980年代以降は，民間投資規制の緩和，国営企業の民営化，輸出加工区設置，関税率引き下げ，輸出業者向け融資などの施策を実施し，経済自由化・市場経済化を進めてきた。

そうした過程で当然ながらそれらの政策の根拠となる法制度も改革された。たとえば，1980年代には，輸出入（統制）法 (The Imports and Exports 〔Control〕 Act, 1950) にもとづく政令や，1980年の外国民間投資（促進・保護）法 (The Foreign Private Investment 〔Promotion and Protection〕 Act, 1980)，同じ年のバングラデシュ輸出加工区庁法 (The Bangladesh Export Processing Zones Authority Act, 1980) などが新たに設けられ，1990年代には，会社法 (The Companies Act, 1994)，証券取引委員会法 (The Securities and Exchange Commission Act, 1993)，金融機関法 (The Financial Institutions Act, 1993)，銀行法 (The Bank Companies Act, 1991)，破産法 (The Bankruptcy Act, 1997)，著作権法 (The Copyright Act, 2000) などが新たにあるいは旧法を廃するなどして制定され，経済法改革は徐々に進んできた。同時に環境に関する立法も環境保護法 (The Environmental Conservation Act, 1995) など1990年代から散見されるようになっている。

法制度改革支援の例としては，近年では，2005年に，世銀を中心としJICAも参加したマルチ・ドナーグループによるバングラデシュ「民間セクター開発 (Private Sector Development Scheme Project)」がある。その一環として，バングラデシュの民間セクターに関する法制度およびその履行に関する現状と課題を把握する調査が行われた[28]。そこでは，貿易や関税，税制，会社制度，金融市場，銀行制度など，上記の諸経済法を再検討すること以外にも，契約法や所有権移転法 (The Transfer of Property Act, 1882)，民事訴訟法典，工場法 (The Factories Act, 1965)，労使関係に関する令 (The Industrial Relation, Ordinance, 1969) といった非常に広い範囲の法制度が，自由市場の育成・促進という観点から，検討されている。

おわりに

　以上，バングラデシュの法制度の概要を，議院内閣制度の変遷と司法制度について法制度上の問題点に注意を払いながら概観し，また近年の経済の国際化に応じた経済法改革についても触れた。英領インド時代，パキスタン時代の法・制度的遺産の上に，バングラデシュの法制度は展開しており，当然ながら，その政治的・経済的・社会的な事情に応じて，独自の変容もある。本章の発見をまとめると，第1に，議院内閣制度は再確立したものの，度重なる改正を経た現憲法のなかには，予防拘禁の規定などいくつかの重要な問題が残されている。第2に，民主化以降，最高裁は基本権の擁護者として活発に活動しているものの，政党政治の混乱により強い政治的な圧力に晒されている。第3に，経済法分野では，経済自由化に沿った法改革が進んでいる。

　最貧国に位置づけられるバングラデシュも，衣料製造産業を中心に，比較的良好な経済パフォーマンスを近年はみせてきた。また，グラミン・バンクなど小規模金融による貧困問題解決の実績などについても注目をあびた。しかし，こうした経済の変容は，社会の権力構造や経済構造の変化をもたらし，宗教，ジェンダー，貧困などさまざまな側面において社会的な摩擦を再生産する。たとえば，小規模金融の浸透は農村地主階級の利害と対立し，後者が宗教的なイデオロギーに訴えてNGO活動家が攻撃されるというような事件も起こっている。

　さて，2008年12月の総選挙ではアワミ連盟が大勝し，2009年1月に新政権が

発足した。2007年からの非常事態下で政治の公正性を実現するために非政党暫定政府は，治安判事の行政からの分離など，改革に努めてきた。しかし，その流れが総選挙実施後も続くか否かは，不透明である。新政権のもとで，混迷をきわめている政党政治がさらにどのように変容していくのか，今後の展開が注目される。

注

1) バングラデシュの全般的な情報については，臼田雅之・佐藤宏・谷口晋吉編『もっと知りたいバングラデシュ』（弘文堂，1993年），大橋正明・村山真弓編著『バングラデシュを知るための60章』（明石書店，2003年）を参照。各年の政治経済の動きについては，アジア経済研究所『アジア動向年報』（アジア経済研究所，各年度版）を参照。

2) M. A. Halim, *The Legal System of Bangladesh : A Comprehensive Study of Problems and Procedure in Legal Institutions*, Dhaka : Md. Yousuf Ali Khan, B. Sc Engineer, 2004, A. B. M. M. I. Patwari, *Legal System of Bangladesh, 2nd ed*., Dhaka : Humanist and Ethical Association of Bangladesh, 2004.

3) 英領インド時代の法制度の展開に触れた邦語文献としては，たとえば香川孝三「インドの法制度」（山崎利男・安田信之編『アジア諸国の法制度』アジア経済研究所，1982年）を参照。

4) Halim, *op. cit*.

5) バングラデシュの政治に関する邦語文献としては，佐藤宏編『バングラデシュ——低開発の政治構造』（アジア経済研究所，1990年），高田峰夫「バングラデシュ——民主化は定着するのか」（佐藤宏・岩崎郁夫編『アジア政治読本』東洋経済新報社，1998年），村山真弓「バングラデシュの選挙制度——自由・公正な選挙を目指して」（『アジ研ワールド・トレンド』第78号，2002年），アジア経済研究所前掲『アジア動向年報』を参照。

6) 憲法制定議会という仕組みは，インド・パキスタンの独立時に設けられた機関と同じ名称である。ただし，バングラデシュの憲法制定議会の権限は憲法制定のみに限られており，憲法制定議会が憲法制定権限だけでなく立法権を持ち，内閣は憲法制定会議に対して連帯して責任を負うとされていたインド・パキスタンの例とは異なっていた。つまり，憲法ができるまでの間，バングラデシュでは立法権は大統領に与えられ，内閣は議会に対して連帯責任を負わず大統領に服属し，結果として憲法制定議会が大統領の下位にあるかのような存在になっていたところに特徴がある。

7) 全議員の3分の2以上の議決が必要であり，現在では，いくつかの条項についてはさらにレファレンダムも必要である（第142条）。

8) インド憲法の国家政策の指導原則については，孝忠延夫『インド憲法とマイノリティ』（法律文化社，2005年）第3章を参照。

9) インドでもパキスタンでも行政審判所はあるものの，憲法上，上位裁判所の司法審査に服する。バングラデシュでは，現在では，行政審判所法（The Administrative Tribunals Act, 1981）を改正し，最高裁上訴部への上訴を可能としているものの，憲法の上では行政事件を司法審査から除外しうる仕組みを残している。
10) M. A. Halim, *Constitution, Constitutional Law and Politics : Bangladesh Perspective, 2nd ed.*, Dhaka : Md. Yousul Ali Khan, 2003, A. K. M. S. Huda, *The Constitution of Bangladesh, Vol. 1 & 2*, Chittagong : Signet Press Limited, 1997, M. Islam, *Constitutional Law of Bangladesh, 2nd ed.*, Dhaka : Mullick Brothers, 2002.
11) もともとの憲法では停止的な拒否権のみがあり，大統領は15日以内に法案を承認せねばならず，差し戻しは再考のためのみであり，いずれもしなければ大統領の承認があったとみなし，法案は成立することになっていた。
12) 第70条には議員は所属政党に反対して議会での投票をできないとされていたが，さらに欠席することも反対に含まれると改正された。
13) なぜこのような改正を断行したのかを考察することは本章の守備範囲を超える。野党であるイスラーム系勢力や左翼政党の武装化を抑えるためと主張されたりもしたが，現実にはアワミ連盟内の政争も大きく影響していたといわれる。当時の状況についてはアジア経済研究所前掲『アジア動向年報』1975年版，1976年版を参照。
14) この措置のほかは，最高裁判事の退職年齢を62歳から65歳に引き上げる改正のみである。
15) とりわけ，大統領に与えられている軍の統括権の行使が，この暫定政府の存在する間は首相の助言に縛られず，大統領の裁量に委ねられる仕組みとなることが問題となる。
16) インド統治法第42条および第72条に英領インド総督（Governor-General）のオルディナンス策定権限に関する規定があった。
17) たとえば，第1次議会（1973〜75年）から第5次議会（1991〜95年）まで，大統領令の数はすべて90〜300あまりで推移しており，議会で承認された法律のうちもともと大統領令だったものの比率も23〜62％と高い数字になっている。大統領令の数や大統領令の議会制定法化の比重が減少したのは，第7次議会（1996〜2001年）以降である。Halim, *op. cit., Constitution, Constitutional Law and Politics*.
18) この点，議会民主制がより機能しているインドにおいても，この仕組みは英領時代から継受され存在している（インド憲法第123条，第213条）。インドでは，執行部の立法権の乱発は，大統領令・州知事令の支配（Ordinance Raj）とも呼ばれ，とりわけビハール州などで深刻な問題となっていた。詳しくは稲正樹『インド憲法の研究――アジア比較憲法論序説』（信山社，1993年）第2章を参照。
19) Huda, *op. cit.*
20) いずれも廃案となったものの，所属政党の変更を抑止する規定を盛り込んだ憲法改正案も1970年代に2度提出され，最終的には，1985年の第52次憲法改正で実現した。この改正は最高裁でも争われ，最終的には合憲判決が出ている。詳しくは，稲正樹前

掲『インド憲法の研究』第3章参照。
21) Halim, *op. cit., Constitution, Constitutional Law and Politics*.
22) 非常事態は 1974/12/28, 1981/5/30, 1987/11/26, 1990/11/27, 2007/1/11 の5回宣言されている。なお非常事態は憲法の枠組みの中の仕組みである。これに対して戒厳令は超憲法的な措置であり、前述したように、バングラデシュでは2度戒厳令が宣言された。
23) Anwar Hossain Chowdhury v. Bangladesh, 41 DLR (AD) (1989) 165.
24) バングラデシュの公益訴訟については、N. Ahmed, *Public Interest Litigation : Constitutional Issues and Remedies*, Dhaka: Bangladesh Legal Aid and Services Trust, 1999, および佐藤創「バングラデシュにおける公益訴訟の展開――インド公益訴訟との比較」(『アジア経済』第48巻第3号, 2006年) を参照。
25) Secretary, Ministry of Finance v. Md. Masdar Hossain and others, 52 DLR (AD) (2000) 82.
26) バングラデシュの経済法改革についてより詳しくは、佐藤創「開発途上国における経済法制改革とワシントン・コンセンサス」(今泉慎也編『国際ルール形成と開発途上国――グローバル化する経済法改革』アジア経済研究所, 2007年) を参照。
27) バングラデシュの経済開発計画を詳しく検討したものとして、小島眞「バングラデシュの経済開発計画――開発計画と対外依存」(山中一郎編『南アジア諸国の経済開発計画』アジア経済研究所, 1988年)。
28) その成果は、Syed Ishtiaq Ahmed and Associates, *Review of Commercial Laws of Bangladesh*, Dhaka: JICA Bangladesh Office, 2005.

［付記］本章の草稿に対して、村山真弓氏、佐藤宏氏からコメントを頂いた。記して感謝したい。なお、ありうべき誤りはすべて筆者の責に帰すべきものである。

附　　錄

解説1　社会主義法

はじめに

　本書は，アジア諸国の法を調査研究する際の手引き，ガイドを目的とするものであるが，アジア諸国には，中国，ベトナム，ラオスをはじめとする現存社会主義国が存在し，また，カンボジア，モンゴルなど，かつて社会主義体制を採用した国家も存在する。

　したがって，ここでは，「社会主義法」とは一般に何であり，それは，法の分野でいかなる特徴をもっているのか，という問題を考察し，さらにアジアと社会主義法というテーマの手引きを行うことにする。なお，「社会主義法」という用語は，「資本主義から共産主義への移行をその目標として，資本主義から共産主義への過渡期の段階にある社会主義社会（あるいは国家）の法」[1]と，理解しておく。しかし，このような定義の仕方は，抽象度の高いレベルの定義としてはともかくとして，歴史的な実体論のレベルの定義としてはそれほど充分であるわけではない。

　「社会主義法」とは何かに関する議論を，論理的かつ歴史的に考察しようとする場合には，なによりも，「革命と法」という観点から，この問題を原理的に考えることが重要である。「革命」と「法」は，どちらが優先されるのか，また，なぜ，社会主義「法」というカテゴリーが成立可能であるのか，などの論点を，現実の社会主義国の法の歴史に即して検証していくことが求められている。

1. ロシア革命と宣言

　1917年のロシア革命は，最初の社会主義国家を樹立するに至ったが，そこでの宣言のひとつは，「勤労し搾取されている人民の権利の宣言」（1918年）という名称をもち，「人間による人間のあらゆる搾取の廃止，階級への社会の分裂の完全な廃絶，搾取者に対する容赦ない抑圧，社会主義的な社会組織の確立」などを掲げた[2]。

　同時に，権利論の観点からすると，その宣言は，表題の「勤労し搾取されている人民」の権利を明示的に宣言し，人間一般の権利を宣言していないことに留意すべきであり，一言でいえば，ロシア革命の宣言は，「階級的な権利観」を打ち出している点に，きわめて大きな特色がある。

そして，ロシアにつづき，モンゴルが社会主義化（1924年）し，第2番目の社会主義国家の仲間入りをすることになった。その後，先に述べた「階級的な権利観」を実質的には維持しつつではあるが，憲法上の表現としては，1936年のソビエト憲法で，「市民の基本的権利」というカテゴリーが登場してくる。この場合，1918年の「勤労し搾取されている人民」というような階級対立を前提にした規定は，ソ連邦が，その後の歴史のなかで，「富農層の粉砕，コルホーズ制度の勝利」[3]の結果，基本的に階級敵がいなくなったという理論づけに伴い，ソ連邦が一元的な「市民」から構成される国家となった，という理解が示された。

このソ連邦1936年憲法は，その後の社会主義諸国家の憲法に，「原型」として引きつがれていくこととなった。第2次世界大戦後，いわゆる東欧諸国が社会主義国家へと移行し，また，中国，ベトナム，朝鮮民主主義人民共和国（北朝鮮）などが，各々，独自の歩みを示しながらも，社会主義陣営を形成することとなった。

さて，1989年の「ベルリンの壁」の崩壊に象徴される東欧社会主義体制の終焉，さらには，1991年のソ連邦の崩壊は，当時の社会主義陣営に属していた国々に，きわめて大きな影響を及ぼした。

ソ連邦を構成していた，ウズベキスタン，カザフスタンなどの中央アジア諸国は，ソ連邦から独立し，各々の国家を形成し，また，モンゴルも新たな道を歩むこととなった。

中国，さらにインドシナ半島ではベトナム，ラオスが，今日に至るまで，社会主義体制の「堅持」を掲げてはいるが，カンボジアは1990年代に複数政党制へと移行した。一般に，これらの国々は，「体制移行国」あるいは「市場経済移行国」とも呼ばれ，1990年代以降，日本，アメリカ，フランス，ドイツ，スウェーデンなどの援助機関，あるいは，世界銀行，国連開発計画（UNDP）による法整備支援の被援助国として，さまざまな法分野に及ぶ法整備支援・協力を受けており，かつての社会主義的な法体制が変容を遂げつつある。

ところで，「社会主義法」とは何かという問題に定義を与えることは簡単ではないが，その基本的システムは一般に次のように理解されてきた。藤田勇・畑中和夫・中山研一・直川誠蔵『ソビエト法概論』によれば，ソビエト法について，「1930年代にでき上ってくる法体系を原型，もしくは原構造としており」，「今日のソビエト法は，これを実定的規範体系としてみると，1950年代末から70年代いっぱいにかけてそれまでの法規範体系を再編してつくり上げられたもの，とみることができる」[4]。

そして，同書（藤田執筆部分）によれば，権力の制度的特徴としては，時代により異なるものの，ソビエト型（階級代表組織）制度の採用，所有の社会化したがって私的財産権の抑制，「革命的適法性」が強調され，一般に，その法制度的表現としては，「国家的所有権および計画・経済計算制・契約という三位一体範式で示された」[5]ものであった。

2. アジアの社会主義法

そこで、ここではアジア諸国において社会主義体制を採用した経験をもつ国々の、特に憲法を参照しつつ、「アジアと社会主義法」をめぐる若干の特徴と論点を考察しておくことにする。

まず、中国である。中華人民共和国は、改革・開放路線を基礎づける1982年憲法体制がその後数次にわたり改正され、現行憲法は2004年に改正されたものである。第1条では、「中華人民共和国は労働者階級が領導し、労農同盟を基礎とする人民民主独裁の社会主義国家である」と規定し、第3条で、「民主集中制の原則」を掲げるとともに、「序言」で「中国共産党が中国各民族人民を領導し」というように、党の指導性について述べている。また、第5条で、「法治」を規定するとともに、2004年改正で、その第33条において、「国家は、人権を尊重し、及び、保障する」と定め、「人権」概念を憲法上に登場させた。

中国憲法は、「人民民主主義独裁」の「社会主義国家」であるという規定を明示的に行う点で、次のベトナムとは異なっている[6]。ベトナム現行憲法は、ソ連邦崩壊の翌年1992年に、「ドイモイ（刷新）」路線に適合するように制定されたものであり、その後、改正されたものである。ベトナム憲法は、かつて1980年憲法のもとでは「プロレタリアート独裁国家」という規定をもっていたが、1992年憲法では、第2条で「ベトナム社会主義共和国は、人民の、人民による、人民のための国家」と定め、「プロレタリアート独裁」という文言を削除した。さらに、2001年の改正で「ベトナム社会主義共和国は、人民の、人民による、人民のための社会主義的法治国家である」と変更した。また、ベトナム憲法は、第4条で、ベトナム共産党を「国家と社会を指導する勢力である」と定めるとともに、第6条で「民主集中原則」を規定した。また、ベトナムでは、1992年憲法制定時に「人権」を新たに規定したが、その条文（第50条）は、「ベトナム社会主義共和国において、政治的、市民的、経済的、文化的、社会的な分野における人権は尊重され、それらの人権は、市民の権利のなかにあらわれており、憲法と法律により定められる」というように、きわめて複雑な、かつ文章上もすっきりとしない表現になっており、この点では、先の中国憲法第33条の人権規定がすっきりした規定であるのと対照的である。

ラオスでは、ベトナムより1年前の1991年に憲法が制定され、その後、2003年に改正が行われた。第2条で「ラオス人民民主共和国は、人民民主主義国家である」と規定し、また、第3条で、ラオス人民革命党の指導的役割を強調し、第5条で「民主主義的中央集権制（民主集中制）の原則」を掲げている。しかし、ラオス憲法には、これまでのところ「人権」規定は採用されておらず、1936年ソ連憲法型の、「市民の基本的権利」という規定が踏襲されている。

他方、ベトナム、ラオスのように社会主義体制を維持している国家とは異なり、カンボジア憲法は、次のような構造を有している。カンボジアでは、1991年にパ

リ和平協定が締結され内戦状態が終わり，1993年に現行カンボジア王国憲法が制定された，第1条で，「カンボジアは，国王が，憲法，自由な民主主義及び複数政党制の原則に基づいてその職務を行う王国である」と定め，「自由な民主主義」と「複数政党制」を採用し，それ以前の，社会主義化を志向したヘン・サムリン体制下の憲法とは異なる体制へと移行した。また，第31条では「人権を承認し，尊重する」と述べ「女性の権利」，「子どもの権利」を含む，現代的な人権カタログを提示している。

ところで，カンボジアの憲法史を考察する場合には，ポル・ポトらによって制定された1976年の「民主カンプチア憲法」を検討しておくことが重要な課題である。毛沢東により支援されたポル・ポトは，「毛沢東思想」に深く影響された「毛沢東主義者」であった。毛沢東が生前最後に制定した1975年中国憲法は，彼の「無法無天」の考え方にもとづき，法というものは，少なければ少ないほどよい，との理論から，わずかに30ヶ条の条文しかもたないものであった。毛沢東の忠実な弟子を自認していたポル・ポトは，それよりもさらに条文数の少ない，21ヶ条からなる「民主カンプチア憲法」を制定し，カンボジア国内での大量虐殺を可能とする国家体制を樹立した。カンボジアにおけるポル・ポトによる恐怖政治の実態は，アジアにおける社会主義体制のあり方を考察するうえで，忘れてはならない視点を提示している。

モンゴルは，1924年に社会主義化を志向して以降，ソ連邦の「衛星国」としての位置を保ってきたが，1992年に体制転換し，新憲法を制定して国名を「モンゴル人民共和国」から，「モンゴル国」へと改めた。モンゴル現行憲法は，第1条で，「モンゴル国は，独立した，主権を有する共和国である」と定め，また，第2章は「人権と自由」という表題をもち，第19条で，「人権，自由」の擁護を唱い，社会主義体制からの離脱を行った。とりわけ，土地の私的所有を部分的にであれ認めた（第6条）ことは，従来とは異なる大きな変化である[7]。

おわりに

これまで，社会主義型憲法を採用してきたアジアの国々の状況を簡単に考察してきたが，上記の考察をふまえ，以下にいくつかの論点を整理しておきたい。

第1には，アジアの社会主義国家は，例えば，中国は，19世紀のアヘン戦争後，イギリスの半植民地となり，また，ベトナム，ラオス，カンボジアは，これも同様に，19世紀以降，フランスの植民地支配を受け，1940年以降は，日本の支配を受けた。したがって，これらの諸国は，第2次世界大戦後，独立という課題と直面することとなった。そして，国によりその経緯は異なるものの，独立の課題を社会主義体制を採用することにより実現するという方向へと向かった。植民地経験は，これらの諸国の社会主義化の方向に，ソ連・東欧諸国の社会主義化とは異なるファクターを付与することになった。古田元夫は，1986年の「ドイモイ」路線以前のベ

トナム社会主義を,「貧しさを分かち合う社会主義」と性格づけたが[8],独立,貧困,開発という課題の克服が,これらの諸国には,今日に至るまで重くのしかかってきた。したがって,これらの諸国の法のあり方を考える場合には,「植民地」,「独立」,「開発」というファクターを考慮に入れる必要がある。

また第2には,これらのアジアの社会主義体制を採用した国々では,ベトナムは,特に1960年代以降は,ソ連邦の法システムおよび法学教育を導入し,また,1975年以降のカンボジア,ラオスには,ベトナム法およびベトナムによる法学教育が影響を与えてきた。モンゴルも,同様に,ソビエト法の強い影響力のもとにあった。中央アジア諸国は,ソ連邦の共和国として存在し,ソビエト法そのものの支配下に置かれた。

中国は,ソ連の法理論とは若干異なる特徴を持ちながら,独自の社会主義法システムを形づくってきた。したがって,ソ連・東欧の社会主義法理論・実際と,中国の社会主義法理論・実際との比較を行うことも重要である。

第3には,それにもかかわらず,今日,現存社会主義諸国を含むアジアの体制移行国は,グローバル化のもとで,ともに「市場経済化」を志向し,それに適合的な法制度の導入が,積極的に行われている。特に,欧米,日本などによる,これらの諸国に対する法整備支援をもひとつの契機としながら,ベトナム,カンボジア,ラオス,モンゴル,中国などアジア体制移行諸国の法は,大きな転換の時期を迎えている。先に見たように,憲法上の「人権」規定の導入,従来の「社会主義的適法性」とは別に「法治国家」概念の登場,さらにはいくつかの国では「憲法裁判所」,「憲法院」導入への試みなど,従来の社会主義法理論とは異なる制度構築が開始されている。したがって,これらの国々の法の研究は,諸国をとりまくグローバル化という視点からも研究していかなければならない。

アジアの社会主義国,体制移行国の法がどのような変容を遂げていくかについては余断を許さないが,これらの諸国が,「市場経済化」をひとつの軸として,どのように政治体制を改革していくかに注目しておかなければならない。

注
1) 木田純一『社会主義法概論』法律文化社,1971年。
2) 高木八尺・末延三次・宮沢俊義編『人権宣言集』(稲子恒夫訳,岩波文庫,1957年) 276頁以下。
3) 同上,288頁。
4) 藤田勇・畑中和夫・中山研一・直川誠蔵『ソビエト法概論』有斐閣,1983年,6頁。
5) 同上,9〜43頁。
6) 中国憲法の翻訳については,高橋和之編『[新版]世界憲法集』(高見澤磨訳,岩波文庫,2007年) に依拠した。
7) なお,ベトナム,ラオス,カンボジア,モンゴルの憲法につき,荻野芳夫・畑博行・畑中和夫編『アジア憲法集 [第2版]』(明石書店,2007年) の,各翻訳を参照した。ただし,ベトナム憲法については,若干,訳語を変更した。
8) この点につき,古田元夫『ベトナムの世界史——中華世界から東南アジア世界へ』東京大学

出版会，1995 年，同『ベトナムの現在』講談社現代新書，1996 年，などを参照のこと。

(鮎京正訓)

解説2　イスラーム法

はじめに

　イスラームは13世紀後半頃にはすでに東南アジアの諸王国で受容されていたと考えられる[1]。そして，15世紀半ば，マレー半島に拠点を置くムラカ（マラッカ）王国がイスラーム化し，東西交易の中心として発展したことにより，東南アジア地域のイスラーム化が急速に進み，その結果，現在では東南アジア地域のムスリムは総人口の4割をしめ，他の有力宗教（キリスト教，仏教，ヒンドゥー教など）を抑え東南アジア最大の宗教集団を形成している。インドネシア，マレーシア，ブルネイではムスリムは国民の多数派集団であり，他方，タイ，フィリピン，シンガポール[2]でも有力な集団を形成し，各国の法・政治体制に影響を与えている。また，インドシナ諸国にも少数ではあるがさまざまな民族的出自を持つムスリムが居住する。

　預言者ムハンマドの死後，後継指導者の問題をめぐってイスラームはスンナ派とシーア派に分裂したが，東南アジアのムスリムは主にスンナ派に属する。

　イスラーム法とはイスラームの教義にもとづく法規範であり，すべてのムスリムはその聖典である「クルアーン（コーラン）」[3]の戒律に服す宗教的義務を負っている。イスラームの戒律として，飲酒や豚肉食の禁止，一夫多妻の容認などが知られているが，それ以外にもクルアーンはムスリムの社会生活に関する多くの規範的記述を含んでいる。たとえば，喜捨（ザカート）などの税制に関するもの，利息（リバー）の禁止や取引の危険負担など契約に関するもの，女子の相続分を男子の半分と定めた相続に関するもの，人命被害の金銭賠償である「血の代償金」や同害報復など損害賠償の方法に関するもの，離婚宣言（タラーク）による離婚，待婚期間中の扶養義務など婚姻に関するものなどがある。しかし，クルアーンに書かれた規範的記述のみでは，完結した法体系を形成するものではない。イスラーム法とは，クルアーンを根本規範としながら，さまざまな法源から演繹・解釈される規範の体系である。

　紙幅の制約上，本解説はイスラーム法の詳しい内容については扱わず，概略および参考文献を示すにとどめる。その上で，東南アジア地域におけるイスラーム法の現状について，特にインドネシア・マレーシアを中心に述べる。

1. イスラーム法の概略

イスラーム法は，その根本規範としての神の啓示を記録したクルアーンおよび預言者ムハンマドの言行であるスンナを基礎としている。「イスラーム」とはアラビア語で「帰依」を意味するものであり，ムスリム（アラビア語で「帰依する者」）は神の啓示に全面的に帰依する義務を負う。このムスリムに義務づけられた「人間の行動に関するアッラーの命令の総体」[4]は，シャリーアという。しばしば，シャリーアはイスラーム法そのものを指す[5]。

両角は，イスラーム法について「宗教法」と「学説法」という2つの性質から説明している[6]。

まず，宗教法としてのイスラーム法は，あまねく存在する唯一全能のアッラーによって啓示として下されたものであり，(1)完全性（全能の神による完全な法），(2)包括性（全生活の規定），そして(3)普遍性（国家を超えた効力）を要素とする。したがって，イスラーム法はあまねく適用される人知を越えた法であり，人は変更・適用除外を行うことはできない。

しかし，実際にはイスラーム法は不変の硬直した法ではなく，現実社会に適応する法体系として成立している。これを可能にするのが，イスラーム法の「学説法」としての側面である。すなわち，イスラーム法はクルアーンおよびスンナを含む複数の法源から，イスラーム法学者の解釈を通じ現実社会の事象へ対応するために導き出された学説の集積による規範の体系である。この学説集積を通じてイスラーム法は発展してきた。

イスラーム法の法源としては，通常，クルアーン，スンナ，イジュマー，キヤースの4つがあり[7]，この順に優先順位がある。

クルアーンはイスラームの聖典である。ムハンマド（570年頃〜632年）が，610年に神の啓示を受け預言者としてイスラームの布教を開始し，632年に死亡するまでの22年間にわたって伝えた啓示の記録がクルアーンである。啓示の体系的記録はムハンマドの死後に始まり，異なった写本や読み方が統一され現在の形になったのは8世紀頃である。クルアーンの記述において，規範的内容を持つ部分はイーバーダート（礼拝などの儀礼に関する規範）とムアーマラート（人間同士の関係に関する規範）があり，イスラーム法解釈にかかわるのは後者である。

スンナとは，ムハンマドの言行，慣行およびムハンマドが黙認した一般信者の慣行であり，これを記録したものがハディース（言行録）である。クルアーンがイスラームにおいては絶対的真理であるのに対して，複数あるハディースの中に記録されたスンナにはその真偽が問題となるケースがある。ハディースの内容と伝承経路からその真正さが判定される。

イジュマーとは，ある特定の問題について，イスラーム法学者が一致した見解に達した合意である。その合意はイスラーム法の法源となる。

最後のキヤースは「類推」と訳され，ある事例の法的判断について上位の法源に直接言及されていない場合，明示の規範から判断を類推することである。

　イスラーム法の学説集積過程において複数の学派が形成された。スンナ派では現在，ハナフィー派，マーリキー派，シャーフィイー派，ハンバリー派の4学派が現存している（正統4法学派）。東南アジアのイスラーム法学者は主にシャーフィイー派に属する。各学派は特定問題で見解が分かれる場合もあるが排他的なものではなく，いずれも神の意志を反映するとされる[8]。また，近代主義イスラームでは学派を超えた法解釈が行われ，学派の相違は相対的なものとなっている[9]。

　権威をもつ法学派に属する法学者は，裁判官あるいは官僚として政府に登用され有権的な法解釈を行い[10]，または公認の法学者として法的見解（ファトワー）を下し，これらが公的なイスラーム法を形成してきた。

　イスラーム法全般の研究に関する情報については次を参照のこと。

(1) 両角吉晃「イスラーム法」（北村一郎編『アクセスガイド外国法』東京大学出版会，2004年）433～470頁。

　イスラーム法形成の歴史および中東イスラーム法については次が詳しい。

(2) 堀井聡江『イスラム法通史』山川出版社，2004年。

2．東南アジアのイスラーム法——インドネシア・マレーシアを中心に

　ここでは，ムスリムが人口の大多数を占めるインドネシアおよびマレーシアにおけるイスラーム家族法の状況を概説する。そのほかの国のイスラーム法については，以下の文献がある。(3)はインドネシア・マレーシアの2ヶ国に加えて，フィリピン，インドおよびモロッコのイスラーム家族法について解説している。

(3) 柳橋博之編著『現代ムスリム家族法』日本加除出版，2005年。

　また，東南アジアにおけるイスラーム法の沿革を知るには，次の文献が便利である。

(4) M. B. Hooker, *Islamic Law in South-East Asia*, Singapore : Oxford University Press, 1984.

1）インドネシアにおけるイスラーム法制度
① 宗教裁判所[11]

　イスラーム法を適用する司法機関についての規定は，スカルノ体制下の1964年に制定された司法権基本法（1964年法律第16号，1970年法律第14号および1999年法律）にすでにあり，同法第7条は，最高裁判所の下に，通常裁判，宗教裁判，軍事裁判および行政裁判の4つの裁判系列を定めた（インドネシアの司法制度全体は第5

章を参照)。

しかし,実際に宗教裁判所(pengadilan agama)が設置されたのは1989年である。宗教裁判に関する1989年法律第7号によると,宗教裁判所判事はムスリムであり,かつイスラーム法学士またはイスラーム法を専攻する法学士を持たなければならない[12]。

宗教裁判所の管轄する法律問題は,婚姻,イスラーム法にもとづく財産事項(相続〔waris〕,遺言〔wasiat〕,贈与〔hibah〕),そしてイスラーム法にもとづく寄付行為(寄進〔wakaf〕,慈善〔shadaqah[13]〕)である(第49条)。ただし,婚姻について宗教裁判所は別に定める婚姻法の規定に従わなくてはならない。

2006年の改正宗教裁判法(2006年法律3号)は,旧法第49条の定める寄付行為について寄進と慈善に加えて,イスラーム法上,収入に対する義務的割合の定めがある喜捨(zakat)および喜捨に追加する自発的出捐(infaq)を宗教裁判所の管轄とする。さらに同法は,主としてイスラーム金融を指すシャリーア経済行為(ekonomi syari'ah)も宗教裁判所の管轄とする[14]。

宗教裁判所は,断食月(Ramadan)の開始と終了を示す新月の観測結果承認というような純宗教的権限も持つ。

2003年制定の弁護士法(2003年法律第18号)は,イスラーム法学士にも弁護士資格を認めている(第2条1項および同注釈)。この規定はイスラーム政党からの要求であった。イスラーム経済行為への宗教裁判所管轄権の拡大は,このようなインドネシアにおけるイスラーム法の拡大を求める流れに対応している。しかし,ほとんどの宗教裁判所判事は一般的な法学教育を受けておらず,もっぱら家族法のみを管轄してきたため,イスラーム経済行為を理解する能力については問題がある[15]。

② 婚姻法およびイスラーム法集成

ここでは,1974年に制定された婚姻法(1974年法律1号)および,1991年に発表された「イスラーム法集成(Kompilasi Hukum Islam)」についてその特徴を述べる。

婚姻法は,第2条において「(1)婚姻は,各自の宗教または信仰にもとづく法に従って行われた場合に有効とする。(2)婚姻は有効な法令にもとづき登録する」と定め,婚姻は宗教法によると同時に,それを法律にもとづき登録することを義務づけている。

婚姻法は特にムスリムのみを対象としたものではない。しかし,古典的なイスラーム法の内容を取り入れた規定として,①複婚(一夫多妻制)の容認,②乳親族間の婚姻禁止,③婚姻後見人による婚姻阻止の権利の承認,④離婚事由に身体的瑕疵を含める,⑤夫の扶養料支払い義務,⑥夫または妻の個人財産に関する規定(婚姻中に形成された財産を共有財産とすることの例外)がある[16]。

婚姻法は古典的イスラーム法を取り入れる一方,それを修正する内容も含んでいる。それらは,女性の権利を保護する内容であり,このような傾向はほかのイスラーム諸国の家族法においてもみられる。古典的イスラーム法を修正する規定とし

ては，①婚姻登録の義務，②複婚について裁判所の許可を必要とする，③婚姻を当事者間の合意にもとづくものとする，④婚姻可能年齢の規定（男19歳，女16歳），⑤家庭および社会関係における夫および妻の権利の平等，⑥婚姻中に形成した財産を共有財産とする，⑦離婚に裁判所の許可を必要とする（タラーク〔talak〕という夫による一方的な離婚を制限），⑧離婚事由に夫婦間の不和を認める，ことがある[17]。

「イスラーム法集成」は，1991年大統領指令第1号により，正式な法令としてではなく，イスラーム法にかかる紛争解決の「指針」としてその使用が指示された文書である[18]。古典的なイスラーム法が，スンナあるいは高名なイスラーム法学者の著作への注釈という形の構成をとるのに対し，イスラーム法集成は「巻」「章」「条」からなり，特定の学派との関係を示さない形式をとる。

イスラーム法集成は制定法である婚姻法に抵触することができないが，婚姻法と比較して，女性の地位について後退した規定を含む保守的色彩が強い。たとえば，異なる宗教の信徒間の婚姻禁止（伝統的なイスラーム法は，ムスリム男性とキリスト教やユダヤ教の女性との結婚を認める），婚姻後見人の立ち会いを婚姻成立要件とし，また女性が後見人・証人になれない，離婚事由として「妻の夫への不服従」を定める，妻からの離婚請求に対しては夫の扶養料支払い責任が生じない，などがある[19]。

2）マレーシアにおけるイスラーム法制度

マレーシアは人口の約6割がムスリムであり，またイスラームは法制度上特別な地位を付与されている。具体的には，第1に，イスラームは国教としての地位を有し，国家儀礼，予算措置などで優遇を受け，また，ムスリムへの他宗教の布教に制限を課すことが憲法上認められており，多くの州法で布教の制限を定めている。第2に，ムスリムのみを対象とした公的な法制度としてのイスラーム法，イスラーム法裁判制度が存在している。そして，第3に，イスラーム法は，各州の管轄事項であり（ただし，首都クアラルンプールを含む連邦直轄領の場合は連邦が管轄），各州の長であるスルタン（ただし，スルタンを擁しないサバ州，サラワク州，マラッカ州，ペナン州では州知事）のもとに諮問機関としてイスラーム評議会を設置し，またイスラーム法裁判所やイスラームに関する行政を掌る宗教局が整えられている。

イスラーム法の主たる適用領域は家族法であり，連邦直轄領をのぞいて，州が立法専権を有し，各州はイスラーム法施行法，イスラーム家族法，イスラーム民事訴訟法，イスラーム刑法，イスラーム刑事訴訟法，イスラーム証拠法等のイスラーム実定法を制定している。これら実定法は，イスラーム復興運動が顕在化し無視し得ない存在となった1980年代初頭以降進められた，新法制定，裁判所等司法機構の整備，イスラーム法専門家を養成する大学新設といったイスラーム法制度改革において，制定されたものである。それ以前は，多くの州が倣ったスランゴール州のムスリム法施行法（1952年スランゴール州法律第3号，全180条）のように，宗教評議

会の構成・権限，裁判所組織・管轄，刑事訴訟手続，民事訴訟手続，宗教財政，家族法，刑法は簡単に定められていたに過ぎなかった。たとえば，家族法に関しては，その多くが手続規定であり，実体法部分はほとんど成文化されていなかった。したがって，事案の解決に際しては，「学説法」を解釈する裁判官の裁量に拠るところが大きかったと思われる。

1980年代以降に制定されたイスラーム実定法の特徴の第1として，とりわけイスラーム法改革の先鞭をつけた連邦直轄領において，マレーシアのムスリムの大半が属するシャーフィイー法学派以外のスンナ派に属する法学派の「学説法」を選択的に導入することにより，例えば夫婦間の不平等な離婚請求権の是正といった現代社会にある程度即したイスラーム法の運用を可能としたことがある。第2は，マレーシアの法体系がコモンロー法系に属することと関連するが，イスラーム法裁判所の訴訟手続へのコモンローの原則の一部導入である。これらの特徴は，法継受または法借用による，マレーシアのイスラーム法の現代化を示すものと捉えることができよう。

マレーシアにおけるイスラーム法のコンメンタールとして次の文献がある。

(5) *Halsbury's Laws of Malaysia : Remedies, Syariah Law, vol. 14*, Kuala Lumpur : Malayan Law Journal, 2002.

次の文献は，イスラーム法を含むマレーシアの家族法を解説したものである。

(6) *Ahmad Ibrahim, Family Law in Malaysia, 3rd ed.*, Kuala Lumpur : Malayan Law Journal, 1997.

(7) 桑原尚子「マレーシア家族法制度調査報告（上）（下）」『戸籍』第784，785号，2006年。

おわりに──イスラーム法の現代的展開

最後に，現代社会におけるイスラーム法の新たな動きとして近年のイスラーム地域の経済発展と世界的なイスラーム復興運動に伴うイスラーム金融と，国民国家を基礎としたイスラーム法の変容についてごく簡単に述べる。

イスラーム金融とはイスラーム法に合致した方法による金融ビジネスを指す。イスラーム金融に対して従来の金融ビジネスを，しばしば「コンベンショナル金融」と呼ぶ。

イスラーム金融において最も特徴的なのは利息（リバー）の否定である。クルアーンには「神は商売を許し，利息をとるのを禁じたもうた」（雄牛の章275節）というような利息を禁じる記述がある[20]。したがって，イスラーム金融では，事前に固定された利息ではなく，現物取引仲介による手数料や共同事業投資による利益分

配という形で利息に代替する。また，クルアーンの禁じる取引や事業（飲酒や賭博など）への投資もイスラーム金融では認められない。イスラーム金融商品のイスラーム法適合性は，イスラーム銀行内に設置されたイスラーム法理事会（Syariah Board）や，イスラーム法に関するコンサルタントによる承認を得ることによって確保している。

　かつて，イスラーム金融は村落などできわめて小規模・非公式に存在するだけであったが，1970年代から近代的制度として発展を始め，現在ではイスラーム諸国の国家・民間金融機関だけではなく，欧米諸国の金融機関もイスラーム金融部門を設けている。その資産規模は，4,500億ドル〜7,000億ドルに達する[21]。

　イスラーム金融に関する文献は最近増加しているが，ここでは次のものをあげておく。

(8) イスラム金融検討会編著『イスラム金融——仕組みと動向』日本経済新聞出版社，2008年。

　フーカーは国民国家に基礎をおく現代イスラーム法の現状について次のように述べる。

> 現代のイスラム世界においては，イスラム法の公的表現は地域ごとに異なるということが普通である。実際上，このことは「イスラム法とはなにか，それはどのようにわかるのか？」という問に答えるために，場所と時間を特定しなければならないことを意味している。エジプト，チュニジア，サウジアラビア，インド，マレーシアなどの国民国家レベルにおいては，この問に対して明確な回答を行うことができるが，しかし，イスラム世界全体としては，ほとんど無意味な一般化をするならともかく，答えはない。……実際のところイスラム法は一様ではなく，多様である[22]。

　とりわけ，第2次世界大戦後，イスラーム地域において多くの国が世俗的国民国家として独立した結果，国内においてムスリムが大多数を占めていたとしても，イスラーム法は世俗的国家法と共存，あるいは従属する状況となった。このことは，唯一神の定める普遍かつ不変な法としてのイスラーム法という前提と矛盾を生じさせる。イスラーム法と国家法との関係は，トルコのようにイスラームを信仰の次元へ限定し，公的空間から宗教法の排除を徹底するものから，イランのように革命を経てイスラーム法とイスラーム法学者による国家統治を行うものまで多様である[23]。

　ムスリムが多数または有力な少数集団を構成する国の多くにおいて，台頭著しいイスラーム金融に関する法制度をのぞけば，イスラーム法は主に属人的な家族法領域で実定法としての地位を維持している。しかし，非ムスリム国民との関係（特に異なった宗教間での婚姻），女性差別への意識向上，国内法制度とイスラーム法の整合性などの問題に対する異なった対応により，「国家イスラーム法学派（national school of Islamic Law)」[24] とも呼びうる，伝統的なイスラーム法学派とは異なったイスラーム法解釈にもとづく国ごとのイスラーム実定法が発達している。

　以上のように現代世界では，イスラーム法は急速な変容を遂げるとともに，国家法との関係で宗教という枠だけではとらえられないものとなっている。

注
1) 石澤良昭・生田滋著『世界の歴史 13　東南アジアの伝統と発展』中央公論新社，1998 年，290〜291 頁。
2) タイではマレーシア国境と接するタイ深南部 4 県においてムスリムが多数派を構成し，タイからの分離独立を求めている。また，フィリピンでは南部のミンダナオ島はモロと呼ばれるムスリムが多数を占める地域であり反政府活動が続いている。
3) クルアーンは，預言者ムハンマドを介して下された神の啓示を記録したものであるが，断片的に存在していた啓示の記録や，ムハンマドの預言を実際に聞いたものの記憶をまとめるための作業は，7 世紀頃に始まり，8 世紀初め頃に現在のクルアーンの形になった。
4) 両角吉晃「イスラーム法」(北村一郎編『アクセスガイド外国法』東京大学出版会，2004 年) 439 頁。
5) たとえば，インドネシア・アチェ州に設置されたイスラーム法を適用する裁判所は，シャリーア法廷 (Mahkamah Syariah) という。
6) 両角吉晃前掲「イスラーム法」440〜442 頁。
7) アブドル゠ワッハーブは，さらに 6 つの補助的法源 (イスティフサーン，無記の福利，慣習，イスティハーブ，イスラーム前の法，教友の意見) をあげている (アブドル゠ワッハーブ・ハッラーフ『イスラムの法──法源と理論』中村廣治郎訳，東京大学出版会，1984 年)。
8) 両角吉晃前掲「イスラーム法」445 頁。
9) たとえば，アブドル゠ワッハーブが 6 つの補助的法源をあげるのは，訳者解説によると特定の学派だけが認める法源を等しくイスラーム法の法源として扱うことを意味している (同上書，320 頁)。
10) たとえば，裁判官としてカーディ (qadi) やハキム (hakim)，官僚としてはプンフル (penghulu〔マレーシア〕) がある。ただし，同じ名称でも地域・時代により機能は異なる。
11) ナングロ・アチェ・ダルサラーム州 (以下，アチェ州) について，アチェ特別自治法 (2001 年法律第 18 号) は，イスラーム法による統治および宗教裁判所の管轄に加えてムスリム間の民事事件および刑事事件ついても管轄するシャリーア法廷 (Mahkamah Syariah) の設置を定めている。
12) インドネシアにおいて宗教裁判所判事の供給源となっているのは，全国に 15 ある国立イスラーム学院 (Institut Agama Islam Negeri, IAIN。いくつかはすでに国立イスラーム大学〔Universitas Islam Negeri〕に改組している) であるため，宗教裁判所判事の多くは通常の法学教育は受けていない。
13) wakaf は所有する財産の一部を信仰または公益のために目的を定めて引き渡す行為であり，shadaqah は信仰に沿った困窮者への施しの行為を意味する。
14) 同法注釈によると，宗教裁判所が管轄するシャリーア経済行為はイスラーム金融に限定されず，その他の経済行為も含むものであり，具体的にはシャリーア銀行，シャリーア保険・再保険，シャリーア信託基金，シャリーア債券・中期有価証券，シャリーア抵当，シャリーア決済，シャリーア買権，シャリーア金融年金，シャリーアビジネス，シャリーアマイクロ金融である。
15) M. B. Hooker, *Islamic Law in South-East Asia*, Singapore : Oxford University Press, 1984,

p. 17.
16) 小林寧子「インドネシア」(柳橋博之編著『現代ムスリム家族法』日本加除出版，2005年) 98頁。
17) 同上書，98〜99頁。
18) 「政府機関および市民は必要な場合，当該分野における問題解決において，第a号にいうイスラーム法集成を使用することができる」(1991年大統領指令第1号前文第b号)。
19) 小林寧子前掲「インドネシア」106〜109頁。
20) 日本語訳は藤本勝次編『コーラン』中央公論社，1979年による。
21) イスラム金融検討会編著『イスラム金融——仕組みと動向』日本経済新聞出版社，2008年，1頁。
22) M. B. Hooker, *Indonesian Syariah : Defining a National School of Islamic Law*, ISEAS, 2008, p. 1.
23) トルコとイランのいずれの典型例においても，宗教法または世俗法のどちらかから異議申立ての生じることは避けられない。この問題についての参考文献としては，内藤正典・坂口正二郎編『神の法 vs. 人の法——スカーフ論争にみる西欧とイスラームの断層』日本評論社，2007年。Majid Mohammadi, *Judicial Reform and Reorganization in 20th Century Iran : State-building, Modernization and Islamicization*, New York : Routledge, 2008.
24) Hooker, *op. cit.*, *Indonesian Syariah*.

(島田弦・桑原尚子)

法情報へのアクセス1　国内編

はじめに

　ここでは，主として初学者を対象に，日本国内で各国の法情報を入手する方法を紹介する。本書をここまで読まれた読者は，各国法についての基礎的な知識をすでに身につけられたことと思われる。次の段階として，本書に掲載されている情報を自らの目で確認したり，さらなる情報を入手したりする作業が必要になる。そこで，以下では，第1に，各国の法情報を提供してくれる図書資料の探し方について紹介し，第2に，そのような図書資料を多数所蔵しているいくつかの図書館を紹介する。

1．図書資料の探し方

　図書資料を探すときには，まず読みたい図書資料を特定し，次にその図書資料を所蔵している図書館をみつけ，そして，その図書館に赴くなり近隣の図書館を通じて貸出・複写依頼をするなりといった方法でその図書資料を入手する，という一連の作業が必要となる。その際には，以下の文献が参考になる。

(1) 弥永真生『法律学習マニュアル［第2版補訂版］』有斐閣，2007年。
(2) いしかわまりこ・藤井康子・村井のり子『リーガル・リサーチ［第3版］』日本評論社，2008年。

　(1)(2)は法学初学者を対象とした入門書である。アジア諸国の法情報に限らず法情報一般の探し方に詳しくないという方は，まず参照していただきたい。法情報一般の探し方や，その際の注意事項について，(1)は「第5章 法律学の資料を探す」(109〜146頁)で，(2)は全体を通じて解説されている。また，(1)は第5章中の131〜136頁で外国法に関する文献の探し方を紹介しており，(2)は「第II部 法令を調べる 6. 外国の法令，判例，議会資料」(128〜136頁)で外国法令，判例，議会資料の探し方について紹介している。

　外国の法情報に特化した図書資料の探し方を紹介している文献には，以下のものがある。

(3) 田中英夫他『外国法の調べ方——法令集・判例集を中心に』東京大学出版会，1974年。
(4) 板寺一太郎『外国法文献の調べ方』信山社出版，2002年。
(5) 北村一郎編『アクセスガイド外国法』東京大学出版会，2004年。

(3)は英米独仏中ソの法情報について，(4)は主として英米独仏の法情報について扱うものであり，(3)の中国法に関する部分を除き，アジア諸国の法情報には直接には関係しない。しかし，旧植民地国の法を知るためには旧宗主国の法を知っておく必要があるし，同様に社会主義国・体制移行国の法を知るためにはソ連・中国の法を知っておく必要があろう。また，(4)の第13章（291～409頁）および第14章（411～451頁）で紹介されている書誌・目録などについての情報は有用である。(5)は中国，韓国，カンボジア，インドネシア，マレーシア，タイ，ベトナム，インド・パキスタンの各国の法情報も扱っている。

　図書資料の特定については，本書では，各章において，その国の法情報を知る上で重要な文献を紹介しているので，まずはそれを参照していただくのが近道である。その他には，『外国の立法』（国立国会図書館調査及び立法考査局）はアジア諸国の法情報を掲載することがあり，『ICD NEWS』（法務省法務総合研究所国際協力部）は法整備支援の対象となっている国々の法情報を掲載している。『法律時報』（日本評論社）は，毎年12月号に掲載される「学界回顧」の「アジア法」の項目で，その年に発表された文献を「アジア一般」「東アジア」「東南アジア」「南アジア」等地域別に整理して紹介している。

　それでも図書資料がうまく特定できない場合には，国立情報学研究所（National Institute of Informatics：NII）が提供するCiNii（サイニィ，NII論文情報ナビゲータ）や，NACSIS Webcat, Webcat Plus，国立国会図書館蔵書検索・申込システム（National Diet Library Online Public Access Catalog：NDL-OPAC）等を利用して検索する方法がある。後述する各図書館が発行する所蔵文献目録や，アメリカ議会図書館の目録等をみてみるのもひとつの方法である。

　(CiNii)　http://ci.nii.ac.jp/
　(NACSIS Webcat)　http://webcat.nii.ac.jp/
　(Webcat Plus)　http://webcatplus.nii.ac.jp/

　読みたい図書資料をみつけたとして，次に，その図書資料を所蔵している図書館をみつける必要がある。大学生の場合，自分が在籍している大学の図書館のオンライン検索目録を調べ，それでみつからなければ，前述のNACSIS WebcatやWebcat Plusを利用して他館の所蔵状況を調べる，というのが定石であろう。ただし，次の点には注意が必要である。NACSIS WebcatやWebcat Plusで所蔵情報がみつからない資料であっても，各図書館のオンライン検索目録ではみつかる場合もある[1]。アジア諸言語で書かれた文献については，図書館によっては別途検索データベースを用意していることがあり，そのような文献はWebcatやOPACではなく，

そのデータベースで検索する必要がある。植民地時代に発行された文献等の古い図書資料は，まだデータの遡及入力が追いついていない場合があり，WebcatやOPACではみつからなくても冊子体の目録には記載されていることがある。

最後に，図書資料を入手する必要がある。その図書資料を所蔵している図書館が遠方にしかない場合には，近隣図書館などを通じた貸出・複写サービスを利用する方法もあるが，それが可能か否か，どのような手続が必要，については，各図書館のウェブサイトやパンフレット類などに記載されている情報を参照していただきたい。

2．アジア諸国の法情報を多く所蔵する図書館

1）国立国会図書館（議会官庁資料室およびアジア情報室）
① 概　要

国立国会図書館は，国立国会図書館法により設立された。「図書及びその他の図書館資料を蒐集し，国会議員の職務の遂行に資するとともに，行政及び司法の各部門に対し，更に日本国民に対し，この法律に規定する図書館奉仕を提供すること」（同法第2条）を目的としており，一般国民も満18歳以上なら誰でも利用可能である。

国立国会図書館は，日本国内の出版物を網羅的に収集する納本制度の他，購入，寄贈，交換などにより，2007年度末現在で図書約905万3千冊，逐次刊行物約1,247万4千点，非図書資料約1,320万3千点にも及ぶ膨大な資料を収集・所蔵している[2]。館内では，資料の閲覧・複写ができるが，個人への館外貸出はできない。インターネット経由の複写サービスや，近隣の図書館で国立国会図書館の資料を閲覧できるサービスなど，国立国会図書館まで足を運ばずに利用できるサービスも提供している。詳細は，下記ウェブサイトを参照していただきたい。

（国立国会図書館）　http://www.ndl.go.jp/

② 所蔵資料の特徴

国立国会図書館は，東京本館（東京都千代田区永田町）や関西館（京都府相楽郡精華町精華台）の他，行政司法各部門に支部図書館を擁するが，ここでは，アジア諸国の法令議会資料を所蔵している東京本館の議会官庁資料室と，それ以外のアジア関係資料を所蔵している関西館のアジア情報室を取り上げる。

議会官庁資料室では，約70ヶ国の議会資料と，約150ヶ国の法令資料を所蔵している。議会資料とは議会議事録等であり，法令資料とは官報・法令公報，総合法令集，各主題別法令集などである。議会官庁資料室では，各国の最近の官報・法令公報，現行総合法令集，各主題別法令集を開架している。開架されていない資料も，カウンターで請求することにより，閲覧できる。法令集は，加除式のものも多く，アジア諸国のうちでも中国や韓国については頻繁に追録が行われている。主要な所蔵資料については，同資料室のウェブサイトで，タイトル，請求記号，所蔵年月，

主な掲載内容，関連情報ウェブサイトへのリンクなどが，各国別に紹介されている。

（議会官庁資料室）　http://rnavi.ndl.go.jp/politics/

アジア情報室は，東アジア，東南アジア，南アジア，中央アジア，中東，北アフリカ地域の言語で書かれた資料約30万冊の他，これらの地域に関する日本語，欧文の資料を所蔵している。現地語資料は，中国語資料が全体の約8割，朝鮮語資料が約1割，その他のアジア言語資料が約1割を占める。各言語とも，人文分野が多いものの，近年では政治，法律，経済分野の収集にも力を入れている。中国語資料は，書誌，辞書・事典，便覧，人名録等の参考図書の他，年鑑や統計の資料が豊富である。朝鮮語資料は，政府刊行物・白書類，年鑑の他，会社史・団体史・地方史が充実している。全体として，研究書よりも統計や年鑑などの1次資料に重点が置かれている[3]。なお，各国の官報・公報・法令集等は，東京本館の議会官庁資料室で所蔵している。

（アジア情報室）　http://rnavi.ndl.go.jp/asia/

③ 資料を検索する方法

国立国会図書館が所蔵する日本語および欧文資料は，NDL-OPACを利用することにより，検索や大部分の資料の閲覧申請が可能である。

（NDL-OPAC）　http://opac.ndl.go.jp/

アジア諸言語で書かれた資料については，現地語により入力しているものはアジア言語OPACで，翻字により入力しているものはNDL-OPACで検索できる。ただし，一部の未入力資料は，冊子またはカードの目録によって検索する。どの検索手段を利用するかは，言語により，あるいは受入年度により異なる。2009年4月現在の区分については表付-1のとおりである。未入力の言語についても，現在，入力作業が行われている。

（アジア言語OPAC）　http://asiaopac.ndl.go.jp/

表付-1　国立国会図書館所蔵資料の検索方法

	図書		逐次刊行物
	1985年以前受入	1986年以降受入	
中国語・朝鮮語	冊子目録・カード目録	アジア言語OPAC	アジア言語OPAC
ベトナム語・モンゴル語・マレーシア語・インドネシア語・アラビア語・ペルシア語・ヒンディー語，（タイ語，トルコ語）	NDL-OPAC（翻字）	アジア言語OPAC	NDL-OPAC（翻字）
上記以外のアジア言語	NDL-OPAC（翻字）	冊子目録・カード目録	NDL-OPAC（翻字）
欧米言語	NDL-OPAC	NDL-OPAC	NDL-OPAC

出所）国立国会図書館関西館アジア情報室編「アジア言語資料の蔵書検索　アジア言語OPAC」（2008年10月）をもとに作成。

なお，法令議会資料を検索できる冊子目録としては，『国立国会図書館所蔵外国法令・議会資料目録　1987年12月末現在』（1990年）もある。

　検索の際に，入手したい文献が特定されておらず，たとえば「韓国の商法について知りたい」といったように，ある分野の資料を網羅的に検索したい場合も想定できる。そのような場合には，国立国会図書館分類表（National Diet Library Classification : NDLC）にもとづく請求記号を利用した検索が便利である。

　請求記号は，アルファベットと数字の組み合わせから成り，たとえば「AK4-121-H2」「BC9-3-1」「CI2-2-1」のようになっている。最初のアルファベットが大分類であり，「A」ならば政治・法律・行政，「B」ならば議会資料，「C」ならば法令資料を示す。請求記号が「B」「C」から始まるものは，議会官庁資料室が所蔵する資料である。2番目のアルファベットと数字が，国を表す記号であり，たとえば「K4」ならば韓国，「C9」ならば中国，「I2」ならばインドを示す。したがって，具体例を示すと，「AK4-121-H2」ならば韓国の政治・法律・行政に関する図書（尹龍澤・姜京根『現代の韓国法』有信堂高文社，2004年），「BC9-3-1」ならば中国の議会資料（『中華人民共和国全国人民代表大会常務委員会公報』），「CI2-2-1」ならばインドの法令資料（*Gazette of India*）となる。

　国記号以下の数字は，小分類であるが，説明が煩雑になるので省略する。詳細は，国立国会図書館分類表を参照していただきたい。同分類表は，国立国会図書館のウェブサイト上で，PDF形式で入手することができる。

（国立国会図書館分類表）　http://www.ndl.go.jp/jp/library/data/ndl_ndlc.html
（同　附表第1　国名記号表）　http://www.ndl.go.jp/jp/library/data/1.pdf

　請求記号による検索を利用すれば，たとえば「AK4-*」で前方一致検索をかけることにより，請求記号が「AK4」で始まる図書，すなわち韓国の政治・法律・行政に関する図書を網羅的に検索することができる（NDL-OPACで検索してみたところ，和図書で224件，洋図書で170件，アジア言語OPACで検索すると460件が該当）。さらに，商法を示す記号「861」を加えて，「AK4-861-*」で前方一致検索をかければ，商法に関連する資料に絞り込むことができる（NDL-OPACで検索すると和図書で5件，洋図書で3件，アジア言語OPACで検索すると4件が該当）。このような検索の仕方も，便利な場合があるので，必要に応じて活用していただきたい。

2）アジア経済研究所図書館
①概　要

　アジア経済研究所は，1960年，「アジア地域等の経済及びこれに関連する諸事情について基礎的かつ総合的な調査研究を行ない，並びにその成果を普及し，もってこれらの地域との貿易の拡大及び経済協力の促進に寄与する」という目的で設置された（昭和35年法律第51号第1条）。その後，2003年に独立行政法人日本貿易振興機構アジア経済研究所となった。その主要な事業は「開発途上地域及び開発問題に関する基礎的かつ総合的研究，政治・経済動向分析，経済協力研究，統計解析等の

調査研究をすること」「開発途上地域の図書，雑誌，新聞，地図，法令，統計等各種資料の収集・加工を行い，研究活動に資するとともに，一般への供覧に資すること」等である[4]。

同研究所にはアジア経済研究所図書館（千葉県千葉市美浜区若葉）がある。同図書館は，「対象地域に関する経済，政治，社会に関する基礎的な文献，統計資料，雑誌，新聞等の最新資料をはじめ，販売ルートでは入手困難な調査報告書，ワーキングペーパーなど」を収集しており，2007年度末時点で，約58万冊の図書（製本雑誌等含む）をはじめ，多数の統計資料，雑誌，新聞，地図等を所蔵している[5]。

同図書館の利用の仕方等については，下記ウェブサイトの「利用案内」を参照していただきたい。

（アジア経済研究所図書館）　http://www.ide.go.jp/Japanese/Library/

② 所蔵資料の特徴

同図書館は，主として，開発途上地域の経済・政治・社会等の社会科学分野の図書資料を収集している。「調査研究は途上国の言語を使用し，現地語資料を活用し，現地調査に基づくという『現地主義』を基本とし」ているため[6]，現地語資料が豊富である。約58万冊の図書のうち約25万冊が「洋書」に分類されているが，その中には，アラビア語，インドネシア語，タイ語等のアジア・アフリカ諸語で書かれた図書約2万冊が含まれている。その他に中国書40,595冊，朝鮮・韓国書20,705冊を所蔵している[7]。また，統計や地図，雑誌・新聞，官報等の1次資料も充実している[8]。

③ 資料を検索する方法

アジア経済研究所図書館の所蔵資料は，同図書館のウェブサイトの「蔵書検索（OPAC）」から検索できる。図書・雑誌が検索できる他，雑誌記事・論文についても日本語（1982年以降），欧米諸語（1986年以降），インドネシア語（1986年以降），中国語，朝鮮・韓国語，アラビア語（2002年以降）が検索可能である。また，新聞・地図については，それぞれ「新聞所蔵目録」「発展途上地域地図目録」からみることができる。

（蔵書検索）　http://opac.ide.go.jp/webopac2/topmnu.do

書名を特定せずに，ある地域ないしテーマに関する図書資料をまとめて検索したい場合は，「アジ研件名」「アジ研分類」「地域コード」等を活用すると便利である。たとえば，「インドネシアの行政」について知りたい場合は，OPACの検索画面の地域コードの欄にインドネシアの地域コード「AHIO」を，アジ研分類の欄に行政のアジ研分類「35」を入力する（正確には「35」で前方一致検索をかけるため「35*」となる）。入力欄の右側に「分類表参照」「地域コード表」等のボタンがあり，これをクリックすることでコードを覚えていなくとも容易に入力できる。これで検索をかけると，インドネシアの行政に関する資料を網羅的に検索することができる（検索してみると，図書で209件該当）。より詳しくは，同図書館ウェブサイト内の「各種資料リスト」の「便利な検索の仕方」を参照していただきたい。

3) 国際協力機構（JICA）図書館
① 概　要

　国際協力機構（JICA）は，1974年に国際協力事業団として発足し，2003年に独立行政法人国際協力機構となった。発足当初は，技術協力，青年海外協力隊派遣，海外移住などを目的としていたが，その後の日本の経済発展や技術進歩にともない，JICA による国際協力も量的に拡大し，内容も多様化してきた[9]。なかでも，法整備支援については，ベトナムに対する法整備支援を1996年に開始して以降，現在も重要な役割を果たしている。日本が行っている法整備支援や，その対象国の法制度の現状を知るためには，JICA 図書館（東京都新宿区市谷本村町）を利用するのが便利である。JICA 図書館は，JICA の業務を支援する目的で，開発援助にかかわる図書資料を収集・公開している。図書館内の閲覧室で図書の閲覧が可能であるが，業務支援という目的上，外部の個人への貸出は行っていない。
　（JICA）　http://www.jica.go.jp/

② 所蔵資料の特徴

　JICA 図書館が所蔵している図書資料は，2009年3月現在，JICA の刊行した各種調査・事業の報告書46,800冊，JICA 調査団が海外で収集した開発途上国の政府刊行物，図書，調査関連資料17,460冊などである。JICA が作成した資料は基本的にすべて図書館に所蔵されている。JICA 専門家等の作成した資料のうち，外部向けに作成したものではないものについても，通常の行政文書の開示請求と同様の手続により，閲覧可能なものがある。

③ 資料を検索する方法

　所蔵資料は，下記ウェブサイトの「資料検索」から検索可能である。
　（JICA 図書館）　http://libportal.jica.go.jp/fmi/xsl/library/public/Index.html
　なお，JICA が最近10年以内に作成した資料については，JICA のウェブサイト上で電子データが公開されている。まずは JICA のウェブサイト内を探すことをお薦めする。

4) 東京大学東洋文化研究所図書室
① 概　要

　東京大学東洋文化研究所（東京都文京区本郷）は，1941年，勅令1012号によって，当時の東京帝国大学における人文・社会科学系の最初の研究所として設置された。当初の文学・法学・経済学の3分野を中心とする研究から順次研究対象を拡げ，今日では，アジア諸地域を中心にしつつ北アフリカなどを含んだ広範な地域を対象に，人文社会科学のさまざまな専門分野を総合した研究を行っている[10]。
　（東京大学東洋文化研究所）　http://www.ioc.u-tokyo.ac.jp/

② 所蔵資料の特徴

　東洋文化研究所図書室は，2009年3月31日現在，約66万冊の図書と約6,500タイトルの雑誌，多数の漢籍・新聞・マイクロ資料等を所蔵している[11]。図書は，日

本語や欧米諸言語の他，中国語，韓国・朝鮮語，アラビア語，ペルシャ語，インドネシア語，ヒンディー語，モンゴル語など，多岐にわたる。「大木文庫」，「仁井田文庫」，「我妻文庫」等の個人文庫を多数所蔵しており[12]，漢籍等，今日では収集困難な資料も多い。現代中国語図書・雑誌も多く収集している。中国関係以外には，アラビア語の写本集成等，イスラームに関する資料も充実している[13]。

③ 資料を検索する方法

東洋文化研究所図書室の所蔵資料は，東京大学オンライン蔵書目録データベース (The University of Tokyo Online Public Access Catalog：東京大学 OPAC) からおおむね検索可能である。ただし，漢籍（古籍）については「漢籍目録データベース」，というように，一部の資料については別途検索用データベースが設けられている。詳細は，東洋文化研究所のウェブサイト内にある図書館のページを参照していただきたい。

（東京大学東洋文化研究所図書室）　http://www.ioc.u-tokyo.ac.jp/~library/

5）東京大学法学部研究室図書室外国法令判例資料室（旧外国法文献センター）

① 概　要

東京大学法学部研究室図書室外国法令判例資料室（東京都文京区本郷）は，外国法に関する基礎資料を収集整備し，一般の研究者・実務家の利用に供することを目的として，1963年に外国法文献センターとして設立され，2006年に現在の組織に改組された。

（外国法令判例資料室）　http://www.j.u-tokyo.ac.jp/lib/gaise/

② 所蔵資料の特徴

同資料室は，2006年3月末現在，欧米諸国を中心に100ヶ国を超える国々の法令集・判例集その他法令・判例の検索資料を約73,000冊所蔵している[14]。外国法令判例資料室では，外国の法令および判例をその国の言語で所蔵している。法令・判例の和訳・英訳は，一部を除き，所蔵していない。また，外国法に関する著書，法律雑誌，議会資料等は，所蔵していない。

③ 資料を検索する方法

外国法令判例資料室の所蔵資料は，東京大学 OPAC から検索可能である。また，外国法令判例資料室が継続購入している法令・判例に関する資料は，前述のウェブサイトに紹介されている。

6）東洋文庫

① 概　要

財団法人東洋文庫（東京都文京区本駒込）は，「東洋に関する図書を収集し，東洋学の研究及びその普及を図ること」を目的とし（寄附行為第3条），「文庫の設置経営」「研究部の設置経営」「講演会・講習会・展覧会の開催」「有益な図書の出版」等の活動を行っている（同第4条）。

三菱合資会社初代社長を務めた岩崎久彌は，1917年，ロンドン『タイムズ』社のバンコク特派員・北京特派員を務めたジョージ・アーネスト・モリソン（George Ernest Morrison）所蔵の「モリソン文庫」約24,000点を購入した。このモリソン文庫と，岩崎久彌の所蔵する「岩崎文庫」等をもとにし，さらに増補・拡充がなされた上で，1924年に東洋文庫が設立された。戦後の三菱財閥解体によって経済的な打撃を受け，一時的に閉鎖を余儀なくされるなど困難な時期もあったものの，その後も資料の充実が図られ，現在では約95万冊の図書を所蔵している[15]。

（東洋文庫） http://www.toyo-bunko.or.jp/

② 所蔵資料の特徴

アジア全域にわたる歴史文献（漢籍など），欧文資料，和書を所蔵している。多くの貴重コレクションを所蔵しており，たとえば，前述のモリソン文庫，岩崎文庫の他，中央アジアに関する「護文庫」，「榎文庫」，タイの歴史・宗教・法律・文学・文化等に関する「松田コレクション」，フィリピンを中心とする社会・歴史・宗教・経済・文学・民俗等に関する「ヴェラルデ文庫」，ビルマの歴史・文学・宗教・政治・言語に関する「萩原文庫」，中国・ベトナムをはじめ東南アジアに関する「山本文庫」等がある[16]。

③ 資料を検索する方法

同文庫ウェブサイトの「図書」「データベースの検索」から検索できる。雑誌・新聞や古典籍等といった図書資料の種別や，言語によって検索の仕方が異なるため，注意を要する。

7）北海道大学スラブ研究センター

① 概　要

北海道大学スラブ研究センターは，1955年にスラブ研究室として設置された。当初より政治学や経済学等の社会科学的アプローチ，歴史や文学などの人文科学的アプローチを包含した総合的地域研究としてのスラブ研究を志向していた。その後，数回の名称変更・組織変更を経て，1990年に全国共同利用施設となった[17]。ロシア，シベリア・極東，中央ユーラシア，東欧，地域比較の5部門からなる研究部を中心に，スラブ・ユーラシア地域（旧ソ連・東欧地域）の総合的な研究を行っている。同センターには北海道大学スラブ研究センター図書室（札幌市北区北九条西）がある。

（北海道大学スラブ研究センター） http://src-h.slav.hokudai.ac.jp/

② 所蔵資料の特徴

スラブ研究センター図書室は，2005年3月現在，約123,000点の図書，44,000点のマイクロ資料，1,600種類の逐次刊行物を所蔵する[18]。スラブ・ユーラシア地域研究に関するものが中心である。たとえばロシアの革命運動関係の「イテンベルク・コレクション」，ソ連邦解体後に公開されたモスクワの文書館収蔵資料を収録する「コミンテルン資料」，「ソ連党・国家文書集成」（ともにマイクロ資料）等があ

る。また，北海道大学附属図書館の「スラブ・コレクション」はスラブ研図書室の収集した資料から成る。附属図書館はこの他にもスラブ・ユーラシア地域研究に関する多数の資料を所蔵している。

（北海道大学附属図書館）　http://www.lib.hokudai.ac.jp/
（北海道大学スラブ研究センター図書室）
　　　　　　　　　　　　　http://www.lib.hokudai.ac.jp/modules/tinyd186/

③ 資料を検索する方法

北海道大学附属図書館ウェブサイトにある「北大図書・雑誌検索（OPAC）」から検索することができる。

8）京都大学東南アジア研究所

① 概　要

京都大学東南アジア研究所は，1963年に，東南アジア研究センターという名称で，フォード財団の援助と関西財界の寄付による京都大学の学内措置として設置された。1965年に国立学校設置法施行規則第20条の2によって官制化され，全国初の国立大学附置「研究センター」となった[19]。さらに，2004年には東南アジア研究所へと改組された。

（京都大学東南アジア研究所）　http://www.cseas.kyoto-u.ac.jp/

東南アジア研究所図書室（京都市左京区吉田下阿達町）は，1968年に正式に開室した。開室当初の蔵書は2,000冊ほどであり，専門の司書もおらず，研究者や大学院生，アルバイトの図書係らが，地域研究にふさわしい図書資料の分類基準を自分たちで考え，分類作業を行っていたという[20]。今日では，総数16万点を超える図書資料を所蔵する大規模な図書館となっている。

② 所蔵資料の特徴

東南アジア研究所図書室は，とりわけ東南アジア諸言語で出版された文献の収集に力を入れている。インドネシア語（約20,000点），タイ語（約23,000点），ベトナム語（約9,000点）の出版物を中心に，ビルマ語，タガログ語等の東南アジア諸言語で出版された図書資料を多く所蔵している。特別コレクションとして，タイ史・政治関係の「チャラット・コレクション」（約9,000冊），フィリピン史関係の「フォロンダ・コレクション」（約7,000冊）および「オカンポ・コレクション」（約1,000冊），2003年から2004年にかけて収集したインドネシア・イスラーム・コレクション（約1,000冊）等がある[21]。

③ 資料を検索する方法

東南アジア研究所図書室の所蔵する図書資料は，京都大学蔵書検索KULINEまたは国立情報学研究所のNACSIS Webcatを通じて検索することができる。また，東南アジア研究所所蔵のタイ語文献は，タイ語文献データベースを通じて，タイ語で検索することができる。

（京都大学東南アジア研究所図書室）　http://www.cseas.kyoto-u.ac.jp/library/

（京都大学蔵書検索 KULINE〔京都大学図書館機構〕）
http://www.kulib.kyoto-u.ac.jp/
（京都大学東南アジア研究所図書室タイ語文献データベース）
http://library.cseas.kyoto-u.ac.jp/cseas/

9）国立民族学博物館
① 概　要
　国立民族学博物館は，1974年に設立された。「文化人類学・民族学に関する調査・研究をおこなうとともに，その成果に基づいて，民族資料の収集・公開などの活動をおこない，これらを通して，世界の諸民族の社会と文化に関する情報を人々に提供し，諸民族についての認識と理解を深めることを目的と」する[22]。2004年には，国文学研究資料館など他の4つの機関とともに，大学共同利用機関法人人間文化研究機構を構成することとなったが，引き続き，主として文化人類学・民族学分野での研究を行い，その成果を学界に発信しつつ，博物館での展示などにより社会にも還元している。同館には，みんぱく図書室（大阪府吹田市千里万博公園）がある。

（国立民族学博物館）　http://www.minpaku.ac.jp/
（みんぱく図書室）　http://www.minpaku.ac.jp/library/

② 所蔵資料の特徴
　みんぱく図書室は，約60万点の図書資料を所蔵している。内訳は，日本語の図書が240,092冊，雑誌が9,693タイトル，約60ヶ国語にものぼるという外国語の図書が365,149冊，雑誌が6,545タイトルである[23]。文化人類学・民族学を中心に，隣接諸分野の充実を図っている。アジア研究者から寄贈を受けた個人文庫も多数所蔵している[24]。

③ 資料を検索する方法
　みんぱく図書室のウェブサイトにある web OPAC から，所蔵図書資料を検索することができる。資料の貸出については，図書室利用証の申請をすれば，貴重図書などの一部を除き，資料の館外貸出ができる。現住所の確認できる身分証明書等を持参の上，図書室カウンターで手続をする。詳細は，http://www.minpaku.ac.jp/library/pdf/take_out.pdf を参照のこと。

　この他にも，『アジ研ワールド・トレンド』第138号は，アジアに関する貴重コレクションを所蔵する図書館として，上智大学アジア文化研究所図書室，東京外国語大学アジア・アフリカ言語文化研究所，愛知大学図書館，山口大学経済学部東亜経済研究所等を紹介している。なお，『アジ研ワールド・トレンド』は，アジア諸国に関する図書資料についての情報をしばしば特集している。

　また，名古屋大学法政国際教育協力研究センター（名古屋市千種区不老町）もアジア諸国の法情報を収集している。韓国法制研究院やモンゴル国立法律センター等

の機関と学術交流協定を結び，発行物を交換している他，研究者が現地に渡航した際にも図書資料を購入している。所蔵文献中にはたとえば『ビルマ法典（*Burma Code*）』全13巻等の貴重書もあるが，まだOPAC未入力の文献が多く，現在入力作業中である。

おわりに

本項では，各国の法情報を提供してくれる図書資料の探し方，および，アジア諸国の法に関する図書資料を多く所蔵すると思われる図書館を紹介した。これらの情報を上手く活用し，アジア諸国の法への理解を深めていただきたい。

私見では，アジア諸国の法情報に関する図書資料は，一般に想像される以上に，日本国内に所蔵されているように思う。もちろん，本格的な研究のためには，現地ないし旧植民地宗主国の図書館等に赴かざるを得ないのはいうまでもないが，現地まで赴いて入手した文献が実は日本国内でも所蔵されていた，という事態を避けるためにも，まずは国内の所蔵状況を確認することをお薦めしたい。

注
1) いしかわまりこ・藤井康子・村井のり子『リーガル・リサーチ［第3版］』日本評論社，2008年，286〜289頁。
2) 国立国会図書館総務部編『国立国会図書館年報 平成19年度』2008年，7〜8頁。
3) アジア情報室所蔵の図書資料については，前田直俊「関西館の資料紹介（10）アジア資料——中国語資料」（『国立国会図書館月報』第547号，2006年）42〜46頁，山本健太郎「関西館の資料紹介（11）アジア資料——朝鮮語資料」（『国立国会図書館月報』第548号，2006年）36〜40頁，小笠原綾・邊見由起子・大西啓子「関西館の資料紹介（12）アジア資料——諸地域資料」（『国立国会図書館月報』第549号，2006年）38〜42頁，石川武敏「国立国会図書館関西館アジア情報室のコレクション（特集アジア地域関連コレクション——わが国主要図書館の所蔵資料から）」（『アジ研ワールド・トレンド』第138号，2007年）30〜33頁，も参照。
4) アジア経済研究所『アジア経済研究所年報2007／2008』2008年，1頁。
5) 同上，5頁。
6) 菅原房子「日本貿易振興会アジア経済研究所図書館（特集：海外の情報を提供する専門図書館）」（『情報の科学と技術』第52巻第4号，2002年）229頁。
7) アジア経済研究所前掲，『アジア経済研究所年報2007／2008』94頁。
8) 所蔵資料の紹介として，狩野修二・伊藤えりか・石井美千子・東川繁「アジア経済研究所図書館のコレクション（特集アジア地域関連コレクション——わが国主要図書館の所蔵資料から）」（『アジ研ワールド・トレンド』第138号，2007年）4〜7頁，も参照。たとえば，韓国の官報（1948年9月1日第1号から1976年5月31日第7359号まで），タイの法令集 *Prachum Kotmai Pracham Sok*（1956年までの全巻），ベトナムの各省別の共産党史約120冊，インドのセンサス *Census of India*（1861年以降，約3,500冊）を所蔵していることが紹介されている。
9) 独立行政法人国際協力機構『国際協力機構年報 2008』2008年，136〜137頁。
10) 東京大学百年史編集委員会編『東京大学百年史 部局史 四』東京大学出版会，1987年，291〜327頁，東京大学東洋文化研究所編『東洋文化研究所の50年』東京大学東洋文化研究所，

1991年, 3〜23頁.
11) 東京大学東洋文化研究所ウェブサイト (http://www.ioc.u-tokyo.ac.jp/) 内の「図書室」の「概要」「統計」より (最終アクセス:2009年4月22日).
12) 大木文庫は, 中国に在住した弁護士である大木幹一が蒐集した, 法政関係図書を中心とする漢籍コレクションである. 仁井田文庫は, 東洋文化研究所の所長も務めた仁井田陞・東京大学名誉教授の寄贈による, 中国書5,000冊, 和書2,200冊, 清代公私文書類900余点を含むコレクションである. 我妻文庫は, 中国をはじめとしてアジア諸国の法制史に関する資料を含む, 我妻榮・東京大学名誉教授の蒐集したコレクションである. なお, 髙見澤磨「学術情報 東京大学東洋文化研究所所蔵法制史関連資料紹介――大木文庫, 仁井田文庫を中心に」(『法史学研究会会報』第7号, 2002年) 93〜96頁, および, 同「東京大学東洋文化研究所『我妻榮氏旧蔵資料』新発見資料紹介」(『創文』第473号, 2005年) 11〜14頁, も参照. 各文庫については, 冊子体の目録がある他, 同研究所図書室のウェブサイトでも検索可能である.
13) 所蔵資料の紹介として, 加納啓良「東京大学東洋文化研究所のコレクション紹介」(『東南アジア――歴史と文化』第23号, 1994年) 137〜141頁, 池本幸生「東洋文化研究所図書室 (特集アジア地域関連コレクション――わが国主要図書館の所蔵資料から)」(『アジ研ワールド・トレンド』第138号, 2007年) 11〜13頁.
14) http://www.j.u-tokyo.ac.jp/lib/gaise/ (最終アクセス:2009年4月22日).
15) 東洋文庫編『東洋文庫80年史I――沿革と名品』東洋文庫, 2007年, 7〜36頁.
16) 所蔵資料の紹介として, 池端雪浦「財団法人東洋文庫の東南アジア関係コレクション紹介」(『東南アジア――歴史と文化』第23号, 1994年) 133〜135頁, 中善寺慎「東洋文庫のアジア関連コレクション (特集アジア地域関連コレクション――わが国主要図書館の所蔵資料から)」(『アジ研ワールド・トレンド』第138号, 2007年) 14〜17頁.
17) 北海道大学百二十五年史編集室編『北大百二十五年史 通説編』北海道大学, 2003年, 1124〜1135頁.
18) 北海道大学スラブ研究センター図書室のウェブサイト (http://www.lib.hokudai.ac.jp/modules/tinyd186/) 内の「所蔵資料概要」より (最終アクセス:2009年4月24日).
19) 京都大学東南アジア研究センター編『地域研究のあゆみ――東南アジア研究センター35年史』京都大学東南アジア研究センター, 2002年, 1〜58頁.
20) 同上, 86〜87頁.
21) 所蔵資料の紹介として, 北村由美「京都大学東南アジア研究所図書室 (特集アジア地域関連コレクション――わが国主要図書館の所蔵資料から)」(『アジ研ワールド・トレンド』第138号, 2007年) 38〜39頁.
22) 人間文化研究機構国立民族学博物館編『国立民族学博物館 要覧2008』2008年, 3頁.
23) 同上, 26頁.
24) 個人文庫を含む所蔵資料の紹介として, 稲葉洋子「みんぱく図書室・アジア関係コレクション――国立民族学博物館, 所蔵資料の共同利用を推進 (特集アジア地域関連コレクション――わが国主要図書館の所蔵資料から)」(『アジ研ワールド・トレンド』第138号, 2007年) 34〜37頁.

[付記] 本項を執筆するにあたり, 上記の各図書館から情報および資料の提供を受けた. ここに記して感謝する. ただし, 本項に含まれる誤りはすべて筆者の責任である.

(傘谷祐之)

法情報へのアクセス2　海外編

はじめに

　アジア諸地域の法律情報は、欧米諸国の法律情報と比較した場合、集約されているとは言い難い状況にある。近年、インターネット上からアクセス可能な法情報が格段に増加しているが[1]、これは、従来紙媒体で集約されていた法律情報のデジタル化が急速に進められていること、そして情報基盤を整えることのできる各図書館がデータベースを統合するなど、集約化された情報をオンライン上に公開する努力がなされていることなどが理由としてあげられよう。一方、アジア諸地域に目を転じた場合、紙媒体での集約が進んだ国とそうではない国が混在し、さらに統合データベースの構築を困難とする言語と表記文字の多様性、情報インフラの不備、法律情報の自由なアクセスへの制限など、オンライン上での情報集約および公開を進める環境にない場合が見受けられる。そのため、本書を手にする初学者は、問題意識を具体的にすればするほど、資料入手の困難に直面する場合もあると思われる。

　このように、アジア地域における法律情報の集約化は立ち遅れた状況にあるが、その試みがまったくないわけではない。法律情報を、1次資料（実定法、各種文書、地域情報）、2次資料（論文、書籍など）としてみた場合、とりわけ1次資料の集約作業は、情報通信技術の発展とともに、急激に進みつつある[2]。たとえば、名古屋大学大学院法学研究科・法情報研究センターのように、裁判所の判決や法以外の幅広い情報の集約・翻訳により「生きた法」の理解を進めようとする試みもある[3]。

　以下ではまず、アジア法情報の集約の現状を簡単に整理する。その上で、アジア法に関する図書資料を多数所蔵する海外研究機関および図書館を紹介する。特に、日本国内からも利用可能なオンラインデータベースが公開されている場合には、それを利用したアジア法情報の探し方について紹介する。最後に、政府開発援助の一環として実施されている法整備支援に関連する情報の所在に言及する。なお、アジア諸地域それぞれにおいて蓄積されている法律情報とそのアクセス方法については本編を参照されたい。

1. 情報の集約とオンライン化の現状

　アジア地域の法律情報を集約し、データベース化する試みは、一部の開発援助機

関による独自のネットワークにより進められている。たとえば，世界銀行は，世界各地の支部に付設された10の図書館および研究所をネットワークで結び，ワシントンD. C.の本部にLaw Resource Center (LRC)を設置し，専属スタッフが調査を支援する体制を整えている[4]。ただし，その利用は，原則として「世界銀行員のため」に限定されている現状が見受けられるため，初学者が手軽にアクセスするには少々不便であると思われる。

他方，法律情報が備えているべき公共性という性質に注目した団体も現れつつある。たとえば，このような団体として，オーストラリア法律情報研究所（Austrarian Legal Information Institute：AustLII）が挙げられる。AustLIIは，シドニー工科大学およびニューサウスウェールズ大学のスタッフが中心となって進めているプロジェクトにより運営されているもので，発足当初は，オーストラリア国内の法律情報をデジタル化し，オンラインアクセスを可能にするための事業を進めていた。しかし，近年はこの動きを世界大に拡大しつつある。経緯は定かではないが，AustLIIはその後，世界法律情報研究所（World Legal Information Institute：WorldLII）を組織し，大規模な法律情報の統合・公開を目指した活動を展開している。

こうした流れの中で，アジア地域における法律情報の集約を目的に開始されたのが，アジア地域を担当する，アジア法律情報研究所（Asian Legal Information Institute：AsianLII）である。AsianLIIは，AustLIIからの強力なバックアップとアジア開発銀行の5ヶ年プロジェクト（DIAL）による財源支援を得て，2006年にデータベースを公開している。このデータベースは，AsianLIIの趣旨に賛同するアジア諸地域にある大学研究機関が有するデジタルコンテンツを相互接続したものであり，現状はデータベースのリンク集のように見受けられるが，今後，その統合も目指されているようである。そこには，グローバリゼーションによって，一国内の法律情報をオンライン上で提供するのみでは，およそユーザーのニーズに叶わないという時代状況が反映されている。

2．アジア諸国の法情報を発信する海外研究機関とオンラインデータベース

1）オーストラリア法律情報研究所
① 概要および特徴
オーストラリア法律情報研究所（Austrarian Legal Information Institute：AustLII）は，上述したオンラインデータベース「AsianLII」を運営，公開するなど，情報共有化に関し積極的に活動している研究機関のひとつである。シドニー工科大学法学部およびニューサウスウェールズ大学法学部が共同で運営しており，所在は，工科大学法学部内。
（オーストラリア法律情報研究所）　http://www.austlii.edu.au/
② オンラインデータベース
AsianLIIは，データベースリンク集である。2006年12月8日に一般公開され

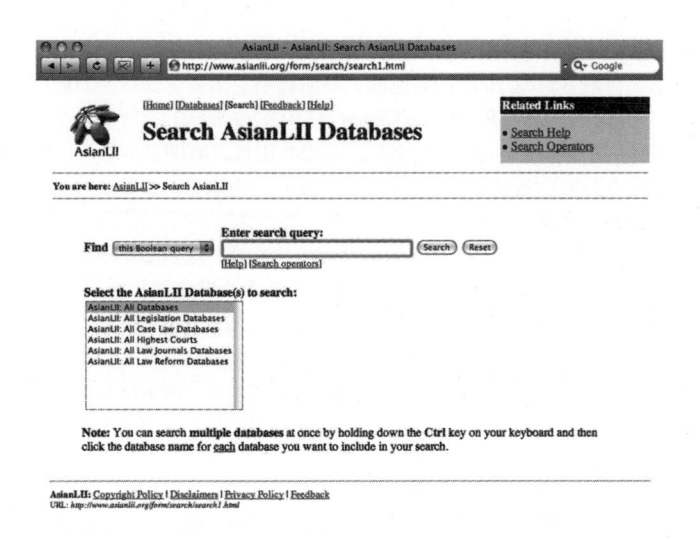

図付-1　AsianLII が提供するデータベースのトップページ

た。AsianLII がカバーする「アジア」は，2009 年 4 月現在，東は日本，西はパキスタンまで含まれる 28ヶ国を意味している。先に述べたように，使用言語の多様性にどう対処するかが，今後のデータベース統合の鍵である。したがって，アジア地域における法律情報を一元的に集約する上での考慮事項として，(1)使用言語の特定，(2)英語以外での情報蓄積という 2 点を考慮する必要がある。AsianLII では，これらの点について，ユニコード（他言語対応文字コード）を使用することによって各国語のまま情報を集約する方法を原則としてとっている。ちなみに日本を担当するカウンターパートは，2007 年 8 月に AsianLII に参加している。利用方法は，「ユーザーガイド」を参照のこと。

　（AsianLII）　　　http://www.asianlii.org/
　（データベース）　http://www.asianlii.org/databases.html
　（ユーザーガイド）http://www.asianlii.org/asianlii/guides/quick/current.pdf

　AsianLII は，アジア 28 の国や地域において公開されている 202 の法律情報データベースのリンク集であるため，それぞれの国の公開コンテンツの充実度により，入手できる情報が異なってくる。公開されていれば，議会で制定された法律を中心とする法令情報，司法によって生み出される判例情報，ロージャーナル，法改革情報など，さまざまなカテゴリーから検索が可能である。あまり情報公開がすすんでいない国の場合においても，立法機関および大学研究機関へのリンク集は頻繁に更新されているため，使用方法としては，アジア法にアクセスする際のポータルサイトとして使用されることをお薦めする。

2）アジア研究ワールドワイドウェブバーチャル図書館
① 概要および特徴

オーストラリア国立図書館（NLU）は，オーストラリア国立大学図書館（ANU）とともに，オーストラリアにおける主要なアジア研究資料を提供している。なかでも，日本国内からアクセス可能なオンラインデータベースとして注目したいのが，「アジア研究ワールドワイドウェブバーチャル図書館」（Asian Studies WWW Virtual Library）である。

現在，東アジア（台湾，中国，日本，朝鮮半島），東南アジア（ビルマ，ブルネイ，カンボジア，インドネシア，ラオス，マレーシア，フィリピン，シンガポール，タイ，ベトナム）の資料を重点的に収集し，インド，パキスタン，バングラデシュ，ネパール，スリランカなどの南アジアに関する資料も収集している。

特徴としては，アジア諸国の歴史，社会に関する資料を原語で収集していることにある。とりわけ，日本語，中国語，韓国語，タイ語，インドネシア語の図書および逐次刊行物が充実している[5]。

② データベースへのアクセス

オンラインデータベース上から得られる情報としては，「法令」，「海事法」，「仲裁」，「知的財産」，「法の歴史」など，1次情報から2次情報まで多岐にわたる。ただし，2009年4月現在においては，更新の頻度はあまり高くなく，リンク切れも目立つ。

トップページは，3分野（① Asia Global Resources，② Regional Resources，③ Individual Countries and Select Areas/Territories Resources）に分けられ，それぞれテーマ別，地域別，国別の1次情報へのリンクがある。

法律情報については，「トップページ＞Category Subtree＞Law」を選択，あるいは，同じく上部にある「WWW VL database」から検索情報を入力する。ウェブサ

図付-2　アジア研究WWWバーチャル図書館トップページ

注）法律情報については，枠で示した「Category Subtree」をクリック後，「Law」を選択する。

イトは，英語，中国語，スペイン語，フランス語で提供されている。検索結果については英語のみ。

　（トップページ）　http://coombs.anu.edu.au/WWWVL-AsianStudies.html
　（カテゴリー「法律」）　http://vlib.org/Law

3）メルボルン大学アジア法センター
① 概要および特徴

メルボルン大学アジア法センター (Melbourne Law School Asian Law Center：ALC) は，1985年に設立された機関であり，アジア地域の法律および司法制度に関するさまざまな情報を収集している。主に，日本，中国，インドネシア，ベトナム，台湾，マレーシア，東チモール，韓国，タイ，ラオスの情報が充実している。同センターは，「オーストラリア・ジャーナル・アジア法 (Australian Journal of Asian Law：AJAL)」を発行するなど，情報収集のみならず，研究成果の発信にも力を入れている。

② データベース

ALC が提供するデータベースは「アジア法オンライン (Asian Law Online：ALO)」と呼ばれ，これはアジア法のみを対象とする世界でも数少ないオンライン書誌データベースである。収集対象は，英語で書かれた図書，目次情報，学術雑誌論文である。検索は，キーワード検索のほか，国名・主題での一覧表示が可能となっている。

さらに，ALO の特徴としては，テーマごとに情報がまとめられていることがあげられよう。たとえば，「紛争解決」「メディア法」「知的財産」「イスラームの法と社会」など，テーマから絞り込むことができる点は，初学者にとっても非常に有用であると思われる。

データベースへのアクセスは，トップページ＞Asian Law Online。リンク集へのアクセスは，トップページ＞Useful Websites。

　（トップページ）　http://alc.law.unimelb.edu.au/
　（データベース）　http://www.alc.law.unimelb.edu.au/bibliography/

4）アメリカ議会図書館
① 概　要

アメリカ議会図書館 (Library of Congress) は，1800年に設立された国立図書館で，世界最大規模の図書館のひとつである。アジア，アフリカ地域に事務所を設置し，職員を常駐させることで，国内外の資料を積極的に収集している。議会に付属する図書館であることから，図書館機能の中心は連邦議会両院のための資料提供，調査研究などであるが，一般の利用者も館内の閲覧他，各地域の図書館から間接的に利用可能である[6]。

米国における法律に関する情報の集約のルーツは，1950年代にまで遡る。議会

図書館の一部門が法律や官報の見出し情報をカード形式で管理したことからはじまり，1970年代には，カード形式で管理されてきたデータのデジタル化が進められた。その後，1991年に議会図書館がグローバル法律情報ネットワーク（Global Legal Information Network：GLIN）を組織し，ブラジルおよびメキシコが1992年に議会図書館のパートナーとして法律情報をネットワーク上で共有することに成功して以来，1994年にはそうしたパートナーが，アルゼンチン，カザフスタン，クウェート，モーリタニア，パラグアイ，ポーランド，ウクライナなどに拡大され，さらに世界銀行および米州開発銀行（IDB）などの国際機関も連携することとなった。年次会合を今日におけるまで重ねる中で，各パートナーの代表間での情報共有や意見交換が行われ，GLINの枠組みは年々具体化し，GLINが国際社会にもたらす影響についても意識されるようになってきている。

（議会図書館トップページ）　http://www.loc.gov/index.html
（法律図書館トップページ）　http://www.loc.gov/law/

② データベース

GLINは，米国議会図書館が作成した法律データベースである。2009年4月19日現在，20ヶ国の87の情報源から，法律図書館によって整理された167,867件の法律情報を収録している。目的は，国際間での法律情報の共有であり，英語による法律のアブストラクトと各国の言語で書かれた原文全文が読めるものもある。

More Search Options をクリックすると，検索語の種類（法律名，要約，名前，法律番号）言語，公布年月，司法管区，件名で絞り込める。韓国，クウェート，フィリピン，台湾，チュニジアについては，全法律フルテキストが閲覧可能である。

（GLIN）　http://www.glin.gov/

3．アジア法に関する主要研究機関および図書館情報

以下では，オンライン上での公開は限定されているものの，アジア法に関する主要研究機関が提供する法律情報について紹介する。

1）ロンドン

ロンドンにおいて，開発途上国に関連する法資料を数多く所蔵している図書館を持つ機関は，ロンドン大学東洋アフリカ研究学院（School of Oriental and African Studies：以下SOAS），およびロンドン大学高等研究学院（School of Advanced Studies）に属する高等法学研究所（Institute of Advanced Legal Studies：以下IALS）である。いずれも，ロンドンのラッセルスクエア（Russell Square）に所在する。

① ロンドン大学東洋アフリカ研究学院（SOAS）

所蔵の特徴　SOAS図書館は，アフリカ，アジアおよび中東の社会科学，人文学に関連するおよそ120万冊の蔵書を持つ。蔵書は基本的に地域ごとに分類されている。ただし，芸術，考古学，法学および学際領域については，地域別とは異な

コーナーに納められている。蔵書は英語のみならず，現地語の文献もまた豊富である。法学関連の蔵書で，とりわけ強い分野は，アジアおよびアフリカの慣習法，イスラーム法，南アジア諸国（バングラデシュ，インドおよびパキスタン），そして中国である。法学専門の司書（Law librarian）を1人おいている。

利用方法　所蔵図書はウェブにて，外部からも検索できる。また図書館内にも検索システムを利用するためのコンピュータがおかれている。

短期滞在の訪問者にも基本的に利用を認めている。外部の利用者は，所定の申請書（ウェブサイトからダウンロード可能）と所定のID証明（パスポートなど）を持参すれば，当日申請して入館できる。ただし，大学の教員，学生，一般などの利用者の属性により，貸出サービスなしの入館資格（Day membership, Reference membership）を申請するか，貸出サービス有りの入館資格（Borrowing membership）とするか，などメンバーシップの種類，およびメンバーシップの有効期間によって，必要書類や料金に違いがある。詳しくは，ウェブのadmission to the libraryのページを参照。

（図書館）　http://www.soas.ac.uk/library/
（図書検索）　http://libnew.soas.ac.uk/search
（図書利用に関する説明）　http://www.soas.ac.uk/library/using/admission/

② ロンドン大学高等研究学院・高等法学研究所（IALS）

所蔵の特徴　IALS図書館は，広く世界の法学関連の文献を収拾し，イギリス法のみならず，国際法，コモンロー法系，およびローマ・オランダ法系の国々の文献およそ28万冊を所蔵している。ただし，欧州や南北アメリカ大陸の文献が多い。アフリカおよびアジア地域の法律関連の図書については，SOAS図書館と役割分担をしているとのことであり，IALS図書館ではたとえばローマ・オランダ法系の影響がみられる国々（南アフリカやスリランカ）の古い文献が所蔵されている。

利用方法　IALS図書館も，短期滞在の訪問者の利用を基本的に認めている。外部の利用者については，大学の教員，博士課程の学生，および法曹については，所定の申請書（ウェブサイトからダウンロード可能）および所定のID証明（パスポートなど）を持参すれば，当日申請して利用できる。SOASと同じように属性や期間などに応じて必要書類や料金に違いがある。学部学生や修士課程の学生，その他の一般人は原則として利用は認められていないが，推薦状などを用意すれば認められるケースもある。詳しくは，ウェブのlibrary admissionsのページを参照。

（IALS図書館）　http://ials.sas.ac.uk/library/library.htm
（図書検索）　http://catalogue.ulrls.lon.ac.uk/search~S6
（図書利用に関する説明）　http://ials.sas.ac.uk/library/admiss/admiss.htm

2）米　国

米国も，アジア関連資料を多く所蔵する国のひとつである。アジア資料に特化した図書館・研究機関も数多く存在しているが[7]，以下では，アジア法に関する研究

機関として知られるワシントン大学ロースクール・アジア法センターおよび，アジアコレクションで有名なコーネル大学クロッチ図書館を紹介する。

① ワシントン大学ロースクール・アジア法センター

概要および特徴　ワシントン大学ロースクール・アジア法センター（Asian Law Center, University of Washington School of Law）のアジア法プログラムは，フォード基金の支援を受けて 1962 年に開始された。当初からアジア法研究の柱は日本法であり，その後，韓国法，中国法へと範囲を拡大している。図書館全体が所蔵する 53 万冊のうち，約 4 万 4,000 冊がアジア法関連の書籍であり，日本法の書籍でみた場合，その数はアメリカ議会図書館に次ぐ所蔵量であり，この点については中国法，韓国法についても同様である。

アジア法センターの特色のひとつに，法整備支援プロジェクトへの積極的関与があげられよう。たとえば，ヨーロッパおよびユーラシアに対する商事法制度改革支援，USAID が実施している法改革プログラムの評価，アフガニスタンの法曹養成支援など，研究成果を実務に結びつけるさまざまな活動が行われている。そのため，図書館には，米国の法整備支援に関する情報も充実している[8]。

利用方法　アジア法センターが所蔵する蔵書については，ウェブ上からのアクセスが可能。図書館の利用方法および検索方法については，図書館ウェブサイトより Legal Research Guides を参照のこと。

（アジア法センター）　http://www.law.washington.edu/Asianlaw/
（アジア法センター図書館）　http://lib.law.washington.edu/
（検索ガイド）　http://lib.law.washington.edu/ref/guides.html

② コーネル大学・アジア・コレクション

概要および特徴　コーネル大学のアジア・コレクション（Asia Collection）は，特に歴史や文学の分野で北米でも最大規模の資料を保有している。コーネル大学図書館に，アジアに関連する約 130 万の書籍および逐次刊行物，アジア 19 ヶ国の新聞約 100 部，別館の中に 20 万部のアジア関連資料を所蔵する。また，アジア各国の映画など DVD 約 2,000 本，ビデオ約 4,000 本のほか，音楽 CD，カセットも保有している。

アジア・コレクションは，東南アジアに関するエコルス・コレクション（Echols Collection on Southeast Asia），東アジアに関するウェイソン・コレクション（Wason Collection on East Asia），南アジアに関する南アジア・コレクション（South Asia Collection）から構成される。カバーする国・地域は，東南アジアは ASEAN10 ヶ国および東チモール，東アジアは中国，日本，香港，韓国，マカオ，モンゴル，台湾，チベット，南アジアはバングラデシュ，ブータン，インド，ネパール，パキスタン，スリランカである。特に東南アジア・コレクションは，全米のみならず世界最大の規模を誇る。

利用方法　所蔵書誌名，所蔵場所などについては，ウェブ上からアクセス可能。法律にかかわる周辺情報のコンテンツ配信が一部行われている。

（トップページ）　http://asia.library.cornell.edu/ac/
（アジアコレクションリンク集）　http://delicious.com/asiaref

3）オランダ
①国立ライデン大学ファン・フォレンホーフェン研究所
概　要　国立ライデン大学（Rijksuniversiteit Leiden）は，聖職者と官僚の養成を目的に1575年に創立された，オランダで最も古い大学である。アジア法研究の中心は，1985年，発展途上国の法および行政に関する研究・教育を目的として法学部内に設置された，ファン・フォレンホーフェン研究所（Van Vollenhoven Instituut voor recht en bestuur van niet-westerse landen：以下VVI）である。

所蔵の特徴　旧植民地であるインドネシア，スリナム，オランダ領アンティル諸島およびアルバを中心として文献を収集しており，このほかにモロッコ，エジプト，南アフリカ，中国，マリなどを対象としている。インドネシア法研究では，世界的な研究の中心のひとつとなっている。

1995年からは，雑誌 *Indonesia Law and Administration Review* を発行している。特に，植民地支配時代に発行された東インド（現インドネシア）法律雑誌 *Het Indisch Tijdschrift van het Recht*，報告書などのコレクションは世界に類をみない規模である。

利用方法　短期滞在の訪問者の利用を自由に認めている。図書コレクションは法学部図書館に所蔵されており，戦後の文献については開架で自由に閲覧できる。戦前のものは閉架所蔵となっているが，スタッフに申し出れば閲覧することが可能。

（ライデン大学）　http://www.leiden.edu/　（英語サイト）
（VVI）　http://www.law.leiden.edu/organisation/metajuridica/vvi/　（英語サイト）

②王立言語学・地理学・人類学研究所
概　要　王立言語学・地理学・人類学研究所（Koninklijk Instituut voor Taal-, Land-en Volkenkunde：以下KITLV）は，1851年に，オランダ植民地（インドネシア，スリナム，アンティル諸島およびアルバ）の研究を行うためにライデン大学に付設する形で設立された。

所蔵の特徴　KITLVの図書館はインドネシア研究では世界有数の蔵書数を持ち，法学分野についても植民地期から1950年代頃までの資料，また植民地行政関連の雑誌をほぼすべて所蔵している。雑誌 *Bijdragen voor taal-, land-, en volkenkunde*（通常，Bijdragen van het Koninklijk Instituutの意味でBKIと略記する）を発行しており，すでに160巻近くに及んでいる。現在のところ掲載される論文はほとんど英語で記述されている。

利用方法　短期滞在の訪問者の利用を基本的に認めている。図書館は完全閉架であるが，受付で身分証（パスポートなど）を提示すれば，すぐに利用証が発行される。ただし，利用は閲覧のみで，貸出は不可。

所蔵図書については，ウェブ上からのアクセスも可能である。KITLV Library

トップページ＞Collections＞Library catalogue を参照のこと。
(KITLV)　　http://www.kitlv.nl/home/main_page/
(KITLV 図書館)　　http://www.kitlv.nl/home/library/

4）フランス
① フランス国立海外文書館
所蔵の特徴　フランスにおいて，アジア諸国の法情報，とりわけ旧植民地の法情報を入手する場合，フランス国立海外文書館（Archives Nationales d'Outre-Mer）が重要である。同館は，南仏エクス・アン・プロヴァンス（Aix-en-Provence）にあり，旧植民地省等の資料を所蔵している。植民地に関する著作，文書等 10 数万点を所蔵しており，官報や議事録類，さらには植民地官僚らの手紙や電報の写し等の 1 次資料も豊富である。

文献検索　なお，フランス国内の図書館が所蔵する文献を検索するには，Système universitaire de documentation（SUDOC）が便利である。図書の他，学位論文も検索できる。旧植民地諸国の法学研究者らは，植民地時代だけでなく現在においてもフランスにおいて学位を取得することが多く，彼らの執筆した学位論文は参照する価値があろう。

検索は「表題名」「主題名」「著者名」等から可能であり，書誌情報と所蔵館までを表示してくれる（たとえば「cambodge」「droit」で検索してみると，1890 年の植民地官僚の著作から 2008 年の学位論文まで 190 件が該当した）。

利用方法　同館に入館するには，同館到着時に入館申請をし，入館許可証（年間 2 日間，日付が連続していなくてもよい），または，1 週間あるいは 1 年間有効の入館カード（それぞれ 7 ユーロと 20 ユーロ）を入手する必要がある。同館では閲覧およびコピーが可能であるが，貸出はできない。古い文献であれば，保存の都合上，コピーよりもデジタルカメラでの撮影が推奨される。

（フランス国立海外文書館）
　　　　　　　　http://www.archivesnationales.culture.gouv.fr/caom/fr/index.html
(SUDOC)　　http://www.sudoc.abes.fr/

5）サンクト・ペテルブルク
① 概　要
サンクト・ペテルブルク（周辺）における，アジア法情報に関する図書館として，代表的な施設は以下の通りである。
(1) サンクト・ペテルブルク国立図書館アジア・アフリカ文献部
(2) ロシア科学アカデミー・サンクト・ペテルブルク支部図書館
(3) サンクト・ペテルブルク国立大学東洋学部図書館
(4) ロシア科学アカデミー東洋学研究所サンクト・ペテルブルク支部図書館

②所蔵の特徴

　サンクト・ペテルブルクは，かつてのロシア帝国の首都であったため，旧ロシア帝国領やその周辺諸国で直接買い付けた多くの文献資料や寄贈された資料がいまでも図書館に保管されている。とりわけ，ロシア帝国アジア博物館の文献資料を引き継いだ「ロシア科学アカデミー東洋学研究所サンクト・ペテルブルク支部図書館」には，未整理のものも含めて貴重な文献資料が多く所蔵されている。

　ロシアの図書館の強い地域は，中央アジア諸国，コーカサス諸国，モンゴル，チベット，中国東北部などである。ただし，サンクト・ペテルブルクに多いのは帝政期の資料であり，ソ連期の資料は，モスクワにあるモスクワ国立図書館，ロシア科学アカデミーの各研究所，モスクワ大学国際関係学部図書館などに多いとのことである。

　なお，冷戦の崩壊後に東欧諸国やモンゴルで出版された本については，組織的に収集する体制が崩壊したため，ロシアの図書館は充分に所蔵してはいない。

　ロシアの図書館の特徴として，分野別・地域別の図書館司書がおり，その専門知識が非常に高く，多くは博士号も取得していることである。彼らは，分野別・地域別の書誌情報をほぼ10年ごとに1冊の図書にまとめており，法情報に関する書籍もこれに含まれている。ロシアで特定の情報を集めようとする場合には，このような書誌情報の図書をチェックする必要がある。地域によっては，20世紀初頭からこのような書誌情報の図書が刊行されている。また，この分野別・地域別の図書館司書に直接会い，必要な情報について質問することも可能である。

　一方で，ロシアの図書館の弱点としては，以下の点が挙げられる。第1に，IT化が遅れており，図書館のホームページ上で書誌情報を得ることが難しいこと，第2に，図書の遡及入力が遅れており，1980年以前の図書は，多くの場合にカードで検索しないといけないので，時間がかかること，第3に，図書館の利用システムや図書の分類法が日本や欧米諸国と異なるため，ロシアや旧東側諸国の図書館に慣れていないと利用しにくい点，第4に，図書館によっては閲覧資格を得るために紹介状が必要になるなど，手続が煩雑な図書館が少なくないこと，である。

　これらの問題点のために，ロシアの図書館に所蔵されているアジア法情報は，世界の研究者たちに充分に利用されてはいない。将来，これらの点が解消されるなら，ロシアの図書館はアジア法情報を必要とする者にとって一大情報拠点になると思われる。

③利用方法

　いずれの図書館も，利用には紹介状が必要である。ただし，利用証が発行されるまでの期間が一定ではない。申請してから利用証が発行されるまで，ロシア国立図書館の場合，約2週間かかるため，短期滞在での利用は困難といえる。ロシア科学アカデミーの場合，紹介状があればその場で利用証が発行される。国立大学東洋学部図書館も，利用には紹介状（自分で書いたものでも可）およびパスポートが必要である。紹介状は，英語でも良いようであるが，可能であれば露語で作成するのが

望ましい。
　（ロシア国立図書館）　http://www.nlr.ru/（露語，英語）
　（ロシア科学アカデミー）　http://www.ras.ru/（露語のみ）
　（サンクト・ペテルブルク国立大学）　http://www.spbu.ru/（露語のみ）

4．アジア法整備支援に関する情報

　英語で書かれた比較的新しいプロジェクト報告書，評価報告書に関しては，2国間・多国間援助機関のウェブサイトから入手できるものが多い。そこで，以下では，主な法整備支援にかかわる海外機関のサイトを紹介し，簡単な特徴を述べることにする。

1）国際機関
① 世界銀行（World Bank）の「法と開発」プログラム
　世銀が実施するプロジェクトの意義を紹介。独自の調査により集約した各国の法律情報，報告書の閲覧についてはウェブ上から申し込むことが可能。ただし，有料のものが多い。それ以外の詳細については，メールで個別に問い合わせて入手する。
　アクセスは，トップページ（http://web.worldbank.org）の Topics から，Law & Development へ。

② 国連開発計画（UNDP）
　UNDPが実施する民主化およびガバナンス支援のリンク集。現在のところ，法整備支援に特化したページはないが，報告書の検索はウェブ上からも可能。特に 'The Rule of Law and Security Programme' と題する各種プロジェクトが多く見受けられる。詳細については，http://www.undp.org/。

③ 国連総会事務局「法の支配支援ユニット」（Rule of Law Assistance Unit：RLAU）
　2007年，法の支配の促進を目的に，国連副事務総長・事務局内に設置された。2008年より，法の支配セミナーの一環として，法整備支援のドナー協調に関する国際会議を開催するなど，法整備支援の理念，手法についての情報共有を試みている。詳細については，http://www.un.org/参照。

2）地域開発金融機関
① アジア開発銀行（ADB）の「法改革および政策見直し（Law and Policy Reform）」プログラム
　ADBの法整備支援に関するプロジェクトの概要および各種報告書にアクセスできる。また，被援助国の法律情報に関しては，既出のAustLIIが提供するDIALに資金提供するなど，情報の公開および共有のための活動を積極的に展開している。

「法改革および政策見直し」については，http://www.adb.org/Law/を参照。また，ADB の DIAL 事業に関しては，http://www.adb.org/Law/projdial.asp を参照のこと。

② 欧州復興開発銀行（EBRD）の「法の移行（legal transition）」プログラム

EBRD が実施する法整備支援の概要を知ることができる。特に，被援助国の法制度を評価し，「移行段階にある法（Law in transition）」という視点から分析する報告書にアクセスできる点は，EBRD による法整備支援を理解する上で有用である。詳細は，http://www.ebrd.com/country/sector/law/を参照のこと。

3）2国間援助機関

以下は，法整備支援に積極的に関与している援助機関へのリンクである。
アメリカ国際開発庁（USAID） （http://www.usaid.gov/）
カナダ国際開発庁（CIDA） （http://www.acdi-cida.gc.ca/index-e.htm）
イギリス国際開発省（DFID） （http://www.dfid.gov.uk/）
オーストラリア国際開発庁（AusAID） （http://www.ausaid.gov.au/ ）
ドイツ技術協力公社（GTZ） （http://www.gtz.de/de/index.htm）
フランス外務省協力援助・開発総局（DgCiD） （http://www.diplomatie.gouv.fr/fr/）
韓国国際協力機構（KOICA） （http://www.koica.go.kr/english/main.html）
国際協力機構（JICA） （http://www.jica.go.jp/）
スウェーデン国際開発庁（Sida） （http://www.sida.se/）
デンマーク国際開発庁（DANIDA） （http://www.um.dk/）

4）NGO

各国弁護士会が中心となってさまざまなプロジェクトを展開しており，各々のウェブページから各種取り組みについて知ることができる。国際的な試みとしては，アメリカ法律家協会（ABA）を中心母体として 2005 年に設立された「世界正義プロジェクト（World Justice Project：WJP）」，ヨーロッパにおける試みとしては「ハーグ法国際化機構（HiiL）」がある[9]。

おわりに

本項は，電子化された法律情報および海外の主な図書館について紹介した。アジア諸国の法律関連情報を取り扱う海外機関を網羅的に紹介することはできなかったが，近年，アジア諸地域の法律情報は，デジタル化・オンライン化が進展し，とりわけ，立法等の 1 次情報に関しては，日本にいながらにして入手できる範囲も飛躍的に増大している。政治的背景から情報公開の程度に差があるものの，徐々にではあるが公開の範囲は広がってきている。今後，法律情報を公開することへの理解が進み，インフラも整備されることによって，アクセスできる情報の幅がさらに広が

ることを期待したい。

注
1）たとえば，法令，判例，書籍，学術論文については，「法令データ提供システム」（総務省）(http://law.e-gov.go.jp/cgi-bin/idxsearch.cgi/)，「裁判例情報」（裁判所）(http://www.courts.go.jp/)，「NDL-OPAC（国立国会図書館蔵書検索・申込システム）」(http://opac.ndl.go.jp/) などを利用すれば，相当程度の資料を入手することが可能である。
2）たとえば，日本の法律情報については，指宿信編『法情報サービスと図書館の役割』勉誠出版，2009年，に詳しい。
3）詳細については，名古屋大学大学院法学研究科・法情報研究センターウェブサイト (http://jalii.law.nagoya-u.ac.jp/jaIndex.html) を参照のこと。
4）World Bank 'The World Bank policy on Disclosure of Information 2002', ウェブサイト (http://www1.worldbank.org/operations/disclosure/documents/disclosurepolicy.pdf) 参照。2009年4月19日アクセス。
5）全体的な所蔵文献の傾向については，A. マッケンジー「新たな地平と変化する諸相――オーストラリア国立図書館におけるアジア資料の構築」（国立国会図書館関西館編『国立国会図書館シンポジウム記録集――アジアへの知的探求と図書館サービスの新展開』国立国会図書館，2003年）pp. 45-56 を参照。
6）全体的な所蔵文献の傾向については，H. W. リー「米国議会図書館におけるアジア関係資料の構築――地域研究，文化保存，相互理解と知識創造のために」（国立国会図書館関西館編前掲『国立国会図書館シンポジウム記録集』）pp. 57-67 を参照。
7）イェール大学図書館の東南アジア・コレクション，カリフォルニア大学バークレー校，南・東南アジア図書館の東南アジア・コレクション，米国議会図書館，ミシガン大学東南アジア研究課図書館，オレゴン大学アジア太平洋ウェブ資源など。全体的な所蔵文献の傾向については，R. ラマチャンドラン「東南アジアにおける情報資源――その入手と利用可能性」（国立国会図書館関西館編前掲『国立国会図書館シンポジウム記録集』2003年）11～34頁を参照。
8）詳細については，小林昌之「ワシントン大学ロースクール・アジア法センター」（『アジア経済』XLVIII-1，2007年）pp. 52-57 を参照。
9）詳細については，2008年12月14日に開催された名古屋大学「法整備支援戦略の研究」全体会議報告書（2009年度中に名古屋大学法政国際教育協力研究センター・ウェブページに公表予定）の第2部「法の支配をめぐる国際的動向と法整備支援戦略――国連およびNGOの動向を中心に」（報告者：松尾弘・慶応義塾大学大学院法務研究科教授）を参照のこと。

［付記］各国におけるアジア法関連情報の取りまとめにあたり，多くの方々にご協力をいただきました。ロンドンについては，佐藤創氏，オランダについては島田弦氏，ロシアについては中村真咲氏，フランスについては傘谷祐之氏から，実体験にもとづく貴重な情報など，さまざまなご助言をいただきました。心よりお礼申し上げます。

(砂原美佳)

編者あとがき

　ベトナム，ラオス，カンボジア，モンゴル，中国，韓国，台湾などアジア諸国に出かけると，行く前に頭の中だけで考えていた知識とはまったく異なる現実にぶつかることがよくある。本書を手に取って読まれた方々に，次の学習ステップとしてお薦めしたいのは，本書で取り上げた国の中で気に入った国に是非出かけ，その土地のものを食べ，その土地の人々の実際の生活にふれてほしい，ということである。アジアの法と社会に親しむ第一歩は，その土地に出かけることである。

　私が最初にベトナムの地を訪れたのは，1980年代初頭のことであった。その当時のベトナムはアメリカ合衆国をはじめとする西側諸国による経済封鎖により，ハノイの街は物資も乏しく停電も多く，地方に行けば，大人も子どももはだしでサンダルすらはいていなかった。

　しかし，そのとき街や村を見て，「革命」と「戦争」の国ベトナムという従来からもっていたベトナム像が変わったわけではなかったが，農村で人々が自留地でのんびりとにわとりを飼い，魚をとっているのを目にし，どのような社会であっても人々は生活をし，豊かさと喜びを求めて生きているのだ，という当たり前のことを知ったことは，その後の私のベトナム法研究にとって大きな意味をもったと思っている。

　私の世代がアジア諸国法の研究を始めた時代，日本のアジア諸国法専門家は，中国を除きそれほど多くはなかった。

　しかし，いま，その後の若い世代の人々がアジアに根づいた研究に続々と参加し取り組んでいるのを目の当たりにすると，日本の法学研究も捨てたものではないと思える。日本の法学研究において，アジア諸国を対象とした研究を行い，それを一生の仕事としていくための研究環境は，いまだ不充分である。それにもかかわらず，そのような仕事に情熱をもち懸命に取り組む，本書の執筆者をはじめとする若い世代の研究者に出会えたことは，私の生涯の幸せであった。これらの研究者仲間に深い敬意の念を表したいと思う。

　本書の出版をひとつのきっかけとして，今後，アジアの本書で取り扱っていな

い国々，地域を専門とする研究者が現れ育ってくれることを心より願っている。

　本書の出版に意義を見出され，きわめて丁寧な編集の仕事をしていただいた，名古屋大学出版会の三木信吾氏には，あらためて感謝申し上げる。また本書の索引の作成には，名古屋大学大学院生の大村英弘君と森弥生さんにお世話になった。

　本書が，アジア諸国への理解と，アジアと世界の平和を求める人々のお役に立つことができればと願っている。

2009 年 8 月 15 日

鮎　京　正　訓

索　引

ア　行

アウン・サン・スーチー　305-6
アジア法　1-2, 5, 69, 150, 268
アダット法　132-4, 148-9
アワミ連盟［バングラデシュ］　361, 364-6, 368-70, 373, 375, 378-9
アンドーベカル，B. R.　323
違憲（立法，法令）審査　139-40, 177, 200-2, 228, 238, 318, 326
違憲法律審判　49-52, 64
イスラーム　7, 130-1, 241-4, 250, 259, 316, 345, 347, 351 353-5, 361, 366, 369, 374, 390-6
イスラーム法　244, 247-8, 256, 259, 262-3, 344, 353-5, 357, 362, 390-7
一党支配，一党独裁　4, 14, 111, 157, 175, 267, 289, 294, 364-5
一般監督　117, 278
インドシナ連邦　159-60, 182-3, 267, 269
インド統治法　318, 344, 364, 371-2
インドネシア裁判官連盟　145
ウラマー　346, 351
英領インド　358, 370, 374, 379
エクイティ　258, 301
ODA（政府開発援助）　3, 111
オンブズマン　227, 372

カ　行

改革開放　12, 25, 28
戒厳令　113-5, 225, 344, 359, 362, 365-6, 371, 373
開発独裁　2, 40, 44, 132
下院
　――［インド］　323, 326, 331-3
　――［タイ］　224, 226
　――［パキスタン］　346
　――［マレーシア］　242-3, 251, 253, 259-60
学説法　391, 395
革命政府による布告（革命団布告）　222, 224-5

活仏　104-5
監察院［台湾］　84, 96
慣習（法）
　――［インド］　316-7, 341
　――［インドネシア］　131-4, 146-7, 150-1
　――［韓国］　41, 52, 55-6
　――［台湾］　72-4, 77, 84, 86-9
　――［バングラデシュ］　362-3
　――［マレーシア］　244, 246-8, 256, 259, 263
　――［ミャンマー］　302-4
　――［ラオス］　269, 271
監督審　273-4, 289
カンボジア人民党，人民党　193, 196, 206
議院内閣制　249, 253, 357, 359, 361, 364-7, 369, 372, 379
行政院［台湾］　83-4, 92, 95-6
共同体　5-6, 167
郷約　5, 7, 165-8, 184, 186
緊急事態　240　→非常事態も見よ
緊急勅令　223-4, 228
グッド・ガバナンス　197　→良い統治も見よ
クメール・ルージュ　196-9, 206-10
クリシュナ・アイヤール　326-9
クルアーン（コーラン）　259, 347, 353-4, 390-1, 395-6
グローバル化，グローバリゼーション　4-5, 45, 76, 163, 186, 388
軍事独裁　39, 68-9
軍政，軍事政権　43, 53, 75, 294, 300, 305, 310, 344, 359
計画経済　12, 14
『経国大典』　41
憲法院［カンボジア］　201-2, 204, 207
憲法裁判所
　――［インドネシア］　136, 139-40, 146
　――［韓国］　44, 46, 49-52, 54, 59-60, 62, 64
　――［タイ］　227-8, 233, 237
　――［パキスタン］　352
　――［バングラデシュ］　364

（連邦）――［ミャンマー］　308-9
――［モンゴル］　113, 115-7
憲法訴願　50, 52, 64
憲法適合性審査機関　180
憲法法廷［台湾］　79
権力分立　53, 141, 151
公益訴訟（PIL）　327-9, 339, 350, 352, 374
考試院［台湾］　84, 96
公有制　14
国王
――［カンボジア］　189, 191-9, 201-3
――［タイ］　221-5, 228
――［マレーシア］　242, 249-55, 259
――［ラオス］　269-71
国軍［ミャンマー］　294-6, 298, 306-7, 309-10
国民会議［パキスタン］　346
国民会議派，会議派［インド］　324
国民議会，国会，議会［バングラデシュ］　361, 364-72
国民議会［カンボジア］　192-9, 201-4, 208, 210
国民協議会［インドネシア］　135-9, 148
国民戦線（BN）［マレーシア］　243
国民大会［カンボジア］　197
国民代表議会［インドネシア］　135-6, 138-9, 141, 148
国民党　74, 77
国民投票　56, 214, 225, 295, 305, 310
国民法育成局［インドネシア］　143-4, 147
国民民主連盟（NLD）［ミャンマー］　305
国務院［中国］　17-8, 22-4, 28, 30-1
（国務院）総理［中国］　17, 23
国務会議［韓国］　46, 51, 60
国務総理，総理［韓国］　46, 54, 62
国有制　14
五権分立　83
『古代法（Ancient Law）』　318
国会
――［韓国］　48, 51, 53-4, 56-7, 60-1, 65-6
――［タイ］　224-6
――［ベトナム］　169-70, 172-3, 177-8, 180, 182, 184
――［マレーシア］　242, 249-53, 260
――［ラオス］　272, 274, 277-8, 283-5, 287
国会常務委員会
――［ベトナム］　172, 174, 177-8, 180, 185
――［ラオス］　272, 274, 277-8, 283-4

国家主席
――［中国］　17, 22
――［ベトナム］　172, 177-8
――［ラオス］　274-5, 277-8, 283-4
国家人権委員会［インド］　330-1
国家大会議［モンゴル］　108-9, 112, 114-7
国家平和開発評議会（SPDC）［ミャンマー］　294-7
国家法秩序回復評議会（SLORC）［ミャンマー］　294-7, 305
コモンロー　244, 249, 258-9, 263, 358, 395

サ　行

最高裁判所
――［インド］　316, 318-20, 322, 324, 326-8, 330-1, 333, 335-6, 339
――［インドネシア］　135, 137-8, 145-6, 149
――［カンボジア］　198-9, 201-5, 207-8
――［タイ］　227-8, 231, 238
――［パキスタン］　346-53, 356
――［バングラデシュ］　361-2, 364, 366-9, 374-6, 379
（連邦）――［ミャンマー］　296-7, 299-300, 302-4, 307-9
最高人民裁判所
――［ベトナム］　172, 177-9
――［ラオス］　271-7, 279-80, 283-4, 287-8
最高人民法院［中国］　17, 19, 22, 24, 29-32
最高法院［台湾］　79-81, 83, 95-7
裁判外紛争処理　333 →代替的紛争解決も見よ
裁判監督　20
裁判官の独立　21, 29, 279, 362
裁判所の独立　325
裁判の独立　19, 21
『三印法典』　216-7
三権分立　15, 19, 53, 55, 177, 192, 274, 294, 325
市場経済　5-6, 12-4, 102-3, 111, 114, 120, 125-6, 157-8, 162-3, 169, 173, 176-7, 180-1, 190, 210, 272, 289, 309, 378, 385, 388
指定カースト　242, 323-4, 328, 330, 332, 334, 346
指定部族　323-4, 328, 330, 332, 334, 346
私的所有　114, 171, 176-7
司法院［台湾］　79, 83-4, 86, 95-6, 98

索 引 431

司法（制度）改革　26, 28-9, 75, 77, 83, 86, 91, 133, 157, 184, 200, 270, 273-4, 289
司法解釈　24-5, 30-1, 33, 96-7
司法官職高等評議会［カンボジア］　191, 199, 201, 203
司法権の独立　15, 19, 138, 252
司法審査　137, 252, 257, 362, 374, 376
司法積極主義　315, 341
司法の自律性　273
司法（部）の独立　116, 199-200, 294, 306, 352, 362, 364-5, 373
シャーフィイー法学派　244, 259
ジアウル・ラーマン　365-6
社会主義　12-4, 157-9, 163, 165-6, 169-77, 180, 190, 193, 197, 203, 206, 210, 267, 272, 289, 305-6, 309, 361, 365, 378, 384-8
社会主義市場経済　13
社会主義体制　14
社会主義的適法性　170, 174-5, 388
社会主義的法治（国家）　156-7, 174-5
社会主義法　10, 12, 33, 384-5, 388
ジャムツァラーノ　106-9, 127
シャリーア　391, 393
シャリーア裁判所
　──［パキスタン］　347, 349, 351, 354, 356
　──［マレーシア］　254-6, 259, 262-3
宗教裁判　392-3
宗教法　132-3, 147, 314, 391, 393, 396
集団所有（制）　14, 171
自由で公正な選挙　325
儒学，儒教　5, 7, 38, 41, 132, 167, 181, 241
首相
　──［インド］　315, 326, 334
　──［カンボジア］　191-8, 201-3
　──［タイ］　226
　──［パキスタン］　346, 353
　──［バングラデシュ］　361, 364-5, 367, 372
　──［ベトナム］　172-3, 178, 185
　──［マレーシア］　240, 243, 248, 250-3
　──［モンゴル］　106-8, 112
　──［ラオス］　274-5, 278, 283, 285
上院
　──［インド］　331-3
　──［カンボジア］　193-5, 197, 202-4, 208, 210
　──［タイ］　214, 224, 226-8
　──［パキスタン］　346

　──［マレーシア］　242, 250-1, 259-60
植民地　2, 8, 25, 38-40, 42-5, 53, 68, 73-4, 87, 95, 130, 133-4, 139, 143-4, 146-50, 158-66, 168, 181-2, 188-9, 208, 215, 218-9, 244-50, 258, 267, 270, 288, 298, 300-2, 305, 309, 314, 316-7, 344, 371, 387
職権主義　28-9
人民院［ミャンマー］　306-7, 309
人民参審員，参審員　173, 271-3
人民代表大会（人代）　14-5, 18, 20, 23, 29
清律　104
枢密院
　──［イギリス］　252, 254, 258, 317-8
　──［タイ］　221
スカルノ　132, 141
スハルト　132, 135-6, 138, 140-1
政教分離　106, 114, 325, 353, 361
誓詞協定　107
成文法　358
積極的差別是正措置　242
全国人民代表大会（全国人代）　15-7, 19, 21-2, 29-31
　──常務委員会　15, 17-8, 21-4, 30-1
全人民所有　171
先例拘束性　24, 31, 171, 254, 257-8, 318
総統［台湾］　75, 77-81, 83-4, 96
総理大臣　→首相を見よ

タ・ナ行

体制移行　5-6, 385, 387-8
体制転換　13, 45, 73, 158, 190, 387
代替的紛争解決　200-1, 376　→裁判外紛争処理も見よ
大統領
　──［インド］　320, 323-4, 326, 331, 333
　──［インドネシア］　132, 135-6, 138-9, 141-4
　──［韓国］　44, 46, 48, 50-1, 53-4, 56-7
　──［パキスタン］　345-6, 349-50, 352-3, 357
　──［バングラデシュ］　359, 361-2, 364-9, 371, 374-5
　──［ミャンマー］　303, 306-9
　──［モンゴル］　112, 114-8
大法院［韓国］　45, 48-50, 54-6, 58-63
大法官［台湾］　75, 79-80, 86, 95-7
大躍進（運動，政策）　12, 26
タックシン　214, 226-7

タツマドー　296　→国軍も見よ
ダマタツ　302-3
チベット仏教　104-5
中国共産党（中共）　11-5, 17-8, 20-1, 23
天安門事件　13
典籍委員会　107
伝統法　5-6, 42, 84, 165, 303, 309
ドイモイ（刷新）　156-8, 162-7, 169-70, 175, 181, 386-7
統一マレー国民組織（UMNO）　243, 252-3
統監政治　42
当事者主義　29, 157
統治者会議　242, 250
土地（の）私有化　102, 111-2, 122
土地使用権　171
東遊運動　160
内閣総理大臣　→首相を見よ
仁井田陞　5, 33, 165, 167, 182

ハ 行

陪審員　69
陪審制度　77
バグワティ　326-9
ハディース（言行録）　259, 391
ハルハ・ジローム　104
反右派闘争　12, 26
バングラデシュ民族主義者党（BNP）　365, 368-70, 373, 375
パンチャーヤト［インド］　331-2
東インド会社
　──［イギリス］　245, 317
　──［オランダ］　130, 133
非常事態　112, 191, 202, 250, 309, 326, 344, 359, 362, 364, 369-70, 372, 380　→緊急事態も見よ
非政党暫定政府［バングラデシュ］　368-9, 374-5, 380
ビルマ式社会主義　295-6
ビルマ統治法　294, 301
ビルマ法典　301-2
敏感問題　251
ヒンドゥー　130, 132, 188, 241, 244, 314, 316, 337, 355, 362
ファトワー（法的意見，法的見解）　259, 262, 392
ファン・フォレンホーフェン　134, 148-9
ファン・ボイ・チャウ　159-61
複数政党制　111, 190, 192, 194, 202, 210, 294-5, 305, 310, 385
仏教　38, 130, 132, 241, 267, 269-70, 288, 309
フドゥード令　351, 354
ブミプトラ　241-2
プロレタリアート（プロレタリア）　13, 169-70, 386
文化大革命（文革）　12, 26
フン・セン　208
ベトナム共産党，共産党　156-7, 164-5, 169-70, 175, 267
ヘンリー・メイン　318
法（制度）整備支援，法制度改革支援　3-5, 8, 40, 45, 93, 119-21, 126-7, 133, 150, 158, 162-4, 183-4, 186, 190, 204-5, 210-1, 260, 263, 287-9, 340, 379, 385, 388
法曹協会　233-4
法曹評議会
　──［バングラデシュ］　377
　──［ミャンマー］　300
法治主義　44
法典化　318, 333
法典整備　269
法典編纂　43, 216, 219-20, 222, 238, 244-5
法道具主義　43
法ニヒリズム　12
法の継受，継受　7, 11, 25, 40, 42, 87, 245-8, 316, 357-8
法の支配　3, 7, 149, 163, 183, 200, 359, 362, 365, 373-4
法務総裁
　──［インド］　333
　──［ミャンマー］　297, 299-304, 307
ホー・チ・ミン（グエン・アイ・クオック）　160-1, 164, 168-71, 175
ボグド・ハーン　105-8
ポル・ポト　206, 387

マ・ヤ行

政尾藤吉　220-1
マハティール　240, 252-3
マラッカ法典　244
マレーシア・インド人会議（MIC）　243
マレーシア華人協会（MCA）　243
マレー人優遇　242
民営化　111-2
民主化　2, 40, 44-5, 75, 77-8, 90-1, 99, 294-5, 298, 304-6, 359, 373, 379
民主カンプチア　189-91, 196, 206-7

民主集中原則　170, 176
民主主義的中央集権制（民主集中制）　12, 14, 18-9, 21, 274, 386
民族院［ミャンマー］　306-7, 309
ムジブル・ラーマン　361
ムスリム　242-3, 247, 256, 259, 263, 316, 346-7, 354-5, 357, 390-6
毛沢東　387
モンゴル人民革命党　109, 111-2, 123
モンゴル民主化同盟　111
モンゴル民主連合　112
遊牧　103, 105, 109-11, 124-5, 127
良い統治　3　→グッド・ガバナンスも見よ
予防拘禁　362-3, 370, 374, 379

ラ 行

ラーマ5世（チュラーロンコーン王）　217-9
ラオス人民革命党　267, 274, 277, 282, 285, 289
立憲君主（国）制　190-1, 202, 218, 225, 249-50, 270
立法院［台湾］　78-9, 83-4, 94-6, 99
律令　41
留保（女性や少数者に対する議席等の）　315, 323, 325, 329-30, 332, 341, 346-7, 362, 367-8, 372
臨時人民政府［モンゴル］　107
連邦議会
　――［インド］　316, 331, 333
　――［ミャンマー］　306-9
連邦裁判所［マレーシア］　251-2, 254, 256-8
ロク・アダーラト（民衆法廷）　330

執筆者一覧 （執筆順）

宇田川幸則（うだがわ・ゆきのり）	名古屋大学法政国際教育協力研究センター
尹　龍澤（いん・りゅうたく）	創価大学法学部・法科大学院
簡　玉聰（かん・ぎょくそう）	高雄大学法学院
中村真咲（なかむら・まさき）	名古屋大学法政国際教育協力研究センター
島田　弦（しまだ・ゆずる）	名古屋大学大学院国際開発研究科
四本健二（よつもと・けんじ）	神戸大学大学院国際協力研究科
西澤希久男（にしざわ・きくお）	高知短期大学
桑原尚子（くわはら・なおこ）	国際協力機構（JICA）企画調査員
瀬戸裕之（せと・ひろゆき）	名古屋大学法政国際教育協力研究センター
牧野絵美（まきの・えみ）	名古屋大学法政国際教育協力研究センター
浅野宜之（あさの・のりゆき）	大阪大谷大学人間社会学部
佐藤　創（さとう・はじめ）	アジア経済研究所
傘谷祐之（かさや・ゆうし）	名古屋大学法政国際教育協力研究センター
砂原美佳（すなはら・みか）	名古屋大学法政国際教育協力研究センター

《編者紹介》

鮎　京　正　訓
あいきょうまさのり

　　1950 年　愛知県に生まれる
　　1979 年　早稲田大学大学院法学研究科博士課程満期退学
　　1979 年　名古屋大学法学部助手・講師
　　　　　　岡山大学教養部助教授，名古屋大学大学院国際開発
　　　　　　研究科教授を経て，
　　現　在　名古屋大学法政国際教育協力研究センター長，
　　　　　　名古屋大学大学院法学研究科教授（法学博士）
　　著　書　『ベトナム法の研究』（共著，日本評論社，1989 年）
　　　　　　『ベトナム憲法史』（日本評論社，1993 年）他

アジア法ガイドブック

2009 年 10 月 10 日　初版第 1 刷発行

定価はカバーに
表示しています

編　者　鮎　京　正　訓
発行者　石　井　三　記

発行所　財団法人　名古屋大学出版会
〒 464-0814　名古屋市千種区不老町 1 名古屋大学構内
電話 (052) 781-5027／FAX (052) 781-0697

ⓒ Masanori AIKYO, 2009　　　　　　Printed in Japan
印刷・製本　㈱クイックス　　　　　ISBN978-4-8158-0622-4
乱丁・落丁はお取替えいたします。

Ⓡ〈日本複写権センター委託出版物〉
本書の全部または一部を無断で複写複製（コピー）することは，著作権法
上の例外を除き，禁じられています。本書からの複写を希望される場合は，
必ず事前に日本複写権センター（03-3401-2382）の許諾を受けてください。

安田信之著
開発法学
―アジア・ポスト開発国家の法システム―
A5・384頁
本体4,800円

石井三記著
18世紀フランスの法と正義
A5・380頁
本体5,600円

高橋一彦著
帝政ロシア司法制度史研究
―司法改革とその時代―
A5・424頁
本体9,000円

森際康友編
法曹の倫理
A5・408頁
本体3,800円

浅野豊美著
帝国日本の植民地法制
―法域統合と帝国秩序―
A5・808頁
本体9,500円

毛里和子著
新版 現代中国政治
A5・348頁
本体2,800円

川島真・服部龍二編
東アジア国際政治史
A5・398頁
本体2,600円

小杉泰・林佳世子・東長靖編
イスラーム世界研究マニュアル
A5・600頁
本体3,800円